KINDER DER UNGLEICHHEIT

Dr. Carolin Butterwegge arbeitet als Lehrkraft für besondere Aufgaben an der Universität zu Köln. Sie hat ihre Doktorarbeit über die Armut von Kindern mit Migrationshintergrund geschrieben.

Prof. Dr. Christoph Butterwegge lehrte bis 2016 Politikwissenschaft an der Universität zu Köln. Er beschäftigt sich seit über einem Vierteljahrhundert mit der Kinderarmut und hat dazu sowohl Forschungsprojekte durchgeführt als auch mehrere Bücher veröffentlicht.

Carolin Butterwegge
Christoph Butterwegge

KINDER DER UNGLEICHHEIT

Wie sich die Gesellschaft ihrer Zukunft beraubt

Campus Verlag
Frankfurt/New York

MIX
Papier aus verantwortungsvollen Quellen
FSC www.fsc.org FSC® C089473

Klimaneutral
Papier
ClimatePartner.com/13732-1910-1001

ISBN 978-3-593-51483-3 Print
ISBN 978-3-593-44891-6 E-Book (PDF)
ISBN 978-3-593-44890-9 E-Book (EPUB)

Umschlaggestaltung: Guido Klütsch, Köln
Redaktion: Andrea Dietrich
Satz: Publikations Atelier, Dreieich
Gesetzt aus der Minion und der Cairo
Druck und Bindung: Beltz Grafische Betriebe GmbH, Bad Langensalza
Beltz Grafische Betriebe sind ein klimaneutrales Unternehmen.
Printed in Germany

www.campus.de

Für Sina (13) und Miko (5)

Inhalt

Einleitung

Seit der Jahrtausendwende sehen wir mit wachsender Sorge, wie sich in unserer Gesellschaft ein Problem immer mehr verschärft: Die junge Generation spaltet sich in arme Kinder einerseits sowie wohlhabende und reiche Kinder andererseits. Während junge Menschen aus »gutbürgerlichen« Familien beste Startchancen und Aussichten auf eine Führungsposition in der zunehmend globalisierten Wirtschafts- und Finanzwelt haben, bleiben Gleichaltrigen aus sozial benachteiligten Familien diese Möglichkeiten versagt. Die Covid-19-Pandemie hat die ökonomische und soziale Zerklüftung der jungen Generation zuletzt enorm verstärkt. Zugleich sind vielen Menschen die extrem unterschiedlichen Lebenslagen von Kindern aus sozial benachteiligten und Kindern aus wohlhabenden Familien stärker bewusst geworden. Schließlich zeigen sich diese Unterschiede in sämtlichen Lebensbereichen: der Gesundheit, den Wohnbedingungen, den Bildungschancen, kultureller Betätigung sowie beruflichen Aufstiegs- und politischen Beteiligungsmöglichkeiten.

Ungleichheit würden die meisten Westeuropäer/innen wohl eher in Staaten wie den USA, Brasilien oder Südafrika verorten, hat sich jedoch auch bei uns verfestigt. Sie ist bereits in Kindertageseinrichtungen deutlich spürbar, sofern dort Sprösslinge unterschiedlicher Bevölkerungsschichten aufeinandertreffen. Sie bestimmt die Bildungsbiografien junger Menschen, macht sich im gesamten Erwerbsleben bemerkbar und prägt auch das Alter. Zudem beschränkt sich die soziale Ungleichheit nicht auf eine Verteilungsschieflage bei

Einkommen und Vermögen, sie erstreckt sich vielmehr auf sämtliche Lebensbereiche der Familien.

Wir widmen dieses Buch unseren beiden Kindern. Ihrer Generation sind wir Rechenschaft schuldig über die Situation, die wir haben entstehen lassen. Trotz des Mitgefühls und der Betroffenheit, die Kinderarmut bei Erwachsenen hervorrufen mag, wird die soziale Ungleichheit von Minderjährigen immer noch viel zu wenig beachtet. Dass es sie überhaupt gibt, ist ein Skandal, aber auch ein Armutszeugnis für die politisch Verantwortlichen, den Sozialstaat und die ganze Gesellschaft. Es ist höchste Zeit, das Problem greifbar zu machen und endlich Lösungen in Angriff zu nehmen.

Wir wenden uns zunächst dem Begriff »Ungleichheit« an sich zu, bevor wir auf die bestehenden Einkommens- und Vermögensverhältnisse schauen. Wir zeigen, wie sich die sozioökonomische Lage in Deutschland zunehmend polarisiert, wobei es Gewinner und Verlierer/innen gibt, und stellen die Hauptleidtragenden der wachsenden Ungleichheit und ihre Familien vor. Da sich Ungleichheit beim Gesundheitszustand, bei der Wohnsituation und bei den Bildungschancen zeigt, wird die nachwachsende Generation davon entscheidend geprägt. Im Anschluss geht es um die gesellschaftlichen Ursachen der Ungleichheit. Dabei widmen wir den Auswirkungen der Covid-19-Pandemie ein eigenes Kapitel. Wir analysieren Einstellungen, Argumentationsmuster und Vorurteile, um zu verdeutlichen, dass sie uns bis heute daran hindern, Kinderungleichheit erfolgreich zu bekämpfen. Und schließlich zeigen wir, wie der Kampf gegen die Ungleichheit dennoch zu gewinnen und was dazu nötig ist.

Klar ist: Wir können und dürfen uns und unserer Gesellschaft das Potenzial der jungen Menschen nicht länger vorenthalten. Deshalb müssen wir jetzt handeln, um mehr Gleichheit zwischen den Kindern und Jugendlichen zu erreichen. Und wir müssen das Richtige tun, denn nur dann können wir verhindern, dass ein Großteil der nachwachsenden Generation abgehängt wird.

Köln, im Sommer 2021 *Carolin und Christoph Butterwegge*

1 Was heißt überhaupt »ungleich«, »arm« oder »reich«?

Politik, Wissenschaft und Medien entwerfen, formen und beeinflussen unser Bild von der sozialen Ungleichheit. Dabei handelt es sich um einen Begriff, der auf einer gesellschaftlichen Zuschreibung beruht. Wahrnehmung und Bewertung dessen, was Ungleichheit ist, werden nicht bloß von den ökonomischen Rahmenbedingungen und den herrschenden Wertvorstellungen bestimmt. Sie hängen auch stark vom Erfahrungshorizont, von der gesellschaftlichen Stellung sowie dem weltanschaulichen, religiösen und politischen Standort des jeweiligen Betrachters ab. Ein junger Migrant, der seit geraumer Zeit in einer Großstadt als Getränkelieferant, Fahrradkurier oder Paketbote arbeitet, und eine Auszubildende im Gartenbaubereich, die einer grün-alternativen Bürgerinitiative angehört, denken über soziale Ungleichheit höchstwahrscheinlich anders als eine pensionierte Grundschullehrerin auf dem Land, die regelmäßig zur Kirche geht und seit ihrer Jugend eine konservative Partei wählt, oder als ein renommierter Chefarzt, der Schatzmeister im örtlichen Tennisclub ist. Dasselbe gilt für einen Industriearbeiter, der gewerkschaftlich organisiert, Betriebsrat und Funktionär einer linken Partei ist, sowie einen Immobilienmakler, der mit seiner Familie in einer »bevorzugten Wohngegend« lebt und mehrere Mietshäuser besitzt. »Armut« und »Reichtum« gelten manchen Kommentatoren sogar als Kampfbegriffe, die man tunlichst vermeiden sollte, sind aber zur Analyse der Gesellschaft unverzichtbar.

Ungleichheit ist das Kardinalproblem unserer Gesellschaft

Jene sozioökonomische Ungleichheit, die von den benachteiligten Menschen oftmals als soziale Ungerechtigkeit empfunden wird und fast zwangsläufig politische Ungleichheit nach sich zieht,[1] manifestiert sich im Gegensatz von Arm und Reich. Ausgangspunkt und Kristallisationskern der Ungleichheit ist die Tatsache, dass sich der Reichtum in den Händen weniger befindet. Diese Tatsache wird noch immer weitgehend tabuisiert. Zwar sind Armut und Reichtum zwei Seiten einer Medaille. Aber wenn die Massenmedien, die etablierten Parteien und die politisch Verantwortlichen hierzulande das Thema der (wachsenden) Ungleichheit überhaupt zur Kenntnis nehmen, konzentriert sich das Interesse vorwiegend auf die Armut. Hier den Reichtum auszublenden, ist realitätsverzerrend, wenn nicht gar ein bewusstes ideologisches Ablenkungsmanöver. Warum? Ganz einfach: Armut lässt sich als individuelles Problem abtun, dem auf karitativem Wege begegnet werden kann, materielle Ungleichheit hingegen nicht. Denn sie ist ein gesellschaftliches Problem, das in der Sozialstruktur (von Klassen und Schichten) wurzelt.

In anderer Hinsicht ähneln sich sozioökonomische Ungleichheit und Armut als deren bedrückendster Teil. Zwar hat die Ungleichheit zwischen den Ländern zuletzt abgenommen, innerhalb der Länder des globalen Nordens wie des globalen Südens ist sie aber gewachsen. Wie dargelegt, bilden Armut und Reichtum den harten Kern der sozioökonomischen Ungleichheit. Auf diesen Gegensatz darf sie jedoch nicht reduziert werden, will man sämtliche Dimensionen ihrer Wirksamkeit erfassen. Denn es gibt kaum einen Lebensbereich, in dem sich die Ungleichheit nicht dauerhaft bemerkbar macht. Neben der finanziellen Lage von Haushalten, Familien und Einzelpersonen prägt die zunehmende Ungleichheit auch deren Gesundheit, Bildungs- und Ausbildungsniveau, Wohnsituation und Wohnumfeld sowie Freizeitverhalten und Mobilität.

Jede/r versteht unter der Ungleichheit etwas anderes. Schließlich sind die Menschen weder biologisch noch sozial gleich, unterscheiden sich vielmehr nach Alter, Geschlecht, Gewicht, Körperbau, Größe, Haut-, Haar- und Augenfarbe voneinander, aber auch bezüglich ihrer genetischen Dispositionen, Fähigkeiten und Fertigkeiten sowie im Hinblick darauf, wo sie wohnen (Stadt oder Land), in welchem Haushaltstyp und in welcher Familienform sie leben, welchen Beruf sie ausüben, ob sie Hobbys haben (und wenn ja, welche/s) sowie ob sie regelmäßig Sport treiben (und wenn ja, welchen). Es handelt sich hierbei um spezifische Ausprägungen der Ungleichheit, die entweder schicksalhaft vorbestimmt, naturbedingt oder selbstgewählt sind.

Der österreichische Historiker Walter Scheidel differenziert zwischen absoluter und relativer Ungleichheit. Letztere bezieht er auf den Anteil, den die jeweiligen Teile der Bevölkerung an den Gesamtressourcen haben, absolute Ungleichheit dagegen auf die unterschiedlichen Mengen an Ressourcen, welche die jeweiligen Bevölkerungsteile besitzen. Ein relatives Ungleichheitsmaß wie etwa der Gini-Koeffizient lenkt Scheidel zufolge von der Kluft ab, die zwischen den Einkommen wie zwischen den Vermögen unablässig wächst.[2] Ein Koeffizient von 0 bedeutet Gleichverteilung (alle Personen besitzen gleich viel oder gleich wenig), 1 extreme Ungleichverteilung (einer Person gehört alles). Somit zeigt sich darin nur ein Mittelwert, nicht der jeweilige Anteil der Armen oder der Reichen in einem Land. Laut Scheidel sind zudem Haushaltserhebungen, aus denen diese Messgrößen abgeleitet werden, als gängige Methode wenig geeignet, um auch die höchsten Einkommen zu erfassen. Tatsächlich muss stärker auf die Entwicklung der Pole des Verteilungsspektrums geblickt werden, was sich deshalb als besonders schwierig erweist, weil gerade die Allerreichsten hinsichtlich ihrer Einkommens- und Vermögensverhältnisse wenig auskunftsfreudig sind.

Bei der Ungleichheit, um die es hier geht, handelt es sich um eine anhaltende, wenn nicht gar dauerhafte Ungleichverteilung von materiellen Ressourcen (ökonomische Ungleichheit), gesellschaftlicher

Anerkennung (soziale Ungleichheit) sowie von (Zugangs-)Rechten und Repräsentation (politische Ungleichheit) zwischen großen Personengruppen, Klassen und Schichten. Dabei beruht diese Ungleichverteilung nicht auf persönlichen (Leistungs-)Unterschieden zwischen den Angehörigen dieser Gruppen und Schichten, ist vielmehr den bestehenden Herrschaftsverhältnissen geschuldet. Was normalerweise »soziale Ungleichheit« genannt wird, müsste eigentlich sozialökonomische oder sozioökonomische Ungleichheit heißen. Denn gemeint ist eine Form der Ungleichheit, die im Bereich der Wirtschaft entsteht, auf einer Fehlallokation materieller Ressourcen (Einkommen, Vermögen) beruht und sich entscheidend auf die sozialen Beziehungen der von ihr Betroffenen auswirkt.

Von Wohnungslosigkeit, Straßenkindern und der Existenz absoluter Armut

»Armut« und »Reichtum« sind in allen gesellschaftlichen Verteilungskonflikten heftig umkämpfte Begriffe, die von gegensätzlichen Interessen geprägt sind und deshalb ganz unterschiedlich verstanden werden. Sie bezeichnen die Pole eines sozioökonomischen Spektrums, das sich von größter Not und schrecklichem Elend auf der einen Seite bis zu unvorstellbarem Luxus auf der anderen Seite erstreckt. Darüber, was Armut und Reichtum oder ökonomische und soziale Ungleichheit bedeuten, wird auch in Zukunft gestritten. Entscheidend hierfür sind nicht zuletzt der Wohlstand der Gesellschaft, in der man lebt, und die Verhältnisse, nach denen Reichtum und Armut verteilt sind.

Aus diesen Gründen existiert weder eine allgemein verbindliche Definition von Armut noch von Reichtum, denn in beiden Fällen handelt es sich um normative, von den gesellschaftlichen Verhältnissen abhängige Bestimmungen, nicht um rein deskriptive. Durch die Unterscheidung zwischen absoluter, extremer oder existenzieller

Armut einerseits sowie relativer Armut andererseits lässt sich das Problem zwar nicht lösen, aber leichter bewältigen.[3]

Von *absoluter, existenzieller* oder *extremer* Armut ist betroffen, wer seine Grundbedürfnisse nicht zu befriedigen vermag, also die zum Überleben notwendigen Nahrungsmittel, sicheres Trinkwasser, eine den klimatischen Bedingungen angemessene Kleidung, eine medizinische Basisversorgung und/oder eine Wohnung entbehrt. Laut den Angaben der Weltbank, die eine Internationale Armutsgrenze (International Poverty Line, IPL) festgelegt hat, ist eine Person arm, die mit weniger als 1,90 US-Dollar (kaufkraftbereinigt, d. h. bezogen auf das Preisniveau der Vereinigten Staaten) pro Tag auskommen muss. Der genannte Schwellenwert basiert auf dem Durchschnitt der Armutsgrenzen von 15 der ärmsten Entwicklungsländer und ist selbst für viele afrikanische, asiatische und lateinamerikanische Staaten viel zu niedrig angesetzt: »Es wäre abwegig zu glauben, die Armut wäre überwunden, wenn alle Menschen über ein Pro-Kopf-Einkommen von mindestens 1,91 US-Dollar pro Tag verfügten. Diese Armutsgrenze kann allenfalls die Schwelle des Überlebens markieren, nicht aber die Schwelle zum ›angemessenen Lebensstandard‹, wie er als Recht in Artikel 25 der Allgemeinen Erklärung der Menschenrechte allen Menschen zugestanden wird.«[4]

In den Vereinigten Staaten würde man mit einem so geringen Geldbetrag nach kurzer Zeit verhungern. Außerdem beruht die Bestimmung der Kaufkraftparitäten auf internationalen Warenkörben, die sich nicht am spezifischen Verbrauchsverhalten von Armen orientieren. Manches deutet somit darauf hin, dass es sich beim deutlichen Rückgang der globalen Armut um ein statistisches Artefakt handelt. Ohne den bemerkenswerten Wirtschaftsaufschwung von Indien und der Volksrepublik China wäre vermutlich sogar ein Anstieg der extremen Armut im Weltmaßstab zu verzeichnen. Würde man die nationalen Armutsgrenzen der einzelnen Staaten verwenden, ergäbe sich ein ganz anderes, jedoch viel genaueres Bild der globalen Armut.

Der Frankfurter Ökonom Richard Hauser hat darauf hingewiesen, dass selbst das *physische* Existenzminimum sowie die Grenze zur *absoluten* Armut nur schwer festzulegen sind, weil sie beispielsweise davon abhängen, ob es sich um ein warmes oder um ein kaltes Land handelt, in dem jemand lebt.[5] Wer in Sibirien keinen Pullover besitzt, ist höchstwahrscheinlich arm; wer südlich der Sahara wohnt und keinen Pullover besitzt, ist es deshalb noch lange nicht.

Fast alle Mangellagen, die nicht sofort zum Tod der davon betroffenen Menschen führen, sind relativ. Nach einer sozialwissenschaftlichen Relativitätstheorie der Armut ist diese nie ohne ihr jeweiliges Umfeld zu begreifen, sondern nur, wenn man das spezifische Verhältnis berücksichtigt, in dem die Betroffenen zu ihren Mitbürger(inne)n und deren Lebensstandard stehen. Hauser zufolge spielen neben natürlichen Gegebenheiten wie dem Klima auch die gesellschaftlichen Rahmenbedingungen eine Rolle. So entscheiden beispielsweise kulturelle und religiöse Tabus mit darüber, was gegessen oder getrunken werden darf.

Für manche Beobachter existiert Armut ausschließlich in Staaten wie Burkina Faso, Bangladesch oder Mosambik, aber nicht in der Bundesrepublik. Während niemand bezweifelt, dass es im globalen Süden (extreme) Armut gibt, wird seit Jahrzehnten mit Verve darüber gestritten, ob sie auch hierzulande grassiert. Für die politisch Verantwortlichen wirkt es natürlich beruhigend und entlastend, wenn das Phänomen ausschließlich in Entwicklungsländern verortet wird. Realitätssinn beweist man aber nicht durch die Ignoranz gegenüber einem sozialen Problem. Wohnungs- und Obdachlose, total verelendete Drogenabhängige, »Straßenkinder«, bei denen es sich meist um obdachlose Jugendliche handelt, unbegleitete minderjährige Flüchtlinge, EU-Ausländer/innen ohne Sozialleistungsansprüche und »Illegale«, die man besser als illegalisierte Migrant(inn)en bezeichnet, gehören hierzulande zu den Hauptbetroffenen von absoluter, extremer oder existenzieller Armut.

Wohnungslos sind Menschen, die weder über selbstgenutztes Wohneigentum noch über ein Mietverhältnis verfügen und deshalb in Notunterkünften leben oder bei Freunden und Bekannten nächtigen. Obdachlos sind Menschen, die auf der Straße leben. Nach einem deutlichen Rückgang während der 1990er-Jahre gab es 2014 in Deutschland ca. 335 000 Wohnungslose, vier Jahre später hatte sich ihre Zahl bereits verdoppelt. Für 2018 lag die Schätzung der Bundesarbeitsgemeinschaft Wohnungslosenhilfe (BAG W), welcher mangels offizieller und exakter Daten auch die Armuts- und Reichtumsberichte der Bundesregierung vertrauen, bei 678 000 Wohnungslosen, darunter 441 000 anerkannten Flüchtlingen. Von den Wohnungslosen lebten 71 000 (30 %) mit Partner(inne)n und/oder Kindern zusammen. Die BAG W schätzte die Zahl der Kinder und minderjährigen Jugendlichen auf 19 000, was 8 Prozent der Wohnungslosen entsprach.

Man schätzt, dass fast ein Viertel der Berliner Wohnungslosen zu Familien mit Kindern gehören. Auf einen ähnlichen Wert kommt die Bundesregierung in dem von ihr am 12. Mai 2021 vorgelegten Sechsten Armuts- und Reichtumsbericht: Bei knapp 21 Prozent der wohnungslosen anerkannten Geflüchteten handle es sich um Familien.[6] Erheblich mehr Familien leben in überbelegten und zu engen Wohnungen, weil sie entweder keine für sie passende Bleibe finden, diese nicht bezahlen können oder trotz vorhandener Geldmittel auf einem angespannten Mietwohnungsmarkt keine Chance haben.

41 000 Menschen, darunter in manchen Großstädten fast die Hälfte osteuropäische EU-Bürger/innen, lebten laut BAG-W-Schätzung im Jahr 2018 auf der Straße. Auch unter den Betroffenen mit deutschem Pass befinden sich immer weniger Berber oder Trebegänger, wie die »klassischen« Obdachlosen genannt wurden. Gestiegen ist zuletzt die Zahl der Mittelschichtangehörigen, von Freiberufler(inne)n, Soloselbstständigen und gescheiterten Existenzgründer(inne)n, die auf der Straße landen.

Ein häufig ausgeblendetes, aber reales und bedrückendes Problem sind Minderjährige, die ohne Obdach bzw. festen Wohnsitz auf der Straße leben. Gelegentlich als »Straßenkinder« bezeichnet, führt der Begriff in die Irre, weil es sich meistenteils um Jugendliche und Heranwachsende (zwischen 14 und 25 Jahren) handelt, die es in der Familie oder einem Heim nicht mehr ausgehalten haben und vorübergehend an Bahnhöfen, auf öffentlichen Plätzen, in Parks oder leerstehenden Gebäuden unterschlüpfen. Man kann von einer hohen Suchtgefährdung dieser Personengruppe ausgehen, ein gesichertes Wissen um deren Größe und Zusammensetzung bzw. um die Herkunft, die Motive und die Lebenslagen der Betroffenen gibt es de facto aber nicht.

Auf der Basis einer 2015 durchgeführten Fachkräftebefragung rechnete eine Studie des Deutschen Jugendinstituts (DJI) die Zahl bundesweit auf rund 37 000 Wohnungs- bzw. Obdachlose bis zum Alter von 27 Jahren hoch, worunter geschätzt rund 300 Unter-14-Jährige, rund 6 200 14- bis 17-Jährige sowie mehr als 30 000 Heranwachsende und junge Erwachsene waren.[7] Auffällig ist, dass der Anteil des weiblichen Geschlechts bei den Jugendlichen sehr viel höher liegt, was sich erst in der Altersgruppe über 19 Jahren ins Gegenteil verkehrt; insgesamt aber, schätzt die DJI-Studie, herrsche ein Verhältnis von zwei Männern zu einer Frau.

Der Freiburger Medizinsoziologe Alex Füller und die Sozialarbeiterin Sarah Morr haben ein vermehrtes Auftreten von Straßenkindern und drogenabhängigen Jugendlichen unter den Obdach- bzw. Wohnungslosen beobachtet, was sie mit Orientierungsproblemen angesichts zerbrechender Familienstrukturen in Verbindung bringen.[8]

Eine weitere Gruppe von Minderjährigen und Heranwachsenden ist infolge der Zuwanderung von Geflüchteten ab 2015 mutmaßlich vor allem in großen Städten auf der Straße untergetaucht, wobei man hier auch Menschenhandel befürchtet: Von den unbegleiteten minderjährigen Ausländer(inne)n, die als Alleinreisende zunächst in Obhut genommen wurden, galten Anfang 2020 laut einem Bericht im *Tagesspiegel* (v. 7.7.2020) rund 1700 als vermisst, waren demnach aus dem Jugendhilfesystem verschwunden.

Immer mehr gestrandete Arbeitsmigrant(inn)en und Geflüchtete teilen das Schicksal von Obdachlosen, ungeschützt der Witterung und wehrlos den Angriffen rechter Schläger und alkoholisierter Jugendlicher ausgesetzt zu sein. Unterstützungsmaßnahmen wie Notunterkünfte, Nachtasyle und Kältebusse haben nicht verhindert, dass seit 1990 über 300 Obdachlose der Kälte zum Opfer gefallen sind, ohne dass die hiesige (Medien-)Öffentlichkeit mehr als nur sporadisch Notiz von den Tragödien genommen hätte, die sich auf unseren Straßen abspielen.

Statt die extreme Armut in ihrer Kommune zu bekämpfen, bekämpfen manche Stadtverwaltungen lieber die extrem Armen. Vielerorts gehen Ordnungsbehörden mit aller Macht gegen »Penner« und Junkies vor, stören sie doch das lokale Wohlstandsidyll. Bei ihnen handelt es sich um die »marktfernsten« Gesellschaftsmitglieder, denen im Zeichen der neoliberalen Globalisierung nur sehr geringe Ressourcen zur Verfügung stehen. Für die auf der Straße lebenden Menschen – Mitglieder der Drogenszene, Alkoholkranke und Bettler/innen – gilt zudem ein besonders rigides Armutsregime: Polizeirazzien, Platzverweise, Aufenthaltsverbote und Schikanen privater Sicherheitsdienste, durch die sozial Benachteiligte aus den Innenstädten vertrieben werden, sind typisch dafür. Indem man Obdachlosen den öffentlichen Raum und die Würde nimmt, erklärt man sie zu Menschen zweiter Klasse.

Kinder armer Eltern landen viel häufiger als ihre Altersgenoss(inn)en aus besser situierten Familien im Heim, bisweilen sogar auf der Straße, wo sie leichter verwahrlosen können. Dort fehlen ihnen nämlich die materiellen Ressourcen und der soziale Rückhalt, über welche die meisten Kinder und Jugendlichen verfügen. Obwohl es hierzulande weder die Armengettos am Rande der Großstädte – wie in den USA – noch Straßenkinder als Massenphänomen nach afrikanischem oder südamerikanischem Muster gibt, machen sich die berufliche Perspektivlosigkeit und die soziale Exklusion vieler Menschen schon im frühen Kindesalter bemerkbar. Wer in eine Familie hineingeboren wird, die von staatlichen Transferleistungen lebt und finanziell kaum über die Runden kommt, wächst unter prekären Bedingungen auf und hat unabhängig von seiner eigenen Lebensleistung wenig Chancen, sich in der postmodernen »Wissens- und Leistungsgesellschaft« zu behaupten, von einer gesicherten Existenz und einem sozialen Aufstieg ganz zu schweigen.

Wer ist arm in einem reichen Land?

Während die absolute Armut eine existenzielle Mangelerscheinung ist, verweist die relative Armut auf den Wohlstand, der sie umgibt, und den Reichtum, der sie hervorbringt. Denn ursächlich dafür ist nicht etwa das Verhalten der Betroffenen, ausschlaggebend sind vielmehr die sozioökonomischen Verhältnisse, unter denen sie leben (müssen). In einer so reichen Gesellschaft wie der unseren ist Armut nicht gott- oder naturgegeben, sondern letztlich systemisch, d. h. durch die bestehenden Eigentums-, Macht- und Herrschaftsverhältnisse bedingt. Damit trifft sie besonders solche Personengruppen, die aufgrund ihrer schwachen Stellung in der kapitalistischen Wirtschaftsordnung strukturell benachteiligt sind.

Armut ist ein *mehr*dimensionales Problem, das ökonomische, soziale und kulturelle Aspekte umfasst. In diesem Sinne arm zu sein, bedeutet vor allem:

- Mittellosigkeit und Ver-/Überschuldung als Folge mangelnder Erwerbsfähigkeit, fehlender Arbeitsmöglichkeiten oder unzureichender Entlohnung;
- einen dauerhaften Mangel an unentbehrlichen und allgemein für notwendig erachteten Gütern, die es Menschen ermöglichen, ein halbwegs »normales« Leben zu führen;
- eine strukturelle Benachteiligung in unterschiedlichen Lebensbereichen wie Arbeit, Wohnen, Mobilität, Freizeit und Sport;
- den Ausschluss von (guter) Bildung, (Hoch-)Kultur und sozialen Netzwerken, welche für die gesellschaftliche Inklusion nötig sind;
- eine Vermehrung der Existenzrisiken, Beeinträchtigungen der Gesundheit und eine Verkürzung der Lebenserwartung;
- einen Verlust an gesellschaftlicher Wertschätzung, öffentlichem Ansehen und damit meistens auch individuellem Selbstbewusstsein;
- Macht- und Einflusslosigkeit in allen gesellschaftlichen Schlüsselbereichen (Wirtschaft, Politik, staatliche Verwaltung, Justiz, Wissenschaft und Massenmedien).

Von *relativer* Armut ist betroffen, wer zwar seine Grundbedürfnisse befriedigen, sich aber nur das Allernötigste leisten und mangels finanzieller Mittel nicht oder nicht in ausreichendem Maße am gesellschaftlichen Leben beteiligen kann. Den allgemein üblichen Lebensstandard in seinem Land unterschreitet ein relativ Armer über längere Zeit hinweg deutlich. Nach einem Beschluss des Europäischen Rates vom 19. Dezember 1984 über gezielte Maßnahmen zur Bekämpfung der Armut auf Gemeinschaftsebene gelten diejenigen Einzelpersonen, Familien und Personengruppen als verarmt, die über so geringe (materielle, kulturelle und soziale) Mittel verfügen, dass sie von der in ihrem Mitgliedstaat als Minimum akzeptablen Lebensweise ausgeschlossen sind. Damit verbunden sind materielle Defizite und fehlende Partizipationsmöglichkeiten.

Kaum weniger umstritten als der Begriff »relative (Einkommens-) Armut« selbst ist das Konzept ihrer Erfassung und Messung. Denn es ist ausgesprochen schwierig, eine Armutsgrenze zu bestimmen, die als Schwelle der bürgerlichen Respektabilität gelten kann. Nach einer Konvention des Europäischen Rates sind Unionsbürger/innen armutsgefährdet, sofern sie weniger als 60 Prozent des Medianeinkommens ihres Mitgliedstaates zur Verfügung haben. Noch in den 1990er-Jahren galten 50 Prozent des arithmetischen Mittels sämtlicher Einkommen als Armutsgrenze, 40 Prozent als Obergrenze zur »strengen« und 60 Prozent als Obergrenze zur »milden« Armut. Verwendet man zur Berechnung der Armuts(risiko)schwelle den Zentralwert anstelle des arithmetischen Mittels, sinkt diese und damit tendenziell auch die Armuts(risiko)quote als Indikator für das Ausmaß der Einkommensarmut.[9]

Wird das arithmetische Mittel (Durchschnitt) berechnet, indem man die Summe aller Einzelwerte durch deren Anzahl dividiert, so bildet der mittlere aller nach ihrer Rangfolge aneinandergereihten Einzelwerte den Median (Zentralwert). Dieser hat den Vorteil, dass Verzerrungen des Gesamtbildes durch Extremwerte verhindert werden, bildet er doch gewissermaßen einen »Normalbürger«, eine »Normalbürgerin« oder eine »Normalfamilie« ab.

Zugrunde gelegt wird das jeweilige Haushaltsnettoeinkommen, welches bedarfsgewichtet auf die einzelnen Personen umgelegt wird. Zur Orientierung dient hierbei eine Äquivalenzskala der OECD. Wurden die Kinder in der »alten« OECD-Skala wenigstens mit dem Faktor 0,5 berücksichtigt – der Haupteinkommensbezieher erhielt den Gewichtungsfaktor 1 und weitere Personen ab 14 Jahren noch 0,7 –, so hat man Unter-14-Jährige in der »neuen« OECD-Skala auf den Faktor 0,3 zurückgestuft, während alle übrigen Haushaltsmitglieder im Alter von 14 und mehr Jahren mit 0,5 zu Buche schlagen. Dies führt tendenziell zu einer Unterschätzung der Kinder- und Familienarmut.

Zur empirischen Erfassung von Armut im Kindes- und Jugendalter wird entweder nach Ressourcen oder nach Lebenslagen gefragt.[10] *Ressourcen*ansätze suchen herauszufinden, über welche Mittel ein Mensch verfügt, um seine Fortexistenz zu gewährleisten. Weil sich Studien dazu meistenteils auf die *finanzielle* Situation konzentrieren, ohne weitere Dimensionen der Existenzsicherung zu berücksichtigen, bemängeln Kritiker/innen eine ökonomistische Verkürzung der Untersuchungsperspektive. Ulrich Schneider, Hauptgeschäftsführer des Paritätischen Gesamtverbandes, wirbt hingegen mit guten Argumenten dafür, am Geld bzw. am Einkommen als Schlüsselgröße zur Vermessung der Armut festzuhalten: »Wo städtische Schwimmbäder privaten Saunalandschaften weichen, wo vielerorts Bibliotheken ebenso geschlossen werden wie Theater oder andere öffentliche Kultureinrichtungen und wo Jugendzentren, Stadtranderholung oder Gesundheitsberatung dem kommunalen Rotstift zum Opfer fallen, da kommt es immer mehr auf den eigenen Geldbeutel an.«[11]

Sofern weder repräsentative Daten noch aussagekräftige Statistiken zur Ungleichheit der Kinder in bestimmten Lebensbereichen vorliegen, was leider häufig der Fall ist, weil sie gar nicht, nur als Angehörige oder bloß im Haushaltskontext berücksichtigt werden, ziehen wir im Folgenden entsprechende Informationen über Erwachsene heran. Kinder haben in der Regel weder eigenes Vermögen noch Einkommen, und das der erwachsenen Haushaltsmitglieder erreicht sie auch selten anteilmäßig. Insofern ist die Betrachtung der *Lebenslagen* besonders im Hinblick auf die Erfassung von *Kinder*armut nützlich, auch weil die jüngsten Familienmitglieder weder die Einkommensverhältnisse ihrer Eltern genau kennen noch wissen können, welch zentrale Bedeutung deren finanzielle Situation für sie selbst hat. Schließlich kommt es darauf an, möglichst präzise Informationen über die Lebensbedingungen zu erhalten, unter denen Kinder aufwachsen. Während das einer Familie zur Verfügung stehende Geld einen genau zu beziffernden Aufschluss über ihre finanzielle Lage gibt, ist es bisher nicht einmal ansatzweise gelungen, Lebenslagendimensionen wie Gesundheit, Wohnen, Bildung und Kultur oder Freizeit und Sport zu operationalisieren und die Gesamtsituation der Kinder auf diese Weise zu erfassen.

Relative Armut ist kein »Leiden auf hohem Niveau«

Besonders für Minderjährige ist Armut mehr, als über wenig Geld zu verfügen. Sie bedeutet auch, persönlicher Entfaltungs- und Entwicklungsmöglichkeiten beraubt, in fast allen Lebensbereichen benachteiligt und bei Bildung und Kultur, Gesundheit, Wohnen und Wohnumfeld oder Freizeit und Konsum unterversorgt zu sein. Armut entwürdigt die von ihr Betroffenen nicht bloß, sondern schließt diese auch von der aktiven Teilnahme am gesellschaftlichen Leben weitgehend aus. Wer bereits in jungen Jahren sozial deklassiert und ausgegrenzt wird, vermag soziale, kulturelle und Bildungsprozesse womöglich nie mehr im Sinne seiner Persönlichkeitsentwicklung oder Emanzipation zu nutzen.

Trotzdem wurde die Armut jahrzehntelang entweder ignoriert oder nach dem Motto »Not und Elend gibt es nur in Entwicklungsländern« relativiert. Wenn sie in den Medien überhaupt zum Thema gemacht wurde, dann höchstens im Zusammenhang mit besonders spektakulären Ereignissen oder tragischen Einzelschicksalen: dem

Kältetod eines Obdachlosen, dem Verhungern eines Kleinkindes oder der Gründung einer »Tafel«, wie die Suppenküchen heutzutage beschönigend genannt werden. Derweil interessierte sich die wohlhabende Mehrheitsgesellschaft offenbar mehr für Aktienkurse als für Babyklappen, Straßenkinder, Sozialkaufhäuser, Kleiderkammern und Wärmestuben, wie es sie in großen Teilen des Landes gibt.

Westdeutsche Sozialwissenschaftler/innen sprachen kurz vor dem Fall der Berliner Mauer am 9. November 1989 von einer »Infantilisierung der Armut« (Richard Hauser), weil Kinder und Jugendliche seinerzeit die Kleinstrentner/innen als von Armut am stärksten betroffene Altersgruppe verdrängten. Nach der Vereinigung von BRD und DDR breitete sich die Kinderarmut besonders in den ostdeutschen Bundesländern massiv aus. Im wiedervereinten Deutschland wurde unter »Kinderarmut« denn auch bald nicht mehr ein Mangel *an*, sondern die Armut *von* Kindern verstanden.

Trotzdem leugnete die seit fast zwei Jahrzehnten von CDU und CSU geführte Bundesregierung zu jener Zeit beharrlich, dass es dieses Phänomen im eigenen Land gab. Typisch dafür, wie die CDU/CSU/FDP-Koalition das von ihr selbst mit herbeigeführte Problem verharmloste, war die öffentliche Kontroverse um den im Jahr 1998 vorgelegten Zehnten Kinder- und Jugendbericht. Erstellt hatte ihn eine Sachverständigenkommission unter der Leitung des Berliner Bildungsforschers Lothar Krappmann, die Kinderarmut als »gravierendes Problem« bezeichnete, obwohl sie wegen unterschiedlicher Definitionen und Messverfahren keine Möglichkeit sah, die genaue Zahl der Betroffenen zu ermitteln. Neben dem Anteil der Sozialhilfeempfänger/innen unter Kindern und Jugendlichen sei zuletzt auch der Anteil jener Kinder gestiegen, deren Pro-Kopf-Einkommen nicht die Hälfte des Einkommensanteils erreichte, der für sie im Haushalt vorhanden sein müsste, damit sie oberhalb der so definierten Armutsgrenze leben konnten. Aus der Altersarmut, die man in den 1950er- und 1960er-Jahren kannte, sei eine Armut junger Menschen geworden.

Die damalige Familienministerin Claudia Nolte (CDU) fürchtete offenbar das negative Echo einer solchen Diagnose kurz vor der Bundestagswahl am 27. September 1998 und widersprach daher öffentlich den von ihr selbst berufenen Fachleuten. Kritik übte sie insbesondere an deren Armutsbegriff. Zwar gebe es vereinzelt Notlagen, aber auch die Sozialhilfe, deren Inanspruchnahme die Ausbreitung von Armut in Deutschland verhindere. Kurzerhand erklärte die Bundesregierung in einer Stellungnahme zum Bericht das Konzept der »relativen Armut« sowie die Orientierung der Kommission am Sozialhilfebezug und an der 50-Prozent-Marke des Durchschnittseinkommens für ungeeignet, um soziale Problemlagen von Familien und Kindern zu erfassen. Die »schwierige wirtschaftliche Entwicklung der vergangenen Jahre« hieß es, belaste auch Kinder und Jugendliche, denn die hohe Arbeitslosigkeit habe negative Folgen für die betroffenen Familien. Gleichwohl kam die Bundesregierung zu dem überraschenden Schluss: »Die sozialen Sicherungssysteme – Arbeitslosenunterstützung, Sozialhilfe etc. – verhindern existenzbedrohende Not und reale Armut. Sie können aber nicht verhindern, daß sich die materielle Lage der Menschen, die arbeitslos werden, verschlechtert.«[12]

Es ist kaum zu glauben, aber diese Position wurde von Spitzenpolitikern der Union auch 20 Jahre später noch vertreten. Dabei hielten große Teile der (Medien-)Öffentlichkeit zumindest *Kinder*armut in Deutschland für existent und skandalös, nahmen sie also im Unterschied zu konservativen Politikern in Regierungsverantwortung zur Kenntnis und ernst. Selbst die *Bild*-Zeitung machte am 9. März 2018 mit der Überschrift »Die traurige Wahrheit über Armut in Deutschland: 1,7 Mio. Kinder leben von Hartz IV!« auf. Hingegen beruhigte der CDU-Politiker Jens Spahn, seinerzeit designierter Bundesgesundheitsminister, die materiell Bessergestellten am darauffolgenden Tag per Interview der Funke-Mediengruppe, die mit dem Sozialgesetzbuch (SGB) II am 1. Januar 2005 eingeführte und landläufig »Hartz IV« genannte Grundsicherung für Arbeitsuchende sei »aktive Armutsbekämpfung«, weil »mit großem Aufwand genau bemessen« und aufgrund ihrer regelmäßigen Anpassung jederzeit bedarfsdeckend. Hartz IV bedeute nicht Armut, sagte Spahn weiter, sei vielmehr »die Antwort unserer Solidargemeinschaft« hierauf: »Damit hat jeder das, was er zum Leben braucht. Mehr wäre immer besser, aber wir dürfen nicht vergessen, dass andere über ihre Steuern diese Leistungen bezahlen.«

Mit dieser Bemerkung knüpfte Spahn an eine Äußerung des früheren FDP-Vorsitzenden Guido Westerwelle an, der zwei Tage nach einem am 9. Februar 2010 verkündeten Urteil des Bundesverfassungsgerichts zu den Hartz-IV-Regelsätzen in einem »Hartz IV und die Frage, wer das alles zahlt: Vergesst die Mitte nicht!« überschriebenen Gastkommentar für die *Welt* bemängelt hatte, dass nach dem Staat gerufen werde und der Steuerzahler die Rechnung begleichen müsse: »Es scheint in Deutschland nur noch Bezieher von Steuergeld zu geben, aber niemanden, der das alles erarbeitet.« Im Gegenzug erhielten hart arbeitende Bürger weniger für ihre Arbeit, als sie an Leistungen aus der Grundsicherung für Arbeitsuchende bekämen, behauptete der damalige Bundesaußenminister und Vizekanzler wahrheitswidrig. Ebenso wie dieser spielte Spahn eine sozial benachteiligte und auf Transferleistungen des Staates angewiesene Minderheit gegen die (Einkommen-)Steuern zahlende Mehrheit der »Leistungsträger« aus.

Auch durch seine Behauptung, dass niemand in Deutschland hungern müsste, wenn es die Lebensmitteltafeln nicht gäbe, disqualifizierte sich Spahn noch vor seinem Amtsantritt im Grunde selbst. Denn als Bundesgesundheitsminister sollte man sensibler für das Problem der Ernährungsarmut sein, die es auch oder gerade bei Grundsicherungsempfänger(inne)n mit einem Regelbetrag von rund 5 Euro für Lebensmittel pro Tag gibt.[13] So stellte der Wissenschaftliche Beirat für Agrarpolitik, Ernährung und gesundheitlichen Verbraucherschutz beim Bundesministerium für Ernährung und Landwirtschaft in einem Gutachten fest: »In Armutshaushalten gibt es eine Fülle an unterschiedlichen Umgangsweisen mit materiellen Einschränkungen – darunter auch Verzicht und Hunger.«[14]

Armen müsste der Bundesgesundheitsminister einen besseren Zugang zur Krankenversicherung verschaffen. Denn mittlerweile lassen sich auch bedürftige Deutsche, die krank sind, in von karitativen Organisationen betriebenen und eigentlich für Migrant(inn)en ohne Aufenthaltstitel und Versicherungsschutz gedachten Ambulanzen kostenlos behandeln. Wie wenig Rücksicht Spahn auf die Stimmungslage der Bevölkerungsmehrheit nimmt, zeigte sich erneut, als er sich zusammen mit seinem Ehepartner während der für viele Menschen existenzgefährdenden Coronakrise im Oktober 2020 eine über 4,1 Millionen Euro teure Villa in Berlin-Dahlem kaufte. Angesichts dieser Grundhaltung von Spahn verwundert es nicht, wenn sein Ministerium die im Frühjahr 2020 offenbar massenhaft aufgekauften, jedoch als minderwertig geltenden Atemschutzmasken ohne EU-Zertifizierung zu einem späteren Zeitpunkt in »Sonderaktionen« an sozial Benachteiligte wie Obdachlose, Hartz-IV-Abhängige und Menschen mit Behinderung verteilen lassen wollte, wie der *Spiegel* (v. 5.6.2021) unter dem Titel »Endstation Müllverbrennung« berichtete. Als das von Hubertus Heil (SPD) geführte Bundesministerium für Arbeit und Soziales dagegen Einspruch erhob, sollten viele Millionen Masken in die »Nationale Reserve Gesundheitsschutz« wandern, wo sie nach ihrer Verfallszeit vernichtet würden.

Der relative Armutsbegriff steht im Kreuzfeuer einer wirtschaftsliberalen und konservativen Kritik, weil er die sozioökonomische Ungleichheit fokussiert und mit der Armuts(risiko)quote ein Maß für die Größe jenes Bevölkerungsteils bereitstellt, der vom Lebensstandard der gesellschaftlichen Mitte weit entfernt ist. »In einer Gesellschaft wachsender Statusunterschiede und größer werdender sozialer Disparitäten ist eine Abkehr vom relativen Armutsbegriff jedoch keine Option. Nicht ganz umsonst handelt es sich dabei um eine internationale Konvention, die mangels Alternative bis heute die Debatte um Armut und Ausgrenzung bestimmt.«[15]

Georg Cremer hält die Unterscheidung zwischen absoluter und relativer Armut zwar für sinnvoll, bemängelt jedoch, dass beide oft verwechselt würden. Für zentral erklärt der frühere Generalsekretär des Deutschen Caritasverbandes die Unterscheidung zwischen der tatsächlichen Armut und dem Armutsrisiko, das bereits dort beginne, wo das Einkommen weniger als 60 Prozent des Medians beträgt. »Wird die relative Position in der Einkommensverteilung ohne Umschweife mit Armut gleichgesetzt, so führt dies auch bei wachsendem Wohlstand zu der absurden Schlussfolgerung, die Armut bliebe gleich hoch.«[16] Setze man das Armutsrisiko mit (relativer) Armut gleich, blieben allen zugutekommende Einkommenszuwächse und damit generelle Verbesserungen des Lebensstandards der Bevölkerung unberücksichtigt.

Um seine Argumentation zu untermauern, nennt Cremer die Studierenden und die Auszubildenden als zwei Bevölkerungsgruppen, die nicht arm genannt werden könnten, weil sie als junge Menschen nur vorübergehend wenig Geld zur Verfügung hätten und auch in einer Wohngemeinschaft oder in der eigenen Wohnung, d. h. einem Haushalt außerhalb ihrer Herkunftsfamilie finanziell mit dieser verbunden blieben. »Niemand wird ernsthaft behaupten wollen, sozial abgesicherte Studierende führten ein Leben unterhalb dessen, was in Deutschland als Minimum annehmbar ist. Viele von ihnen werden sich später an die Studienjahre als eine der schönsten Zeiten ihres Lebens erinnern.«[17] Berücksichtigt man die hohen Lebenshaltungskosten und die exorbitant gestiegenen Mieten in den Universitätsstädten, kann von einem »lustigen Studentenleben« ohne materielle Sorgen allerdings schon längst keine Rede mehr sein.

Reich ist, wer sein Vermögen nicht antasten muss

Zwischen der Armut und dem Reichtum wird der Wohlstand verortet. Wohlhabend ist, wer der Mittelschicht angehört, in gutbürgerlichen Verhältnissen lebt und keinerlei materielle Sorgen hat. Natürlich ist Wohlstand nicht gleich Wohlstand – auch innerhalb der Mittelschicht ist die Spannbreite groß. Differenziert man zwischen prekärem Wohlstand in der unteren und saturiertem Wohlstand in der oberen Mittelschicht, so fällt es naturgemäß schwer, eine Grenze zu ziehen, die sich in Euro und Cent bemessen lässt. Wer jedoch wie die Bundesregierung im Sechsten Armuts- und Reichtumsbericht ganze acht Soziallagen auflistet, um »Armut«, »Prekarität«, »Armut – Mitte«, »Untere Mitte«, »Mitte« und »Wohlhabenheit – Mitte« bis hin zu »Wohlstand« (mittleres Nettovermögen: 142 108 Euro) und schließlich als oberster »Wohlhabenheit« (mittleres Nettovermögen: 351 170 Euro) voneinander zu unterscheiden,[18] trifft nicht bloß eine mehr als gekünstelt wirkende Nuancierung, sondern lässt auch den Reichtum an dieser Stelle ganz unter den Tisch fallen und verschleiert dessen wahres Ausmaß. Zudem sind die genannten Kategorien abstrakt, sprachlich nicht überzeugend und für die Soziallagen der Kinder wenig aussagekräftig.

Begründet wird die Wahl der Bezeichnung »Wohlhabenheit« übrigens damit, dass Reichtum zwar das Pendant zu »Armut« darstelle, die genannte Soziallage allerdings die Bereiche des wirklichen Reichtums, der durch sehr hohe Vermögen geprägt sei, kaum umfasse. Ähnlich mysteriös wird es, wenn dasselbe Regierungsdokument den Einkommensreichtum bei einem monatlichen Nettoeinkommen von 3 894 Euro (Reichtumsschwelle des zweifachen Medianeinkommens auf Basis des Sozio-oekonomischen Panels 2017) und den Vermögensreichtum bei einem Nettovermögen von 500 000 Euro (in Preisen von 2017) beginnen lässt. Man muss schließlich gar nicht zu den mehr als 150 Milliardären im Land gehören, um es kurios zu finden, dass ein Oberstudienrat wegen seines Gehalts für *einkommens*reich und der Besitzer einer kleinen Eigentumswohnung in gehobener Großstadtlage für *vermögens*reich erklärt wird.

Ebenso wenig wie für »Armut« existiert für »Reichtum« eine allgemeinverbindliche oder fachwissenschaftlich überzeugende Definition. Während es bei Armut zumindest eine absolute Untergrenze gibt, an der die physische Existenz der von ihr Betroffenen akut bedroht ist, kennt Reichtum weder eine starre Mindest- noch eine absolute Höchstgrenze, weshalb er immer relativ ist. Dies gilt sowohl im Hinblick auf den Wohlstand der jeweiligen Gesellschaft und ihren »normalen« Lebensstandard als Maßstab für Reichtum wie auch bezüglich anderer vermögender Personen.

Reichtum ist eine Lebenslage, die ebenso wie Armut ökonomische (finanzielle, monetäre), soziale und kulturelle Aspekte umfasst. In diesem Sinne reich zu sein, bedeutet vor allem:

- Verfügung über ausreichend Finanzmittel, Kreditwürdigkeit und gesellschaftliches Ansehen;
- Versorgung mit allen Gütern, die es Menschen ermöglichen, ein angenehmes Leben zu führen;
- strukturelle Privilegierung in unterschiedlichen Lebensbereichen wie Arbeit, Gesundheit, Wohnen, Mobilität, Freizeit und Sport;
- optimalen Zugang zu öffentlichen und privaten Bildungsinstitutionen, medizinischer Versorgung, (Hoch-)Kultur und sozialen Netzwerken, welche für eine soziale Spitzenposition nötig sind;
- keine materiellen Existenzrisiken, weniger Beeinträchtigungen der Gesundheit und eine hohe Lebenserwartung;
- einen Gewinn an gesellschaftlicher Wertschätzung, öffentlichem Ansehen und damit meistens auch individuellem Selbstbewusstsein;
- Gestaltungsmacht und Einfluss in allen gesellschaftlichen Schlüsselbereichen (Wirtschaft, Politik, staatliche Verwaltung, Justiz, Massenmedien und Wissenschaft).

Reich ist, wer ein großes (Netto-)Vermögen besitzt, es aber gar nicht antasten muss, um von den Erträgen (Zinsen, Dividenden, Mieteinnahmen und/oder Pachterlösen) bis zum Tod auf höchstem Wohlstandsniveau leben zu können. Reich ist auch, wer ein so großes (Netto-)Vermögen besitzt, dass es auf höchstem Wohlstandsniveau bis zum späten Ableben im hohen Alter reicht. Wer reich ist, hat finanziell also »für immer ausgesorgt«, genießt ein hohes Maß an persönlicher Handlungsfreiheit und verfügt über viel nicht durch Erwerbstätigkeit oder andere Formen der Existenzsicherung bestimmte Zeit. »Wer wirklich reich ist, ist vollständig von dem Zwang entbunden, sich und gegebenenfalls ökonomisch abhängige Familienmitglieder über seine eigene Arbeit und Anstrengung ›am Leben erhalten‹ zu müssen.«[19] Reich zu sein, heißt in einer »marktwirtschaftlich« verfassten, kapitalistischen Gesellschaft wie der unsrigen, ökonomisch erfolgreich zu sein. Der US-amerikanische Traum, dass ein Tellerwäscher zum Millionär wird, erfüllt sich allerdings wahrscheinlich ebenso selten wie der Wunsch mancher Börsianer, vom Kleinaktionär zum reichen Finanzjongleur aufzusteigen.

Während die Armutsforschung das von Minderwertigkeitsgefühlen beherrschte Selbstbild vieler sozial Benachteiligter problematisiert, übernimmt die noch immer rudimentär entwickelte Reichtumsforschung in Deutschland teilweise kritiklos das Selbstbild von Hochvermögenden, besonders zielstrebig, leistungsfähig und großzugig zu sein.[20] Diese entweder gewollte oder unbewusste Parteinahme für die Reichen findet sich auch in weiten Teilen der (Medien-)Öffentlichkeit. Wirtschaftsmagnaten mit einem Privatvermögen von mehreren Milliarden Euro, die man in Griechenland, Russland oder der Ukraine als Oligarchen bezeichnet, werden bei uns liebevoll »Familienunternehmer« genannt und ihr Lobbyverband, die Stiftung Familienunternehmen, vom Staat für gemeinnützig erklärt und steuerlich begünstigt – im Unterschied zu Organisationen wie dem Trägerverein des globalisierungskritischen Netzwerks attac Deutschland.

Heute sind die meisten Reichen jedoch weniger eng als im Industriezeitalter des 19. und 20. Jahrhunderts mit den Gütermärkten verbunden, weil sie ihr Vermögen stattdessen eher auf dem Börsenparkett bzw. den Finanzmärkten erworben haben, wo mit Devisen, festverzinslichen Wertpapieren und Aktien gehandelt wird. Von besonderer Brisanz sind dabei Zertifikate (Futures, Optionen und Swaps), deren große Hebelwirkung eine Potenzierung des Reichtums ermöglicht, aber besonders im Hochfrequenzhandel enorme Stabilitätsrisiken für das Finanzsystem in sich birgt.

Weder der Börsencrash nach dem Zusammenbruch der US-amerikanischen Investmentbank Lehman Brothers am 15. September 2008 noch die ihm folgende und wenigstens bis zur Covid-19-Pandemie 2020/21 schwerste Weltwirtschaftskrise seit Ende der 1920er-/Anfang der 1930er-Jahre haben allerdings bewirkt, dass der Finanzsektor streng reguliert und Krisentendenzen vorgebeugt wurde. »Obwohl nur eine Minderheit der Superreichen sich in erster Linie als Finanzinvestoren begreift, sind doch die meisten, die in anderen Wirtschaftszweigen tätig sind, zugleich stark in spekulative Finanzgeschäfte involviert – und natürlich beteiligen sie sich auch an Stahl-, Energie- und Telekommunikationsunternehmen um der Finanzgewinne willen.«[21] Unter den Reichen sind heute auch wieder mehr Gehaltsempfänger, die aber gar nicht produktiv tätig sind und deshalb ihre Spitzeneinkommen im wahrsten Sinne verdient hätten, sondern beispielsweise als Hedgefondsmanager, Investmentbanker und Finanzdienstleister sehr gut davon leben, dass sie extrem hohe Sonderzahlungen, Boni und Provisionen beziehen.

Zumindest sehr (kapital)reiche Bürger – dabei handelt es sich vorwiegend um Männer – sind auch politisch einflussreich. Über diverse Kanäle können sie ihre (Besitz-)Interessen zur Geltung bringen, was sich in Gesetzesvorhaben ebenso niederschlägt wie in den Entscheidungen von Regierungen und Verwaltungen. Lea Elsässer, Svenja Hense und Armin Schäfer haben im Auftrag des Arbeits- und Sozialministeriums für den Fünften Armuts- und Reichtumsbericht der Bundesregierung untersucht, ob sich die Vorstellungen der Reichen im parlamentarischen Gesetzgebungsverfahren stärker durchsetzen als die von Armen. Sie konnten zeigen, dass Bundestagsbeschlüsse zur Wirtschafts- und Sozialpolitik systematisch die Ansichten und Anliegen der obersten Einkommensschicht widerspiegeln, wohingegen die Meinungen der unteren und mittleren Einkommensschicht kaum be- oder sogar missachtet werden. Wegen dieser mangelnden Responsivität zulasten der Armen äußerten Elsässer, Hense und Schäfer die Befürchtung, dass soziale und politische Ungleichheit hierzulande im Gleichschritt wachsen könnten: »Wenn sich die Politik in ihren Entscheidungen an den Einkommensstarken orientiert, diese aber eine Politik befürworten, die weniger umverteilend wirkt, könnte ein Teufelskreis entstehen, in welchem ungleicher politischer Einfluss und ökonomische Ungleichheit sich gegenseitig verstärken.«[22]

Dies ist einer der Gründe, weshalb man die Multimillionäre und Milliardäre nicht leichtfertig als »Superreiche« bezeichnen sollte. Wegen der hiermit verbundenen positiven Konnotation erscheint die Bezeichnung »Ultra-« oder »Hyperreiche« angemessener. Schließlich werden Kinder, die nachts oft noch agiler sind als tagsüber, auch nicht »super-«, sondern »hyperaktiv« genannt. Wie das Auftreten der Aufmerksamkeitsdefizit-/Hyperaktivitätsstörung (ADHS) mit einer ausgeprägten motorischen Unruhe und Rastlosigkeit die betroffenen Kinder nicht minder belastet als ihre Eltern, so ist ein riesiges Vermögen weder für die Gesellschaft noch zwangsläufig für den Besitzer selbst gut. Das zeigen die heftigen Erbstreitigkeiten und Familienfehden innerhalb mancher Unternehmerdynastien, etwa bei den Albrechts (Aldi), Deichmanns (Schuhmarktkette), Haubs (Tengelmann) oder Tönnies (Fleischindustrie).

Der österreichische Psychoanalytiker und Ökonom Martin Schürz spricht aus demselben Grund von »Überreichtum«, ohne jedoch eine Grenze anzugeben, die ihn vom akzeptablen Reichtum trennt. Nicht das Verhalten der Vermögenden entscheidet seines Erachtens darüber, ob sie der Gesellschaft nützen oder schaden: »Auch jene Überreichen, die mit ihrem Vermögen weder protzen noch den Staat zu ihren Gunsten zu unterminieren suchen, sondern großzügig den Armen helfen, sind für die Gesellschaft problematisch. Denn sie können ihr Verhalten ändern und ihre Macht missbrauchen. Der Möglichkeitshorizont markiert die Gefahren des Überreichtums.«[23]

Selbst der freiwillige Verzicht auf die angenehmen Seiten des Lebens fällt Menschen mit einer Schwarzen Kreditkarte (American Express Centurion Card oder Mastercard World Elite) leichter als Menschen ohne exklusives Statussymbol. Oder anders formuliert: Selbst Askese muss man sich leisten können. Reiche können im Zeitalter der Erderhitzung, die verharmlosend »Klimawandel« genannt wird, statt wie bisher zum Segeltörn auf die Seychellen zu jetten, im Erster-Klasse-Abteil eines Zuges nach Westerland auf Sylt fahren. Arme haben dagegen keine riesige Auswahl an Reisezielen, wenn sie überhaupt jemals verreisen können. Millionen Bundesbürger/innen sind so arm, dass sie sich keine Urlaubsreise leisten können. Etwa jeder Siebte (14,5 %) konnte im Jahr 2018 nicht einmal für eine Woche wegfahren, wie das Statistische Amt der Europäischen Union (Eurostat) ermittelte. Alleinerziehende waren mit 31,1 Prozent übrigens noch sehr viel stärker davon betroffen, was für ihre Kinder mit größeren Enttäuschungen und Entbehrungen verbunden gewesen sein dürfte.

Für den Dortmunder Wirtschafts- und Sozialphilosophen Christian Neuhäuser stellt Reichtum ein moralisches Problem dar, weil er seiner Ansicht nach ein Zusammenleben in Würde gefährdet: »Eine gerechte Gesellschaft ist eine Gesellschaft, die allen Menschen ein Leben in Würde und Selbstachtung ermöglicht. In solch einer gerechten Gesellschaft gibt es nicht nur nach unten, sondern auch nach oben hin eine klare Grenze für erlaubte sozioökonomische Ungleichheit.«[24] Neuhäuser schildert die zahlreichen Vorzüge einer möglichen, aber bisher nicht realisierten Gleichverteilung des Überflusses und verdeutlicht darin die fatalen Konsequenzen der Reichtumskonzentration in unserer Gesellschaft: »Alle Menschen könnten gut wohnen, sich gut kleiden und gut essen, wenn das Geld nur anders verteilt wäre.«[25]

2 Die reichsten Familien werden reicher, die Armen zahlreicher

Durch ehrliche Arbeit sei noch keiner reich geworden, behauptet der Volksmund. Tatsächlich wird im kapitalistischen Wirtschafts- und Gesellschaftssystem nicht etwa reich, wer hart arbeitet, sondern wer möglichst viele Menschen, die man verschämt als »Mitarbeiter/innen« oder »Arbeitnehmer/innen« (statt richtigerweise als »Arbeitskraftgeber/innen«) bezeichnet, für sich schuften lässt oder Vermögen erbt, das vielleicht die Vorfahren auf diese Art erworben haben. Zwar heißt es, Kapitalanleger ließen »ihr Geld arbeiten«, aber niemand hat je Münzen oder Scheine »malochen« sehen. Vielmehr verdankt die Gesellschaft ihren materiellen Wohlstand der innovativen, kreativen und produktiven Tätigkeit von Menschen. Umso mehr erstaunen Ausmaß und Dauerhaftigkeit der sozialen Ungleichheit, die nur vor dem Hintergrund einer Klassengesellschaft verständlich sind. »Klassengesellschaft« ist ein Begriff, der hierzulande bis heute als Signalwort der marxistischen Linken verpönt ist und als semantisches Relikt des Industriezeitalters im 19. und 20. Jahrhundert gilt. Man muss allerdings kein Marxist sein, um erkennen zu können, dass Deutschland eine Gesellschaft mit strukturell bedingter, seit geraumer Zeit spürbar wachsender sozioökonomischer Ungleichheit ist, deren Hauptgrund im grundlegenden, trotz allgemeiner Wohlstandsmehrung fortwirkenden Interessengegensatz zwischen Kapital und Arbeit besteht.[1]

Vermögen konzentriert sich bei wenigen Familien

Die statistischen Informationen zur sozioökonomischen Ungleichheit sind überschaubar, häufig selektiv und eher wenig aussagekräftig. Wenn überhaupt seriöse Daten vorliegen, heben sie meistenteils auf hohe Einkommen, angesehene Berufe und eine akademische Bildung ab. Diese meritokratische Triade erfasst den Reichtum jedoch nur unvollständig, weil das Vermögen nicht berücksichtigt wird, vielmehr höchstens indirekt – über seine Erträge – zu Buche schlägt. Entscheidend ist aber die vor allem beim Vermögen bestehende Verteilungsschieflage. Berücksichtigt werden muss dabei nicht bloß die Quantität des Vermögens, sondern auch seine Qualität. Letztlich entscheidet nämlich die Struktur des Vermögens darüber, welche Handlungs- und Entscheidungsspielräume es seinem Eigentümer bietet. Denn selbst viel Bargeld, das auf dem Dachboden gehortet wird, weil sein Besitzer den Banken misstraut, verleiht diesem keine unmittelbare Macht über andere Menschen, wohingegen der Besitz von Unternehmen oder Unternehmensanteilen (Aktien) dem Kapitaleigentümer ganz andere Möglichkeiten eröffnet. Ähnliches gilt für das Privateigentum an vermieteten Immobilien sowie an Grund und Boden. Nur wenn zwischen diesen Vermögensarten unterschieden, vor allem jedoch zwischen Betriebs-, Grund-, Immobilien- und Geldvermögen differenziert wird, kann man die reale Vermögensverteilung innerhalb einer Gesellschaft fundiert beurteilen.

Über die genaue Verteilung des *Produktiv*vermögens ist hierzulande so gut wie nichts bekannt, obwohl diese Vermögensart die Sozialstruktur der Gesellschaft entscheidend prägt. Die bestehenden Eigentums-, Macht- und Herrschaftsverhältnisse würden sich nur erschließen, wenn auch mehr über die klandestinen Vermögensbestände bekannt wäre. Damit sich die Datenbasis in dieser Hinsicht verbessert, müssten das Bank- und das Steuergeheimnis aufgehoben werden sowie alle Informationen zu Privatstiftungen im In- und Ausland, aber auch zu in »Steueroasen« wie Barbados, den Bahamas oder den Bermudas gebunkerten Vermögen vorhanden sein.[2]

Die mangelnde Transparenz in Bezug auf die Verteilungsrelationen erleichtert es interessierten Kreisen, sozioökonomische Polarisierungstendenzen zu leugnen oder deren Ausmaß herunterzuspielen.

Der Bonner Ökonom Moritz Schularick hat zusammen mit Thilo N. H. Albers (Humboldt-Universität zu Berlin) und Charlotte Bartels (Deutsches Institut für Wirtschaftsforschung) die Vermögensverteilung in Deutschland von 1895 bis 2018 untersucht. Sie gelangten zu dem Ergebnis, dass die Vermögensungleichheit im vergangenen Vierteljahrhundert wieder deutlich zugenommen hat. Während die obere Hälfte der Verteilung ihr Nettovermögen im Zeitraum zwischen 1993 und 2018 mehr als verdoppelte, besaß die ärmere Hälfte der Bevölkerung weniger als ein Vierteljahrhundert zuvor; ein Haushalt der reichsten 10 Prozent war im Jahr 1993 durchschnittlich 50-mal, im Jahr 2018 aber schon 100-mal reicher als ein Haushalt der unteren Hälfte.[3]

Markus M. Grabka und Christian Westermeier betrachteten den Zeitraum von 2002 bis 2012, in dem die Vermögensungleichheit anhaltend hoch blieb. Zuletzt lag das durchschnittliche Nettovermögen der Erwachsenen bei gut 83 000 Euro. Der Median, welcher angibt, wie viel die mittlere Person in einer nach der Höhe ihres Nettovermögens geordneten Reihe besaß, lag bei knapp 17 000 Euro. Die enorme Differenz lässt erahnen, wie groß die Vermögensungleichheit tatsächlich war. »Gut ein Fünftel aller Erwachsenen verfügte über kein persönliches Vermögen – bei sieben Prozent waren die Verbindlichkeiten sogar höher als das Bruttovermögen.«[4] Unter den Staaten der Eurozone wies Deutschland vor Österreich die höchste Vermögensungleichheit auf. Sowohl beim Markteinkommen wie beim Vermögen blieb die Bundesrepublik hinsichtlich der bestehenden Ungleichheit den USA dicht auf den Fersen.

Eine nur wenig geringere Dramatik gab es im Hinblick auf die Einkommensspreizung. Häufig wird so getan, als lebten große Teile der Bevölkerung in Saus und Braus. Olaf Groh-Samberg kam in einer Untersuchung auf Basis von SOEP-Daten, die auch subjektive Selbsteinschätzungen umfassen, jedoch zu einem ganz anderen Ergebnis. Nur 1 Prozent der Bevölkerung, die der Bremer Soziologe als »ökonomische Elite« bezeichnet, sei kontinuierlich, d. h. ohne Unterbrechung mindestens fünf Jahre lang einkommensreich und aller materiellen Sorgen ledig, ganz unabhängig davon, ob sich die Wirtschaft in einem Aufschwung oder in einer Krise befinde.[5]

Da sich die Managerbezüge stärker am US-Niveau orientierten, während die Reallöhne insbesondere der Geringverdiener/innen entweder stagnierten oder sogar leicht sanken, riss die Lücke zwischen den niedrigsten und den höchsten Arbeitseinkommen immer weiter auf. Ohne dass hierzulande bisher Topgehälter wie in den Vereinigten Staaten gezahlt wurden, verdienen deutsche Spitzenmanager einschließlich der üblich gewordenen Sonderleistungen, Erfolgsprämien und Aktienoptionen bis zu 15 oder 20 Millionen Euro pro Jahr, d. h. weit mehr als 100-mal so viel wie manche ihrer Mitarbeiter/innen.

Die sich extrem vertiefende Kluft zwischen Vorstandsgehältern und den Löhnen »normaler« Arbeitnehmer/innen trägt zur Verschärfung der Einkommensungleichheit bei, ohne allerdings ihre Hauptursache zu sein. »Exorbitant hohe Managereinkünfte, deren Vorsprung vor den durchschnittlichen Einkommen in den letzten Jahrzehnten schwindelnde Höhen erreicht hat, sind nur ein kleiner, aber sehr sichtbarer und besonders irritierender Teil einer komplexen Zunahme von Ungleichheit, die besonders in demokratischen politischen Kulturen als ungerecht wahrgenommen wird und langfristig die Legitimität des Systems in Frage stellen kann.«[6]

Selbst die CDU/CSU/FDP-Koalition unter Angela Merkel als Bundeskanzlerin kam 2013 nicht umhin, die steigende Ungleichverteilung des Vermögens im Vierten Armuts- und Reichtumsbericht zu dokumentieren: Verfügten die reichsten 10 Prozent der Bevölkerung danach im Jahr 1998 über 45 Prozent des privaten Nettovermögens, waren es 2003 bereits 49 Prozent und 2008 sogar fast 53 Prozent. Zugleich musste sich die ärmere Hälfte der Bevölkerung mit 3 Prozent (1998 und 2003) und 2008 mit bloß noch 1 Prozent begnügen.[7] Auch der Fünfte Armuts- und Reichtumsbericht der Bundesregierung dokumentierte 2017 erneut die Verteilungsschieflage vornehmlich beim Vermögen. Während die reichsten 10 Prozent der Bevölkerung laut dem Regierungsbericht 51,9 Prozent des Nettogesamtvermögens besaßen, kam die ärmere Hälfte der Bevölkerung gerade mal auf 1 Prozent.[8]

Hyperreiche wissen oft gar nicht genau, was ihnen alles gehört, und selbst wenn sie es wissen, erhält man darüber selten genaue Angaben. Stellt man die statistische Unsicherheit bei der Erfassung von Hochvermögenden und ihres Vermögensreichtums in Rechnung, dürfte die reale Ungleichheit noch größer sein, als es die verfügbaren Daten erkennen lassen. Christian Westermeier und Markus M. Grabka, Verteilungsforscher am Deutschen Institut für Wirtschaftsforschung (DIW), schätzten im Jahr 2015, dass sich in Wahrheit sogar fast drei Viertel (74 Prozent) des Nettogesamtvermögens bei den reichsten 10 Prozent der Vermögensverteilung konzentrierten, ein Drittel (31 bis 34 Prozent) beim reichsten Prozent der Bevölkerung und zwischen 14 und 16 Prozent beim reichsten Promille der Bevölkerung.[9]

Zuletzt haben Carsten Schröder, Charlotte Bartels, Konstantin Göbler, Markus M. Grabka und Johannes König frühere DIW-Untersuchungsergebnisse im Rahmen eines Forschungsprojekts für den Sechsten Armuts- und Reichtumsbericht der Bundesregierung aktualisiert. Dabei griffen sie auf eine Zusatzstichprobe des Sozio-oekonomischen Panels (SOEP) zurück, nahmen eine Sonderbefragung von Vermögensmillionären vor und bezogen die Reichenliste eines Wirtschaftsmagazins ein, um auch Hyperreiche im Rahmen dieser Sonderauswertung zu berücksichtigen. Demnach entfallen heute 67,3 Prozent des Nettogesamtvermögens auf das oberste Zehntel der Verteilung, 35,3 Prozent des Nettogesamtvermögens konzentrieren sich beim reichsten Prozent der Bevölkerung und das reichste Promille kommt immer noch auf 20,4 Prozent des Nettogesamtvermögens.[10] Aufgrund der neuen Untersuchungsmethode stieg der auf Basis regulärer SOEP-Daten berechnete Gini-Koeffizient von 0,78 auf 0,83, was fast dem US-amerikanischen Vergleichswert entspricht, der üblicherweise mit 0,85 bis 0,87 angegeben wird.

Da die Bundesregierung jedoch bis heute wenig Sensibilität gegenüber dem Problem der sozioökonomischen Ungleichheit an den Tag legt und es – falls möglich – zu relativieren sucht, finden sich diese Zahlen zur Verteilungsschieflage im Sechsten Armuts- und Reichtumsbericht nicht. Vielmehr wird in dem Regierungsdokument so getan, als hätte sich die Ungleichheit während der vergangenen Jahre verringert: »Betrachtet man die Haushalte nach der Höhe des Vermögens, entfielen auf die Haushalte in der unteren Hälfte der Verteilung rund 1 Prozent des gesamten Nettovermögens, während die vermögensstärksten 10 Prozent der Haushalte über die Hälfte des gesamten Nettovermögens auf sich vereinten. Vor gut zehn Jahren konnte die stärkste Ungleichverteilung der privaten Vermögen beobachtet werden, nachdem sie im Vergleich zu 1998 deutlich angestiegen war. Bis 2017 bzw. 2018 war sie wieder leicht rückläufig.«[11]

Dabei macht die ausgeprägte sozioökonomische Polarisierungsdynamik auch vor den Vermögenden selbst nicht halt. Vielmehr spaltet sich dieser Personenkreis in Wohlhabende, Reiche und Hyperreiche. Vor allem das Produktivvermögen konzentriert sich zunehmend bei den Letzteren, die meistenteils auch große Erbschaften machen. Bei einer allerdings nicht repräsentativen Sondererhebung des Deutschen Instituts für Wirtschaftsforschung hatten gut drei Viertel der hochvermögenden Haushaltsvorstände ab 40 Jahren eine Erbschaft oder Schenkung erhalten, während es bei den Haushaltsvorständen dieser Altersgruppe in der Gesamtbevölkerung nur etwas mehr als ein Drittel waren. »Bei zwei Dritteln der befragten Hochvermögenden war die empfangene Erbschaft oder Schenkung (mit) maßgeblich für den Vermögensaufbau.«[12]

Leider berücksichtigte das DIW die unterschiedliche Zusammensetzung der erfassten Vermögen nur am Rande. Während es sich bei Wohlhabenden, Reichen und Hyperreichen traditionell vorwiegend um Kapitalvermögen, Unternehmen(santeile) und hochwertigen Immobilienbesitz handelt, verfügte die ärmere Hälfte der Bevölkerung in der Vergangenheit hauptsächlich über Sparguthaben, die oft kaum Zinsen abwarfen. Aufgrund der Niedrigzinspolitik, eines verbesserten Informationsstandes und eines veränderten Anlageverhaltens scheint sich dies zuletzt ansatzweise geändert zu haben. An der Aktienbörse erleichtern vor allem Indexfonds breiten Schichten die Kapitalanlage.

Während das Geldvermögen gleichmäßiger verteilt ist, gilt dies keineswegs für das Betriebsvermögen. Eine nicht zu unterschätzende Bedeutung haben in diesem Zusammenhang hyperreiche Unternehmerfamilien, die zum Teil riesige Konzerne besitzen oder Mehrheitsaktionäre sind. Selbst der Internationale Währungsfonds (IWF) hat im Juli 2019 auf die Konzentration von Einkommen und Vermögen in Deutschland hingewiesen und die Führungsrolle der Familienunternehmen bei diesem Prozess hervorgehoben.[13]

Wie erklärt sich angesichts dessen die Behauptung des Instituts der deutschen Wirtschaft (IW), dass die Ungleichheit beim Vermögen in den vergangenen zwei Dekaden gar nicht mehr zugenommen habe? Maximilian Stockhausen und Judith Niehuis analysierten die Entwicklung der Nettovermögensverteilung auf Basis unterschiedlicher Mikrodatensätze, wobei sie zu dem Resultat gelangten, »dass das Niveau der Vermögensungleichheit seit Beginn der 2000er Jahre nahezu konstant ist und in den letzten Jahren eher sinkt als steigt.«[14] Die beiden IW-Mitarbeiter beriefen sich nicht zuletzt auf Daten des Sozio-oekonomischen Panels, die am Deutschen Institut für Wirtschaftsforschung erhoben werden. Markus M. Grabka und Christoph Halbmeier konstatierten demgegenüber, »dass eine bevölkerungsrepräsentative Stichprobe wie das SOEP den Bereich sehr hoher Vermögen tendenziell untererfasst und somit das Ausmaß der tatsächlich in Deutschland vorhandenen Vermögensungleichheit unterschätzt. Vermutlich ist es in den vergangenen zehn Jahren zu einem Anstieg der Vermögensungleichheit gekommen, da die Zahl der Vermögensmillionäre seit 2008 um 69 Prozent oder gut 550 000 Personen zugenommen hat.«[15] Grabka und Halbmeier bestätigten den Trend zur Polarisierung der Verteilung, denn bei einer gemeinsamen Betrachtung von Einkommen und Vermögen stellten sie fest, dass sich die Vermögenssituation in den beiden einkommensschwächsten

Dezilen verschlechtert hatte, während es im einkommensstärksten Dezil gleichzeitig signifikante Vermögenszuwächse gab.

Zu Beginn des neuen Jahrtausends fand eine Ausdifferenzierung der Einkommens- und Vermögensverteilung statt, die auch im internationalen Vergleich extrem stark ausgeprägt ist. »In Deutschland sind Reichtum und Wohlstand nicht nur auf eine kleinere Bevölkerungsgruppe begrenzt als in anderen Ländern, sondern diese kleine Gruppe der Reichen hält auch einen deutlich größeren Anteil des Gesamtvermögens im Land.«[16] Dorothee Spannagel hat in ihrer Dissertation untersucht, ob die Anzahl der Reichen in Deutschland zugenommen oder ob sich der wachsende Reichtum bei den schon vorher Reichen zusammengeballt hat. Sie kam für den Zeitraum von 1985 bis 2005 zu dem Ergebnis, dass es sowohl immer mehr Einkommensreiche wie auch mehr Reichtum für die betreffenden Personen bzw. Haushalte gab. »Für die sehr Reichen [...] gilt, dass ihr Anteil zugenommen hat, vor allem in den Jahren nach 2000.«[17]

Da hierzulande über die Hälfte der Einwohner/innen zur Miete wohnen, ist das Immobilienvermögen stark konzentriert, besonders bei den Hochvermögenden. Der Immobilienboom im Gefolge der Finanzmarktkrise 2007/08 mit steigenden Preisen für Häuser und Wohnungen hat die sozioökonomische Ungleichheit weiter verschärft und zur Vertiefung der Kluft zwischen Arm und Reich beigetragen. Wie die Ökonomen Till Baldenius, Sebastian Kohl und Moritz Schularick belegten, hat das reichste Zehntel der Deutschen am meisten vom jüngsten Immobilienboom profitiert und ist zwischen 2011 und 2018 allein durch die Preisexplosion auf diesem Markt inflationsbereinigt um knapp 1,5 Billionen Euro reicher geworden.[18] Die Mittelschicht, bei der Immobilienbesitz traditionell einen größeren Teil des Gesamtvermögens ausmacht, verzeichnete aufgrund der massiven Wertsteigerungen ebenfalls nicht unwesentliche Vermögenszuwächse. Die untere Hälfte der deutschen Vermögensverteilung ging dagegen mangels Wohnungseigentums praktisch leer aus.

Während einige Unternehmerfamilien den Industriesektor und hyperreiche Finanzfürsten den Bankensektor und das Kreditwesen, damit jedoch auch andere Teile der Volkswirtschaft beherrschten, besaßen 40 Prozent der Bevölkerung laut DIW-Präsident Marcel Fratzscher kein nennenswertes Vermögen, auf das sie im Alter oder im Krankheitsfall zurückgreifen konnten.[19] Demnach lebten über 32 Millionen Menschen gewissermaßen von der Hand in den Mund, waren sie doch nur eine Kündigung oder einen schweren Unfall von der Armut entfernt.

Armut beschränkt sich nicht mehr auf Randgruppen

Seit der Vereinigung von BRD und DDR drifteten Lohn- und Kapitaleinkünfte immer stärker auseinander. Die hohen Zuwachsraten der Gewinneinkommen gingen zulasten der Lohneinkommen, deren Anteil am Volkseinkommen rückläufig war.[20] Nach dem 3. Oktober 1990 erreichten nur ganz wenige Ostdeutsche das oberste Einkommensperzentil, dessen Anteil am Volkseinkommen dadurch zunächst erheblich sank, während die untere Hälfte einen Zuwachs verzeichnete.[21] Somit bewirkte die sukzessive Annäherung des ostdeutschen Einkommens- und Ungleichheitsniveaus an das westdeutsche eine vorübergehende Reduktion der Ungleichheit zwischen beiden Landesteilen, die »Inter-Gruppen-Ungleichheit« schwächte sich ab und das gesamtdeutsche Ungleichheitsniveau sank, bis ab Mitte der 1990er-Jahre die Angleichung nachließ, sodass die Ungleichheit in Gesamtdeutschland wieder stieg.[22]

In dieser Zeit hat eine »gigantische Umverteilung zugunsten der Kapitaleinkünfte« stattgefunden, wie der Ökonom Heinz-Josef Bontrup konstatierte. Denn die Lohnquote sank in den 1990er-Jahren kontinuierlich, erreichte im Jahr 2007 mit 63,6 Prozent einen Tiefstand und erholte sich bis zum Jahr 2017 nur auf 68,5 Prozent. Obwohl die Anzahl der abhängig Beschäftigten im Jahr 2019 auf einen Rekordwert stieg, war die Lohnquote nicht höher als zur Jahrtausendwende. Dazu hat nicht zuletzt die wachsende Zahl der prekären Beschäftigungsverhältnisse und Niedriglöhner/innen beigetragen. Hätte die Lohnquote in allen Jahren ihren 1993 erreichten Höchstwert von 72,4 Prozent beibehalten, wäre deutlich mehr Geld vor allem an untere Einkommensgruppen geflossen, statt als Unternehmensgewinn die Taschen der obersten Einkommensgruppen zu füllen. So hätten die abhängig Beschäftigten von 1991 bis 2017 laut Bontrup insgesamt 1,744 Billionen Euro mehr verbuchen können, die in Wirklichkeit den Beziehern von Kapitaleinkünften zugutekamen.

Nach den Maßstäben der Europäischen Union galten in Deutschland zuletzt 13,2 Millionen Menschen als von Armut betroffen oder bedroht. Sie hatten weniger als 60 Prozent des bedarfsgewichteten mittleren Haushaltsnettoeinkommens zur Verfügung, was für Alleinstehende 1 074 Euro im Monat entsprach. Davon mussten sie, wenn ihnen keine Immobilie gehörte, noch die Miete für ihre Wohnung bezahlen, was deutlich macht, wie bescheiden ihr Lebensstandard war.

Die auf der Grundlage des Mikrozensus – der mit Abstand größten und aussagekräftigsten Sozialstatistik im vereinten Deutschland – erhobene Armuts(gefährdungs)quote ist von 2005 bis 2019 stetig gestiegen. Lag der Anteil der armutsgefährdeten Personen an der Gesamtbevölkerung 2005 noch bei 14,7 Prozent, wuchs dieser bis auf den Rekordstand von 15,9 Prozent im letzten verfügbaren Jahr (2019) an. Pandemiebedingt dürfte die Armut im Jahr 2020 noch weiter angewachsen sein.

Wie diese Daten verdeutlichen, ist Armut in der Bundesrepublik schon lange kein Rand(gruppen)phänomen mehr, als das sie bis heute gern verharmlost wird, sondern immer stärker zur Mitte der Gesellschaft vorgedrungen. Hierzulande war und ist die – früher meist als Mittelstand bezeichnete – Mittelschicht das Maß aller Dinge. Wenn sie auseinanderbricht oder zerbröckelt, was ungefähr seit der Jahrtausendwende diagnostiziert wird, gilt für das Bürgertum und seine Parteien eigentlich die höchste Alarmstufe. Trotzdem bleibt es verstörend ruhig im Land.

Sowohl die Quelle des Einkommens – Kapital, Lohnarbeit oder Grundeigentum – wie auch die Qualität des jeweiligen Einkommens bleiben in dem obigen Zahlenmaterial unberücksichtigt, was die Vergleichbarkeit der Angaben erschwert und die auf der Grundlage des Mikrozensus getroffenen Aussagen teilweise unbrauchbar macht. Zu demselben Schluss kommen die Bochumer Sozialwissenschaftler/innen Renate Dillmann und Arian Schiffer-Nasserie, wenn sie feststellen, dass die Einkommensstatistik den ökonomischen Zusammenhang zwischen der Einkommens*art* und der Einkommens*höhe* verwischt.[23] Dabei macht es einen großen Unterschied, ob jemand sein Einkommen hart durch Lohnarbeit verdienen muss oder den gleichen Betrag leistungslos als Zinsertrag bzw. Dividende auf sein Kapital erhält.

Die höchsten Armutsrisiken wiesen Erwerbslose (57,9 Prozent), Alleinerziehende (42,7 Prozent) und Nichtdeutsche (35,2 Prozent) auf. Kinder, Jugendliche und Heranwachsende waren ebenfalls stark betroffen, während das Armutsrisiko der Senior(inn)en seit geraumer Zeit am stärksten zunimmt. Ihnen wird somit immer häufiger der Lohn für ihre Lebensleistung verweigert. Angehörige dieser Altersgruppe laufen überdies Gefahr, wegen der mehr als bescheidenen Grundsicherungsleistungen bis zu ihrem Tod sozial ausgegrenzt und isoliert zu werden. Die ständig wachsende Altersarmut dürfen wir über der hohen Kinder- und Familienarmut nicht vergessen.[24]

Von einer sozialen Gleichheit der Geschlechter kann unter den gegebenen Umständen keine Rede sein. Nicht zufällig heißt es denn auch keineswegs bloß in grammatikalischer Hinsicht, dass der Reichtum männlich und die Armut weiblich sei. Feministinnen leiten daraus eine systematische Unterdrückung und materielle Benachteiligung durch den Mann ab: »Frauen werden vom ›großen Geld‹ ferngehalten, um sie von Macht und Einfluß fernzuhalten, die/den das Patriarchat für sich beansprucht.«[25] Angesichts der Tatsache, dass Frauen selbst bei gleicher Qualifikation und Eignung im gesamtgesellschaftlichen Durchschnitt deutlich weniger verdienen als Männer, müssen sie gar nicht wegen der Geburt und Erziehung von Kindern für längere Zeit aus dem Beruf ausscheiden, um nach Erreichen der Altersgrenze eine geringere Rente zu erhalten.

Armut trifft neben den Kleinstrentner(inne)n, die Grundsicherung im Alter beantragen und in seltenen Fällen die erst zum 1. Januar 2021 geschaffene Grundrente beziehen können, vor allem Erwerbslose, Alleinerziehende und Migrant(inn)en, deren Anteil an den Hartz-IV-Bezieher(inne)n überdurchschnittlich hoch ist. Kinder sind arm oder reich, wenn ihre Eltern arm oder reich sind. Deswegen ist es so wichtig, die Einkommens- und Vermögenssituation der Erwachsenen zu untersuchen, von denen natürlich nicht alle Kinder haben.

Was bei den Reichen das Vermögen ist, sind bei den Armen die Schulden. Beides hat die Tendenz, mit der Zeit stark zu steigen, und erhöht die sozioökonomische Ungleichheit. Mit den hohen Schulden von Armen machen Wohlhabende und Reiche nämlich einträgliche Geschäfte. Banken, Inkassounternehmen und Anwaltskanzleien verdienen daran viel Geld.

Laut den Angaben der Wirtschaftsauskunftei Creditreform, die regelmäßig in einem »Schuldneratlas« darstellt, wie sich die Überschuldung privater Verbraucher innerhalb Deutschlands entwickelt und kleinräumig verteilt, ist ungefähr jeder zehnte Erwachsene überschuldet; bei den Jugendlichen sieht es ähnlich aus. Hier führen vor allem hohe Konsumentenkredite, teure Handyverträge und wenig überlegte Anschaffungen zu einer wachsenden Schuldenlast. Ist eine Familie überschuldet, kann das für die Kinder üble Folgen haben, etwa heißen, im Kalten sitzen und die Schularbeiten im Dunkeln machen zu müssen, weil Strom und/oder Gas abgestellt wurden. In den vergangenen Jahren gab es Stromsperren jeweils für rund 300 000 Haushalte. Hohe Schulden der Familie bedeuten für die Kinder, dass sie nicht bloß all jene Möglichkeiten entbehren, die vermögende Eltern ihrem Nachwuchs bieten können, sondern dass sie auch die Nachteile der mit Überschuldung verbundenen Belastungen ertragen müssen.

3 Kinderungleichheit: eine Generation, zwei Klassen

Kinder und Jugendliche bilden keine homogene Bevölkerungsgruppe, sondern gehören je nach dem Einkommen und Vermögen, dem Sozialstatus, der ethnischen Herkunft, der weltanschaulichen oder religiösen Überzeugung und dem Bildungsgrad ihrer Eltern unterschiedlichen Klassen, Schichten und soziokulturellen Milieus an. Weil die zwischen den Erwachsenen seit geraumer Zeit deutlich zunehmende Ungleichheit voll auf die junge Generation durchschlägt, gibt es bei uns mittlerweile Kinder erster und Kinder zweiter Klasse. Die verschiedenen Gesellschaftsschichten entfernen sich weiter voneinander, und zwar nicht bloß die Reichen und Hyperreichen von den Armen und Arbeitslosen, sondern auch die Wohlhabenden von den prekär Beschäftigten. Zudem sind die Kinderwelten immer stärker voneinander abgeschottet, was Freundschaften und spätere Liebesbeziehungen zwischen den Angehörigen unterschiedlicher Schichten zwar nicht ausschließt, aber erschwert. Je mehr die Gesellschaft der Bundesrepublik auseinanderdriftet und die Sozialstruktur zersplittert, umso schärfer konturiert sich auch die Spaltung bei den jüngsten Gesellschaftsmitgliedern. Durch die Polarisierung ihrer Lebenslagen zerfällt die nachwachsende Generation heute stärker als je zuvor in verschiedene Fraktionen, deren Beziehungen zahlreiche Bruchlinien aufweisen, was sich nie deutlicher als während der Covid-19-Pandemie gezeigt hat.

Die einen werden als Verlierer/innen geboren …

Von den etwa 13,5 Millionen Kindern und Jugendlichen unter 18 Jahren, die hierzulande in 8,2 Millionen Familien leben, wachsen 2,8 Millionen in einer Armutslage auf. Die meisten von ihnen (2,4 Millionen) sind jünger als 15 Jahre. Entweder beträgt das Einkommen ihrer Familie weniger als 60 Prozent des mittleren bedarfsgewichteten Haushaltsnettoeinkommens und/oder diese bezieht Transferleistungen nach den Sozialgesetzbüchern II (als »Hartz IV« bekannt) bzw. XII (Grundsicherung im Alter bzw. Sozialhilfe, die früher »Fürsorge« oder »Wohlfahrt« genannt wurde).

Zunächst ging der Anteil der von Armut betroffenen oder gefährdeten Kindern und Jugendlichen unter 18 Jahren von 19,5 Prozent im Jahr 2005 bis auf 18,2 Prozent 2010 zurück. Dann aber stieg die Armuts(gefährdungs)quote wieder deutlich an und erreichte 2019 einen Rekordstand von 20,5 Prozent. Bedenkt man, dass Deutschland nach der Finanzmarkt- und Wirtschaftskrise 2008/09 eine zehn Jahre dauernde Hochkonjunktur erlebte, war und ist das Armutsrisiko für Kinder und Jugendliche skandalös hoch. Selbst die Einführung des Mindestlohns zum 1. Januar 2015 und kleinere finanzielle Verbesserungen beim Kindergeld, beim Kinderzuschlag sowie beim Bildungs- und Teilhabepaket (BuT) für Kinder im Transferleistungsbezug haben die Armuts(risiko)quote nicht wesentlich gedrückt. Durch kleine Schritte der Großen Koalition im Kampf gegen die Kinderarmut wurden zwar einige Familien leicht über die Armutsschwelle gehoben, aber nicht aus der Problemzone einer prekären Existenz herausgeführt. Inzwischen dürfte die Zahl der von Armut betroffenen oder bedrohten Kinder pandemiebedingt sogar noch einmal gestiegen sein.

Jedes siebte Kind lebt von Hartz IV bzw. Sozialgeld und mehr als jedes fünfte Kind in relativer (Einkommens-)Armut, was zu materiellen Einschränkungen, aber auch gesundheitlichen und psychosozialen Beeinträchtigungen der Betroffenen führt. Nur unter den Heranwachsenden und jungen Erwachsenen zwischen 18 und 25 Jahren sind noch mehr von einem Armutsrisiko betroffen, nämlich jede/r vierte. Olaf Groh-Samberg weist in diesem Zusammenhang darauf hin, dass frühe Armutserfahrungen das Risiko erhöhen, im weiteren Lebensverlauf oder sogar dauerhaft von Einkommensarmut betroffen zu sein. »Jugendliche und junge Erwachsene mit Armutserfahrungen haben darüber hinaus signifikant geringere Chancen, die Hochschulreife zu erwerben oder einen ›guten Job‹ jenseits prekärer Arbeit zu finden. Sie sind mit einem deutlich erhöhten Risiko konfrontiert, immer wieder in ihrem Leben Armutserfahrungen machen zu müssen.«[1]

Obwohl so viele Minderjährige betroffen waren, wurde das Problem der Kinder- und Jugendarmut in Fachwissenschaft, etablierter Politik und (Medien-)Öffentlichkeit jahrzehntelang eher stiefmütterlich behandelt.[2] Bis zur Jahrtausendwende war »Armut« hierzulande ein Tabuthema, das die Öffentlichkeit höchstens in der Vorweihnachtszeit bewegte. Meist nahm man die *Kinder*armut gar nicht wahr, und wenn, dann fiel der Blick vieler Beobachter/innen besonders auf *Klein*kinder, eine Gruppe, die als Prototyp der »würdigen« Armen gilt, weil man sie im Unterschied zu erwerbsfähigen Älteren nicht selbst für ihre soziale Misere verantwortlich machen kann.

Zeitweilig avancierte die Kinderarmut sogar zu einem Modethema in den Massenmedien. Auf der politischen Ebene aber hoffte man offenbar, sie hauptsächlich durch bürgerschaftliches, zivilgesellschaftliches Engagement unter Kontrolle halten zu können. Schließlich hat jede/r, nicht allein der öffentlich-rechtliche Rundfunk, ein Herz für Kinder. Wen rühren Kinder nicht an, die noch nie im Zoo oder im Zirkus waren, geschweige denn im Museum oder im Theater? Viel zu selten wird Kinderarmut jedoch als ein strukturelles Problem begriffen, das mit den bestehenden Eigentums-, Macht- und Herrschaftsverhältnissen zu tun hat. Kinderarmut darf in der öffentlichen Betrachtung nicht aus den gesamtgesellschaftlichen Bezügen herausgelöst werden, denn sonst bleibt unerkannt, dass die armen Jungen und Mädchen primär Kinder der Ungleichheit sind. Wer über die reichen Kinder nicht sprechen will, verschweigt damit auch einen wesentlichen Teil der Wahrheit über die armen Kinder.

Natürlich erscheint die Armut von Kindern hierzulande weniger spektakulär als dort, wo Menschen auf der Straße verhungern. Mancher wohlhabende Bürger beruhigt sich denn auch damit und glaubt, dass es sich weniger um materielle Not als um fehlende Zuwendung, Verwahrlosung oder einen Zustand der Vernachlässigung durch die Eltern handle. Dabei haben es arme Kinder in einem reichen Land manchmal schwerer als in einer Gesellschaft, die einem Großteil ihrer Mitglieder nur das Allernötigste zu bieten hat: Wer in der Wellblechhütte eines Entwicklungslandes heranwächst, muss sich nicht für seine Armut rechtfertigen, wer hierzulande in einer Hochhaussiedlung aufwächst, aber schon.

Wie unterscheiden sich die Armut von Kindern und die Armut von Erwachsenen? Wer in die materielle Not einer Familie »hineingeboren« wird, hat keine andere Lebenslage als Erfahrungshintergrund und empfindet sie deshalb eher als »normal« und als unabwendbares Schicksal. Man gewöhnt sich leichter daran und stumpft für gewöhnlich ab, entwickelt also weniger Widerstandskraft dagegen. Kennzeichnend für *Kinder*armut ist darüber hinaus, dass die davon Betroffenen kaum Möglichkeiten haben, ihr durch eigene Anstrengungen zu entkommen, vielmehr oft jahrzehntelang »abgehängt« bleiben und von der Mehrheitsgesellschaft aufgegeben werden. Wer im Untergeschoss der Gesellschaft aufgewachsen ist, freut sich bereits über die Anmietung einer Souterrainwohnung, ohne je vom Besitz eines Penthouse zu träumen.

Deutschland ist keine »Abstiegsgesellschaft« (Oliver Nachtwey), in der es für die allermeisten Mitglieder nach unten ginge, sondern driftet sozial immer stärker auseinander, weil sowohl die Einkommen wie auch die beruflichen Laufbahnen selbst innerhalb der Mittelschicht ungleicher werden.[3] Kindern aus einkommensschwachen Familien gelingt immer seltener der soziale Aufstieg. Wie sehr die soziale Mobilität vornehmlich im Kellergeschoss der Gesellschaft eingeschränkt ist, bestätigte die Bundesregierung zuletzt im Sechsten Armuts- und Reichtumsbericht. Dort heißt es lapidar: »In den oberen sozialen Lagen herrscht große Stabilität, Personen aus den mittleren Lagen gelingt es vielfach weiterhin, aufzusteigen, für Personen aus den unteren sozialen Lagen sind die Aufstiegschancen seit den 1980er Jahren kontinuierlich gesunken.«[4] In der als »Armut« bezeichneten Lage gehöre man ihr mit einer seitdem von 40 Prozent auf 70 Prozent gestiegenen Wahrscheinlichkeit auch noch in der folgenden Fünfjahresperiode an.

Kinder werden oft als ein »Armutsrisiko« betrachtet. Meist waren Eltern allerdings schon vor der Geburt ihrer Kinder einkommensarm oder von Armut bedroht. Durch schlechtere Bildungschancen und Berufsperspektiven vererbt sich Armut quasi sozial, wenngleich es sich nicht um ein Naturgesetz handelt: Aus armen Kleinkindern werden arme Jugendliche und später oft arme Erwachsene, die wieder arme Kinder bekommen, wenn sie den Teufelskreis nicht zu durchbrechen vermögen. »Etwa zwei Drittel aller Kinder bleiben von Armut verschont und müssen sie auch nicht fürchten. Doch diejenigen, die Armut erleben, bleiben entweder langfristig arm oder müssen mit neuen Armutsepisoden rechnen. Übergänge aus Armut in gesicherte Einkommenslagen sind eher selten.«[5]

Zwar führt die vermehrte Kinderarmut nicht automatisch zu Misserfolgen, schlechten Noten und sozialer Ausgrenzung der Betroffenen. Wenn zu Hause offen darüber geredet wird, dass man sich einschränken muss, etwa weil der Vater arbeitslos geworden ist, stärkt dies vielleicht sogar den Familienverbund. Auch in der Peergroup kann der offene Umgang mit der Armut eines Mitgliedes dieses wirksam unterstützen und mental stärken. Man spricht in diesem Zusammenhang von Resilienz, worunter die Fähigkeit verstanden wird, eine Belastungssituation wie soziale Benachteiligung oder Mobbing durch Klassenkamerad(inn)en aus eigener Kraft gut zu bewältigen. Die Münsteraner Politikwissenschaftlerin Margherita Zander hat das Konzept der Resilienzförderung mit Kinderarmut in Verbindung gebracht, aber eindringlich davor gewarnt, die Armutsproblematik zu entpolitisieren. Kinder können und sollen ihrer Überzeugung nach nicht gegen Armut resilient gemacht werden; vielmehr müsse man diese gesellschaftlich beseitigen oder vermindern.[6] Schließlich wird sich auch niemand gemäß dem zynischen Motto »Was uns nicht umbringt, macht uns nur noch härter« für Kinder mehr Armut wünschen.

Insbesondere von Armut bedrohte und betroffene Familien sind häufig erschöpft, weil es ihnen an ökonomischen, sozialen und psychischen Ressourcen zur problemlosen Bewältigung ihres Alltags mangelt, was der Erfurter Soziologe Ronald Lutz auf die Herausforderungen der Moderne zurückführt.[7] Von der Armut ihrer Eltern sind Minderjährige nicht zuletzt deshalb so stark betroffen, weil Familien als Opfer des neoliberalen »Umbaus« der Gesellschaft, des Arbeitsmarktes und des Sozialstaates heute nicht mehr dasselbe Maß an Sicherheit genießen wie die Nachkriegsgeneration: Im neoliberalen Modernisierungsprozess sind Kinder und Jugendliche gewissermaßen die schwächsten Glieder der Kette. Das bunte Spektrum der Lebens-, Liebes- und Familienformen, die von traditionellen Ehen mit zwei oder drei Kindern über Ein-Elternteil-Familien bis zu Stief-, Regenbogen- und Patchworkfamilien reichen, vermehrt die Armutsrisiken ebenfalls.

Die durchschnittlichen Konsumausgaben der verschiedenen Bevölkerungsgruppen wie ihres Nachwuchses klaffen weniger stark auseinander als die Einkommen. Weil die Finanzschwachen gezwungen sind, einen sehr hohen Anteil ihres Einkommens für die Befriedigung der Grundbedürfnisse (Nahrung, Wohnung und Bekleidung) auszugeben,[8] bleibt ihnen nur sehr wenig Geld zum Kauf von Konsumgütern, was sie leicht in die Schuldenfalle tappen lässt. »Überschuldung ist in der überwiegenden Zahl der Fälle keine Folge eines die eigenen finanziellen Möglichkeiten übersteigenden privaten Konsums, sondern folgt in wachsendem Maße aus Forderungen der öffentlichen Hand, die die Leistungsfähigkeit der Menschen übersteigen.«[9] Joachim Rock, Leiter der Abteilung Arbeit, Soziales und Europa im Paritätischen Gesamtverband, nennt in diesem Zusammenhang einerseits Beitragsschulden in der gesetzlichen Krankenversicherung und andererseits schnell wachsende Darlehensschulden bei den Jobcentern, weshalb diese beinahe ein Fall für die

Bundesanstalt für Finanzdienstleistungsaufsicht (BaFin) seien, wie er süffisant anmerkt. Bezieher/innen von Arbeitslosengeld II finanzieren mit Krediten der Bundesagentur für Arbeit unerwartete Reparaturen (z. B. ihrer Waschmaschine) und notwendige Anschaffungen (z. B. eines Wintermantels für ihr aus dem alten herausgewachsenen Kind), die vor Einführung von Hartz IV durch zusätzliche Beihilfen des Arbeitsamtes abgedeckt wurden.

2019 haben über 580 000 Personen aufgrund von finanziellen Problemen eine Schuldner- und Insolvenzberatungsstelle in Anspruch genommen. Mehr als ein Drittel der überschuldeten Personen, die um Hilfe nachsuchten, hatten laut Statistischem Bundesamt mindestens ein unterhaltsberechtigtes Kind, das im selben Haushalt lebte. Weitere knapp 10 Prozent hatten mindestens ein Kind, das außerhalb des eigenen Haushalts wohnte.

Kinder und Jugendliche bilden eine umworbene Konsumentengruppe, deren Kaufkraft mehrere Milliarden Euro im Jahr beträgt, sich aber extrem ungleich auf die einzelnen Personen verteilt. Da junge Menschen unter massivem Druck der Gesellschaft wie auch ihrer Peergroup stehen, durch das Tragen von modischer Kleidung (»Markenklamotten«) und den Besitz immer neuer, möglichst hochwertiger Konsumgüter »mitzuhalten«, kann Armut für sie noch beschämender als für Erwachsene sein. Gerade in der Adoleszenz wirkt Armut demütigend, deprimierend und demoralisierend, weil diese Lebensphase für die Entwicklung des Selbstbewusstseins eines jungen Menschen von entscheidender Bedeutung ist. Für Jugendliche ist es schmerzlich genug, mit den immer gleichen, verschlissenen, zu kleinen oder zu großen Sachen zur Schule gehen zu müssen. Werden sie aus diesem Grund von den eigenen Klassenkamerad(inn)en verspottet, ist die Verletzung noch größer. So wird aus der Unterversorgung mit Kleidung sehr rasch soziale Ausgrenzung oder Isolation der von Armut betroffenen Kinder und Jugendlichen.

Heranwachsende und junge Erwachsene können den für sie besonders wichtigen Prestigekonsum häufig nur über Kredite finanzieren, wodurch ihnen die Schuldenfalle droht. Das wichtigste Statussymbol ist heute ein Smartphone, weshalb Telefonschulden an oberster Stelle rangieren, gefolgt von Schulden für teure Unterhaltungselektronik, ein Auto und die eigene Wohnung. Ungefähr ein Zehntel der Erwachsenen sind in Deutschland überschuldet. Dasselbe gilt für die Unter-30-Jährigen, deren Überschuldung vor der Coronakrise leicht gesunken ist, während die Zahl der überschuldeten Senior(inn)en zuletzt stieg.

Eine gute Kindheit kann man sich nicht kaufen, aber ohne das für den Lebensunterhalt einer Familie erforderliche Geld gibt es auch keine gute Kindheit. In einer Gesellschaft, deren wohlhabende Mitglieder viel Wert auf den privaten Konsum, Luxusgüter und kostspielige Statussymbole legen, wirkt schon eine schlechte Ausstattung mit Kinderspielzeug und/oder Markenkleidung für junge Menschen diskriminierend. Kurz nach der Jahrtausendwende waren es Nike, Nintendo und Nokia, über die man seinen Wohlstand im Kindesalter signalisierte, heute sind es vor allem Dinge, die angesagte Stars und Influencer gerade auf ihren Kanälen promoten. Gleich geblieben ist: Wer als Jugendliche/r auf das begehrte Prestigeobjekt verzichten muss (oder es gerade besonders demonstrativ zur Schau stellt, obwohl es mit Opfern etwa im Bereich der Grundnahrungsmittel, des Wohnens, der Bildung usw. erkauft wurde), wird im Kreis seiner Peers nicht akzeptiert. Die soziale Ausgrenzung ist eine der schlimmsten Konsequenzen von Armut und Unterversorgung im Kindesalter.

Wiewohl man hierzulande nicht gleich verhungert, wenn man arm ist, gibt es auch in der Bundesrepublik so manche Familie, die ihren Nachwuchs zur Kindertafel schickt, um Geld zu sparen. Mittagstische für Schulkinder stellen kostenlos ein gesundes Frühstück oder eine warme Mahlzeit bereit. Sie legen Zeugnis davon ab, dass eine wohlhabende Gesellschaft nicht willens und/oder in der Lage ist, auf einem regulären, für sämtliche Familien gleichen Weg deren Versorgung mit allem Lebensnotwendigen zu gewährleisten. In einem solchen Land setzt Ernährungsarmut die betroffenen Kinder stärker herab als in den afrikanischen, asiatischen oder lateinamerikanischen Staaten, wo ein Großteil der Bevölkerung kaum satt wird.

Nicht bloß in den Bereichen der Ernährung und der Konsumgüterausstattung sind die individuellen Auswirkungen familiärer Armut auf Kinder zu beobachten. Die Kinderarmutsforschung hat hierfür mehrdimensionale Konzepte entwickelt, mit deren Hilfe die facettenreiche Armut bei Kindern und Jugendlichen auch in den *immateriellen* Dimensionen sichtbar gemacht werden kann. Erwähnt seien das vom Kinderhilfswerk der Vereinten Nationen (Unicef) angewandte Modell kindlichen Wohlbefindens und das lebenslagenorientierte Spielräumekonzept der Sozialwissenschaftler/innen Karl August Chassé, Margherita Zander und Konstanze Rasch.[10]

In einer von der Arbeiterwohlfahrt (AWO) beauftragten Längsschnittstudie entwickelte ein Forschungsteam des Instituts für Sozialarbeit und Sozialpädagogik (ISS) um Gerda Holz und Beate Hock ein Kinderarmutskonzept, das sowohl familiäre Einkommensarmut ausweist wie auch die kindliche Lebenslage in vier Dimensionen – materielle, soziale, kulturelle und gesundheitliche – auffächert.[11]

Die Wissenschaftler/innen wiesen bei Kindern aus armen Elternhäusern viel häufiger Benachteiligungen nicht nur auf materieller, Ebene, sondern auch in sozialer, kultureller und gesundheitlicher Hinsicht nach als bei Kindern aus nichtarmen Familien. Das mag wenig überraschend klingen, doch wurde dieser Zusammenhang bislang sowohl in der politischen wie auch in der Fachdiskussion zu wenig berücksichtigt. Armut, so das Forschungsteam, ist häufig eine Kumulation der Benachteiligungen aus den Einzelbereichen. Für die betroffenen Kinder bedeutet das stark eingeschränkte, erheblich belastete Zukunftsperspektiven. Negative Auswirkungen in der kindlichen Entwicklung und im Wohlbefinden sowie häufig auch geringere Chancen auf eine erfolgreiche Bildungsteilhabe zeigten sich vor allem bei länger andauernder Armut der Familien

Die Tatsache, dass die soziale Situation von Kindern in so starkem Maße ausschlaggebend dafür ist, ob sie am gesellschaftlichen Leben beteiligt werden oder nicht, verdeutlicht das hohe Risiko armutsgefährdeter Kinder, ausgegrenzt zu werden. Gerade im Zusammenhang mit außerschulischen Freizeitaktivitäten hat das Familieneinkommen erhebliche Auswirkungen auf den Erlebnis-, Erfahrungs- und Sozialisationsraum von Kindern sowie für ihre nichtschulische Bildung. Während das öffentlich geförderte Freizeit- und Kinderkulturangebot mit Schwimmbädern, Spiel- und Sportplätzen sowie Jugend- und Kultureinrichtungen mit Musik- und Computerschulen oftmals von Kürzungen bedroht ist, hat sich ein wachsendes Segment kommerzieller Angebote etabliert, die aufgrund der Kosten für Kinder finanzschwacher Familien teilweise unerreichbar sind. Die Benachteiligung im Freizeitbereich verstärkt sich zudem im Jugendalter, weil außerfamiliäre (und kommerzielle) Freizeitaktivitäten mehr Gewicht erhalten.

Wenn hoch verschuldete Kommunen ihre Bibliotheken, Jugendzentren und Schwimmbäder schließen, sind arme Minderjährige die Hauptleidtragenden. Dann werden jene Kinder und Jugendlichen ausgeschlossen, deren Eltern keinen privaten Ersatz bieten und die sich teure Freizeitangebote nicht leisten können. So beklagt die Deutsche Lebens-Rettungs-Gesellschaft (DLRG) seit Jahren, dass viele öffentliche Schwimmbäder geschlossen würden und inzwischen ungefähr 60 Prozent der Jungen und Mädchen beim Verlassen der Grundschule nicht richtig schwimmen könnten. Nach DLRG-Angaben blieben hierzulande seit dem Jahrtausendwechsel gut 1400 von 7700 Bädern für immer geschlossen. Hunderte seien aktuell im Bestand gefährdet, weil den Kommunen das Geld für ihre notwendige Sanierung fehle und sie den Rotstift bei den nicht durch Gesetz festgelegten Pflichtleistungen ansetzten.

Da arme Familien meist auch weniger mobil sind, ist oftmals entscheidend, ob Freizeiteinrichtungen und -örtlichkeiten für die Kinder und Jugendlichen zu Fuß erreichbar sind. Insbesondere für Jungen aus materiell schlechter gestellten Haushalten findet Freizeitgestaltung weniger in Familie, Verein oder anderen Einrichtungen statt, sondern typischerweise auf der Straße. Arme Kinder im Grundschulalter spielen eher mit ihren Geschwistern und Kindern im unmittelbaren (oft belasteten) Wohnumfeld, sind stärker auf (wohnortnahe) institutionelle Angebote der Kinder- und Jugendhilfe angewiesen und unternehmen seltener Tagesausflüge mit ihren Familien.

In armen Familien ist der häusliche Medienkonsum verbreiteter. Weitere Unterschiede im Freizeitverhalten hat die Shell-Jugendstudie 2019 belegt: Während Jugendliche aus niedrigen Sozialschichten demnach häufiger im Internet surfen, fernsehen und in sozialen Medien unterwegs sind, greifen Jugendliche aus höheren Sozialschichten eher auf Videos, Serien und Filme der (kostenpflichtigen) Streamingdienste zurück, sind jedoch auch häufiger sportlich aktiv und lesen mehr.[12]

»Ohne Moos nichts los« beschreibt die Situation zutreffend: Armutsgefährdete 15- bis 25-Jährige beteiligten sich insgesamt seltener als nichtarme Gleichaltrige an Freizeitaktivitäten solcher Art, fand Sonja Fehr heraus, wobei die Unterschiede zwischen beiden Gruppen beim Besuch kultureller Veranstaltungen (Kino, Theater und Konzerten) besonders groß waren.[13]

Auch die Bertelsmann Stiftung, die den Kampf gegen Kinderarmut in Deutschland auf ihrer Homepage zu einer der größten gesellschaftlichen Herausforderungen erklärt, sieht vornehmlich bei der Freizeitgestaltung und der sozialen Teilhabe eine starke Unterversorgung. Bei vielen Kindern reiche das Geld nicht für einmal Kino, Konzert oder Essengehen im Monat. Klassenfahrten, Schüleraustausch oder Einladungen nach Hause fänden so gut wie nie statt. Über zwei Drittel der betroffenen Kinder könnten mit ihrer Familie jährlich nicht einmal eine Woche pro Jahr in Urlaub fahren, wird festgestellt. Es gebe sogar Jugendliche, die noch nie mit ihren Familien in Urlaub waren, weil diesen das nötige Geld dafür fehle. Früher machten Lehrer/innen häufiger den Fehler, nach den Sommerferien die Klassenarbeit »Mein schönstes Ferienerlebnis« schreiben zu lassen. Während die Schüler/innen aus wohlhabenden Familien ihre Poolfeiern im Club Med schilderten, konnten ihre Klassenkamerad(inn)en aus sozial benachteiligten Familien nur erzählen, wie es am Baggersee oder auf dem Balkon gewesen war. Zu hoffen ist, dass eine ungleichheitssensiblere Lehrerbildung dieses Problem gelöst hat oder künftig löst.

Trotz ihrer an sich begrüßenswerten Aufklärungsbemühungen vergießt die Bertelsmann Stiftung wahre Krokodilstränen, hat sie doch selbst durch ihre Vorschläge für eine Reformpolitik à la »Agenda 2010« und »Hartz IV« maßgeblich zur Entstehung des Problems beigetragen. Zudem liegt ihr der »Um-« bzw. Abbau des Sozialstaates nach wie vor mindestens ebenso am Herzen wie die proklamierte Unterstützung für die soziale Teilhabe benachteiligter Kinder und Jugendlicher. Michael Klundt, Professor für Kinderpolitik an der Hochschule Magdeburg-Stendal, benennt diesen eklatanten Widerspruch: »Einerseits wird die Bertelsmann Stiftung nicht müde, Projekte und Studien über Kinderarmut und für mehr Kinder-Partizipation und Jugendbeteiligung finanziell zu unterstützen. Auf der anderen Seite weist die Stiftungs- bzw. Konzernpolitik seit Jahren in Richtung neoliberaler Entstaatlichung bzw. Entdemokratisierung.«[14]

Mit dem von der damaligen Bundessozialministerin Ursula von der Leyen (CDU) rückwirkend zum 1. Januar 2011 eingeführte Bildungs- und Teilhabepaket setzte die Bundesregierung das Urteil des Bundesverfassungsgerichts vom 9. Februar 2010 zu den Hartz-IV-Regelsätzen (Az.: 1 BvL 1/09) um. Darin hatten die Karlsruher Richter/innen den altersspezifischen Bedarf von Kindern und Jugendlichen anerkannt und Verbesserungen beim soziokulturellen Existenzminimum gefordert. Das Paket sollte den »Bedarf zur Teilhabe am sozialen und kulturellen Leben in der Gemeinschaft« (Gesetzestext) mittels eines auf Antrag zu gewährenden Betrages in Höhe von zunächst 10 Euro monatlich decken. Anspruchsberechtigt waren rund 2,5 Millionen Kinder und Jugendliche in Schulen und Kindertageseinrichtungen, die selbst bzw. deren Familien Hartz-IV-Leistungen bezogen. Auch Empfänger/innen der Grundsicherung und von Sozialhilfe nach dem SGB XII sowie Eltern, die den Kinderzuschlag nach dem *Bundeskindergeldgesetz*, Wohngeld oder Unterhaltsleistungen nach dem *Asylbewerberleistungsgesetz* erhalten, konnten nunmehr BuT-Leistungen beantragen. Gemeint waren »Mitgliedsbeiträge in den Bereichen Sport, Spiel, Kultur und Geselligkeit«, der »Unterricht in künstlerischen Fächern (z. B. Musikunterricht) und vergleichbare angeleitete Aktivitäten der kulturellen Bildung« sowie die Teilnahme an Ferienfreizeiten.

Für die Bundesregierung waren die sozialen Probleme der armen Familien und ihrer Kinder damit im Wesentlichen gelöst. Beruhigt stellte der Fünfte Armuts- und Reichtumsbericht fest: »Durch das Bildungs- und Teilhabepaket (Volumen im Jahr 2015: 569,5 Millionen Euro) wird das spezifische sozio-kulturelle Existenzminimum von hilfebedürftigen Kindern, Jugendlichen und jungen Erwachsenen in der Sozialhilfe und der Grundsicherung für Arbeitsuchende, für Familien mit Bezug von Kinderzuschlag oder Wohngeld und nach dem Asylbewerberleistungsgesetz gesichert.«[15]

Davon kann leider keine Rede sein. Bei der Übernahme etwa von Kosten für Klassenfahrten, für Lernförderung und ganz besonders bei den sog. Teilhabeleistungen für Sport, Spiel, Geselligkeit, Kultur, musischen Unterricht oder Freizeiten, für die ein gesonderter Antrag gestellt werden musste, war die Inanspruchnahme – soweit nachverfolgbar – sehr gering. Das lag vermutlich nicht allein an den Beantragungsmodalitäten, die sich zudem noch je nach Kommune und Bundesland stark unterschieden. Viel entscheidender war wohl eher, dass man mit dem genannten Geldbetrag zwar z. B. Mitglied in einem Sportverein werden, sich von den im Regelbedarf enthaltenen dürftigen Mitteln aber kaum die dafür nötigen Ausrüstungsgegenstände (z. B. Fußballschuhe, Trikot und Trainingsanzug) kaufen konnte.

Teilweise gaben die Gemeinden »personalisierte Gutscheine« für Bildungs- und Teilhabebedarfe wie künstlerischen oder Nachhilfeunterricht aus. Diese bildeten aber keine Lösung des Problems mangelnder sozialer und kultureller Teilhabe, sondern schufen weitere: Gutscheine diskriminierten Arbeitslosengeld-II-Bezieher/innen bzw. deren Kinder nicht bloß, weil sie diese als solche bei jedem Kino-, Theater- oder Schwimmbadbesuch kenntlich machten, sondern disziplinierten Betroffene auch und diktierten ihnen, wofür sie ihre Transfers zu verwenden hatten – falls das nicht sogar der hintergründige Zweck des Gutscheinsystems war.

Im Bereich der Ernährung konnte das Bildungs- und Teilhabepaket insofern Not lindern, als es ein warmes Mittagessen von Kita- und Schulkindern im Hartz-IV-Bezug bezuschusste, anfänglich bis auf einen Eigenbeitrag von 1 Euro pro Mahlzeit in den Einrichtungen. Kinder, die nur vormittags eine Bildungseinrichtung oder keine Ganztagsgrundschule besuchen oder einen der »Kurztage« in der Schule haben, profitierten jedoch nicht vom BuT-Essen, sondern waren auf die häusliche Verpflegung angewiesen. Die anfänglich sehr zögerliche Inanspruchnahme dieser Teilleistung des Bildungs- und Teilhabepakets wurde durch administrative, automatisierte Verfahren zwischen Caterern, Schulen, Kommunen und Jobcentern mit der Zeit so verbessert, dass die Essensabrechnung fast aller berechtigten Minderjährigen funktionierte.

Seit dem 1. August 2019 sind die anspruchsberechtigten Familien von der Zuzahlungspflicht befreit, sodass durch das Bildungs- und Teilhabepaket zumindest an Kita- oder Schultagen im Ganztag eine warme Mahlzeit gewährleistet ist. Wie bitter nötig diese ist, zeigen Aussagen von Schulcaterern, die an Montagen oft ungefragt größere Portionen bereitstellen, weil sie die Erfahrung gemacht haben, dass Kinder häufiger ausgehungert aus den Wochenenden kommen.

Selbst nach der besagten Verbesserung durch das *Starke-Familien-Gesetz* blieb das Bildungs- und Teilhabepaket problematisch. Zwar wurde das komplizierte Antragsverfahren, um Aufwendungen für Schulausflüge und Klassenfahrten, den Schulbedarf und Schülerbeförderung (sofern nicht anderweitig übernommen), Kosten für Lernförderung (z. B. Nachhilfe) sowie eine Leistung zur gesellschaftlichen oder kulturellen Teilhabe (z. B. für Vereinsmitgliedschaften) beziehen zu können, vereinfacht. Eltern erhalten seither mehr Geld etwa für einen Ranzen, Hefte, Arbeitsblätter oder Stifte aus dem »Schulstarterpaket«, das fast neun Jahre nach seiner Einführung zum ersten Mal (um 50 Euro auf 150 Euro im Jahr) aufgestockt wurde; seit 2021 wird der Zuschuss kalenderjährlich angepasst und beträgt 154,50 Euro. Außerdem erließ man den Eltern die Zuzahlung bei der Schülerbeförderung. Die Leistungen für die Teilhabe am sozialen und kulturellen Leben wurden auf 15 Euro erhöht. Lernförderung ist seither nicht mehr an die Voraussetzung der Versetzungsgefährdung gebunden. Doch wie eine Expertise der Forschungsstelle des Paritätischen Wohlfahrtsverbandes ergab, kam die Teilhabeleistung bei mindestens 85 Prozent der anspruchsberechtigten Kinder gar nicht an.[16] Gerade weil Geld in den antragsberechtigten Familien fehlt, gibt es Partizipationsdefizite. Um mehr »Teilhabegerechtigkeit« zu ermöglichen, müsste man die Verteilungsgerechtigkeit spürbar erhöhen.

Weil man auf kommunaler Ebene ganz unterschiedliche Verwaltungsverfahren zur BuT-Umsetzung etabliert hatte, gab es bezüglich der Zugänglichkeit und Reichweite von Teilhabeleistungen große regionale Unterschiede. Dass die Teilhabechancen armer Kinder nicht zuletzt vom Wohnort abhingen, war jedoch mit dem im *Grundgesetz* (Art. 72 Abs. 2) verbürgten Recht auf gleichwertige Lebensbedingungen im Bundesgebiet unvereinbar. Am 7. Juli 2020 erklärte das Bundesverfassungsgericht (Az.: 2 BvR 696/12) das Bildungs- und Teilhabepaket wegen Verstoßes gegen die kommunale Selbstverwaltung für verfassungswidrig, weil Gemeinden vom Bund keine Aufgaben übertragen werden dürfen. Aus diesem Grund wurde eine gesetzliche Neuregelung erforderlich. Das Versprechen Ursula von der Leyens, dass sich mit dem Bildungs- und Teilhabepaket für die bedürftigen Kinder im Land etwas zum Positiven ändern werde, hat sich bei weitem nicht für alle erfüllt.

… die anderen kommen mit einem silbernen Löffel zur Welt und erben einen goldenen

Ein schwerwiegender Mangel der bisherigen Diskussion über Kinderarmut besteht darin, dass diese weder als strukturelles Problem noch als Kehrseite des überbordenden privaten Reichtums, sondern nur als persönliches Schicksal oder individuelles Problem für die Betroffenen und deren Familien behandelt wird. Es reicht aber nicht, wie es in der jüngsten Vergangenheit häufiger geschehen ist, über die armen Kinder zu reden. Man muss auch und zwar erheblich mehr über die reichen Kinder sprechen, wenngleich der Öffentlichkeit über sie viel weniger bekannt ist. Wo und wie sie leben, weiß kaum jemand genau. Denn ihre Eltern müssen Einkommen und Vermögen der Familie nicht gegenüber einem Jobcenter oder einem Sozial- bzw. Grundsicherungsamt detailliert offenlegen, wie das bei Hartz-IV-Berechtigten der Fall ist.

Gegenüber dem Finanzamt ist zwar – nach Ablauf einer Zweijahresfrist – die Einkommensteuererklärung abzugeben, das bei Reichen viel wichtigere Vermögen kann ihm aber verschwiegen werden. Außerdem bewahren das Steuer- und das Bankgeheimnis die Reichen hierzulande davor, als solche erkannt zu werden, wenn sie es nicht wünschen. Ganz anders beispielsweise in Schweden, wo jeder die steuerpflichtigen Einkünfte seiner Mitbürger/innen dem jährlich erscheinenden »Steuerkalender« entnehmen kann. Eine solche Transparenz erschwert Reichen die Geheimnistuerei und wirkt gleichzeitig Steuervermeidung, -hinterziehung und -betrug entgegen.

Bereits gegen Ende der 1990er-Jahre haben die Sozialwissenschaftler Andreas Klocke und Klaus Hurrelmann auf die zunehmende Ungleichheit und die damit verbundene »Auseinanderentwicklung der Lebensbedingungen« innerhalb der jungen Generation hingewiesen: »Neben einer wachsenden Minderheit der Kinder und Jugendlichen, die in Armutsverhältnissen aufwachsen, lebt auf der anderen Seite des sozialen Spektrums eine ebenfalls wachsende Zahl in sehr wohlhabenden Familien.«[17] Seither war auch die »Wohlstandsverwahrlosung« von Kindern ein Thema, das in reichen Ländern öffentliche Beachtung und kritischen Widerhall fand.[18]

Heute beschränkt sich die Ausstattung vieler Kinderzimmer längst nicht mehr auf Puppen und Spielzeugautos, wie das früher der Fall war, sondern umfasst bei Kindern und Jugendlichen aus »gutem Hause« schon in jungen Jahren auch ein Tablet, iPad oder iPhone. Teilweise halten allerdings gerade wohlhabende Eltern den klassischen Bildungskanon hoch, legen großen Wert darauf, dass ihre Sprösslinge nicht durch ein Smartphone von der Lektüre »guter Bücher« der Weltliteratur abgehalten werden, und hindern sie daran, gegenüber ihren Mitschüler(inne)n und Spielkamerad(inn)en etwa mit einer Apple Watch zu protzen. Durch demonstrativen Luxuskonsum kann man sich später immer noch von weniger finanzkräftigen Personen absetzen, diese aber auch herabsetzen. In den Ländern, wo man die sozialen Unterschiede durch die Verpflichtung zum Tragen von Schuluniformen unsichtbar zu machen versucht, wird das Problem gleichfalls nicht behoben, sondern nur kaschiert. Um es zu lösen, muss es jedoch an der Wurzel gepackt werden, d. h. die gesellschaftlichen Ursachen, die zu seiner Entstehung geführt haben, müssen beseitigt werden.

Kinder reicher Eltern leiden am wenigsten unter der durch die Coronakrise und die pandemiebedingte Kreditaufnahme wieder gewachsenen öffentlichen Armut, die Mitgliedern sozial benachteiligter Familien noch mehr zusetzt als Sprösslingen der wohlhabenden Mittelschicht. Vielleicht benutzen sie den beheizten Swimmingpool ihrer Familie und besuchen eine teure Privatschule, wenn die öffentliche Schule ihres Wohnortes baulich marode ist und zu viele Schüler/innen mit Migrationshintergrund oder aus finanzschwachen Familien hat. Jedenfalls bieten sich ihnen optimale Rahmenbedingungen für ein sorgenfreies Aufwachsen. Dazu gehören ein helles, geräumiges und geschmackvoll eingerichtetes Kinderzimmer im komfortablen Einfamilienhaus mit Garten, vielleicht sogar eigenes Hauspersonal (Kindermädchen, Chauffeur und Privatlehrer/in), der Besuch eines (ausländischen) Eliteinternats und eine hervorragende Gesundheitsversorgung.

Armut und Reichtum drücken sich nicht bloß in unterschiedlich gefüllten Portemonnaies aus, sondern führen bei den Menschen auch zu unterschiedlichen Lebensweisen. Zwischen ihnen tut sich gerade in dieser Hinsicht häufig eine soziale Kluft auf: Während die einen beim Lebensmitteldiscounter einkaufen, bei McDonald's essen und ihre Kleidung von H&M oder KiK beziehen, gehen die anderen ins Feinkostgeschäft, lassen sich Maßanzüge vom Schneider fertigen oder tragen schicke Designermode aus der Edelboutique und speisen im Sternerestaurant. Arme verbringen ihren Urlaub zu Hause, Reiche im Nobelresort, im Ferienhaus der Familie oder auf der eigenen Jacht.

Für wohlhabende Familien sind Kinder kein ins Gewicht fallender »Kostenfaktor«, sondern teilweise ein begehrtes Investitionsobjekt, denn sie erhoffen sich von ihnen oft genug die Fortführung der eigenen Firma und/oder der Familientradition. »Klotzen statt kleckern!« heißt deshalb die Devise von materiell Bessergestellten, wenn es um die finanzielle Ausstattung und Förderung des eigenen Nachwuchses geht. »Noch nie investierten die Reichen in diesem Land so viel Geld in die Kleidung, die Feste und die Hobbys ihrer Kinder.«[19] Erheblich mehr Geld fließt höchstens in die Bildung und Ausbildung der Kinder, die von manchen Eltern ebenso wie von neoliberalen Ökonomen als »Humankapital« betrachtet werden.

Sehr vermögende Personen bilden zusammen mit ihren Nachkommen eine soziokulturelle Parallelgesellschaft, die weniger Wohlhabende und erst recht Arme systematisch ausschließt. Keine andere Bevölkerungsgruppe schottet sich ähnlich rigoros gegenüber materiell Schlechtergestellten ab wie die Hyperreichen und sie wiederum ihre Kinder. Aus freien Stücken begeben sich Reiche in eine luxuriös gestaltete Selbstisolation, aus der eine sozialräumliche Segregation der Großstädte resultiert. Von gentrifizierten Quartieren bis zu Gated Communitys als in sich geschlossenen Wohnkomplexen mit Zugangsbeschränkungen für Außenstehende einerseits und von »abgehängten« Vierteln bis zu »sozialen Brennpunkten« andererseits prägt die sozioökonomische Spaltung der Gesellschaft zunehmend auch das Stadtbild.

Man muss keine Maßanzüge tragen, keine Nobelkarosse fahren und nicht über das Wochenende zum Golfen nach Florida fliegen oder sich durch einen Blattgoldüberzug veredelte Steaks servieren lassen, um verglichen mit der übergroßen Bevölkerungsmehrheit einen exklusiven Lebensstil zu pflegen. Die meisten Kinder der Reichen leben im Luxus, ohne sich dessen bewusst zu sein. Aber selbst viele Wohlhabende empfinden als völlig normal, was für Arme unerschwinglich ist. Sie glauben, ihnen stünde aufgrund ihrer höheren Leistungsbereitschaft, größeren Entschlusskraft und ausgeprägten Disziplin mehr zu als weniger finanzkräftigen Gesellschaftsmitgliedern.

Heute gibt es hierzulande so viele reiche Kinder wie noch nie, weil sehr wohlhabende Eltern ihnen häufig aus steuerrechtlichen Gründen schon kurz nach der Geburt einen Teil ihres Vermögens schenken. Hat ein Kind hyperreiche Eltern, kann es hoffen, als Heranwachsende/r oder junge/r Erwachsene/r selbst hochvermögend zu sein. Der 18-jährige Kevin David Lehmann erhielt im September 2020, was ihm sein Vater Günther Lehmann im zarten Alter von 14 Jahren vermacht und ein Treuhänder bis zur Volljährigkeit verwaltet hatte: 50 Prozent der Anteile des größten Drogeriekonzerns Europas, der dm-drogerie markt GmbH & Co. KG. Mit einem geschätzten Vermögen von 2,8 Milliarden Euro avancierte Lehmann zum jüngsten Multimilliardär der Welt. Auch die nächsten drei Ränge auf der *Forbes*-Liste der jüngsten Milliardäre belegen Erben von Großunternehmen. Erst auf dem fünften Platz folgt mit einem 26-jährigen US-Amerikaner der Gründer eines High-Tech-Unternehmens, das Sensoren und Software für autonomes Fahren entwickelt hat.

Als jüngste deutsche Milliardärin gilt die 29-jährige Elisabeth Furtwängler. Die Tochter des Medienmoguls Hubert Burda besitzt wie ihr Bruder Jacob Burda mehr als ein Drittel des gleichnamigen Verlagshauses. Während sie als Sängerin (Künstlernamen: Lisa Fou und Kerfor) selbstkritisch mit den Privilegien einer reichen Erbin umgeht, verkörpert Verena Bahlsen, die wohl aufgrund der Erbschaft- und Schenkungsteuerreform wie ihre drei Geschwister bereits als 20-Jährige knapp ein Viertel der Anteile des Hannoveraner Keks-Imperiums überschrieben bekommen hat, das krasse Gegenteil. Auf der Digitalkonferenz »Online Marketing Rockstars« hielt die mittlerweile fünf Jahre ältere Start-up-Geschäftsführerin am 6. Mai 2019 in Hamburg eine Rede, an deren Anfang sie – zum damaligen Juso-Bundesvorsitzenden und Kapitalismuskritiker Kevin Kühnert gewandt – erklärte: »Ich bin Kapitalist. [...] Mir gehört ein Viertel von Bahlsen und da freue ich mich auch drüber. Es soll mir auch weiterhin gehören. Ich will Geld verdienen und mir Segeljachten kaufen von meiner Dividende [!] und so was.« Als man ihr vorhielt, dass der Erfolg des Familienunternehmens auf der Ausbeutung von osteuropäischen NS-Zwangsarbeiter(inne)n basiere, entgegnete die Jungunternehmerin eine Woche später in der *Bild*-Zeitung: »Das war vor meiner Zeit und wir haben die Zwangsarbeiter genauso bezahlt wie die Deutschen und sie gut behandelt.« Hiervon kann sicherlich keine Rede sein, denn die Brüder Hans, Klaus und Werner Bahlsen gehörten damals dem Vorstand ihres Unternehmens wie auch der NSDAP an; einer war sogar Mitglied und die beiden anderen Fördermitglieder der SS. Später entschuldigte sich Verena Bahlsen mit den Worten, nichts liege ihr ferner, als den Nationalsozialismus oder seine Folgen zu verharmlosen. Sie trat im April 2020 als »aktive Gesellschafterin« die Nachfolge des Firmenpatriarchen Werner Michael Bahlsen an.

Der private Reichtum wird meist den eigenen Kindern bzw. dem eigenen Kind vererbt oder sogar vor dem Tod geschenkt, was zur Zementierung der Vermögenskonzentration beiträgt. Alexander Hagelüken, leitender Wirtschaftsredakteur der *Süddeutschen Zeitung*, übt Kritik daran, dass Neoliberale die Ungleichheit mit dem Hinweis auf Chancengerechtigkeit und deren zwangsläufige Folgen rechtfertigen: »Sie klammern den Reichtum aus, der manchen ohne eigene Leistung vererbt wird und anderen nicht.«[20] Tatsächlich sind wir von einer ungefähren Gleichverteilung der Erbschaften weit entfernt, wenn man die nur spärlich erhobenen Statistiken zurate zieht. Fast die Hälfte des Erbschafts- und Schenkungsvolumens erhalten die 10 Prozent der Empfänger/innen mit den höchsten Beträgen; auf die unteren 90 Prozent der Erb(inn)en und Beschenkten entfällt zusammen ungefähr so viel wie auf die oberen 10 Prozent.[21]

Sehr reiche Eltern fürchten sich teilweise vor der Entführung ihres Nachwuchses, wie es dem Wirtschaftsmagnaten Rudolf-August Oetker 1976 und dem Drogeriemarktkettengründer Anton Schlecker 1987 mit allen schrecklichen Begleiterscheinungen widerfahren ist. Deshalb kommt es vor, dass Kinder selbst bei kleinen Entfernungen mit dem Auto oder sogar mit dem Hubschrauber vom Elternhaus zur Schule gebracht werden. Aus demselben Grund stehen sie nur selten im Fokus der Öffentlichkeit. Anders ist das beim Nachwuchs prominenter Stars und Sternchen, dessen Karriere die Eltern systematisch fördern, wozu ein möglichst hohes Maß an Medienaufmerksamkeit gehört. Genannt seien die mehr oder weniger begabten Sprösslinge von Jürgen Drews, Dieter Hallervorden, Heidi Klum, Matthias Reim, Til Schweiger und Simone Thomalla.

Wer das Glück hat, in eine Familie hineingeboren zu werden, die sehr vermögend ist, muss sich gar nicht groß anstrengen, um mehr zu erreichen als sein der »Unterschicht« entstammender Altersgenosse. Dies gilt besonders dann, wenn der Vater zu jenen alteingesessenen »Familienunternehmern« gehört, die ein Millionen- oder Milliardenvermögen ihr Eigen nennen. Habitus, sozialer Status und bekannter Name der Herkunftsfamilie reichen meist schon aus, um Personalchefs großer Firmen, Beratungsagenturen oder Anwaltskanzleien von der »Qualifikation« eines Bewerbers zu überzeugen. In der Regel erfolgt die Kooptation aufgrund sachfremder Kriterien, während die fachliche Eignung und die persönliche Befähigung nur eine Nebenrolle spielen. Für die berufliche Karriere auf Topniveau viel entscheidender sind persönliche Kontakte und einflussreiche Netzwerke, in die man am sichersten durch die familiäre Abstammung, einen großbürgerlichen Habitus und selbstbewusstes Auftreten gelangt.

Großunternehmer rekrutieren den Nachwuchs ihres Führungspersonals in geradezu inzestuöser Weise aus den eigenen Bevölkerungskreisen. »Bürgerkinder suchen Bürgerkinder«, wie der Darmstädter Soziologe Michael Hartmann den Wunsch nennt, im Sinne sozialer Exklusivität »unter sich« zu bleiben, was ihnen problemlos gelingt, weil sie einander leicht erkennen. Man merkt jedem alerten Jungmanager im Vorstellungsgespräch sofort an, ob es sich um einen »Emporkömmling« oder einen Glücklicheren handelt, der die Etikette bereits mit der Muttermilch aufgesogen hat. Wer in einer Bankiers- oder Unternehmerfamilie mit Hauspersonal großgeworden ist, tritt selbstbewusst auf, kann sich »richtig benehmen« und weiß einen bleibenden Eindruck zu hinterlassen. »Soziale Aufsteiger sind oft allein deshalb unsicher, weil sie das Gefühl haben, etwas nicht zu wissen, ohne sicher sagen zu können, ob das auch tatsächlich der Fall ist.«[22]

In den Führungsetagen von Unternehmen, die im Deutschen Aktien-Index (Dax) gelistet sind, findet man daher keinen repräsentativen Querschnitt der Bevölkerung. Vielmehr überwiegen hier die Mitglieder einer sozial mehr oder weniger homogenen Wirtschafts- und Finanzelite. Wo die Herkunft stimmt, zählen Professionalität, Bildungsgrad und die soziale Kompetenz eines Bewerbers oder einer Bewerberin wenig. Letztere hat ohnehin kaum Aufstiegschancen in der reinen Männerwelt des Industrie-, Handels- und Finanzkapitals, wo die »Goldjungen« trotz Einführung der ohnehin nur in Vorständen börsennotierter und paritätisch mitbestimmter Unternehmen mit mehr als drei Mitgliedern geltenden Frauenquote auch zukünftig weitgehend unter sich bleiben dürften. Besonders dem männlichen Nachwuchs aus »bestem Haus« stehen unabhängig vom Talent die Türen zu den Glaspalästen von Großbanken und Versicherungskonzernen offen, deren Topetagen die Angst vor dem sozialen Absturz selbst in Krisenzeiten nie erreicht, weil er bei finanziellen Schwierigkeiten das Family Office im Rücken hat.

Natürlich muss ein Kind keine hyperreichen Eltern haben, um von Geburt an bessere Chancen im Hinblick auf die Entfaltung seiner Persönlichkeit, Fähigkeiten und Fertigkeiten zu haben. Auch die meisten Akademiker/innen der Mittelschicht sorgen durch besondere Anstrengungen dafür, dass ihre Kinder eine gute Ausgangsbasis im Wettkampf um Bildungszertifikate und berufliche Führungspositionen besetzen. Sie schicken ihre Sprösslinge in private Kindertageseinrichtungen und auf Privatschulen, bezahlen ihnen

Nachhilfestunden zwecks Verbesserung der Schulnoten, lassen sie Musikunterricht nehmen und finanzieren längere Auslandsaufenthalte, um die Fremdsprachenkenntnisse der Kinder zu verbessern.

Kinder sind wohlhabend, wenn und weil ihre Eltern wohlhabend sind oder (im Todesfalle) waren. Dass sie vermögende Eltern hatten, merken solche Glückskinder manchmal erst, wenn sie zu Erben werden. Denn nun können sie plötzlich, statt Miete zu zahlen wie ihre Kolleg(inn)en, Freunde und Bekannten, ein Luxusapartment kaufen, in ein »angesagtes« Stadtviertel ziehen und/oder im Beruf kürzertreten. Sind die Mittelschichteltern wohlhabend und noch rüstig, helfen sie ihren erwachsenen Kindern auch gern mit einer Finanzspritze beim Hausbau oder beim Wohnungskauf. Die Berliner Sängerin Christiane Rösinger hat es in dem Song »Eigentumswohnung« auf ihrem Album *Lieder ohne Leiden* folgendermaßen ausgedrückt: »Von den Eltern zur Belohnung/und zur eigenen Nervenschonung/und zur ständigen Naherholung/kriegen wir jetzt eine Eigentumswohnung.«

Erbschaftsteuerreform als Geschenk für Kinder reicher Unternehmer

»Allein reich zu werden ist schwer, Angehörige und der Staat müssen dazu schon heute regelmäßig tatkräftige Beiträge leisten.«[23] An die Stelle eines selbst oder mit fremder Hilfe geschaffenen Erwerbreichtums ist heute der Erbreichtum getreten. Selbst nennenswerter Wohlstand kann gar nicht mehr wie im Frühstadium der Bundesrepublik selbst »erarbeitet«, aber umso leichter ver- und geerbt werden. Dafür haben die etablierten Parteien und ihre Parlamentarier/-innen während der vergangenen Jahrzehnte durch eine Vielzahl von Erbschaftsteuerreformen gesorgt.

Auch in der Erbengesellschaft gibt es Mitglieder erster und Mitglieder zweiter Klasse. Kinder reicher Unternehmerfamilien erben nicht bloß üblicherweise mehr, sondern zahlen mittlerweile auch weniger Erbschaftsteuern als Kinder der Mittelschicht – oftmals sogar überhaupt keine. So kann man heute als Sprössling einer Unternehmerfamilie einen ganzen Konzern erben oder aus Steuerspargründen von seinen noch quicklebendigen Eltern geschenkt bekommen, ohne dass auch nur ein Cent betriebliche Erbschaft- bzw. Schenkungsteuer anfällt.

Wie es zu dieser schreienden Ungerechtigkeit kam, ist ein Lehrstück zur Vertiefung der Kluft zwischen Arm und Reich sowie zur Verschärfung der Ungleichheit zwischen den Kindern, das begann, als die erste Große Koalition unter Bundeskanzlerin Angela Merkel ein Urteil des Bundesverfassungsgerichts vom 7. November 2006 zur Erbschaft- und Schenkungsteuer (Az.: 1 BvL 10/02) umsetzte.[24] Durch das *Erbschaftsteuerreformgesetz* wurde Firmenerben ab 1. Januar 2009 die betriebliche Erbschaftsteuer erlassen, wenn sie das Familienunternehmen zehn Jahre lang fortführten sowie einige andere Bedingungen erfüllten.

Bei der Bundestagswahl im September 2009 erreichten CDU, CSU und FDP erstmals seit 15 Jahren wieder die für ihre »bürgerliche Wunschkoalition« notwendigen Parlamentssitze. Kaum im Amt, bescherte die schwarz-gelbe Regierung den Wohlhabenden, Reichen und Hyperreichen kurz vor Heiligabend im Rahmen des *Wachstumsbeschleunigungsgesetzes* weitere Steuergeschenke. Rückwirkend zum 1. Januar 2009 wurden Erb(inn)en von Betrieben mit bis zu 20 (statt vorher: zehn) Beschäftigten von der Pflicht befreit, die Lohnsumme eine Zeitlang konstant zu halten. Für über 95 Prozent aller betroffenen Unternehmen galt diese Schutzklausel zugunsten der Beschäftigten fortan nicht mehr. Außerdem lockerten CDU, CSU und FDP die gerade erst in Kraft getretenen Voraussetzungen für die Erbschaftsteuerbefreiung von Firmenerben, indem sie die Zeitspannen verkürzten, während denen man das Unternehmen nicht veräußern darf, und den für eine Steuerbefreiung nötigen Prozentsatz der Lohnsumme vom Ausgangswert senkten, den man nach dem Erwerb konstant halten muss.

Als der Bundesfinanzhof die neuen Verschonungsregeln beim Betriebsübergang dem Bundesverfassungsgericht im September 2012 wegen eines nicht gerechtfertigten »Begünstigungsüberhangs« zur höchstrichterlichen Prüfung vorlegte, wurden selbst kleinen Kindern in Windeseile große Unternehmen überschrieben, nur um die nach dem Urteil befürchtete Erhebung von Schenkung- bzw. später anfallender Erbschaftsteuer zu sparen. Allein im Jahr 2012 erreichte der Wert des steuerfrei übertragenen Betriebsvermögens 36 Milliarden Euro.

Steuerstatistiken der Bundesländer offenbarten, wie stark sich heute riesiger Kapitalreichtum bei wenigen Kindern konzentriert: Von den *steuerfreien* Unternehmensübertragungen der Festsetzungsjahre 2011 bis 2014 im Wert von 144 Milliarden Euro, für die Altersangaben verfügbar sind, fielen 37 Milliarden Euro an Minderjährige. Allein 90 Kinder im Alter von unter 14 Jahren, denen jeweils ein Vermögen von mindestens 20 Millionen Euro übertragen wurde, erhielten zusammen 29,4 Milliarden Euro, was im Durchschnitt nicht weniger als 327 Millionen Euro pro Kind ergibt.[25] Wie kaum eine andere Zahl illustrieren diese Daten, welche enormen Vermögen manchen Sprösslingen von Unternehmerfamilien in den Schoß fallen, und zwar teilweise lange, bevor ihre Eltern tot sind. Da kann man mit Fug und Recht von »Kinderreichtum« sprechen, obwohl dieser Begriff im Deutschen ausschließlich für große Familien und Länder mit einer besonders jungen Bevölkerung verwendet wird.

In seinem Beschluss vom 17. Dezember 2014 rügte das Bundesverfassungsgericht (Az.: 1 BvL 21/12) eine »Überprivilegierung« der Firmenerben und verfügte eine Korrektur mehrerer Detailregelungen im *Erbschaftsteuer- und Schenkungsteuergesetz*, etwa die Freistellung der allermeisten Unternehmen von der Verpflichtung, die Bruttolohnsumme einige Jahre lang halbwegs konstant zu halten, die uneingeschränkte Begünstigung sehr großer Vermögen sowie die Verwaltungsvermögensregelung: Von dem begünstigten Betriebsvermögen durften im Fall der Regelverschonung 50 Prozent und im Fall der optionalen Vollverschonung 10 Prozent aus Verwaltungsvermögen bestehen. Hierzu zählten nicht beispielsweise Dritten zur Nutzung überlassene Grundstücke und Bauten, Kunstgegenstände und Wertpapiere, und bis zum 7. Juni 2013 auch kein Bargeld oder sonstige Geldforderungen wie Sichteinlagen und Sparanlagen, was großzügige Gestaltungsmöglichkeiten für Steuertrickser mit der »Cash-GmbH«, einem Festgeldkonto im Firmengewand, als berüchtigtem Extrembeispiel eröffnete.

Für die Neuregelung legte der damalige Bundesfinanzminister Wolfgang Schäuble im Februar 2015 ein Papier vor, das sich nach seinen eigenen Worten auf »minimalinvasive Korrekturen« beschränkte. Vorgesehen war unter anderem, dass ausschließlich solches Vermögen von der Erbschaft- bzw. Schenkungsteuer verschont bleiben sollte, das seinem Hauptzweck nach einer originär land- und forstwirtschaftlichen, gewerblichen oder freiberuflichen Tätigkeit dient. Auf die Prüfung der Lohnsumme wollte Schäuble nur bei Unternehmen mit einem Wert bis 1 Million Euro verzichten. Für seine Vorschläge erhielt Schäuble die Unterstützung führender SPD-Politiker, während der Wirtschaftsflügel seiner eigenen Partei die Bagatellgrenze von 1 Million Euro ebenso ablehnte wie den Schwellenwert für die Verschonungsbedürfnisprüfung (20 Millionen Euro) und den Rückgriff auf das Privatvermögen zu Begleichung der Steuerschuld. Auch das CSU-regierte Bayern und Baden-Württemberg mit seinem bündnisgrünen Ministerpräsidenten plädierten für großzügigere Regelungen zugunsten der Unternehmerfamilien.

Schon bald knickte Schäuble ein. Zuerst fiel die am Unternehmenswert festgemachte Bagatellgrenze, dann erhöhte sich die Prüfschwelle beim Verschonungsbedarf für Unternehmen, die wie Konzerne qua Gesellschaftsvertrag oder Satzung bestimmten Kapitalbindungen unterliegen, auf 40 Millionen Euro. Noch gravierender war, dass man für Erwerber von Großvermögen eine Möglichkeit schuf, mit der die Erbschaft- bzw. Schenkungsteuer statt aus dem sonstigen (Privat-)Vermögen durch eine stärkere Belastung des geerbten bzw. geschenkten Betriebs entrichtet werden kann, obwohl der Gesetzgeber diesen angeblich gerade schützen will.

Schließlich wurde auch noch die Freigrenze, bis zu der keine Verschonungsbedarfsprüfung erfolgt, auf 26 Millionen Euro für normale Familienunternehmen bzw. 52 Millionen Euro für Familienunternehmen mit Konzernstrukturen angehoben. Weil die CSU das Gesetzgebungsverfahren monatelang blockierte, bedurfte es zahlreicher Expertenrunden, Koalitionsgipfel und Konsensgespräche der Fraktionsspitzen, bis sich Schäuble mit den damaligen Vorsitzenden der anderen beiden Koalitionsparteien auf eine neuerliche Modifizierung des Gesetzentwurfs verständigte.

Firmen, die wie Konzerne im Familienbesitz per Satzung oder Gesellschaftervertrag festgelegte Ausschüttungs- und Entnahmerestriktionen, Verfügungsbeschränkungen und Abfindungsregeln kennen, wurden durch einen Vorwegabschlag von 30 Prozent auf den Übertragungswert leichter steuerfrei vererb- oder verschenkbar gemacht. Eine von der Union in das Gesetz »hineinverhandelte« (Re-) Investitionsklausel erlaubt es Firmenerben überdies, innerhalb von 24 Monaten durch Tätigung geplanter Investitionen Verwaltungs- bzw. Finanzvermögen in begünstigungsfähiges Betriebsvermögen umzuwandeln und der Steuer auf diese Weise zu entziehen. Wer ein großes Mietshaus erbt und viel Geld für Sanierungsmaßnahmen ausgibt, hat diese Möglichkeit nicht, kann aber einen Teil der Kosten über die Modernisierungsumlage auf seine Mieter/innen abwälzen.

Das am 1. Juli 2016 in Kraft getretene *Gesetz zur Anpassung des Erbschaftsteuer- und Schenkungsteuergesetzes an die Rechtsprechung des Bundesverfassungsgerichts* enthält genug Schlupflöcher, um Riesenvermögen weiterzugeben, ohne dass die Begünstigten vom Finanzamt zur Kasse gebeten werden können. So bietet sich eine Unternehmensübergabe an die Kinder bereits zu einem Zeitpunkt an, an dem diese noch nicht über ein nennenswertes Vermögen verfügen und deshalb trotz der neu eingeführten Verschonungsbedarfsprüfung nach wie vor steuerfrei in den Besitz eines Konzerns gelangen können. Selbst wenn das Unternehmen milliardenschwer und der Begünstigte sehr vermögend, aber nicht willens ist, seine Besitzverhältnisse offenzulegen, muss er nach siebenjähriger Fortführung der

Firma und Einhaltung der Lohnsummenregel höchstens 19,5 Prozent Erbschaft- bzw. Schenkungsteuer entrichten. Und das bei einem ihm völlig leistungslos zufallenden Vermögen, wohingegen der Gesetzgeber selbst durchschnittlich verdienenden Arbeitnehmer(inne)n bei der Einkommensteuer einen höheren Steuersatz zumutet.

Ausgerechnet die Sprösslinge mächtiger Unternehmerdynastien hat man in einer Weise begünstigt, die angesichts des Vermögens in mehrfacher Billionenhöhe, das während dieses und des nächsten Jahrzehnts übertragen wird, eine Refeudalisierung im Rahmen des Finanzmarktkapitalismus bewirken dürfte. Erbschaften gewährleisten das Fortbestehen der Konzentration des privaten Reichtums und stellen gleichzeitig die sozioökonomische Ungleichheit auf Dauer. Ohne sie ginge das Spiel in jeder Generation von Neuem los. Wer als Gewinner/in und wer als Verlierer/in daraus hervorginge, würde von den Teilnehmer(inne)n selbst entschieden und nicht von den Verwandtschaftsverhältnissen, also Eltern, Großeltern, Onkeln oder Tanten bestimmt. Der US-amerikanische Ökonom Joseph Stiglitz hat mit Blick auf die Vereinigten Staaten vor solchen Erbdynastien gewarnt: »Wenn eine Generation ihr Vermögen ungeschmälert an die nachfolgende Generation vermachen kann, beeinträchtigt dies die Gleichheit der Lebenschancen.«[26] Deutschland hat durch die von CDU, CSU, FDP und SPD geschaffenen Verschonungsregelungen bei der Erbschaft- und Schenkungsteuer große Schritte auf dem Weg zu einer »patrimonialen Gesellschaft« gemacht. So nennt der französische Wirtschaftswissenschaftler Thomas Piketty ein Land, in dem die Höhe des »väterlichen Erbes« darüber entscheidet, wer arm und wer reich ist.[27]

Wer ist hier wirklich neidisch, warum und auf wen?

Das geltende Erbschaftsteuerrecht begünstigt einerseits wohlhabende Mittelschichtfamilien, denen die relativ hohen Freibeträge für Ehepartner/innen bzw. eingetragene Lebenspartner/innen (500 000 Euro) und Kinder (400 000 Euro pro Person) nach dem Tod eines vermögenden Haushaltsvorstandes jegliche Steuerzahlung ersparen. Angehörige der Mittelschicht profitieren auch davon, dass Immobilien – ein traditioneller Kernbestandteil ihres Vermögens – steuerfrei vererbt werden können, wenn Ehegatt(inn)en oder eingetragene Lebenspartner/innen sie noch mindestens zehn Jahre lang bewohnen. Dies gilt auch für Kinder des Erblassers bzw. der Erblasserin, sofern die Wohnfläche des Objekts 200 Quadratmeter nicht überschreitet.

Andererseits begünstigt das Erbschaftsteuerrecht hyperreiche Unternehmerfamilien, denen die Privilegierung des Betriebsvermögens und die Mehrfachinanspruchnahme des Schenkungsteuerfreibetrages die intergenerationale Weitergabe von Unternehmen ermöglichen. Die von CDU, CSU, FDP, SPD und Teilen der Bündnisgrünen vorgenommenen Neuregelungen fördern die Konzentration des Kapitals, die Kumulation der Vermögen und die soziale Polarisation. Damit wurde die seit geraumer Zeit deutlicher hervorstechende Spaltung in Arm und Reich tendenziell noch verschärft. Auch die Chance, der öffentlichen Armut (von Ländern und Kommunen) entgegenzuwirken, wurde leichtfertig vertan.

Wie konnte es dazu kommen? Offenbar besteht ein Konsens zwischen Kleinbürger(inne)n und Großunternehmern, der es diesen erlaubt, ihre materiellen Besitztümer fast ungeschmälert an die Kinder weiterzugeben, ohne vom Staat zu Steuerzahlungen herangezogen zu werden. Vermutlich sind viele Mittelschichtangehörige von der Angst beseelt, dass sie das Finanzamt im Erbfalle schröpft, was sie veranlasst, selbst Steuerreformen zu unterstützen oder zu tolerieren, die ausschließlich Hochvermögenden nützen und deren Privilegien sichern helfen. Statt in Fahrradfahrermanier nach oben – gegenüber Reichen und Hyperreichen – zu buckeln und nach unten – gegenüber Armen, Sozialleistungsbezieher(inne)n und Migrant(inn)en – zu treten, könnte die Mittelschicht ihren Wohlstand besser erhalten, wenn sie mehr Solidarität mit den sozial Benachteiligten üben und dafür sorgen würde, dass auch Unternehmerfamilien ihren finanziellen Verpflichtungen gegenüber der Allgemeinheit nachkommen.

Schließlich gilt Deutschland als »Steueroase für Erben« (Julia Friedrichs), denn hier ist die Erbschaft- bzw. Schenkungsteuer so niedrig und ihr Finanzvolumen so gering wie in kaum einem westlichen Industriestaat: Mit 7 bis 8 Milliarden Euro pro Jahr erbringt sie wenig mehr als 1 Prozent des Gesamtsteueraufkommens.

Während die Kinderarmut zunahm, wurden die reichsten Kinder im Land mit Steuergeschenken in Milliardenhöhe überhäuft. Stellvertretend genannt seien die Erben des (Unternehmens-)Vermögens der Bahlsens und Burdas, der Fielmanns und von Fincks, der Haniels, Haubs, Henkels und Hopps, der Merckles, Mieles, Mohns und Müllers, der Oetkers und Ottos, der Plattners, Porsches und Piëchs, der Reimanns und Roßmanns, der Schaefflers, Springers und Stihls sowie der Thiels und Thiehles.

Susanne Klatten und Stefan Quandt sind zusammen mit den Aldi-Erben Beate Heister und Karl Albrecht junior das reichste Geschwisterpaar unseres Landes, weil sie von ihren Eltern, dem Konzerngründer Herbert Quandt und seiner Frau Johanna, fast die Hälfte aller BMW-Aktien geerbt haben. Als beide im Mai 2018 zusammen die Rekorddividende von 1 Milliarde und 126 Millionen Euro für das Vorjahr bezogen, lebten fast zwei Millionen Kinder und Jugendliche in SGB-II-Bedarfsgemeinschaften und mussten je nach Alter mit 240, 296 bzw. 316 Euro im Monat (plus anteiligen Miet- und Heizkosten) auskommen. Über eine halbe Million alleinerziehende Mütter im Arbeitslosengeld-II-Bezug freuten sich damals vermutlich, wenn sie am 20. des Monats für ihre Kinder noch etwas Warmes auf den Tisch bringen konnten. Fast 1000 Lebensmitteltafeln unterstützten regelmäßig anderthalb Millionen Menschen, die es aus eigener Kraft nicht schafften, ihre Ernährung zu sichern, darunter viele Alleinerziehende und Kinder.

Wie unberührt von den Existenzsorgen anderer Bevölkerungsschichten die Sprösslinge hyperreicher Eltern teilweise sind, zeigt sich daran, dass sie die Forderung nach weniger sozioökonomischer Ungleichheit oder mehr Verteilungsgerechtigkeit gern als puren Neid ihrer Mitbürger/innen abtun. Auch in einem vom *Manager*

Magazin (Heft 7/2019) veröffentlichten Interview mit Susanne Klatten und Stefan Quandt fiel dieses Stichwort. Klatten verband damit die Behauptung, dass Neid auf Reiche »ein gerade in Deutschland weitverbreiteter Wesenszug« sei.

Unternehmer treffen laut Susanne Klatten im gesellschaftlichen Raum auf ein hohes Maß an Misstrauen, obwohl sie jeden Tag für ihren Besitz hart arbeiteten. Umverteilung habe dagegen noch nie funktioniert, behauptete sie: »Mein Bruder hat das mal in einem Interview sehr treffend zugespitzt und gefragt. Wer würde denn mit uns tauschen wollen?« Dieses von *Bild* am 22. Juni 2019 für seinen Aufmacher »Deutschlands reichste Geschwister sprechen über ihre Milliarden« benutzte Zitat veranlasste Christian Stenzel, Politik-Ressortleiter und Chefredakteur-Stellvertreter des Boulevardblatts, in einem ironisch »Der Milliardär hat's schwer« überschriebenen Kommentar zu folgender Gegenfrage: »Was machen die beiden eigentlich, wenn sich heute 80 Millionen Deutsche melden und rufen: ›Ich!‹?«

Wünschen sich Arme, *gleichfalls* reich oder berühmt zu sein, hat das mit Neid überhaupt nichts zu tun. Neidisch wären Arme dann, wenn sie anderen nicht mehr gönnen würden als sich selbst. Mehr soziale Gerechtigkeit im Sinne größerer ökonomischer Gleichheit schaffen zu wollen, ist sogar das exakte Gegenteil von Neid, entspringt dieser Versuch doch dem Ideal eines guten Lebens für alle Gesellschaftsmitglieder. Neid, im Christentum neben Stolz, Habsucht, Zorn, Unkeuschheit, Unmäßigkeit, Trägheit und Überdruss als eine der sieben Haupt- bzw. Todsünden verpönt, wird von Reichen und Hyperreichen zu einem politischen Kampfbegriff umfunktioniert, der sozioökonomische Ungleichheit ideologisch legitimiert und politisch zementiert.

Dabei grassieren Neidgefühle am ehesten innerhalb der eigenen Gesellschaftsschicht. Hyperreiche werden daher vermutlich mehr von Reichen als von Armen beneidet. Manchmal werden sie von ihren ärmeren Mitmenschen sogar bedauert. Der Regensburger Soziologe Thomas Müller spricht etwa von einer »inneren Armut« der

Reichen. »So skurril es klingen mag: wenn nur noch Fragen bleiben wie ›Wen sollen wir einladen?‹, ›Was soll ich anziehen?‹ oder ›Was soll ich heute machen?‹, kann dies ebenso belastend sein wie ein Leben in materieller Armut zu führen.«[28]

Während es durchaus gerechtfertigt ist, dass sozial Benachteiligte jenen hohen Lebensstandard anstreben, den Wohlhabende nicht mehr missen möchten, überrascht viel eher, was man als einen in unserer Gesellschaft ziemlich weit verbreiteten Sozialneid nach unten bezeichnen kann: Bessersituierte gönnen Bezieher(inne)n von Grundsicherung für Arbeitsuchende oft nicht einmal deren recht kümmerliche Transferleistungen, werfen ihnen vielmehr häufig vor, »Schnorrer« oder »Schmarotzer« zu sein,[29] die es sich in der »Hängematte des Sozialstaates« bequem machen, obwohl sie selbst weder jemals in einer ähnlichen Situation waren noch sie problemlos meistern würden.

4 Und raus bist du: Kinder von Alleinerziehenden, Arbeitslosen und Ausländern

Hauptleidtragende der wachsenden Ungleichheit sind, wenn man so will, die Armen und ihre Familien, während die Wohlhabenden, Reichen und Hyperreichen mitsamt ihren Kindern als Nutznießer/innen der Verteilungsschieflage bei Einkommen und Vermögen gelten können. Armut trifft jedoch keineswegs alle Kinder von sozial Benachteiligten gleichermaßen. Vielmehr erhöhen bestimmte soziodemografische Merkmale das Armutsrisiko einer Familie und ihrer jüngsten Mitglieder. Zu den Personengruppen mit einem überdurchschnittlichen Armutsrisiko gehören Alleinerziehende, Arbeitslose und Ausländer/innen, d.h. Menschen ohne deutsche Staatsangehörigkeit, die häufiger mehrere Kinder haben. Auch kinderreiche Familien sind deutlich stärker von Einkommensarmut betroffen und bedroht als Singles und meist berufstätige Paare ohne Kinder. Es sind also Kinder von Alleinerziehenden, Arbeitslosen und Ausländer(inne)n, die häufiger als Kinder anderer Familien unter Armut leiden. Warum das so ist, welche Folgen dieser Umstand hat und wie die Betroffenen damit umgehen, soll näher erörtert werden.

In kinderreichen und Ein-Elternteil-Familien reicht das Geld hinten und vorne nicht

Die Familienform zählt neben der elterlichen Arbeitslosigkeit und einem Migrationshintergrund zu den zentralen Risikofaktoren für das Auftreten von Kinderarmut. Im Fokus stehen dabei zwei Familienformen, die besonders hohen Armutsrisiken ausgesetzt sind: Ein-Elternteil-Familien mit minderjährigen Kindern und sog. kinderreiche Familien (mit drei und mehr Kindern), die laut Paritätischem Gesamtverband beide jeweils rund 10 Prozent der armen Haushalte ausmachen. Demnach hat sich die Situation Ersterer, deren Zahl wächst, in den vergangenen Jahren nochmals deutlich verschärft: Waren die Ein-Elternteil-Familien schon 2006 mit 37 Prozent erheblich von Armut betroffen (im Bevölkerungsdurchschnitt damals »nur« 14 %), so stieg ihre Armuts(risiko)quote bis 2019 auf fast 43 Prozent.[1] Wie der vom Statistischen Bundesamt, dem Wissenschaftszentrum Berlin für Sozialforschung und dem Bundesinstitut für Bevölkerungsforschung herausgegebene Datenreport 2021 angibt, hatten von den fast 1,5 Millionen Ein-Elternteil-Familien im Jahr 2019 rund 1,3 Millionen (oder fast neun von zehn) alleinerziehende Frauen als Haushaltsvorstand.

Wie gering sich die finanziellen Spielräume von Ein-Elternteil-Familien de facto gestalten, machen Mikrozensusdaten für 2019 deutlich, nach denen 55 Prozent der alleinerziehenden Mütter und 33 Prozent der Väter mit minderjährigen Kindern ein Nettoäquivalenzeinkommen der niedrigsten Stufe (unter 1220 Euro monatlich) erzielten, während es bei Ehepaaren lediglich 19 Prozent waren.[2] Kaum vertreten waren Ein-Elternteil-Familien indes unter den Besserverdienenden: Ein Nettoäquivalenzeinkommen von mindestens 2307 Euro monatlich hatten bloß 6 Prozent der alleinerziehenden Mütter und lediglich 17 Prozent der Väter, aber 30 Prozent der Paarhaushalte mit Kindern.

Besonders hohe Armutsrisiken von Ein-Elternteil-Familien zeigen auch die Bezugsquoten der Grundsicherung für Arbeitsuchende: 2018 bezogen im Bundesdurchschnitt 37,5 Prozent der

Alleinerziehenden mit mindestens einem minderjährigen Kind SGB-II-Leistungen, wobei die Unterschiede zwischen den einzelnen Bundesländern sehr groß waren: von 22 Prozent in Bayern bis 66 Prozent in Bremen. Inzwischen liegt die auf Basis des Mikrozensus erhobene Zahl der Haushalte, die als Alleinerziehende mit minderjährigen Kindern von Armut bedroht sind, deutlich über der Zahl jener Haushalte, die Leistungen nach dem SGB II beziehen – ein Verhältnis, das sich in den letzten zehn Jahren umgekehrt hat: Wie das Bremer Institut für Arbeitsmarktforschung und Jugendberufshilfe (BIAJ) errechnete, gab es noch 2007 rund 55 000 mehr SGB-II-Bedarfsgemeinschaften von Alleinerziehenden mit minderjährigen Kindern, als innerhalb dieser Gruppe laut Mikrozensus als armutsgefährdet galten. 2017 waren demnach bereits 663 000 Alleinerziehende armutsgefährdet, aber es gab durchschnittlich bloß noch 589 000 SGB-II-Bedarfsgemeinschaften von Alleinerziehenden, also etwa 74 000 weniger. Offensichtlich gelingt es diesen inzwischen seltener, mittels der ihnen zustehenden Sozialtransfers die Armutsgefährdungsgrenze nach dem Mikrozensus zu überwinden. Anders gesagt, der Sozialstaat erfüllt seine Aufgabe immer weniger, die Armutsgefährdung der Ein-Elternteil-Familien zu verhindern.

Die Hannoveraner Politikwissenschaftlerin Karin Lenhart-Roth kritisiert eine mangelnde Geschlechtssensibilität bei der Hartz-IV-Umsetzung. Sie kam durch Interviews mit weiblichen Betroffenen des Gesetzespaketes aus Berlin, einer Stadt, in der mehr als 20 Prozent der Gesamtbevölkerung »von Hartz IV leben« mussten, zu dem Resultat, dass die sozialen Bürgerrechte von Frauen durch die rot-grüne Arbeitsmarktreform massiv bedroht wurden.[3] Zu den Hauptleidtragenden der Hartz-Gesetze gehören alleinerziehende Mütter. Zwar sind diese, wenn sie Kinder unter drei Jahren zu betreuen haben, von der Erwerbspflicht freigestellt. Manuela Schwarzkopf, die das Leben alleinerziehender Frauen im Grundsicherungsbezug untersucht hat, fand in der Jobcenterpraxis allerdings Indizien dafür, dass alleinerziehenden Frauen mit Kindern des besagten Alters eher standardisiert die Übernahme der Familienarbeit unterstellt bzw.

zugewiesen wurde, als dass es sich um ihre bewusste und aktive Entscheidung gehandelt hätte. Während die Erwerbsarbeit auch für Alleinerziehende (meist Mütter) mit Kindern höheren Alters eine Pflicht darstellt, ist die Betreuungsinfrastruktur der Bundesrepublik immer noch unterentwickelt und die Übernahme entsprechender Kosten durch das Jobcenter eine reine Ermessensentscheidung. Aus diesem Grund moniert Schwarzkopf, dass weder individuelle Rechte auf Erwerbsteilhabe noch auf Familienarbeit im SGB II existierten und insofern auch keine Wahlfreiheit bestehe: »Selbst Hilfebedürftige mit Kindern unter drei Jahren können nicht wirklich zwischen den ihnen gesetzlich zugestandenen Rechten wählen, da die Rahmenbedingungen dies häufig nicht erlauben.«[4]

Die finanzielle Situation alleinerziehender im Vergleich zu der verheirateter Mütter hat sich sukzessive verschlechtert, wie SOEP-Daten von 1997 bis 2015 zeigen. Reformen am Arbeitsmarkt und im Bereich sozialstaatlicher Sicherung führten zu einer wachsenden Abhängigkeit Alleinerziehender von sozialstaatlichen Transferleistungen. Auch eine längere Berufsausbildung ist für diese Gruppe offensichtlich schwieriger, weil verheiratete Mütter ihnen gegenüber einen Bildungsvorsprung von rund einem Jahr erreichten. Alleinerziehende Mütter arbeiteten zwar weitaus häufiger in Vollzeit als verheiratete, waren aber auch häufiger arbeitslos, was sich negativ auf ihre Einkommenssituation auswirkte. Ein zweites Einkommen als Schutz gegen Armut entfällt bei Ein-Elternteil-Familien, die immer auch Alleinverdienende sind und zugleich die Betreuung und Versorgung ihrer minderjährigen Kinder zu stemmen haben. Franz Neuberger, Sabina Schutter und Klaus Preisner resümieren, dass langfristig mit einer wachsenden Zahl alleinerziehender Frauen (in prekärer Einkommenssituation) zu rechnen sei, was »zu zunehmend ungleichen Bedingungen des Aufwachsens für Kinder unterschiedlicher Familienformen« führe; außerdem gehe die Vielfalt an Familienformen auch heute mit einer erheblichen vertikalen Ungleichheit einher.[5]

Kinderreiche bilden die zweite Familienform, deren Haushaltstyp besonders häufig unter Einkommensarmut leidet: Die Armuts(gefährdungs)quote von Haushalten zweier Erwachsener mit drei und mehr Kindern stieg laut Mikrozensus von bereits sehr hohen 24 Prozent im Jahr 2006 auf über 30 Prozent im Jahr 2019, womit sie nochmals um 27 Prozent zunahm.

Wie man dem Datenreport 2021 entnehmen kann, sind die absolute Zahl ebenso wie der Anteil von Ehepaaren mit minderjährigen Kindern an allen Familienformen bundesweit binnen zehn Jahren bis 2019 um 0,3 Millionen auf insgesamt 5,7 Millionen Paare gesunken. Mit 12 Prozent nur ein recht kleiner Teil der Familien betreute drei und mehr (minderjährige) Kinder, wobei dies auf 15 Prozent der Familien mit und nur 10 Prozent jener ohne Migrationshintergrund zutraf. Mehr als jedes vierte Kind wuchs mit mindestens zwei minderjährigen Geschwistern auf.

Familien mit drei und mehr Kindern, von denen es laut Mikrozensus im Jahr 2019 hierzulande rund 760 000 Paarfamilien, 64 000 Lebensgemeinschaften und über 100 000 Ein-Elternteil-Familien gab, weisen neben der hohen Armutsgefährdung weitere Besonderheiten auf: Die durchschnittlichen Pro-Kopf-Einkommen liegen bei ihnen deutlich niedriger als bei Paarhaushalten mit bis zu zwei Kindern. Auch steht den betreffenden Familien weniger Wohnraum pro Kopf zur Verfügung. Zugleich müssen sie einen größeren Teil ihres Einkommens für den Alltagskonsum (z. B. Ernährung und Kinderbedarfe) ausgeben und können weniger für das Alter sparen. Mütter sind wegen der umfänglicheren Betreuungsaufgaben ab dem dritten Kind deutlich seltener berufstätig, sodass diese Familien – vergleichbar mit Alleinerziehenden – in der Regel keine zweite Arbeitskraft einbringen können, um einer Armutsgefährdung durch deren Lohn oder Gehalt zu entgehen.

Wie das Institut für empirische Sozial- und Wirtschaftsforschung (INES Berlin) in einer Analyse für die Friedrich-Ebert-Stiftung auf der Basis repräsentativer Mikrodaten ermittelte,[6] ist die durchschnittliche Wohnkostenbelastung sämtlicher Familientypen zwischen 2003 und 2013 kontinuierlich gestiegen. Für den Zeitraum danach ergab sich eine weiter zunehmende Mietkostenbelastung vorrangig für

Haushalte im unteren Einkommensbereich. Alleinerziehende mit niedrigen Einkommen gaben im Jahr 2017 durchschnittlich knapp die Hälfte ihres Einkommens für Miete und Betriebskosten aus. Hierin waren Transferzahlungen wie das nur von einem Drittel der Anspruchsberechtigten beantragte Wohngeld oder die Erstattung von Unterkunftskosten im Rahmen der Grundsicherung bereits enthalten. Ohne diese Sozialleistungen wäre die Mietkostenbelastung für viele Alleinerziehende und kinderreiche Familien also noch höher gewesen. Wer aber einen Großteil des Einkommens für Mietzahlungen aufwenden muss, dem bleibt nur ein geringer Spielraum für Anschaffungen und andere notwendige Ausgaben.

Mehrkinderfamilien sind ebenso wie Alleinerziehendenhaushalte häufiger als Singles wohnraumarm. Sie haben es besonders schwer, eine ausreichend große Wohnung zu einer tragbaren Belastung durch Miet- und Mietnebenkosten zu finden. Private Vermieter, die vielleicht den Übermut und die Zerstörungswut von Kindern fürchten, also ihr Wohneigentum in Gefahr wähnen, bevorzugen zum Teil kinderlose Paare und ältere Leute als vermeintlich »bessere« Mieter/innen.

In den Lebenslagespielräumen von Kindern schlägt sich die familiäre Einkommensarmut häufig erst dann negativ nieder, wenn es sich um einen länger andauernden oder wiederkehrenden Zustand handelt. Wie sich die Familienarmut bei Kindern auswirkt, hängt des Weiteren vom einzelnen Kind sowie von dessen Risiko- und Resilienzfaktoren ab, wobei Armut zwar die Wahrscheinlichkeit von Unterversorgungslagen (auch »Auffälligkeiten«, »Deprivationen« oder »Risikolagen« genannt) bei betroffenen Kindern und Jugendlichen massiv erhöht, eine Kausalität aber nie unterstellt werden darf.

Die Düsseldorfer Sozialwissenschaftlerin Silke Tophoven hat die Dauer von Armutsphasen in der Kindheit untersucht, indem sie Längsschnittdaten aus dem Panel Arbeitsmarkt und soziale Sicherung (PASS) des Instituts für Arbeitsmarkt- und Berufsforschung (IAB) der Bundesagentur für Arbeit von 2007 bis 2015 auswertete.[7] Dabei handelt es sich um eine jährliche Längsschnittbefragung der Mitglieder von etwa 10 000 Haushalten ab 15 Jahren unter besonderer

Berücksichtigung der Bezieher/innen von SGB-II-Leistungen. Rund ein Viertel der einbezogenen 3190 Kinder waren einer Armutslage zuzuordnen. Bei ca. 16 Prozent der Kinder handelte es sich um länger andauernde Armutserfahrungen, weitere 14 Prozent erlebten Armut gelegentlich und/oder wiederkehrend. Unter den Einflussfaktoren, welche eine dauerhafte Armutserfahrung wahrscheinlicher machten, stach die Zugehörigkeit zu einem Ein-Elternteil-Haushalt hervor, wenn es mehrere Geschwister gab, ein Migrationshintergrund vorlag oder die Eltern arbeitslos waren. Versorgungsmängel zeigten sich zwar nicht bei der Grundversorgung, aber bei Aspekten sozialer und kultureller Teilhabe, wie etwa einem monatlichen Kino- oder Theaterbesuch, dem Einladen von Freunden zum Essen, einem Restaurantbesuch oder einer einwöchigen Urlaubsreise pro Jahr. Je länger das Armutsmuster der Kinder andauerte, auf umso mehr Items wurde aus finanziellen Gründen verzichtet.

»Kinder der Freiheit« hat der am 1. Januar 2015 verstorbene Soziologe Ulrich Beck die Menschen in der »Zweiten Moderne« seinerzeit genannt. Beck glaubte, einen Wandel der Werteeinstellungen zu beobachten, der nicht auf eine Inflation materieller Ansprüche im Sinne des Egoismus oder Hedonismus hinauslaufe. Beispielsweise bewerte man die Verfügbarkeit über »eigene Zeit« jetzt höher als mehr Einkommen und Karriere, weil Zeit der Schlüssel zu intensiven Gesprächen, Freundschaften, Für-sich-Sein, Mitgefühl, Spaß usw. sei: »Im Zeitalter des eigenen Lebens verändert sich die soziale Wahrnehmung dessen, was als ›Reichtum‹ gilt und was als ›Armut‹, und zwar so radikal, daß unter Umständen *weniger* Einkommen und Status, die einhergehen mit *mehr* Selbstentfaltungs- und Selbstgestaltungsangeboten, nicht als Ab-, sondern als *Auf*stieg erlebt, also gesucht werden.«[8] Becks Einschätzung besitzt auch heute noch einen Geltungsanspruch. Während der Covid-19-Pandemie dürfte es vielen Menschen so ergangen sein, dass ihnen soziale Werte wichtiger wurden als materielle. Aber dies war ganz sicher nur der Fall, wenn eine grundlegende materielle Sicherheit den Rahmen dafür bildete. Hingegen können die Kinder der Ungleichheit keine Kinder der Freiheit sein.

Zweifellos ist Zeitarmut ein für alle Familien besonders problematischer Armutstyp, dessen Bedeutung man häufig nicht genug würdigt. Was von Beck jedoch damals schon übersehen oder unterschlagen wurde, ist die Tatsache, dass Menschen mit wachsendem Wohlstand in aller Regel an Freiheit oder Freizeit gewinnen. Nur wer reich ist, kann das Leben in vollen Zügen genießen und alle Entwicklungsmöglichkeiten nutzen, die eine moderne Konsumgesellschaft wie Deutschland ihren Mitgliedern bietet. Das bedeutet für nichtarme Kinder, freier in dem Sinne zu sein, dass sie tendenziell mehr Freizeit, mehr Freunde und mehr Freude am Leben haben als arme Spielkamerad(inn)en oder Mitschüler/innen.

Eine alleinerziehende Mutter im Hartz-IV-Bezug erzählte einem Interviewer, der sie zum Thema »Kinderarmut« befragte: »Ich freue mich jedes Mal, wenn mein Sohn nicht zu einem bevorstehenden Kindergeburtstag eingeladen wird.« Was kann für eine Mutter schrecklicher sein, als ihrem Kind wenig Freunde und Sozialkontakte zu wünschen, um kein Geburtstagsgeschenk für andere Kinder kaufen und selbst keine (Gegen-)Einladung zu einem Kindergeburtstag aussprechen zu müssen, weil ihr dafür das Geld fehlt? Wenn Kinder solche Kränkungen erfahren, können diese ihr ganzes Leben prägen. Eine wohlhabende, wenn nicht reiche Gesellschaft, die derartige Familiendramen zulässt, versündigt sich an den betroffenen Kindern und kann gar nicht mehr gutmachen, was sie damit in der Psyche von Kindern und Eltern anrichtet.

Ausgegrenzt: Arbeitslose mitsamt ihren Kindern

Eltern und Kinder, die von Sozialleistungen, insbesondere von SGB-II-Transferzahlungen (Hartz IV) leben, gelten als eine Kerngruppe armer Familien. Soll das Ausmaß von Kinderarmut in Deutschland erfasst werden, sind zwei Konzepte gebräuchlich: eine Bestimmung der Kinder- bzw. Familienarmut über die EU-Konvention von weniger als 60 Prozent des bedarfsgewichteten Medianeinkommens, bei dem häufig der Mikrozensus als Datenbasis zugrunde gelegt wird, oder alternativ über den Bezug von SGB-II-Unterhaltsleistungen. Das zuletzt genannte Konzept beziffert den Anteil von Kindern an Altersgleichen, deren Eltern SGB-II-Leistungen beziehen und damit als »arbeitsuchend« gelten.

Die Zahl der Kinder in SGB-II-Bedarfsgemeinschaften, also von Erwerbslosen und »Erwerbsaufstocker(inne)n«, die gar nicht arbeitslos sind, sondern nur einen so geringen Lohn erhalten, dass sie Hartz IV ergänzend in Anspruch nehmen müssen, pendelt trotz konjunktureller und saisonaler Schwankungen seit mehr als einem Jahrzehnt um die zwei Millionen. 2019 waren es mit 1,92 Millionen ca. 14,1 Prozent aller Kinder und Jugendlichen, wobei die Zahl der Tendenz nach sinkt – 2007 befanden sich noch 2,25 Millionen oder 16 Prozent aller Unter-18-Jährigen im SGB-II-Bezug. Rechnet man die übrigen Betroffenen (Kinder in Sozialhilfehaushalten, in Flüchtlingsfamilien, die nach dem *Asylbewerberleistungsgesetz* deutlich weniger als die Sozialhilfe erhielten, und von Illegalisierten, die gar keine Transferleistungen beantragen können) hinzu und berücksichtigt zudem die Dunkelziffer (d. h. die Zahl jener Anspruchsberechtigten, die aus Unwissenheit, Scham oder anderen Gründen keinen Antrag auf Arbeitslosengeld II/Sozialgeld bzw. Sozialhilfe stellen, was auch als verdeckte Armut bezeichnet wird), leben etwa drei Millionen Kinder und Jugendliche auf oder unter dem Sozialhilfeniveau.

Demgegenüber ist die statistisch erfasste Armutsgefährdung unter Minderjährigen tendenziell gestiegen, nämlich von 2,59 Millionen (18,4 %) betroffenen Unter-18-Jährigen im Jahr 2007 auf 2,79 Millionen (20,5 %) im Jahr 2019. Dies hat mit kleinen Verbesserungen der für Familien relevanten Sozialtransfers zu tun, die im Einzelfall bewirkt haben, dass Eltern und Kinder aus dem Hartz-IV-Bezug herausfielen, ohne allerdings so viel mehr Geld vom Staat zu erhalten, dass ihr Einkommen nach EU-Kriterien schon oberhalb der Armuts(risiko)schwelle läge. »Unabhängig von der Frage, ob es nun zwei oder drei Millionen Kinder in Deutschland gibt, die in relativer Armut bzw. Armutsnähe leben, bedeutet dies konkret, dass mehr als zwei Millionen Kinder und Jugendliche morgens oft ohne Frühstück in den Kindergarten oder die Schule kommen und häufig aufgrund von Fehl- und Mangelernährung krank sind. Sie nehmen selten bis gar nicht an Klassenfahrten oder ähnlichen Ausflügen teil, besitzen kaum einen Schreibtisch zum Erledigen ihrer Hausaufgaben, geschweige denn ein eigenes Kinderzimmer.«[9]

Die zuletzt leicht gesunkene Quote von in Hartz-IV-Haushalten lebenden Kindern vermag nicht darüber hinwegzutäuschen, dass sich die Kinderarmut geografisch (zwischen Bundesländern, aber auch einzelnen Regionen) immer stärker konzentriert und sich auch die Lebenswelten von reichen und armen Familien sozialräumlich auseinanderentwickeln: Während in ländlichen Regionen zumeist eine relativ geringe Kinderarmut herrscht, nehmen Armutsquoten und Tendenzen sozialräumlicher Segregation vornehmlich in Großstädten zu. Dort haben sich infolgedessen marginalisierte Stadtteile und Quartiere herausgebildet, deren Bewohner/innen mehrheitlich mit Armuts- und Exklusionsprozessen konfrontiert sind. Je kleinräumiger man die Kinderarmut erfasst, umso breiter wird der Graben zwischen armen und reichen Wohngebieten und umso stärker wächst mancherorts auch die Armutskonzentration.

Dass die Lebenswelten der Minderjährigen in Metropolen wie Köln sozialräumlich immer stärker auseinanderfallen, ist vielfach belegt. Dort stellt die Verwaltung gravierende Unterschiede je nach Stadtteil fest. Offenbar bieten sich Kindern und Jugendlichen auf Stadtteil- wie auf Stadtviertelebene zum Teil extrem unterschiedliche Bedingungen für ein gelingendes Aufwachsen. So reichte die Kinderarmutsquote im Jahr 2017 in den 86 Stadtteilen der Domstadt von 0 bis 60 Prozent.[10] Blickt man auf die Ebene der knapp 300 Kölner Stadtviertel, ergab sich sogar eine Bandbreite der Kinderarmutsquoten zwischen 0 und 78 Prozent.

Eine besondere Problematik stellen die weitgehend separierten, sozial homogenen Lebenswelten von Kindern der Ungleichheit dar:

Die einen sind – wie ihre Freundinnen und Freunde – nie mit einem Mangel oder Einschränkungen konfrontiert, sondern werden von ihren materiell gesicherten, wohlhabenden oder reichen Eltern vielfältig hinsichtlich ihrer musischen, schulisch-kulturellen, sportlichen und/oder künstlerischen Interessen gefördert. Wenig diverse, wohlständige Wohnumfelder täuschen ebenso wie sozial homogene Gleichaltrigenkontakte und (oft private, kirchliche oder gymnasiale) Bildungseinrichtungen eine »heile Welt« vor, die in Wahrheit das Resultat von Segregations- und Selektionsprozessen ist. Kinder, die so aufwachsen, laufen Gefahr, weniger Empathie, Solidarität und Verständnis für jene Altersgenoss(inn)en zu entwickeln, die nicht auf der Sonnenseite des Lebens stehen und deren Lebensbedingungen von Anfang an durch ökonomische, soziale und vielfältige weitere Mangellagen geprägt sind.

Deren prekäre Lebenswelten stehen hier im Fokus am Beispiel von Kindern erwerbsloser Eltern, die wegen ihres SGB-II-Bezugs meistenteils in Wohnumfeldern mit einer hohen Dichte von Hartz-IV-Bezieher(inne)n aufwachsen. Ihre materiellen Handlungsspielräume sind durch die Regelbedarfe (früher: Regelsätze) des SGB II stark eingeschränkt. Den täglichen Grundbedarf für Lebensmittel, Kleidung, Körperpflege, Haushaltsenergie (Strom), Hausrat und sonstige Bedarfe soll der Haushaltsvorstand im Jahr 2021 mit 446 Euro und jede/r weitere Erwachsene mit 401 Euro monatlich decken. Kinder bis zu fünf Jahren erhalten 283 Euro, Sechs- bis 14-Jährige 309 und 15- bis 17-Jährige 373 Euro im Monat. Wohlfahrtsverbände, Gewerkschaften, Betroffenenorganisationen und einzelne Parteien fordern seit langem die Erhöhung der Regelbedarfe, um sie armutsfest zu machen, und/oder die Einführung einer Kindergrundsicherung für Minderjährige.

Insbesondere die Kinderregelsätze stehen seit der Einführung von Hartz IV am 1. Januar 2005 in der Kritik, weil sie – trotz anschließender kleiner Verbesserungen – in vieler Hinsicht noch immer nicht ausreichen, um die realen Bedarfe der verschiedenen Altersgruppen zu decken. »Kinder sind kleiner als Erwachsene und brauchen deshalb auch weniger – so oder ähnlich muss wohl die einfache Logik aussehen, die hinter den Berechnungen des Regelsatzes für Kinder steht.«[11] Am 27. Januar 2009 legte das Bundessozialgericht in Kassel die Hartz-IV-Kinderregelsätze dem Bundesverfassungsgericht zur Entscheidung vor. Am 9. Februar 2010 erklärte sie das Karlsruher Gericht für nicht mit dem *Grundgesetz* vereinbar. Zwar hielten die Richter/innen des Ersten Senats den Hartz-IV-Regelsatz keineswegs für »evident unzureichend«, sie verpflichteten die Bundesregierung jedoch, noch im selben Jahr eine Neuberechnung/-regelung vorzunehmen und bis dahin nötigenfalls einmalige Beihilfen zu gewähren, um Hilfebedürftigen durch Deckung ihrer Sonderbedarfe eine menschenwürdige Existenz zu sichern. Korrigiert werden musste nach dem Urteil auch, dass Kinder mit 60 Prozent des Eckregelsatzes abgefunden wurden, wenn sie jünger als sechs Jahre waren, mit 70 Prozent, wenn sie sechs bis 13 Jahre alt waren, und mit 80 Prozent, wenn sie 14 Jahre oder älter waren. Die Karlsruher Richter/innen erkannten im Unterschied zur Bundesregierung explizit an, dass Kinder gerade keine Erwachsenen »im Miniformat« sind, sondern altersspezifische Bedarfe haben. Diese waren so lange unberücksichtigt geblieben, wie man vom Regelsatz für (alleinstehende) Erwachsene einfach bloß einen bestimmten Prozentsatz für Kinder und Jugendliche vorsah.

Auch nach der Neuberechnung reichen die Kindern zugebilligten Beträge jedoch beileibe nicht aus, um ihren Bedarf zu decken. Ein prägnantes Beispiel ist die für Bekleidung und Schuhe vorgesehene Geldsumme, welche je nach Altersgruppe zwischen 37 (Null- bis Fünfjährige) und 45 Euro (15- bis 17-Jährige) monatlich beträgt. Wer seine Kleinen regelmäßig neu einkleiden muss, weil sie aus den alten Sachen herausgewachsen sind, hat eine gute Vorstellung davon, wie unzureichend dieser Betrag schon für passende und funktionelle Bekleidung bzw. Schuhe für alle Jahreszeiten ist. Bereits früh erwiesen sich der Mangel an und die Mängel bei jahreszeitgemäßer Kleidung für Kinder armer Familien in sämtlichen Altersgruppen als augenfälligstes Merkmal dieses sozialen Problems für Außenstehende. Hinzu kommt für ältere Kinder und Jugendliche die Prestigefunktion von Kleidung, die ab einem gewissen Alter kaum noch an funktionalen Aspekten, sondern zumeist eher an den Normen dessen ausgerichtet wird, was unter Gleichaltrigen gerade als »in« gilt. Hier bei den trendigen Marken von Sneakers, Boots oder Rucksäcken nicht mithalten zu können, kann zu sozialer Ausgrenzung innerhalb der Peergroup führen und das Selbstwertgefühl eines Jungen oder eines Mädchens erheblich beeinträchtigen.

Für Lebensmittel und Getränke sehen die Hartz-IV-Kinderbedarfe je nach Altersgruppe zwischen 92 und 164 Euro monatlich pro Kind vor, von denen nach der Einführung von Hartz IV neben den Kosten der häuslichen Ernährung meist noch Essensbeiträge für Kitas und Schulen beglichen werden mussten. 2007, also zwei Jahre nach Inkrafttreten der Hartz-Reform, kritisierte das Institut für Kinderernährung Dortmund, eine gesunde und ausgewogene Kinderernährung (Mischkost) sei mit diesen Beträgen nicht zu gewährleisten. Obwohl die Kinderregelsätze inzwischen mehrfach geändert und geringfügig erhöht wurden, hat sich das Problem seitdem nicht entschärft. Jan Frank, Präsident der Fachgesellschaft Society of Nutrition and Food Science (SNFS) mit Sitz an der Universität Hohenheim, stellte im Januar 2020 mit Blick auf die im Regelsatz für Babys und Kleinkinder vorgesehenen 2,92 Euro pro Tag für Ernährung fest, Kinder unter sechs Jahren bräuchten rund 4 Euro am Tag, um gesund und vollwertig ernährt zu werden, und warnte vor (jahrelangen) Fehlernährungen, die mit körperlichen und geistigen Entwicklungsstörungen schwerwiegende Konsequenzen haben könnten.

Hohe Hürden: Flüchtlingskinder und Familien mit Migrationshintergrund

Kinder aus Migrationsfamilien gelten gemeinhin als eine der am stärksten von Armut betroffenen Gruppen, was schon seit Jahrzehnten zwar mit unterschiedlichen Begrifflichkeiten (»ausländische« oder Kinder »mit Migrationshintergrund« bzw. Familien »mit internationaler Geschichte«), aber ungebrochener Konstanz festgestellt wird. Laut Mikrozensus tragen sie ein rund zweieinhalbfach höheres Risiko, in Armut aufzuwachsen, als Kinder ohne Migrationshintergrund. Es zeigt sich zwar bei allen Altersgruppen, jedoch in unterschiedlichem Ausmaß: Besonders groß sind die Diskrepanzen laut Statistischem Bundesamt bei Unter-sechs-Jährigen. Hier betrug die Armutsgefährdungsquote bei Kindern *ohne* Migrationshintergrund 2017 rund 12 Prozent, *mit* Migrationshintergrund jedoch 33 Prozent.

Ein Blick zurück zeigt die Komplexität der gewachsenen Armutsbetroffenheit von Kindern mit Migrationshintergrund. War es 1998 noch die generell stärkere Betroffenheit von kurz- und mittelfristiger Armut *ausländischer* Familien, die der Zehnte Kinder- und Jugendbericht der Bundesregierung beklagte, so haben sich Terminologie und Betroffenengruppen inzwischen hin zu Kindern »mit Migrationshintergrund« gewandelt. Das Statistische Bundesamt attestiert Personen einen Migrationshintergrund, wenn sie selbst oder mindestens ein Elternteil die deutsche Staatsangehörigkeit nicht durch Geburt besitzen.

Die hohe Armutsbetroffenheit von Kindern mit Migrationshintergrund ist ein Phänomen von großer Heterogenität, welches zwar wiederkehrend problematisiert, aber kaum vertieft analysiert wurde.[12] Hinzu kommt, dass sich die Hauptbetroffenengruppen permanent wandeln: In den 1980er-Jahren standen überwiegend die (zumeist türkischen) »Ausländerkinder« aus den im Zuge der »Gastarbeiter«-Migration eingewanderten Familien meist aus früheren Anwerbestaaten im Mittelpunkt, weil sie *überdurchschnittlich häufig* Sozialhilfe bezogen. Hingegen zeigten sich zum Jahrtausendwechsel bereits große Unterschiede bei den Armutsrisiken dieser hinsichtlich Herkunftsregion, Aufenthaltsdauer, Religionszugehörigkeit und ausländerrechtlichem Status höchst heterogenen Gruppe: So waren vor allem Kinder der zweiten bzw. dritten Generation aus den in den 1950er- und 1960er-Jahren angeworbenen Arbeitsmigrantenfamilien der Nachfolgestaaten Jugoslawiens sowie der Türkei als Drittstaat stark armutsgefährdet, während das Armutsrisiko bei Kindern aus Familien der früheren Anwerbe- und heutigen EU-Mitgliedsländer Spanien, Portugal, Griechenland und Italien seit den Anfängen der »Gastarbeiter«-Anwerbung merklich gesunken war.

Kinder aus Spätaussiedlerfamilien hatten in den 1990er-Jahren nach dem Schub des Aussiedlerzuzugs infolge des Mauerfalls anfänglich ebenfalls hohe Armutsrisiken. Ende der 1990er-Jahre war die Armutsquote unter den Kindern osteuropäischer Zuwanderer ohne deutsche Staatsangehörigkeit am höchsten, stellte eine Unicef-Studie im Jahr 2005 fest. Die problematischsten Bedingungen bestanden indes für Kinder aus Flüchtlingsfamilien ohne dauerhaften Aufenthaltsstatus, deren Lebensumstände durch die Asylgesetzgebung teils starken Beschränkungen unterlagen, sowie die (kaum beachteten) Kinder ohne Papiere, also Illegalisierte. Sie waren in den Bereichen (Familien-)Einkommen, Bildung, Wohnen, Gesundheit und soziale Netzwerke mitunter so stark benachteiligt, dass man sogar von absoluter Armut sprechen konnte.

Inzwischen hat sich die Migrationsbevölkerung weiter ausdifferenziert. So stieg die Zuwanderung aus osteuropäischen Ländern seit dem Jahr 2000 stetig an. Immerhin rund 18 Prozent der Jugendlichen aus fremdsprachigen Elternhäusern sprechen polnisch oder russisch, fand das DIW für das Jahr 2017 heraus. Seit 2015 ist neben diese »alten« Herkunftsgruppen im Zuge der Flüchtlingszuwanderung mit rund einer Million Kindern eine weitere, sehr heterogene Einzelgruppe getreten. Sie macht die Gesamtheit von Kindern und Jugendlichen mit Migrationshintergrund hierzulande noch vielfältiger und verbietet noch stärker als zuvor pauschalisierende Aussagen, etwa zu ihren eben nur *durchschnittlich* höheren Armutsrisiken.

Auch in sozialstruktureller Hinsicht haben sich die Lebenslagen der Bevölkerung mit Migrationshintergrund auseinanderentwickelt. Zwar ist ihr Armutsrisiko nach wie vor mehr als doppelt so hoch wie jenes der Bevölkerung ohne Migrationshintergrund und ihr durchschnittliches Nettoäquivalenzeinkommen geringer, aber ein immer größerer Anteil verdient deutlich mehr. Der Datenreport

2021 hält für Menschen ohne Migrationshintergrund im Jahr 2018 ein durchschnittliches Nettoerwerbseinkommen von 1790 Euro fest. Personen mit Migrationshintergrund liegen mit 1500 Euro deutlich darunter. (Spät-)Aussiedler/innen allerdings erzielten mit durchschnittlich 1800 Euro monatlich sogar ein höheres Nettoerwerbseinkommen als Menschen ohne Migrationshintergrund. Auch Einwanderer aus Südeuropa (ohne die Türkei und die Länder Ex-Jugoslawiens) kamen noch auf 1600 Euro monatlich, während Personen aus Osteuropa, den Ländern Ex-Jugoslawiens und aus der Türkei mit rund 1400 Euro das niedrigste Durchschnittseinkommen erzielten. Auch unter Wohlhabenden (mit mehr als 126 000 und weniger als 1 Million Euro Vermögen) machten Menschen mit Migrationshintergrund immerhin 12 Prozent aus, unter Vermögensmillionären sogar 14 Prozent, fand das DIW für 2019 heraus. Offensichtlich nehmen nicht bloß die Armutsrisiken, sondern auch Wohlstand, Reichtum und soziale Ungleichheit innerhalb der Migrationsbevölkerung zu.

Kinder mit Migrationshintergrund bleiben von der sozioökonomischen Ungleichheit nicht unberührt. Auch ihre Lebenswelten driften auseinander, wobei über diejenigen aus materiell (sehr) gut gestellten Familien so gut wie keine Informationen verfügbar sind, während der Wissensstand über jene auf der Schattenseite, die das Gros darstellen, zuletzt angewachsen ist, konzentrieren sie sich doch häufig in benachteiligten Wohnquartieren westdeutscher Großstädte. Dies illustrieren Daten aus Köln: Während der Anteil der Unter-18-Jährigen mit Migrationshintergrund stadtweit Ende 2019 bei rund 58 Prozent lag, waren es im rechtsrheinischen Stadt*bezirk* Kalk rund 74 Prozent, dem gleichnamigen (kleineren) Stadt*viertel* Kalk rund 86 Prozent, im nördlichen Stadtteil Chorweiler rund 88 Prozent und im rechtsrheinischen Stadtviertel Finkenberg 95 Prozent, während im linksrheinischen Stadtbezirk Lindenthal unterdurchschnittliche 38 Prozent und in dessen südwestlichem Stadtteil Klettenberg nur 27 Prozent der Kinder und Jugendlichen einen Migrationshintergrund hatten.[13]

Insbesondere über die Benachteiligung von Kindern und Jugendlichen aus geflüchteten Familien ist zwar öffentlich debattiert worden, aber weniger mit Blick auf ihre materielle Lage als bezüglich ihrer mangelnden Integration ins hiesige Bildungssystem. Eric Seils und Jutta Höhne vom Wirtschafts- und Sozialwissenschaftlichen Institut (WSI) der Hans-Böckler-Stiftung des Deutschen Gewerkschaftsbundes (DGB) machten hingegen darauf aufmerksam, dass die vermehrte Fluchtmigration seit 2015 »einen deutlichen Anstieg der Kinderarmut« nach sich gezogen habe.[14] Die ergänzende Feststellung, wonach das Armutsrisiko der einheimischen Kinder »praktisch unverändert« geblieben war, fand jedoch ebenso wenig Beachtung wie die Aufforderung, dass die Geflüchteten zu Löhnen und Bedingungen in Arbeit gebracht werden sollten, die ihren Familien »ein Leben oberhalb der Armutsgrenze« ermögliche.

Ende 2010 lebten 1980 697 Minderjährige von Hartz-IV-Leistungen, fünf Jahre später waren es 1939 187. Am 31. Dezember 2017 wurde mit 2 038 999 Kindern und Jugendlichen ein weiterer Höchststand erreicht. Danach ging die Zahl wieder Jahr für Jahr etwas zurück. Ende 2020 befanden sich noch immer 1 854 695 Minderjährige im Hartz-IV-Bezug. Seit der Einführung des Gesetzespaketes 15 Jahre zuvor ist die Zahl der Betroffenen fast konstant und stabil hoch – mit zudem wechselnden Betroffenengruppen, auch unter den insgesamt stärker betroffenen Kindern mit Migrationshintergrund. Dass der Berliner Wirtschaftskorrespondent Dietrich Creutzburg unter dem Titel »Trotz Zuwanderung: Kinderarmut in Deutschland sinkt« in der *FAZ* (v. 22.7.2020) die Fluchtmigration 2015/16 für eine weiterhin relativ hohe Zahl von Unter-18-Jährigen im Hartz-IV-Bezug verantwortlich machte, war deshalb wenig stichhaltig.

Unter den nach wie vor fast zwei Millionen Kindern und Jugendlichen, die in sog. Hartz-IV-Haushalten aufwachsen, befinden sich heute zwar mehr Geflüchtete als noch vor einigen Jahren. Alarmierend ist und bleibt aber, dass die Zahl der einheimischen Kinder, die von Sozialleistungen lebt, auch nach einer zehn Jahre lang andauernden guten Wirtschaftskonjunktur nicht wesentlich gesunken und die

Zahl der einheimischen Armen nach EU-Kriterien sogar gestiegen ist. Zudem erscheinen mit der Zeit mehr Flüchtlingsfamilien in der offiziellen Armutsstatistik, wenn sie von Gemeinschaftsunterkünften oder Sammellagern in Privatunterkünfte umziehen; Wohnungs- und Obdachlose, Heimbewohner/innen sowie Strafgefangene bleiben in der Statistik hingegen außen vor.

Zugewanderte übernehmen anfangs entweder bisher von Einheimischen besetzte (unterste) Positionen des Schichtsystems oder im Kellergeschoss des Schichtsystems für sie neu geschaffene Positionen, stellte der Zürcher Migrationssoziologe Hans-Joachim Hoffman-Nowotny bereits in den 1970er-Jahren fest, als er die »ethnische Unterschichtung« der Schweiz diagnostizierte.[15] Für die angeworbenen »Gastarbeiter/innen« der jungen Bundesrepublik konnte dieses Phänomen jedoch nicht dauerhaft bestätigt werden, wenngleich man zumindest anfangs Tendenzen einer ethnischen Unterschichtung beobachtete: Heute zählt die Mehrheit der (Enkel-)Kinder der damaligen »Gastarbeiter/innen« innerhalb der Bevölkerung mit Migrationshintergrund zu den Bessergestellten, während neuere Zuwanderungskohorten wie osteuropäische EU-Migrant(inn)en und Geflüchtete in den Blickpunkt gerückt sind.

Die Frage, ob eine Tendenz zur Ethnisierung von Kinderarmut festgestellt werden kann, die vor allem durch zugewanderte Kinder bestimmter Herkunfts- und Statusgruppen geprägt ist, bleibt noch offen. Allerdings ist zu bedenken, dass diese Entwicklung sehr vielfältige Ausprägungen hat und ebenso zahlreiche Gründe. Außerdem sind Minderjährige mit Migrationshintergrund nur eine unter den besonders von Armut bedrohten Gruppen (neben Minderjährigen aus Haushalten von Alleinerziehenden, kinderreichen Paaren oder Erwerbslosen). Es wäre daher falsch zu unterstellen, dass die hohe (Kinder-)Armut in Deutschland allein auf die gestiegene Zuwanderung zurückzuführen sei.[16]

Dennoch lohnt ein Blick auf die besonders betroffenen Gruppen innerhalb der Bevölkerung mit Migrationshintergrund, die am stärksten von Armut bedroht ist.[17] Hier fällt die Armutsgefährdung je nach Herkunftsgruppe höchst unterschiedlich aus, wobei sich die aussagekräftigsten Daten des Mikrozensus vereinzelt auf ganze Kontinente (z. B. Afrika), überwiegend aber auf einzelne Länder beziehen. Die höchsten Armutsgefährdungsquoten hatten 2018 Familien mit Migrationshintergrund aus den »klassischen Hauptherkunftsländern« Geflüchteter wie Syrien mit fast 80 Prozent, dem Irak mit 69 Prozent, Afghanistan mit 64 Prozent und Pakistan mit 57 Prozent sowie aus Afrika mit 44 Prozent.[18] Aus *europäischen* Ländern hatten Familien aus Bulgarien mit 40 und Rumänien mit fast 22 Prozent das höchste Armutsrisiko; mit Abstand folgten Menschen aus den Drittstaaten des Kosovos (37 %), Serbiens (30 %) und – der großen Gruppe – aus der Türkei (29 %).

Der Datenreport 2021 nimmt eine andere Gruppeneinteilung vor, bestätigt aber die mit 80 Prozent überaus hohe Armutsrisikoquote von Geflüchteten. Mit großem Abstand folgten die länger aufhältigen Einwanderergruppen aus Osteuropa (33 %) und Südwesteuropa sowie der Türkei (je 32 %), während (Spät-)Aussiedler/innen mit 26 Prozent die geringste Armuts(risiko)quote aufwiesen. Die Frage nach einer gewissen Tendenz zur Ethnisierung der (Kinder-)Armut lässt sich vor dem Hintergrund dieser Daten somit zumindest als Momentaufnahme der Jahre 2015 bis 2018 bestätigen. Sie zeigt sich in der enorm hohen Armutsbetroffenheit von Geflüchteten und ihren Kindern, aber ebenso in überproportional hohen Armutsrisiken von Minderjährigen insbesondere aus Arbeiterfamilien der Drittstaaten. Ob sich diese Tendenz verfestigt, wird sich wegen der längeren Dauer von Integrationsprozessen auf dem Arbeitsmarkt erst in der Zukunft erweisen.

Auf der anderen Seite gibt es in einer vergleichsweise kleinen Größenordnung auch Eingewanderte aus europäischen Nachbarstaaten wie Österreich, Großbritannien und Frankreich, die häufig wohlsituiert sind und zum Teil sogar geringere Armutsrisiken als Deutsche ohne Migrationshintergrund aufweisen. Dies unterstreicht, dass sich eine Pauschalisierung nach dem Motto »Migrant/in = armutsgefährdet« verbietet, weil es sich um höchst heterogene Personengruppen mit sehr disparaten Positionen in Bezug auf die Sozialstruktur, die Armutsrisiken und die Migrationsbiografien handelt.

Eine von Mitarbeiter(inne)n der Abteilung Arbeitsmarkt, Migration und Integration des Berliner Instituts für empirische Integrations- und Migrationsforschung (BIM) an der Humboldt-Universität zu Berlin durchgeführte Untersuchung zeigt, dass nur ein geringer Anteil der unterschiedlichen Armutsrisiken von Menschen mit und ohne Migrationshintergrund auf deren Geschlecht, Alter, Gesundheitszustand, Haushaltskomposition, Wohnregion, Bildungsgrad und Erwerbstätigkeit zurückzuführen, ein größerer Anteil mit solchen Faktoren aber nicht zu erklären ist.[19] Migrationsspezifisch ungünstige Faktoren mit Blick auf hohe Armutsrisiken tragen demnach Personen, die im mittleren bis späten Erwachsenenalter nach Deutschland gekommen sind, eine kurze Aufenthaltsdauer, geringe deutsche Sprachkenntnisse und/oder keinen deutschen Berufsabschluss haben und aus den ehemaligen »Gastarbeiter«-Anwerbestaaten außerhalb der EU kommen. Eine längere Aufenthaltsdauer wirkt sich hingegen positiv aus.

Während Kinder und Jugendliche mit Migrationshintergrund häufig bereits in der zweiten oder dritten Einwanderergeneration zwar mit einer anderen Familiensprache aufwachsen, aber in den Bildungseinrichtungen der Bundesrepublik deutschsprachig sozialisiert sind, sehen sich die vornehmlich 2015/16 eingereisten Kinder aus geflüchteten Familien mit ganz anderen Herausforderungen konfrontiert: Als Neuzugewanderte stehen sie vor der Hürde, plötzlich möglichst schnell eine fremde Sprache erlernen zu müssen, um sich als Seiteneinsteiger/innen in Kitas und Schulen verständigen zu können. Noch viele Monate – zum Teil auch Jahre – nach der Einreise leben sie mit ihren Familienangehörigen auf engstem Raum in Erstaufnahmeeinrichtungen und Flüchtlingswohnheimen, größtenteils mit gemeinschaftlich genutzten Sanitär- und Kücheneinrichtungen und wenigen Spielmöglichkeiten. Die Familien erhalten zunächst 15 Monate die (geringeren) Unterhaltsleistungen nach dem *Asylbewerberleistungsgesetz*, bevor sie in den Bezug von Hartz-IV-Regelleistungen wechseln.

Nicht bloß der Erwachsenenregelbedarf liegt im *Asylbewerberleistungsgesetz* mit 364 Euro monatlich deutlich unter dem im SGB II als soziokulturelles Existenzminimum angesetzten Summe (446 €), sondern auch die Bedarfe für Kinder von Geflüchteten sind niedriger angesetzt: von 247 Euro für Unter-sechs-Jährige (SGB II: 283 €) über 282 Euro für Sechs- bis 14-Jährige (SGB II: 209 €) bis zu 323 Euro für 15- bis 17-Jährige (SGB II: 373 €) pro Monat. Der Bezug von SGB-II-Regelleistungen, die das soziokulturelle Existenzminimum sichern sollen, gilt in der Forschung als ein harter Indikator für relative Kinderarmut in Deutschland. Häufig wird das Ausmaß von Kinderarmut in Deutschland mit der Zahl Minderjähriger im SGB-II-Bezug beziffert.[20] Man kann daher mit Recht davon ausgehen, dass Kinder in Asylbewerberfamilien angesichts der noch niedrigeren Leistungen von extremer Armut betroffen sind. Manche Autor(inn)en sprechen sogar von einem durch das *Asylbewerberleistungsgesetz* verordneten »Leben am Existenzminimum«.[21]

Die Geflüchteten sind eine äußerst heterogene Gruppe, nicht nur hinsichtlich der Herkunftsländer, sondern vor allem bezüglich des Aufenthaltsstatus, den man ihnen zum Abschluss des Asylerfahrens zuerkennt: Hier reicht das Spektrum von Asylberechtigten und nach der Genfer Flüchtlingskonvention vom 28. Juli 1951 Anerkannten über subsidiär Geschützte bis hin zu Menschen mit (Ketten-)Duldung oder bloß einer Grenzübertrittsbescheinigung. Der ausländerrechtliche Status einer Familie entscheidet jedoch über Rechte und Pflichten in beinahe sämtlichen Lebensbereichen. Nicht allen Erwachsenen stehen Sprachkurse offen; fehlende Deutschkenntnisse, die Nichtanerkennung im Ausland erworbener Berufsabschlüsse und ein zum Teil nachrangiger Zugang zum Arbeitsmarkt erschweren es ihnen anfangs ungemein, beruflich Fuß zu fassen, um ihren und den Lebensunterhalt ihrer Familie eigenständig zu sichern. Hinzu kommt bei manchen ausländerrechtlichen Statusgruppen, etwa aus vermeintlich »sicheren« Herkunftsstaaten, eine große Unsicherheit hinsichtlich der Bleibeperspektiven, verbunden mit der ständigen Angst vor Abschiebung.

Sprach- und Berufsbarrieren führen zusammen mit einer sehr kurzen Aufenthaltsdauer der meisten Geflüchteten zu einer im Vergleich mit anderen Gruppen von Migrant(inn)en oftmals prekären sozialstrukturellen Lage: Geflüchtete sind sehr viel seltener erwerbstätig (25 %), häufiger arbeitslos (30 %) oder nicht erwerbstätig (29 %), im Fall einer Erwerbstätigkeit überwiegend (zu fast 60 %) in Arbeiter- sowie einfachen Angestelltenberufen tätig und erzielen mit 920 Euro deutlich geringere monatliche Nettoerwerbseinkommen als andere Herkunftsgruppen, berichtet der Datenreport 2021 auf Basis von SOEP-Daten für das Erhebungsjahr 2018. Auch die Stundenlöhne seien mit 8 Euro erheblich niedriger als bei Personen mit Migrationshintergrund (11 €) oder jenen ohne Migrationshintergrund (13 €). Demgemäß fällt auch ihre Zufriedenheit mit der eigenen Einkommenssituation geringer aus. Die genannten Faktoren kumulieren zu einer äußerst hohen Armutsrisikoquote Geflüchteter von 81 Prozent, verglichen mit 26 Prozent bei Personen mit und 13 Prozent bei Personen ohne Migrationshintergrund.

Die prekäre, den strukturellen Rahmenbedingungen geschuldete Situation in Bezug auf beengte Wohnverhältnisse, die seelische Gesundheit (z. B. Traumatisierungen), den Deutscherwerb und die äußerst eingeschränkten materiellen Spielräume stellt Kinder aus Flüchtlingsfamilien vor immense Herausforderungen. Viele sind auch ganz einfach überfordert. Dafür ein Beispiel: Die ihnen gesetzlich zustehenden sieben Quadratmeter Wohnfläche pro Kopf in Wohnheimen (meist ohne WLAN) reichen für ein Leben in Würde nicht aus, von der erfolgreichen Teilnahme am Distanzunterricht im wiederholten Lockdown während der Covid-19-Pandemie ganz zu schweigen. Umso wichtiger ist es für diese Kinder und Jugendlichen, in den Bildungs- und Betreuungseinrichtungen schnell Fuß zu fassen, was wegen längerer Prozesse der Zuweisung einer kommunalen Unterkunft und einer Vorbereitungs- oder Internationalen Förderklasse in Schulen oftmals längere Zeit in Anspruch nimmt.

Bildungseinrichtungen haben eine enorm wichtige Funktion als »sichere Orte«, an denen solchen Minderjährigen noch am ehesten

Aufmerksamkeit und (Sprach-)Förderung zuteilwerden. Hier können sie auch erste Freundschaften mit Einheimischen knüpfen, was viele Erwachsene nicht schaffen. Den Kindern gelingt es so häufig als Ersten in der Familie, hier richtig anzukommen und aufgenommen zu werden. Ob es auch den Familien gelingt, heimisch zu werden und die anfangs überaus hohen Armutsrisiken zu überwinden, wird sich noch zeigen. Grundbaustein für eine die ethnische Unterschichtung überwindende sozialstrukturelle Integration ist für Kinder und Jugendliche eine gelingende schulische Biografie und für ihre Eltern der Einstieg in den Arbeitsmarkt, optimalerweise auf qualifizierten, ausreichend entlohnten Stellen.

5 Wo eine Villa ist, ist auch ein Weg – zum Abitur, zum Studium und zur beruflichen Karriere

Arm und Reich sind nicht gleich – weder im Hinblick auf ihre Einkommen und Vermögen noch in Bezug auf ihre Arbeits- und Lebensbedingungen, also ihren Gesundheitszustand sowie ihre Bildungschancen und Wohnverhältnisse: Wer reich ist, bewohnt vielleicht ein Loft mitten in der Stadt oder eine Villa im Luxusquartier; wer arm ist, lebt eher im Hochhaus am Stadtrand oder in einer Notunterkunft. Damit verbunden ist, was man als infrastrukturelle Ungleichheit bezeichnen kann. Anders ausgedrückt: Die Versorgung mit öffentlichen Kinderbetreuungseinrichtungen, Jugendzentren, Schulen und Hochschulen, Bürgerhäusern, Kliniken, Arztpraxen, Apotheken, Geschäften, Gaststätten, Cafés, Musikclubs, Eisdielen, Sportanlagen, Naherholungsgebieten, sozialen, Kultur- und Freizeitangeboten sowie guten Bahn-, Bus- und Breitbandverbindungen ist in einer gehobenen Wohngegend viel besser als im Elendsquartier, das als »sozialer Brennpunkt« gilt. Wenn »gleichwertige Lebensbedingungen im Bundesgebiet« (Art. 72 Abs. 2 GG), wie die Verfassung sie fordert, und der Wunsch nach einer gerechten Behandlung aller Wohnbürger/innen des Landes durch die öffentliche Hand erfüllt werden sollen, muss die ausgeprägte Unterversorgung von Armen mit guter Verkehrs-, Bildungs- und Betreuungsinfrastruktur beseitigt werden.

Leben im urbanen Luxusquartier oder im Hochhaus am Stadtrand

Für Kinder und Jugendliche heißt Armut nicht unbedingt, akute Geldsorgen zu haben. Sie wirkt sich jedoch negativ auf sämtliche Lebensbereiche, die Psyche und das Wohlbefinden der Minderjährigen aus. Entscheidend ist die Lebenslage des Kindes: Hat es die gleichen Chancen wie alle anderen – in der Familie, der Schule und der Freizeit? Gerade das Leben junger Menschen wird entscheidend davon geprägt, in welchen Einkommensverhältnissen, Familienformen bzw. Haushaltstypen und Wohngebieten sie aufwachsen. Insofern beinhaltet Kinderungleichheit erheblich mehr, als dass Minderjährige aus wohlhabenden Familien eher viel und Minderjährige aus sozial benachteiligten Familien eher wenig Taschengeld von den Eltern bekommen. Sie führt zu vielfältigen Benachteiligungen, Belastungen oder Beeinträchtigungen, etwa im Wohn-, Bildungs-, Ausbildungs-, Gesundheits-, Sport- und Freizeitbereich.

Über die Lage, Größe und Ausstattung der Wohnung bzw. des Hauses entscheidet die finanzielle Leistungsfähigkeit, was dazu führt, dass die Spaltung der urbanen Quartierswelt voranschreitet. Wo und wie jemand wohnt, hängt eng mit der sozioökonomischen Position dieser Person bzw. mit ihren Einkommens- und Vermögensverhältnissen zusammen. Wer ein großes Vermögen hat und/oder ein hohes Gehalt bezieht, wird kaum zur Miete in einem »sozialen Brennpunkt« wohnen, sondern vermutlich im Eigenheim oder in der renovierten Altbauwohnung eines »angesagten« Innenstadtviertels. Während reiche Familien oftmals in einer Villa mit großem Garten leben, wachsen arme Kinder eher in einer kleinen Mietwohnung auf, die weder einen Balkon noch eine Zentralheizung hat.

Kinder wohlhabender und reicher Eltern finden heutzutage weit bessere Rahmenbedingungen für ein sorgenfreies Aufwachsen vor als in Frühzeiten der Bundesrepublik. Hierzu gehören ein luxuriöses Wohnen und ein anregendes Wohnumfeld, optimale Bildungsmöglichkeiten - etwa der Besuch angesehener Privatschulen oder Internate – und eine hervorragende Gesundheitsversorgung. Ob ein Kind im Umfeld von parkähnlichen Gärten, Garagen in der Größe von Einfamilienhäusern, Grünflächen sowie Tennis- und Hockeyclubs aufwächst oder im Umfeld von Spielhallen, Imbissbuden und Billigläden, prägt sein ganzes Leben. Die tief ins kindliche Gemüt eingebrannte Erfahrung der persönlichen Benachteiligung oder der familiären Privilegierung lässt Menschen bis ins hohe Alter nicht los, beeinflusst ihren Bildungsweg, ihre Berufswahl und ihre Entscheidung für eine Partnerin/einen Partner ebenso wie ihre Persönlichkeit, Lebenseinstellung und Weltanschauung.

Weil die Einkommens- und erst recht die Vermögensverteilung hierzulande viel ungleicher ist als die Verteilung der Miethöhen, finden Familien mit geringem Einkommen oft keine bezahlbare Wohnung. Sozial benachteiligte Familien haben wenig Platz in der Wohnung, sodass ihrem Nachwuchs oft das eigene Kinderzimmer und damit auch ein ruhiger Arbeitsplatz fehlt, der für ein konzentriertes Lernen nötig ist. Wie es scheint, ist die Miet- und Wohnungsfrage zum brennendsten sozialen Problem der Bundesrepublik avanciert. In den Ballungszentren greifen vermehrt Wohnungsnot und Mietwucher um sich, weshalb es zumindest in den meisten Groß- und Universitätsstädten heute selbst Normalverdiener(inne)n schwerfällt, eine passende Wohnung zu finden.

Aufgrund der Privatisierung und Finanzialisierung des Bodens wie der Immobilien hat die Belastung der meisten Haushalte durch die Wohnungsmiete seit der Jahrtausendwende erheblich zugenommen. Mieter/innen wurden gewissermaßen enteignet, weil sie in dieser Phase extrem niedriger Hypothekenzinsen keine adäquaten Einkommenszuwächse verzeichneten. »Wenn Miet- und Bodenpreise (trotz billigen Geldes) steigen, wird das Einkommen lohnabhängiger Mieterinnen und Mieter in Kapital- und Bodenvermögen transferiert. Das heißt, dass sich die Enteignung der Mieter insofern verschärft, als eine Umverteilung von unten nach oben stattfindet.«[1]

Hendrik Lebuhn, Andrej Holm, Stephan Junker und Kevin Neitzel haben für die Hans-Böckler-Stiftung auf der Grundlage von Mikrozensusdaten die Wohnverhältnisse in den 77 deutschen Großstädten untersucht und dabei vor allem die Situation verschiedener Einkommensgruppen berücksichtigt. Wie sich herausstellte, lebten Haushalte mit geringen Einkommen nicht bloß auf kleinerer Fläche pro Mitglied und in Wohnungen schlechterer Qualität, sondern wurden auch deutlich stärker durch die Mietkosten belastet, was die Einkommensungleichheiten in den Wohnverhältnissen reproduziert und potenziert.[2] Von einer »gravierenden Polarisierung der Mietbelastungsquoten« sprechen die Verfasser der Studie, weil die 10 Prozent der Haushalte mit der günstigsten Mietkostenbelastung nur 13,6 Prozent ihres Haushaltsnettoeinkommens für die Bruttokaltmiete ausgaben, während es von den 10 Prozent mit den höchsten Mietbelastungen über 47,8 Prozent des Einkommens waren. Die Mietkostenbelastung dieser Gruppe betrug das Dreieinhalbfache der Haushalte mit der günstigsten Mietbelastung. Ungefähr 1,3 Millionen Haushalte verfügten nach der Zahlung ihrer Miete über Resteinkommen unterhalb des Regelbedarfs sozialer Transferleistungen. In den Wohnbedingungen spiegelt sich also nicht bloß die Einkommensungleichheit wider, sie tragen wegen der überproportionalen Mietkostenbelastung von Geringverdiener/innen-Haushalten vielmehr auch ihrerseits zur wachsenden Ungleichheit bei.

Wegen einer zunehmenden sozialräumlichen Trennung der verschiedenen Klassen und Schichten voneinander, die als residentielle Segregation bezeichnet wird, wachsen immer mehr Kinder und Jugendliche in Wohnquartieren auf, die weit vom normalen (Mittelschicht-)Standard entfernt sind. Wenn die sozioökonomische Ungleichheit in einem Land über einen längeren Zeitraum hinweg wächst, nimmt tendenziell auch die Obdachlosigkeit zu, jedenfalls unter der Voraussetzung, dass die politisch Verantwortlichen nicht für die Bereitstellung von ausreichend bezahlbarem Wohnraum sorgen.

Der Erfurter Hochschullehrer Marcel Helbig und die WZB-Mitarbeiterin Stefanie Jähnen haben die Entwicklung der Segregation in deutschen Städten untersucht, wobei sie feststellten, dass sich diese zuletzt deutlich verstärkt hat. »Ähnlich wie in den USA ist die soziale

Spaltung der Städte bei Kindern bzw. Familien mit Kindern stärker ausgeprägt als bei der Gesamtbevölkerung.«[3] Besonders ungleich verteilten sich die in Haushalten mit SGB-II-Bezug aufwachsenden Kinder. Quartiere, in denen über 50 Prozent aller Kinder von Sozialgeld lebten, fanden Helbig und Jähnen in 36 der 74 Städte, die sie für ihre Studie ausgewählt hatten. In einigen ostdeutschen Städten bewegt sich das Niveau der Segregation von SGB-II-Bezieher(inne)n mittlerweile auf der Höhe der Armutssegregation in US-amerikanischen Metropolregionen. Gemessen wurde nur die soziale Segregation von Armen, doch haben Helbig und Jähnen auch gewisse Anzeichen dafür gefunden, dass sich Reiche wie in US-amerikanischen Städten deutlich ungleicher verteilen als Arme.

Verschärft wird das Problem der hohen Mieten in Deutschland durch eine äußerst niedrige Wohneigentumsquote. Dass sie weit unter 50 Prozent liegt und damit von keinem anderen Land der Eurozone außer Österreich unterboten wird, wo sich aber ein viel größerer Anteil der Mietwohnungen im kommunalen und genossenschaftlichen Besitz befindet, hängt mit der extrem starken Konzentration des Vermögens zusammen. In den Städten wohnen die allermeisten Menschen zur Miete, weil die Wohnungen entweder reichen Privatleuten, großen Immobilienunternehmen oder Finanzinvestoren gehören, denen es häufig in erster Linie um eine hohe Rendite geht.

In den vergangenen Jahren häuften sich daher Räumungsklagen und Zwangsräumungen, von denen besonders überschuldete Transferleistungsempfänger/innen betroffen waren. Längst ist die Miet- und Wohnungsfrage zu einem riesigen Problem auch für einkommensschwache Familien geworden. In der regierungsamtlichen Armuts- und Reichtumsberichterstattung wird dieser Tatbestand verschleiert, die Situation der Wohnungs- bzw. Obdachlosen hingegen beschönigt: »In Deutschland ist nur ein sehr geringer Anteil der Bevölkerung von Wohnungslosigkeit betroffen, denn das gut ausgebaute Hilfesystem trägt dazu bei, dass Wohnungslosigkeit häufig abgewendet werden kann.«[4]

Der steinige Aufstieg armer Kinder

Dort, wo sich armutsbedrohte Einwohner/innen und/oder solche mit Migrationshintergrund konzentrieren, setzt sich die Segregation meist in Bildungsinstitutionen wie Kitas oder Grundschulen fort: »Häufig bedingt durch sozialräumliche Segregation entsteht eine starke Ungleichverteilung von Gruppen, sodass es in einzelnen Einrichtungen zu einer Konzentration von Kindern mit bestimmten sozialen oder ethnischen Merkmalen kommt.«[5] Thomas Groos, Carolin Trappmann und Nora Jehles, die das Phänomen für die Bertelsmann Stiftung im Rahmen der wissenschaftlichen Begleitforschung eines nordrhein-westfälischen Landesprogramms in den Ruhrgebietsstädten Mühlheim an der Ruhr, Hamm und Gelsenkirchen untersucht haben, stellten fest, dass die Kita-Segregation – bezogen auf den Anteil der Kinder im SGB-II-Bezug und mit Migrationshintergrund – noch stärker ausgeprägt war als die Segregation des Sozialraums. Vor allem Einrichtungen in freier und konfessioneller Trägerschaft wiesen unterdurchschnittliche Anteile solcher Kinder auf. Zudem war die Lage von Stadt zu Stadt auch durch das Elternwahlverhalten unterschiedlich. Es zeigte sich weiterhin, dass der Kita-Zugang sozial selektiv und ethnisch geprägt ist: Kinder aus bessergestellten Familien und ohne Migrationshintergrund kommen viel früher in solche Einrichtungen, besuchen dadurch länger eine Kita und können davon auf ihrem weiteren Bildungsweg profitieren.

Das für die deutschsprachigen Länder typische mehrgliedrige Schulsystem überträgt die materielle Ungleichheit der Eltern relativ bruchlos in die Bildungsungleichheit ihrer Kinder. Mit der für alle Kinder gemeinsamen Grundschulzeit (Primarstufe) endet in aller Regel die Bildungsgleichheit. Kinder aus finanzstarken Bevölkerungsschichten und Akademikerfamilien besuchen meist ein Gymnasium, während die Kinder aus sozial benachteiligten Elternhäusern in den Haupt- und den Sonder- bzw. Förderschulen deutlich überrepräsentiert sind.[6] Österreich ist neben Deutschland das einzige Land, welches Kinder bereits nach der vierten Klasse auf ein derart stark gegliedertes Schulsystem separiert, während in der Schweiz und Liechtenstein der Übergang auf die Klassen 6 bzw. 7 verschoben wurde und er in den meisten Ländern international erst nach den Klassen 7 bis 10 stattfindet.

Insbesondere die ostdeutschen Bundesländer haben traditionell ein weniger stark gegliedertes, zweigliedriges Schulsystem. Aber auch mehr und mehr westdeutsche Bundesländer haben ihr Schulsystem inzwischen so umgestellt, dass neben dem Gymnasium nur eine weitere Schulform für fast alle besteht, wobei Förderschulen eine (häufig unbeachtete) Parallelstruktur bilden. Dafür wurden die verschiedenen Schularten zu einer gemeinschaftlichen berufs- und lebenspraxisorientierten Schulform für die Sekundarstufe I vereint, die je Bundesland eine spezifische Bezeichnung hat. Das betrifft die Länder Berlin, Brandenburg, Bremen, Sachsen, Sachsen-Anhalt, Saarland, Hamburg, Rheinland-Pfalz, Schleswig-Holstein, Mecklenburg-Vorpommern und Thüringen.

Der Kölner Erziehungswissenschaftler Kersten Reich bringt die Kritik an den selektiven Strukturen eines mehrgliedrigen Schulsystems mit der Aussage auf den Punkt, die sehr frühe Selektion in die verschiedenen Schulformen (und besonders auf Haupt- und Förderschulen) verurteile bis heute »die Kinder bereits ab dem zehnten Lebensjahr zu einer Schul- und damit verbundenen Bildungsbiografie, die für die unteren Glieder des Schulsystems allzu oft in bildungsmäßige Sackgassen einer Dequalifikation« führe.[7] Haupt- und Förderschulen insbesondere für Lernbehinderte seien problematisch, weil man hier Lernende aus finanzschwächeren Familien oder mit Migrationshintergrund konzentriere, ohne für sie hinreichende Anreize durch aufstrebende Mitschüler/innen zu bieten. Darunter leide die Bildungsgerechtigkeit, weil einerseits in der Breite der Schülerschaft viel zu wenig höhere Bildungsabschlüsse erreicht würden und es andererseits zu viele Dequalifizierte, Schulabbrecher/innen, Schüler/innen ohne qualifizierte Schulabschlüsse und einen sehr hohen Anteil von (funktionalen) Analphabeten gebe.

Der Armuts- und Reichtumsbericht des Landes Nordrhein-Westfalen 2021 weist aus, dass in der am häufigsten besuchten Schulform des Gymnasiums im Jahr 2018 unterdurchschnittliche 11,9 Prozent der Schüler/innen armutsgefährdet waren (insgesamt galt dies für 24 % aller Schüler/innen).[8] Insbesondere an Hauptschulen (48,2 %) und Förderschulen (38,4 %) verzeichnete man eine überaus hohe Konzentration armutsgefährdeter Schüler/innen, während die Schülerschaft an Integrierten Gesamtschulen mit 28,5 Prozent und an Realschulen mit 25,8 Prozent eine leicht überdurchschnittliche Armutsgefährdung aufwies. Von 2014 bis 2018 waren Förderschulen die einzige Schulform, an der sich die Armutskonzentration (um 3,8 %) verringerte, während sie insbesondere an Hauptschulen (um 4,7 %), an Integrierten Gesamtschulen (um 3,5 %) und an Gymnasien (um 2,3 %) stieg und an Realschulen konstant blieb. In den Bundesländern mit einem stark gegliederten Schulsystem wie Nordrhein-Westfalen ist somit die besuchte Schulform in der Sekundarstufe I und II ein in Bezug auf das Armutsrisiko bedeutsamer Indikator. Noch tiefer ist die Kluft zwischen Arm und Reich, wenn man sich in den Schulen benachteiligter und privilegierter Stadtviertel umschaut, was insbesondere für Grundschulen gilt, deren Schülerschaft im Hinblick auf die soziale Lage meist die Merkmale des unmittelbaren Einzugsgebiets aufweist.

Kinderarmut wird häufig auf Bildungsdefizite in den »Unterschichtfamilien« zurückgeführt. Umgekehrt sind die Bildungsdefizite jedoch oftmals eine Folge der Armut von Familien und ihren Kindern. Magdalena Joos, Tanja Betz, Sabine Bollig und Sascha Neumann, die in der Armut eine zentrale Entstehungsgrundlage von Bildungsungleichheit sehen, weisen darauf hin, »dass deprivierte Lebenslagen von Kindern den Vorstellungen einer ›guten Kindheit‹ diametral entgegengesetzt sind, ebenso wie extreme Ungleichheit in den kindlichen Lebenswelten mit Blick auf Bildungsungleichheit sowie ungleiche Teilhabe- und Zugangschancen.«[9]

Familiäre Armut schmälert die Bildungschancen eines Kindes insbesondere dann von Anfang an erheblich, wenn sie dauerhafter

Art ist. Das zeigt sich nicht nur beim Schuleintritt und während der Grundschulzeit, sondern mehr noch nach dem Übergang auf weiterführende Schulformen, in den Kompetenzen sowie den erzielten Schulabschlüssen. Bildungsbenachteiligung entsteht primär an Übergangsstufen im Bildungssystem, an denen Schüler/innen unterschiedliche Bildungswege einschlagen, so etwa bei der Einschulung, beim Übergang auf weiterführende Schulen, beim Eintritt in die Sekundarstufe II oder in eine Berufsausbildung und bei der Aufnahme eines Studiums.

Wie stark sich familiäre Armut in den Bildungserfolgen von Kindern niederschlägt, illustriert die schon erwähnte AWO-ISS-Studie. Demnach zeigten Sechsjährige aus einkommensarmen Familien bereits im Vorschulalter gehäuft Auffälligkeiten in ihrem Spiel-, Sprach- und Arbeitsverhalten und wurden häufiger zurückgestellt und nicht regulär eingeschult als nichtarme.[10] Während der Grundschulzeit kumulierten die Armutsfolgen zu verlangsamten Bildungswegen und häufigeren Klassenwiederholungen, wobei sich das Familieneinkommen und die Dauer etwaiger Armutsperioden als einflussreich erwiesen: Während nur 2,5 Prozent der Zehnjährigen aus wohlhabenden Familien eine Klasse in der Grundschule wiederholten, galt dies für 29 Prozent der armen Gleichaltrigen. Je länger die Kinder in Armut lebten, desto höher stieg ihr Risiko sitzenzubleiben.[11]

Das familiäre Einkommensniveau machte sich auch in Durchschnittsnoten bemerkbar: Je geringer es war, umso schlechter fielen die Durchschnittsnoten der befragten Zehnjährigen in allen Fächern außer in Sport aus, während Kinder aus Familien mit mehr als 75 Prozent des Durchschnittseinkommens in allen Fächern (außer Sport) die besten Noten hatten. Die schlechteren Noten in der Grundschule führten mit dem familialen Bildungshintergrund (der Mutter) dazu, dass arme Grundschüler/innen wesentlich seltener auf ein Gymnasium wechselten als nichtarme. Bei Jugendlichen machten sich Auffälligkeiten in der kulturellen Lage etwa am Anteil derjenigen fest, deren Durchschnittsnoten schlechter als »befriedigend«

waren, was in Deutsch 35 Prozent der armen, aber nur 15 Prozent der nichtarmen 16- und 17-Jährigen betraf.[12] Zwar war der Unterschied in Mathematik mit 40 gegenüber 28 Prozent nicht so stark ausgeprägt, aber immer noch erheblich. Das verdeutlicht, wie stark ein geringes Familieneinkommen die Bildungschancen beeinträchtigt.

Das Kardinalproblem der Bildungsungleichheit, wonach Schüler/-innen je nach Gruppenzugehörigkeit (soziale Herkunft, Migrationshintergrund und Geschlecht) höchst ungleiche Chancen auf eine erfolgreiche Bildung haben, und zwar hierzulande extremer als in fast allen übrigen entwickelten Industriestaaten,[13] ist zwar vielfach empirisch belegt, aber nach wie vor ungelöst. Der Sechste Armuts- und Reichtumsbericht der Bundesregierung bestätigt auf Basis einer Stichprobe des Niedrigeinkommenspanels (NEPS), dass 2016 rund 75 Prozent der Kinder aus Familien mit hohem sozioökonomischem Status ein Gymnasium besuchten, während es bei jenen mit niedrigem Status nur 31 Prozent waren.[14] Zuletzt ergab die PISA-Studie 2018 für Deutschland bei der Lesekompetenz einen beträchtlichen Leistungsunterschied zwischen Schüler(inne)n mit günstigem und solchen mit ungünstigem sozioökonomischem Hintergrund, der sich seit 2009 sogar um neun Prozentpunkte ausgeweitet hat.[15]

Zudem trägt das klassisch gegliederte Bildungswesen dazu bei, dass sich die Kompetenzen der jeweiligen Schülerschaften auseinanderentwickeln. So ist die soziale Zusammensetzung der Schülerschaft an Hauptschulen die homogenste unter den Schulformen, womit sich auch die dortigen Lern- und Entwicklungsmilieus, in denen fast nur Kinder mit geringen schulischen Kompetenzen gemeinsam lernen, als wenig förderlich für Lernzuwächse herausgestellt haben. Das anregungsarme Lernmilieu vieler Hauptschulklassen trägt zu einer geringeren Kompetenzentwicklung in dieser Schulform bei. Hauptschüler(inne)n droht zudem Stigmatisierung wegen der von ihnen besuchten Schulform.

Über alle (Hoch-)Schulstufen hinweg kann man sowohl eine zunehmende Ungleichheit im Bildungserfolg wie auch eine anhaltende Chancenungleichheit beobachten. »Faktisch benachteiligt das in

Deutschland, Österreich und der Schweiz bestehende Bildungssystem bestimmte Bevölkerungsgruppen und verfestigt dadurch ihre marginalisierte gesellschaftliche Position.«[16] Mithin leistet das Bildungssystem seinen Beitrag zur Reproduktion von Strukturen der Ungleichheit, indem es eine niedrige soziale Herkunft in von Anfang an beeinträchtigte Bildungschancen übersetzt.

Obwohl inzwischen über die Hälfte eines Jahrgangs von Schulabsolvent(inn)en die Hochschulzugangsberechtigung erwirbt und eine Inflation der Bildungstitel beobachtbar ist, wird weiterhin »Bildungsarmut« produziert, sofern man hierunter mit Jutta Allmendinger, Präsidentin des Wissenschaftszentrums Berlin für Sozialforschung, die Unterschreitung eines institutionalisierten Mindeststandards in der schulischen und beruflichen Ausbildung einer Person versteht.[17] Je nachdem, auf welche Mindeststandards abgehoben wird, unterscheidet man zwischen relativer und absoluter Bildungsarmut (also etwa der Fähigkeit, lesen, schreiben und rechnen zu können) sowie zwischen Zertifikats- und Kompetenzarmut, wenn ein Schulabschluss fehlt oder eine Mindestkompetenzstufe z. B. beim Lesen im PISA-Test nicht erreicht wird. Von dieser Bildungsarmut bedroht bzw. von Bildungsbenachteiligung betroffen sind hauptsächlich männliche Jugendliche aus gering qualifizierten (Arbeiter-) Elternhäusern, besonders solche mit Migrationshintergrund. Weniger als 6 Prozent der Jugendlichen verlassen inzwischen die Schule ohne einen Hauptschulabschluss, holen diesen aber in den darauffolgenden Jahren häufig nach.

Der Osnabrücker Erziehungs- und Politikwissenschaftler Aladin El-Mafaalani unterscheidet in diesem Zusammenhang drei Felder, auf denen für einen Großteil selbst der jüngsten Gesellschaftsmitglieder soziale Benachteiligung entsteht: Erstens hätten Kinder aus benachteiligten Milieus geringere Möglichkeiten, ihre Potenziale zu entfalten, was hauptsächlich an den schwierigen Rahmenbedingungen in Familie und sozialem Umfeld liege. Familie und Umfeld stünden hierbei für die allgemeinen Ungleichheitsverhältnisse in der Gesellschaft und zugleich für das nicht erfüllte Versprechen der

Chancengleichheit unabhängig von der ethnischen Herkunft. Statt dieses Handikap auszugleichen, verstärke die Schule zweitens bestehende Ungleichheiten, indem sie bei der Notengebung ebenso wie bei den Übergangsempfehlungen zur Sekundarstufe I zum Nachteil der Kinder mit den schlechteren Startchancen vom Leistungsprinzip abweiche. Da die Betroffenen bzw. ihre Eltern solche Entscheidungen übernähmen, werde der Effekt drittens nochmals verstärkt, und zwar auf jeder Stufe von Bildungsabschlüssen oder beruflichen Positionen.[18]

Weil das Geld heute einerseits so wichtig ist wie noch nie und andererseits so ungleich verteilt ist wie noch nie, entscheidet nicht zuletzt das Portemonnaie über die Bildungsmöglichkeiten der Menschen. Konkret heißt dies: Das Kind einer alleinerziehenden Mutter, die finanziell kaum über die Runden kommt, sich aber auch nicht intensiv um dessen Hausaufgaben kümmern kann, vermag nicht mit dem Sprössling eines Chefarztes zu konkurrieren, der eine Nachhilfe oder einen Privatlehrer engagiert, wenn die Schulleistungen seines Nachwuchses unbefriedigend sind. Bildungsbeteiligung des einen und Bildungsbenachteiligung des anderen Kindes resultieren aus der im bestehenden Wirtschaftssystem strukturell angelegten Tendenz zur sozialen Polarisierung auf fast allen Lebensgebieten.

Lehrer/innen entstammen überwiegend der Mittelschicht und wohnen oft in gutbürgerlichen Stadtvierteln, was ihnen den Umgang mit armen Kindern und das Verständnis für deren häusliche Situation und daraus resultierende Lernschwierigkeiten erschwert, während sie dem Nachwuchs von Ärzten, Rechtsanwälten und Geschäftsleuten mit größerem Respekt begegnen. Gibt es Schwierigkeiten, so haben Gutsituierte und akademisch Gebildete mehr Möglichkeiten, eine ungerechte Behandlung durch Lehrkräfte, etwa im Hinblick auf die Notengebung oder die Verweigerung der Übergangsempfehlung für eine höher qualifizierende Schulform, durch Eingaben an die Schulleitung oder sogar auf dem Rechtsweg anzufechten. Zugleich wählen sie, anders als geringer qualifizierte Eltern, auch unabhängig von Noten und Schulformempfehlung des Sprösslings häufiger eine höher qualifizierende Form weiterführender Schulen (meist: das Gymnasium).

Bildungsunterschiede, die in Wahrheit aus sozialen Klassengegensätzen und regionalen Disparitäten resultieren, nimmt die breite Öffentlichkeit überwiegend als »Begabungsunterschiede« wahr, womit man die Gegensätze und ihre gesellschaftlichen Entstehungsbedingungen gewissermaßen wegdefiniert. Zu den zahlreichen Menschen, die mit ihrer Hände Arbeit so wenig Geld verdienen, dass sie sich und ihre Familie kaum ernähren können, gehören allerdings keineswegs nur schlecht ausgebildete, ganz im Gegenteil: »Im deutschen Niedriglohnsektor sind vor allem Qualifizierte beschäftigt, die angesichts des Überangebots an Arbeitskräften auch in den einfachen Jobs die gering Qualifizierten verdrängt haben.«[19] Es gibt keine »akademische Mittelklasse« (Andreas Reckwitz), Personen mit einem Hochschulabschluss findet man im Niedriglohnsektor vielmehr ebenso wie auf den Chefetagen von Industrieunternehmen, Großbanken und Versicherungskonzernen. Sie bilden als Linksliberale bestenfalls ein soziokulturelles Milieu. Die arbeitende Klasse ist gebildeter, weiblicher und multikultureller geworden, ohne dass sie ihre subalterne Stellung im kapitalistischen Wirtschaftssystem überwunden hätte.

Mittlerweile gibt es kaum ein Wahlprogramm, kaum eine Politikerrede und kaum ein Diskussionspapier der etablierten Parteien, von öffentlichen Verlautbarungen der Unternehmerverbände ganz zu schweigen, die sozial Deklassierten nicht den »Aufstieg durch Bildung« verheißen und in Letzterer den Schlüssel für beruflichen Erfolg, privaten Wohlstand und (volks)wirtschaftliches Wachstum sehen. Arme werden angehalten, ihre (Bildungs-)Karriere durch Selbstoptimierung eigenständig und eigenverantwortlich zu organisieren, statt auf kollektive Lösungen im Rahmen einer Umverteilung des vorhandenen Reichtums von oben nach unten oder eines weniger selektiven Bildungssystems zu setzen. Nicht die gesellschaftlichen Verhältnisse, öffentlichen Institutionen und Privilegien bestimmter Personengruppen müssten demnach angetastet, sondern nur das Verhalten der einzelnen Individuen den notwendigen Qualifizierungserfordernissen angepasst werden.

Klassengrenzen erweisen sich jedoch noch immer als wirksame Karriereschranken. Wie schwierig einzuschlagen und steinig der Weg vom Arbeiterkind oder armen Jugendlichen zu einer beruflichen Karriere sein kann, zeigen exemplarisch die Biografien von sieben Professor(inn)en aus unterprivilegierten, nichtakademischen Elternhäusern in einem Buch über soziale Aufstiege in der Wissenschaft.[20] Und wie zentral die soziale Herkunft für den Aufstieg in Managementfunktionen ist, belegt eine Untersuchung von Michael Hartmann, die zu folgendem Schluss gelangt: »Auch nach Überwindung aller Hürden im deutschen Bildungssystem haben Kinder aus der Arbeiterschaft oder den Mittelschichten erheblich geringere Chancen auf den Zugang zu Spitzenpositionen in der Wirtschaft als ihre fachlich gleich guten und gleich alten Kommilitonen aus dem Bürger- und vor allem Großbürgertum.«[21]

Reiche haben bessere Bildungschancen

Stärker als je zuvor zerfällt die junge Generation in unterschiedliche Fraktionen, deren Verhältnis zueinander primär nicht durch gemeinsame Erfahrungen des Kindesalters, sondern durch einen tiefen ökonomischen und soziokulturellen Graben mit sich entsprechend unterscheidenden Lebenswelten zwischen ihnen geprägt ist. Wer glaubt, dass es in Deutschland keine sozialen Klassenunterschiede gibt, wird eines Schlechteren belehrt, wenn er in die Schulklassen hineinschaut: Da sitzen Kinder, denen es an nichts fehlt, was ihre Ausstattung mit prestigeträchtigen Konsumartikeln, modischer Kleidung und eigenem Taschengeld betrifft, neben Kindern, die ohne Pausenbrot zur Schule kommen, aus ihren Schuhen herausgewachsen sind und kaum das Allernötigste bei sich haben – wenn sie denn überhaupt noch dieselben Schulen besuchen.

Ein bereits länger anhaltender Boom der privaten Kindertageseinrichtungen, Schulen und Hochschulen verstärkt hierzulande die soziale Segregation im Bildungswesen. Dabei schafft die ungleiche Verteilung der materiellen Ressourcen unterschiedliche Zugangsmöglichkeiten im Hinblick auf Bildungs- und Ausbildungseinrichtungen. Privatisierungstendenzen haben sogar in der vorschulischen Kindertagesbetreuung Einzug gehalten, wo sich eine Parallelstruktur von Einrichtungen für die Kinder von Besserverdienern herausgebildet hat. Neben die Tagespflege als zweite regional verbreitete Betreuungsform und öffentlich geförderte Kitas (darunter auch viele in gemeinnütziger, freier Trägerschaft) sind nichtgemeinnützige Kitas in privater Trägerschaft getreten, deren Zahl aber (noch) überschaubar ist. Im März 2020 besuchten rund 73 000 Kinder solche Einrichtungen, bei den Unter-drei-Jährigen waren es im März 2019 rund 3,8 Prozent (26 000). Eltern, die es sich finanziell leisten können, veranlasst oftmals das Fehlen eines (öffentlich geförderten) Kitaplatzes dazu, auf eine rein privatgewerbliche Kita auszuweichen, die schon mal bis zu 1500 Euro monatliche Elternbeiträge kosten kann. Andere präferieren grundsätzlich eine solche Einrichtung für ihr Kind, da sie dort optimale, häufig bilinguale und mit guten Personalschlüsseln versehene hochwertige Förderangebote erwarten, welche die öffentlich geförderten, aber chronisch unterfinanzierten Kitas meist nicht machen können.

Bildung dient manchen Eltern der oberen Mittelschicht als Instrument zur Ab- und Ausgrenzung gegenüber Angehörigen subalterner Klassen und Schichten. Der Wirtschaftsjournalist Daniel Goffart sieht in dem »Absonderungsprozess« unterschiedlicher Bevölkerungsgruppen, welcher schon im frühen Kindesalter beginne, ein Indiz für die soziale Erosion der Gesellschaft: »Die explosionsartige Zunahme privater Kitas, privater Schulen und privater Universitäten entwertet nicht nur den seit Jahrzehnten chronisch unterfinanzierten öffentlichen Bildungsbereich; sie führt im weiteren Lebensverlauf auch zur Herausbildung abgeschirmter Zirkel und Gesellschaftskreise, in denen die Elite und ihre Zöglinge weitgehend unter sich bleiben können.«[22] So eröffnen reiche Eltern ihren Kindern mittels des Besuchs exklusiver (privater) Schulen den Zugang zu angesehenen Bildungszertifikaten als Eintrittskarte für gesellschaftliche Eliten. Vor allem elitäre Internate wie Schloss Salem und Schloss Torgelow, aber auch die Berlin Metropolitan School und die International School of Düsseldorf gelten als gutes Sprungbrett für berufliche Karrieren.

Privatschulen werden in Ersatz- und Ergänzungsschulen unterteilt. Die meisten von ihnen sind in kirchlicher Trägerschaft organisiert. Rund die Hälfte aller in Privatschulen unterrichteten Kinder besuchen eine katholische Schule, gefolgt von jenen der evangelischen Kirche. Kaum weniger beliebt sind in einem Teil des Bildungsbürgertums die Freien Waldorfschulen, deren pädagogisches Konzept auf der anthroposophischen Menschenkunde von Rudolf Steiner beruht. Auch die meisten übrigen Privatschulen bevorzugen die Reformpädagogik, sei es die von Maria Montessori oder des Jenaplans von Peter Peterson. Genannt seien außerdem die auf Elterninitiative entstandenen und die Internationalen Schulen.

Die Zahl der Privatschüler/innen hat sich während der vergangenen 30 Jahre beinahe verdoppelt: Lag ihr Anteil im Jahr 1992 noch bei knapp 5 Prozent, so besucht inzwischen jede/r zehnte Schüler/in eine Privatschule. Oft hat der Grund dafür, dass Mittelschichteltern eine solche Schule bevorzugen, gar nichts mit einer »Bildungspanik« (Heinz Bude) zu tun, die als entscheidendes Motiv vermutet wird. Vielmehr handelt es sich teilweise um die Folgewirkung einer staatlichen Austeritätspolitik, durch die das öffentliche Bildungswesen mancherorts in einen katastrophalen Zustand geraten ist. »Bilingualen Unterricht, musikalische (Früh-)Förderung, Kooperationen mit Sportvereinen und Unternehmen können oder wollen bislang nur die wenigsten staatlichen Schulen anbieten. Privatschulen hingegen kommen nicht nur diesen Bedürfnissen nach, sondern bieten Eltern durch großzügigere Betreuungszeiten zugleich weitreichende Möglichkeiten, Familie und Beruf (besser) zu vereinbaren.«[23]

Schüler/innen an Privatschulen haben einen deutlich höheren sozioökonomischen Status als Gleichaltrige an öffentlichen Schulen, wie auch die Eltern der Privatschüler/innen über höhere Bildungsabschlüsse und seltener über einen Migrationshintergrund verfügen.[24] Das Privatschulsegment als Ausdruck einer fortgeschrittenen Ökonomisierung des Bildungswesens avanciert somit zu einem Spaltungsmotor, der die Schülerschaft und deren Lebenswelten noch weiter auseinanderdividiert: in eine Mehrheit im öffentlichen Schulwesen – wiederum geteilt in gymnasiale und nichtgymnasiale Schulformen – sowie eine Minderheit an Privatschulen mit einer sozial homogeneren Schülerschaft aus besser situierten Elternhäusern.

Geld regiert die Welt, sagt der Volksmund, und nicht etwa Intellekt oder Wissen. Anders formuliert: Ungleichheit im Hinblick auf Einkommen und Vermögen bedingt Bildungsungleichheit – nicht umgekehrt. Zwischen dem Bildungsgrad und dem sozioökonomischen Status einer Person besteht kein unmittelbarer Zusammenhang: Man kann geistreich und doch bettelarm, aber ebenso gut strohdumm und steinreich sein. Wer so tut, als ob Bildungsdefizite für die Kinderarmut in Deutschland verantwortlich seien, der vertauscht Ursache und Wirkung. Armut macht es jeder Familie beinahe unmöglich, für eine gute Bildung ihrer Kinder zu sorgen. Bildung schützt hingegen weder verlässlich vor Armut, wie die relativ hohe Anzahl erwerbsloser, prekär beschäftigter und mittelloser Geistes- und Sozialwissenschaftler/innen zeigt, noch ist sie eine Grundvoraussetzung der Vermögensbildung, denn weder Firmengründer wie der Studienabbrecher Bill Gates noch junge Firmenerben benötigen einen Hochschulabschluss für ihren Vermögensaufbau.

Wenn es, was selten genug vorkommt, um das Problem sozialer Ungleichheit im vermeintlichen Land der Dichter und Denker geht, fungiert Bildung fast immer als politisch-ideologischer Kristallisationspunkt. Sowohl hinsichtlich der Ursachen für (Kinder-) Armut wie auch bei ihrer Bekämpfung spielt Bildung im öffentlichen Diskurs seit jeher eine Schlüsselrolle: Armut wird meistenteils auf gravierende Bildungsmängel zurückgeführt, weshalb sich die propagierten Gegenmaßnahmen auf verstärkte Bildungsbemühungen, -anstrengungen bzw. -angebote beschränken. Das ist eine gemäß dieser Denkweise logische Schlussfolgerung – und trotzdem falsch.

Ob ein Kind nach dem Schulunterricht auf den Bolzplatz oder in die Ballettschule geht, hängt nicht bloß von seinem Geschick und seinem Geschlecht, sondern auch oder vielleicht sogar noch mehr vom Einkommen, vom Vermögen und vom sozialen Status seiner Eltern ab. Während die Kinder aus einkommensschwachen Familien im deutschen Schulwesen zu den größten Bildungsverlierer(inne)n gehören, sind die Kinder reicher Eltern eindeutig im Vorteil. Man kann daher in Abwandlung eines Sprichwortes sagen: Wo eine Villa ist, ist auch ein Weg, sei es zum Abitur, zum Studium und/oder zur beruflichen Karriere.

Ähnlich wie die Schülerschaft ist auch die akademische Jugend heute viel stärker als noch vor ein paar Jahrzehnten zerklüftet. Nach dem US-Modell kommt es auch hier ansatzweise zur Polarisierung in eine abgehobene Bildungselite aus Akademikerhaushalten sowie in eine Schicht von ökonomisch eher Abgehängten – darunter auch eine steigende Zahl ausländischer Studierender und Geflüchteter –, welche trotz zahlreicher Barrieren ein Studium aufnehmen, dieses aber seltener mit einem Masterabschluss beenden. Einer der Hauptgründe dafür ist die gezielte Umgestaltung der Hochschullandschaft. Die europäischen Bildungsminister gaben im Juni 1999 mit ihrer Bologna-Erklärung das Startsignal für eine Ökonomisierung, Kommerzialisierung und (Teil-)Privatisierung des Schul- und Hochschulwesens, durch die das Gemeinwesen an demokratischer und die Mehrheit seiner Mitglieder an Lebensqualität eingebüßt hat. Bildung und Wissenschaft wurden nunmehr marktgängig, aber mithin auch marktabhängig gemacht und stärker für Wirtschaftsinteressen geöffnet. Sie gelten nicht mehr als öffentliches Gut, auf das sämtliche Gesellschaftsmitglieder einen Anspruch haben, sondern bloß noch als »weicher Standortfaktor«, Handelsware bzw. Konsumartikel und Zukunftsmarkt. Dabei wirkt der neoliberale Wettbewerbswahn gerade im Bildungs- und Wissenschaftsbereich ausgesprochen ruinös, wo Kooperation statt Konkurrenz oder Konfrontation gefragt ist. Ein Ausdruck dessen ist auch die Zunahme privater Hochschulen insbesondere im Fachhochschulsektor, welche für den seit den 1990er-Jahren beobachtbaren Anstieg ihrer Zahl auf bundesweit 420 Hochschulen verantwortlich ist.[25] Rund 10 Prozent aller Neueinschreibungen entfallen mittlerweile auf Hochschulen in privater Trägerschaft; Mitte der 1990er-Jahre war es lediglich 1 Prozent.

Studierende firmieren seither als »Kunden«, die eine Konsummentalität ausbilden, ihr »Humankapital« – was für ein inhumaner Begriff! – verwerten und nur dafür geeignete Lehrangebote nachfragen sollen. Hochschulabsolvent(inn)en wird durch die völlige Verschulung des Studiums mittels seiner Verkürzung (Einführung des Bachelorgrades, Schaffung finanzieller Sanktionen bei deutlicher Überschreitung der Regelstudienzeit usw.), Verabreichung häppchenweiser Lerneinheiten (Modularisierung) und Verpflichtung zu schematisierten Dauerprüfungen (Übernahme des angloamerikanischen Credit-Point-Systems) ihr kritischer Geist ausgetrieben.

Wettbewerb, der Menschen nur unter gleichen Ausgangsbedingungen motivieren und zu Leistungssteigerungen animieren kann, wird zum Allheilmittel emporstilisiert, das die Strukturprobleme einer globalisierten Marktökonomie lösen soll. Nach dieser Lesart steht der Gleichheitsanspruch, welcher das Zusammenleben der Menschen in entwickelten Wohlfahrtsstaaten bestimmen sollte, im Widerspruch zu den Leistungsanforderungen einer postmodernen Wissensgesellschaft. Wettbewerb braucht demnach größere Lohn- und Gehaltsungleichheit, fördert sie indes auch. Das Problem in einer auf Wettbewerb getrimmten Gesellschaft ist, dass den wenigen Gewinnern zumeist viele Verlierer/innen gegenüberstehen. Anders als bei sportlichen Wettkämpfen gibt es im Bildungswettbewerb kein »nächstes Mal«, die Verlierer/innen erhalten nämlich selten eine zweite Chance.

Gesine Schwan, ehemalige Präsidentin der Europa-Universität Viadrina in Frankfurt (Oder), moniert völlig zu Recht, dass die Verabsolutierung des Konkurrenzprinzips zur sozialen Polarisierung der Gesellschaft beigetragen und die konkurrenzfixierte Exzellenzstrategie des Bundes die Tradition akademischer Selbstverwaltung entwertet sowie zur Entsolidarisierung, Entdemokratisierung und »autoritären Machtzentralisierung« vornehmlich in den ausgezeichneten Hochschulen geführt hat: »Wenn Wettbewerb auf gerechte Weise Leistung prämieren soll, müssen die Ausgangsbedingungen derer, die im Wettbewerb starten, gleich sein. Das sind sie aber nicht. Deshalb begünstigt der Wettbewerb diejenigen, die bessere Startchancen haben. Seine Verabsolutierung schützt in der Bildung soziale Privilegien einer Minderheit und verfestigt gesellschaftliche Hierarchien.«[26] Höchst zweifelhaft ist, ob es heute für mündige Bürger/innen überhaupt noch einen Sinn hat, gegeneinander zu konkurrieren, statt im Interesse einer nachhaltigen Entwicklung der »Einen Welt« über Grenzen hinweg miteinander zu kooperieren.

Die »unternehmerische Hochschule« der Gegenwart strebt nach Exzellenz, erreicht dadurch aber höchstens betriebswirtschaftliche Effizienz. Bruno S. Frey, Gastprofessor an der Universität Basel, und Margit Osterloh, emeritierte Professorin am Institut für Betriebswirtschaftslehre der Universität Zürich, haben die deutschen Hochschulen in einem Gastbeitrag unter dem Titel »Deutschland braucht kein Harvard« für die *FAZ* (v. 7.12.2020) eindringlich davor gewarnt, dem ihrer Meinung nach schlechten Vorbild der US-amerikanischen Eliteuniversitäten nachzueifern. Die ausgerechnet von einer rot-grünen Bundesregierung begründete »Exzellenzinitiative« hat einer Hierarchisierung der Hochschulen enorm Vorschub geleistet und bei diesen ein materiell begründetes Streben nach dem Elitestatus ausgelöst. War es früher egal, ob jemand in Bamberg, Berlin oder Bochum studiert hatte, so existiert mittlerweile eine informelle Rangordnung zwischen den Universitäten. Jene wenigen Hochschulen, die sich mit dem Exzellenztitel schmücken dürfen, fühlen sich bereits fast so herausgehoben aus dem akademischen Mittelmaß wie die »Ivy League«-Universitäten Harvard, Princeton, Stanford oder Yale, mit denen sie allerdings weder finanziell noch im Hinblick auf ihr wissenschaftliches Renommee zu konkurrieren vermögen. Da die Absolvent(inn)en anderer Hochschulen auf den Führungsetagen mancher Großunternehmen als *minderwertige* Fachkräfte gelten, ist gleichwohl ein akademisches Zweiklassensystem entstanden.

Der Weg junger Menschen zum Hochschulbesuch hat sich im Laufe der Zeit verändert. Er führt heute nicht mehr nur über das Gymnasium. Fast ein Drittel der Studienanfänger/innen mit allgemeiner Hochschulreife hat diese laut Bildungsbericht 2020 im Anschluss an den Schulabschluss der Sekundarstufe I an beruflichen Schulen erworben.[27] Die Frage, wo die Hochschulzugangsberechtigung erlangt wurde, scheint aber weniger entscheidend zu sein als die, wer sie erworben hat und wie die soziale Herkunft aussieht. Studienzugangsberechtigte aus Nichtakademikerfamilien schreiben sich wesentlich seltener für ein Studium ein als diejenigen aus akademischen Elternhäusern, zumal auch ihre Abschlussnoten durchschnittlich niedriger sind als von jenen aus akademischen Elternhäusern.

Etwas anders sieht es bei Studienanfänger(inne)n mit Migrationshintergrund aus: Zwar entstehen hier schon früh Bildungsbenachteiligungen beim Besuch weiterführender Schulen, aber trotz im Durchschnitt schwächerer Abschlussnoten nehmen sie im Falle des Erwerbs einer Hochschulzugangsberechtigung häufiger ein Studium auf. Gleichwohl sind nach wie vor unter Studienanfänger(inne)n junge Menschen aus Akademikerhaushalten stark über- und jene aus Nichtakademikerhaushalten oder mit Migrationshintergrund deutlich unterrepräsentiert. Der Übergang vom Bachelor- in ein Masterstudium ist eine weitere Selektionsschwelle, an der die Herkunft von Bedeutung ist: »Je höher die soziale Herkunft, desto öfter entscheiden sich Studierende für die Aufnahme eines Masterstudiums.«[28] Studierende mit Migrationshintergrund nehmen schon wegen ihrer schwächeren Studienleistungen seltener ein Masterstudium auf. Die Frage nach der Finanzierung eines zweiten Abschlusses dürfte bei dieser Entscheidung ebenfalls von Bedeutung sein.

Da sich Abiturient(inn)en aus unterprivilegierten Familien normalerweise eher an wohnortnahen Hochschulen einschreiben, wohingegen die Bewerber/innen aus materiell bessergestellten Familien in der Wahl ihres Studienortes freier sind, findet an dieser Nahtstelle von beruflichen Karrieren trotz Wiederabschaffung der Studiengebühren auch eine soziale Selektion statt. Als weitere soziale Barriere wirken die teilweise extrem hohen Wohnungsmieten in alten und besonders angesehenen Universitätsstädten wie Aachen, Bonn, Heidelberg, Konstanz, München oder Tübingen. Dort können sich viele Studierende schlicht keine Wohnung mehr leisten, weil der Mietkostenzuschuss für junge Menschen, die nicht bei ihren Eltern wohnen, laut *Bundesausbildungsförderungsgesetz* (Bafög) pauschal 325 Euro im Monat beträgt und damit manchmal nicht einmal die Hälfte der ortsüblichen Miete abdeckt.

Wer reich ist, lebt gesünder und länger

Die sozioökonomische Ungleichheit hat erhebliche Auswirkungen auf das Wohlbefinden der Angehörigen einzelner Bevölkerungsschichten. Zwischen Bildung, beruflichem Status und/oder Einkommen einerseits sowie der Sterbe- und Erkrankungsrate (Mortalität und Morbidität) andererseits besteht nachweislich ein Zusammenhang.[29] Man kann also »gesundheitliche Ungleichheit« als eine weitere Ausprägung der sozialen Ungleichheit begreifen. Der britische Wirtschaftshistoriker Richard Wilkinson und die britische Epidemiologin Kate Pickett haben anhand einer Fülle empirischer Daten belegt, dass die Mitglieder einer Gesellschaft umso gesünder sind, je egalitärer deren materieller Reichtum unter ihnen verteilt ist: »Ungleichverteilung führt zu geringerer Lebenserwartung, sie führt auch zu geringerem Geburtsgewicht und höherer Säuglingssterblichkeit.«[30]

Ob man als Hochvermögender in einem Villenviertel oder als im Straßenbau beschäftigter Hilfsarbeiter wegen des günstigen Mietpreises an einer Schnellstraße wohnt, hat erhebliche Auswirkungen auf den Gesundheitszustand dieser beiden Menschen und ihrer Familien. Sogar die Heilungschancen eines Krebskranken hängen davon ab, ob er in einem reichen oder einem weniger wohlhabenden Gebiet der Bundesrepublik wohnt.[31] Krankheiten treffen die Mitglieder der einzelnen Klassen und Schichten sowohl in unterschiedlicher Häufigkeit wie auch in unterschiedlicher Schwere. Kinder und Jugendliche weisen besonders dann körperliche und seelische Leiden auf, wenn sie in ärmlichen Verhältnissen heranwachsen.

Die schlechten Wohnbedingungen armer Familien gehen oft mit hohen Zugangsschwellen zu sozialen Angeboten sowie zur gesundheitlichen Versorgung einher.[32] Probleme mit der Mobilität, eine schlechte Ausstattung mit (Kinder-)Arztpraxen bzw. Institutionen der psychosozialen Versorgung, fehlende Frei- und Grünflächen in der direkten Wohnumgebung, ein hohes Verkehrsaufkommen mit entsprechender Lärm- und Feinstaubbelastung sowie benachteiligende Bedingungen im Wohninnenraum (Größe bzw. Belegungsdichte, Bausubstanz, Feuchtigkeit oder Schimmel) kumulieren in dieser anregungsarmen und gleichzeitig risikoreichen Umgebung, mit negativen Folgen für das physische und psychische Wohlbefinden von Kindern.

Dass der Gesundheitszustand eines Menschen von seiner ökonomischen und sozialen Lage abhängt, klingt ebenso banal wie das Ergebnis einer DIW-Studie, nach der Hochvermögende durchschnittlich mit ihrem Leben im Allgemeinen zufriedener sind als die Gesamtbevölkerung.[33] Von der Lebensunzufriedenheit von Armen ganz zu schweigen! Aber dass die mittlere Lebenserwartung armutsgefährdeter Männer bei Geburt laut einer Untersuchung auf der Basis von SOEP-Daten nicht zuletzt wegen drohender Mangelerkrankungen, Suchtgefahren und psychosozialer Beeinträchtigungen 10,8 Jahre kürzer ist als die einkommensstarker Männer und die mittlere Lebenserwartung armutsgefährdeter Frauen auch nicht weniger als 8,4 Jahre geringer als die einkommensstarker Frauen, verwundert doch. Berücksichtigt man nur die bei guter oder sehr guter Gesundheit verbrachte Lebenszeit der untersuchten Einkommensgruppen, beträgt die Differenz sogar erschreckende 14,3 bzw. 10,2 Jahre.[34]

»Lieber arm und gesund als reich und krank« lautet eine volkstümliche Redewendung, obwohl es sich meist genau umgekehrt verhält: Wer viel besitzt, lebt gesünder als ein Armer, der häufiger krank ist und eine geringere Lebenserwartung hat. Deshalb drückt sich die sozioökonomische Ungleichheit im Gesundheitszustand verschiedener Bevölkerungsgruppen, Klassen und Schichten besonders drastisch aus. Zahlreiche empirische Untersuchungen zu diesem Problemkreis lassen keinen Zweifel daran, dass auch relative Armut, also die Unterversorgung mit Konsumgütern des täglichen Bedarfs, der Mangel an gesellschaftlichen Partizipationsmöglichkeiten und Erfahrungen sozialer Ausgrenzung in einem reichen Land wie der Bundesrepublik, höhere Morbiditäts- und Mortalitätsrisiken mit sich bringt. Umgekehrt gilt jedoch gerade im Hinblick auf schwere Krankheiten, die eine aufwendige medizinische Behandlung und/oder die Einnahme teurer Medikamente erfordern: Wenn du krank bist, kannst du sehr bald arm werden!

Für die Sozial- bzw. Gesundheitswissenschaftler Matthias Richter und Klaus Hurrelmann sind Bildung, Beruf und Einkommen, von ihnen als »Kerndimensionen sozialer Ungleichheit« definiert, dominante Einflussfaktoren im Hinblick auf die gesundheitliche Lage: »Personen mit einer niedrigen Bildung, beruflichen Stellung oder einem niedrigen Einkommen sterben in der Regel früher und leiden in ihrem ohnehin schon kürzeren Leben auch häufiger an gesundheitlichen Beeinträchtigungen.«[35] Wer sozial benachteiligt ist, läuft eher Gefahr, krank zu werden, als ein Mitbürger, der im Wohlstand lebt. Dies gilt erst recht für Kinder, deren Körper und Psyche noch nicht fähig sind, aus materieller Not resultierende Belastungen ohne Spätfolgen zu bewältigen.[36]

Zumindest auf Dauer macht Armut in einem reichen Land die Betroffenen krank, weil materielle Belastungen häufiger psychosoziale und gesundheitliche Beeinträchtigungen nach sich ziehen. Finanziell nicht mithalten und sich vieles von dem nicht leisten zu können, was für andere Mitglieder einer wohlhabenden Konsumgesellschaft als normal gilt, kann enormen Stress und eine gewaltige psychosoziale Belastung bedeuten. Das betrifft Kinder ebenso wie Erwachsene. Wenn einer Familie die materiellen Ressourcen fehlen, um ihren

Kindern den allgemein üblichen Lebensstandard zu sichern, leidet fast zwangsläufig das Selbstbewusstsein der Heranwachsenden, zumal man ihnen das Gefühl vermittelt, »Sozialschmarotzer« und eine Bürde für die Allgemeinheit zu sein. Mittelschichtangehörige, die sich ihrer privilegierten Stellung und Versorgung mit allen lebensnotwendigen Gütern oft gar nicht bewusst sind, können schwerlich nachvollziehen, wie man darunter leidet. Für arme Kinder ist Stress fast allgegenwärtig. Sie haben öfter Bauch- und/oder Kopfschmerzen. Betroffene suchen Situationen zu vermeiden, wo die Armut offen zutage treten würde. Beispiel Kindergeburtstag: Fehlen das eigene Zimmer und auch eine üppige Torte, feiert man ihn lieber allein. Vereinsamung und soziale Isolation sind die Folge, wenn Gegeneinladungen der Spielkamerad(inn)en oder Mitschüler/innen entfallen.

Armut beeinträchtigt die Sozialisation und die Sozialbeziehungen von Kindern. Die davon Betroffenen haben in der Regel weniger Freunde und sind nicht so beliebt wie Gleichaltrige, deren Familie keine finanziellen Sorgen hat. Daher leiden Kinder aus SGB-II-Bedarfsgemeinschaften häufiger unter Minderwertigkeitskomplexen, Selbstzweifeln und Depressionen – fast »normale« Begleiterscheinungen eines längeren oder dauerhaften Arbeitslosengeld-II- oder Sozialgeldbezugs.

Arme können trotz einer akuten Erkrankung oft keinen Arzt konsultieren, weil sie nicht krankenversichert sind und ihnen das Geld für die Bezahlung seiner Rechnung und der nötigen Medikamente fehlt. Man schätzt die Zahl der Betroffenen, darunter viele Migrant(inn)en und Soloselbstständige, hierzulande auf rund eine halbe Million. Wo Eltern keinen Krankenversicherungsschutz haben, steigen auch bei den Kindern die Gesundheitsrisiken.

Reiche Kinder erben, arme Kinder sterben, nämlich früher. In der Bundesrepublik ist die postnatale Säuglingssterblichkeit bei wohlhabenden Familien deutlich geringer als bei sozial benachteiligten, deren Nachwuchs häufiger bei der Geburt ein Gewicht von unter 2500 Gramm hat und später eher als die Kinder von Bessersituierten durch (Verkehrs-)Unfälle ums Leben kommt. Wie der Bielefelder Sozialhistoriker Hans-Ulrich Wehler hervorhob, hängt die Kindersterblichkeit damit stark »von der Klassenlage der Eltern« ab.[37]

Die Chancen auf ein gesundes Aufwachsen sind schon im frühen Kindesalter je nach sozialer Herkunft ungleich verteilt. Schon bei der Schuleingangsuntersuchung im Alter von fünf bis sechs Jahren zeigt sich eine soziale Schieflage, weil Kinder aus benachteiligten Elternhäusern die kinderärztlichen Vorsorgeuntersuchungen seltener vollständig wahrnehmen, womit auch etwaige Entwicklungsdefizite nicht immer frühzeitig erkannt werden können. Vielfach belegt sind auch die häufigeren gesundheitlichen Auffälligkeiten der Kinder aus Familien mit niedrigem sozioökonomischem Status. Am Beispiel von Mühlheim an der Ruhr wiesen Thomas Groos und Nora Jehles in einem Werkstattbericht für die Bertelsmann Stiftung nach, dass Kinder im SGB-II-Bezug nicht nur öfter adipös sind, sondern auch häufiger Auffälligkeiten im Bereich der selektiven Aufmerksamkeit, des Zählens, der Visuomotorik und der Körperkoordination zeigten als die übrigen Gleichaltrigen, während die größten Unterschiede in der Sprachentwicklung auftraten.[38]

Ein Bild über die Lage der Kindergesundheit vermittelt neben den Schuleingangsuntersuchungen oder Expertisen aus der Kinderarmutsforschung insbesondere die KiGGS-Studie, eine seit 2003 in mehreren Wellen durchgeführte repräsentative Längsschnitterhebung zur Gesundheit von Kindern und Jugendlichen bis zu 17 Jahren. Soziale Unterschiede lassen sich danach beim Gesundheitszustand, beim Gesundheitsverhalten und bei der Inanspruchnahme von medizinischen Leistungen beobachten. Wie Benjamin Kuntz und seine Mitautor(inn)en berichten, stufen Eltern in materiell schlechter gestellten Familien den Gesundheitszustand ihrer Kinder häufiger als mittelmäßig bis schlecht ein. Zudem leiden mehr Kinder unter dauerhaften gesundheitlichen Einschränkungen. Auch Asthma tritt bei ihnen häufiger auf als bei Kindern aus Familien mit einem hohen sozioökonomischen Status.

Besonders ausgeprägt sind die Unterschiede zwischen beiden Gruppen bei der psychischen Gesundheit: Während insgesamt etwas mehr als ein Viertel der Kinder und Jugendlichen in Familien mit niedrigem sozioökonomischem Status psychisch auffällig waren, traf dies nur auf knapp ein Sechstel der Heranwachsenden aus der mittleren und knapp ein Zehntel jener aus der hohen Statusgruppe zu.[39] Auch das Risiko, eine ADHS-Diagnose zu erhalten, ist bei Kindern und Jugendlichen mit niedrigem sozioökonomischem Status um das 2,8-Fache erhöht.

Das Gesundheits*verhalten*, welches bei Kindern vor allem von ihren Eltern bzw. Familien, aber auch von strukturellen Umweltfaktoren geprägt ist, weist laut der jüngsten KiGGS-Erhebung ebenfalls eine deutliche soziale Schieflage auf. Diese bezieht sich im Bereich der Ernährung etwa auf den selteneren Verzehr von frischem Obst und den häufigeren Konsum zuckergesüßter Erfrischungsgetränke. Benjamin Kuntz und seine Mitautor(inn)en berichten zudem, dass Kinder der niedrigsten Statusgruppe sehr viel seltener Freizeitsport außerhalb der Schule betreiben, ein drei- bis viermal so hohes Risiko haben, an Übergewicht und Adipositas zu leiden, und ein merklich erhöhtes Risiko, bereits im Alter von elf bis 17 Jahren Tabak zu konsumieren.

Beeinträchtigt wird die Kindergesundheit in armen Familien durch eine häufiger ungesunde Ernährung. Ernährungsmängel und Unterernährung gehören seit jeher zu den typischen Begleiterscheinungen von Armutslagen. Die gesunde Ernährung einer Familie mit frischem Obst und Gemüse ist teuer, besonders dann, wenn sie mehrere Kinder hat. Nahrungsmittel wie Pommes frites, Nudeln, Tiefkühlpizza und Tütensuppen kosten hingegen deutlich weniger, schaden aber letztlich der kindlichen Gesundheit. Kinder und Jugendliche aus sozial benachteiligten Familien sind daher häufiger adipös. Ihre starke Übergewichtigkeit verbindet die Mehrheitsgesellschaft allerdings weniger mit Geld- als mit Disziplinmangel, was abschätzige Blicke, verletzende Bemerkungen und/oder beleidigende Internetkommentare nach sich ziehen kann. Beeinträchtigungen des Selbstwertgefühls und psychische bzw. psychosomatische Erkrankungen sind häufige Folgen eines »Fatshaming«, das Kinder daran hindert, neue Freunde oder Spielkamerad(inn)en zu finden, weil sie als zu dick, abstoßend, eklig und hässlich gelten.

Eltern im Grundsicherungsbezug fällt es besonders schwer, von den ihnen zur Verfügung stehenden Geldbeträgen gesunde Nahrungsmittel zu kaufen. In seinem Gutachten »Politik für eine nachhaltigere Ernährung« vom Juni 2020 kam der Wissenschaftliche Beirat für Agrarpolitik, Ernährung und gesundheitlichen Verbraucherschutz beim Bundesministerium für Ernährung und Landwirtschaft zu dem Ergebnis, dass die Regelbedarfe in der Grundsicherung nicht ausreichen: »Armut erhöht die Gefahr einer nicht bedarfsgerechten Ernährung und führt zu Einschränkungen im Bereich der soziokulturellen Teilhabe bis hin zur sozialen Isolation. Die derzeitige Grundsicherung reicht ohne weitere Unterstützungsressourcen nicht aus, um eine gesundheitsförderliche Ernährung zu realisieren.«[40] Folgerichtig müssten die Berechnungsgrundlagen und -methoden der Regelbedarfsermittlung überprüft werden: »Insbesondere sollten die Lebenslagen der über zwei Millionen in besonders einkommensschwachen Haushalten aufwachsenden Kinder und Jugendlichen verstärkt in den Fokus rücken. Denn gesundheitliche und soziale Belastungen im Kindes- und Jugendalter stellen entscheidende Weichen für die spätere Leistungsfähigkeit und körperliche und psychische Gesundheit. In diesem Sinne sind Maßnahmen, die die Verwirklichungs- und Teilhabechancen von Kindern und Jugendlichen sowie deren Familien verbessern, als Präventionspolitik von entscheidender Bedeutung.«[41] Klare Worte, sollte man meinen, doch offenbar nicht für die Bundesregierung.

Sven Lehmann, sozialpolitischer Sprecher der Fraktion von Bündnis 90/Die Grünen, wollte von der Bundesregierung in einer Kleinen Anfrage wissen, ob sie dieser Empfehlung des Beirates zur Überprüfung der Berechnungsmethoden der Regelbedarfsermittlung in der Grundsicherung folge und wie sie sicherzustellen gedenke, dass sich Personen im Grundsicherungsbezug gesundheitsfördernd ernähren können. Kerstin Griese (SPD), Parlamentarische Staatssekretärin beim Bundesminister für Arbeit und Soziales, antwortete namens der Bundesregierung, diese habe das zitierte Gutachten zur Kenntnis genommen, ein Überprüfungsbedarf im Hinblick auf die Berechnungsmethoden der Regelbedarfsermittlung aufgrund der darin enthaltenen Aussagen bestehe aus ihrer Sicht indes nicht. Denn die Ermittlung der Regelbedarfe erfolge auf Basis nachgewiesener tatsächlicher Verbrauchsausgaben unterer Einkommensgruppen, die in der jeweiligen Einkommens- und Verbrauchsstichprobe des Statistischen Bundesamtes ermittelt würden. Da die EVS jedoch keine Angaben darüber enthalte, inwieweit die ermittelten Verbrauchsausgaben auch solche für gesundheitsfördernde bzw. nachhaltige Produkte enthielten, könnten die in dem Gutachten genannten Zielsetzungen einer gesunden Ernährung von Kindern im Grundsicherungsbezug nicht im Rahmen der Regelbedarfsermittlung berücksichtigt werden: »Die Aufgabe der Regelbedarfsermittlung ist auch im Bereich Ernährung, dass existenzsichernde Leistungen beziehende Menschen so gestellt werden wie alle einkommensschwachen Haushalte.«[42] Das hieß im Klartext: Wenn die Kinder im Hartz-IV-Bezug aus Kostengründen ungesund ernährt werden, ist der Bund nicht verpflichtet, durch Erhöhung der Regelbedarfe dafür zu sorgen, dass sich dies ändert.

Auch *medizinische Leistungen* werden, selbst wenn sie kostenfrei sind, von Hartz-IV-Betroffenen seltener in Anspruch genommen. Dies schlägt sich beispielsweise in einer mangelhaften Mundhygiene und einer Vernachlässigung der Prophylaxe (Vorsorgeuntersuchungen) nieder, liegt aber nur zum Teil an einem schlechter ausgebildeten Gesundheitsbewusstsein.[43] Von einer alleinerziehenden Mutter im Transferleistungsbezug, die unter starkem psychischem Druck steht und kaum den Herausforderungen des Alltags gewachsen ist, wird man schlechterdings nicht erwarten können, dass sie die Zahnpflege ihrer Kinder so penibel und zuverlässig begleitet wie ein Ärzteehepaar. Da in den Stadtteilen der Großstädte, die von armen und Migrantenfamilien bewohnt werden, häufig kein Kinderarzt mehr praktiziert, leidet ihre medizinische Versorgung unter der Verschränkung von gesundheitlicher und Wohnungleichheit.

6 Kinderungleichheit ist nicht vom Himmel gefallen

Wie kann Kinderungleichheit am wirksamsten bekämpft werden? Das hängt maßgeblich davon ab, wodurch die Ungleichheitsstruktur entstanden ist. Nicht zu verwechseln mit den (politischen oder strukturellen) Ursachen sind die *Auslöser* der (Kinder-)Armut. Dazu zählen etwa Beziehungskrisen, Ehestreitigkeiten und Suchterkrankungen, der Tod des Alleinernährers, Arbeitslosigkeit der Eltern oder eines Elternteils sowie Trennung bzw. Scheidung. Auch falsche Entscheidungen und Fehlverhalten können eine wichtige Rolle spielen, etwa bei der Berufswahl oder beim Umgang mit Geld. Letztlich wurzelt die sozioökonomische Ungleichheit aber in den gesellschaftlichen Verhältnissen. Jede »marktwirtschaftlich« organisierte bzw. kapitalistische Gesellschaft basiert auf Ungleichheit, weil in diesem Wirtschaftssystem einer kleinen Minderheit der Bevölkerung die Industrie-, Handels- und Dienstleistungsunternehmen, aber auch die Banken und Versicherungen gehören, während die übergroße Mehrheit ihre Arbeitskraft gegen einen vergleichsweise geringen Lohn auf einem regional unterschiedlich entwickelten und im Falle gesundheitlicher, psychischer oder Suchtprobleme für sie kaum zugänglichen Markt verkaufen muss. Die zunehmende Polarisierung der kindlichen Lebensbedingungen wiederum ist nicht zuletzt (Fehl-)Entscheidungen von Parlamenten, Regierungen und Verwaltungen geschuldet.

Neoliberalismus und Weltmarktdynamik

Die soziale Ungleichheit wurzelt in der Eigentums-, Einkommens- und Vermögensverteilung des bestehenden Wirtschaftssystems, was aber nicht hinreichend erklärt, weshalb die Lebenswelten von Kindern der Mittel- und Unterschicht zuletzt deutlicher auseinandergefallen sind. Wer fragt, warum sich (Kinder-)Armut und sozioökonomische Ungleichheit ungefähr seit der Jahrtausendwende in wohlhabenden Ländern wie der Bundesrepublik verbreiten, kommt nicht am Neoliberalismus – der einflussreichsten Spielart des Antiegalitarismus – vorbei.[1] Denn die Dramatik der Ungleichheit wird erst verständlich vor dem Hintergrund einer verschärften Weltmarktdynamik, die Neoliberale bewusst erzeugt haben. Zuerst war der Neoliberalismus bloß eine Wirtschaftstheorie, die in den 1930er-Jahren als Reaktion auf den »Schwarzen Freitag« an der New Yorker Börse und den anschließenden Zusammenbruch der Weltwirtschaft entstand, aber unter den zeitgenössischen Ökonomen eine Minderheitsmeinung darstellte. Erst nach 1945 wurde daraus eine Sozialphilosophie und schließlich eine Weltanschauung, ja eine politische Zivilreligion, die alle Poren der Gesellschaft durchdrungen hat und mit ihrer Kernforderung nach einer Liberalisierung bzw. Deregulierung der Märkte, einer Privatisierung des öffentlichen Eigentums und der sozialen Risiken, einer Ökonomisierung der zwischenmenschlichen Beziehungen sowie einer Kommerzialisierung fast aller Lebensbereiche bis heute maßgeblichen Einfluss ausübt.

Für die in den vergangenen Jahrzehnten stark gewachsene Ungleichheit sind weltwirtschaftliche Entwicklungstendenzen, gesellschaftliche Wandlungsprozesse und die damit einhergehenden Machtverschiebungen ursächlich. Seit der Weltwirtschaftskrise 1974/75 häuften sich mit der Massenarbeitslosigkeit in den meisten westlichen Industriestaaten die sozialen Abstiege. Ausgedient hatte das Modell der Sozialen Marktwirtschaft bzw. des Rheinischen Kapitalismus, in dem ab 1948/49 alle Gesellschaftsmitglieder – wenn auch in unterschiedlichem Maße – am technischen Fortschritt und am wirtschaftlichen Erfolg der Bundesrepublik beteiligt worden waren. Offenbar waren die ökonomischen, politischen und medialen Eliten des Landes aufgrund der strukturellen Krisensymptome nunmehr zu der Überzeugung gelangt, dass die heimische Wirtschaft auf den Weltmärkten erfolgreicher sein würde, wenn die Lohn- und Sozialstandards niedriger wären. Bis dahin galt der (west)deutsche Wohlfahrtsstaat international als vorbildlicher Garant des sozialen Friedens wie der ökonomischen Spitzenstellung des Landes.

Durch das Ende des im sog. Kalten Krieg eskalierten Ost-West-Gegensatzes, den Aufstieg Chinas zur Welt(wirtschafts)macht sowie die Umwälzung der technologischen Grundlagen sämtlicher Industriegesellschaften durch Computerisierung, Automatisierung und Digitalisierung haben sich die internationalen Rahmenbedingungen erneut gewandelt. In diesem Zusammenhang wird fast immer das (Tot-) Schlagwort »Globalisierung« erwähnt, häufig mit der Absicht, die von ihr hervorgerufenen sozialen Polarisierungsprozesse als naturwüchsig hinzustellen und zu rechtfertigen. Weil die Unternehmen in anderen Ländern aufgrund sehr viel geringerer Personal- und Personalzusatzkosten billiger produzieren könnten, heißt es dann, seien auch deutsche Firmen gezwungen, ihren Beschäftigten niedrigere Löhne zu zahlen, die zum Leben und zum Ernähren einer Familie kaum ausreichen. Was dieser »Erklärungsansatz« verkennt, ist die Tatsache, dass die exportorientierten Konzerne ebenso wie die weltweit operierenden Großbanken der Bundesrepublik von Beginn an zu den Hauptinitiatoren, -akteuren und -profiteuren des Globalisierungsprozesses gehörten.

Eine Leistungs-, Konkurrenz- und Ellenbogengesellschaft, die von den für manche Menschen ruinösen Marktkräften sowie ihren Kapitalverwertungslogiken dominiert wird und deren (Medien-)Öffentlichkeit sich eher für Aktienkurse und Berufskarrieren als für Kinderungleichheit, prekäre Lebenslagen von Millionen Geringverdiener(inne)n und Straßenkinder interessiert, bietet sozial benachteiligten Familien keine gesicherte Existenzgrundlage. Flexibilität, Risikofreude und soziale Unsicherheit, wie sie der nach einem neoliberalen Konzept globalisierte Kapitalismus propagiert, sind heute die Hauptfeinde bedürftiger Familien. Der »flexible Mensch« (Richard Sennett) kann sich keine Familie mehr »leisten«, und zwar weniger aufgrund finanzieller Probleme als infolge jener geografischen und beruflichen Mobilität, die Manager transnationaler Konzerne von ihm verlangen. Der »Turbokapitalismus« (Edward N. Luttwak) ist familienfeindlicher als jedes vergleichbare Wirtschafts- und Gesellschaftssystem. Wer ihn glorifiziert, wird deshalb unglaubwürdig, wenn er gleichzeitig mehr Familiensinn, Kinderfreundlichkeit oder Solidarität proklamiert.

Neben wichtigen Veränderungen im Bereich der materiellen Produktion (Aushöhlung des »Normalarbeitsverhältnisses«) haben Wandlungsprozesse im Bereich der privaten Reproduktion (Auflösung der »Normalfamilie«) und der Staatsintervention (»Um-« bzw. Abbau des Wohlfahrtsstaates) dabei eine wichtige Rolle gespielt. Viele bundespolitisch Verantwortliche haben die skizzierte Entwicklung bewusst vorangetrieben und durch eine Deregulierung des Arbeitsmarktes günstige Rahmenbedingungen für das systematische Lohndumping von Unternehmen geschaffen, flankiert von einer Demontage des Systems der sozialen Sicherung.[2] Folglich ist die sich vertiefende Kluft zwischen Arm und Reich kein »unsozialer Kollateralschaden« der Globalisierung, vielmehr das Resultat des Übergangs zum gegenwärtigen Finanzmarktkapitalismus sowie bewusster politischer (Fehl-)Entscheidungen von Bundesregierungen unterschiedlicher Zusammensetzung. Dadurch hervorgerufene Spaltungsprozesse wiederum haben gerade das Leben junger Menschen entscheidend geprägt und dürften es auch weiterhin tun, falls die Ursachen nicht erkannt und beseitigt werden.

Arbeit wurde verbilligt: Hartz, aber fair?

SPD und Bündnis 90/Die Grünen kündigten in ihrer am 20. Oktober 1998 geschlossenen Koalitionsvereinbarung mit dem Titel »Aufbruch und Erneuerung – Deutschlands Weg ins 21. Jahrhundert« eine sozialpolitische Kurskorrektur an: »Die Bekämpfung der Armut ist ein Schwerpunkt der Politik der neuen Bundesregierung. Besonders die Armut von Kindern muß reduziert werden.« Wer gehofft hatte, diese Regierung werde ihr Versprechen einlösen, andere Prioritäten als ihre Vorgängerin setzen und sozial benachteiligte Familien stärker unterstützen, sah sich jedoch getäuscht. Arme, (Langzeit-)Arbeitslose und Asylbewerber/innen blieben vielmehr die Stiefkinder der Sozialpolitik: Sie spielten in der um die Verbesserung der Weltmarktposition des heimischen Kapitals bemühten Regierungspraxis von SPD und Bündnisgrünen nur eine Nebenrolle.

Nach ihrer hauchdünnen Bestätigung bei der Bundestagswahl im September 2002 geriet die rot-grüne Koalition von Bundeskanzler Gerhard Schröder immer starker unter Druck, den sie durch Hinwendung zu neoliberalen Konzepten abzumildern suchte. Am 14. März 2003 gab Schröder vor dem Parlament eine Regierungserklärung mit dem Namen »Agenda 2010« ab, die als Matrix für die Reform des Arbeitsmarktes und des Sozialstaates diente. Schröder nannte eine Vielzahl von Maßnahmen, die als umfassendes Konzept zur Modernisierung der Gesellschaft und zur Optimierung der Wettbewerbsfähigkeit des »eigenen« Wirtschaftsstandortes dienten. Darunter befanden sich zwar auch einige Verbesserungen im Bereich der Bildungs- und Familienpolitik wie der Ausbau von öffentlichen Kinderbetreuungseinrichtungen und ein Ganztagsschulprogramm. Zu den Strukturreformen, die Deutschland bei Wohlstand und Arbeit wieder an die Spitze bringen sollten, zählten aber auch die Lockerung des Kündigungsschutzes in Kleinbetrieben, die Liberalisierung der Leiharbeit sowie die Einführung von Mini- und Midijobs.

Das eigentliche Herzstück der Agenda 2010 waren vier Gesetze für moderne Dienstleistungen am Arbeitsmarkt, die als Hartz I bis Hartz IV bekannt geworden sind. Mit dem *Ersten Gesetz für moderne Dienstleistungen am Arbeitsmarkt* (Hartz I), das am 1. Januar 2003 in Kraft trat, wurden die Barrieren der Bedürftigkeitsprüfung erhöht, welcher sich Bezieher/innen von Arbeitslosenhilfe unterziehen mussten. Während die Vermögensfreibeträge deutlich gesenkt und die Mindestfreibeträge für verdienende (Ehe-)Partner/innen um 20 Prozent gekürzt wurden, entfiel der Erwerbstätigenfreibetrag ganz. Auf der Grundlage des *Zweiten Gesetzes für moderne Dienstleistungen am Arbeitsmarkt* (Hartz II) wurden »Ich-« bzw. »Familien-AGs« und »Mini-« bzw. »Midijobs« eingeführt, auf der Grundlage des *Dritten Gesetzes für moderne Dienstleistungen am Arbeitsmarkt* (Hartz III), das am 1. Januar 2004 in Kraft trat, strukturierte man die seither als »Bundesagentur für Arbeit« firmierende Nürnberger Behörde nach dem Vorbild der Privatwirtschaft und mithilfe moderner Managementkonzepte zu einem Dienstleistungsunternehmen um. Mit dem *Vierten Gesetz für moderne Dienstleistungen am Arbeitsmarkt* (Hartz IV) wurde ein rigides Arbeitsmarktregime nach dem Muster angloamerikanischer Länder etabliert.[3]

Was von Schröder als »Zusammenlegung« von Arbeitslosen- und Sozialhilfe verharmlost wurde, war in Wirklichkeit die Abschaffung der Arbeitslosenhilfe, einer für über 2,1 Millionen Menschen und ihre Familien existenziell wichtigen Lohnersatzleistung, und die Aushebelung des seit Fürst Otto von Bismarck für den Sozialstaat in Deutschland konstitutiven Prinzips der Lebensstandardsicherung. Das mit dem SGB II eingeführte Arbeitslosengeld II orientierte sich nicht mehr am früheren Nettoverdienst eines Langzeitarbeitslosen und traf Angehörige der Mittelschicht wie Facharbeiter/innen und Ingenieure, wenn sie nicht bald wieder eine neue Stelle fanden, besonders hart.

Die früheren Bezieher/innen von Arbeitslosenhilfe, beispielsweise Frauen, auf deren Transferleistung das Einkommen des Ehemanns wegen verringerter Freibeträge nunmehr angerechnet wurde, blieben von materiellen Einbußen nicht verschont. Auch jene Empfänger/innen von Sozialhilfe, die nicht erwerbsfähig waren, also nicht mindestens drei Stunden täglich arbeiten können, gehörten zu den Verlierer(inne)n. Man hätte das Arbeitslosengeld II ehrlicher »Sozialhilfe II« nennen sollen, weil sein Regelsatz nur die Höhe der Sozialhilfe erreicht und nicht bloß Arbeitslose, sondern auch Geringverdiener/innen die neue Transferleistung beziehen. Von der

Sozialhilfe entlehnte man auch das für Hartz IV typische Konstrukt der »Bedarfsgemeinschaft«, wodurch Einkommen und Vermögen von Personen, die mit dem Antragsteller weder verwandt noch ihm gegenüber zum Unterhalt verpflichtet sind, aber mit ihm zusammen in einer Wohnung leben, seither bei der Bedürftigkeitsprüfung angerechnet werden.

Hartz-IV-Betroffene werden im Jargon der Jobcenter und ihrer Fallmanager zwar als »Kunden« bezeichnet, aber wie Bettler und lästige Bittsteller behandelt. Enormer Druck wurde nicht bloß auf Langzeiterwerbslose, sondern auch auf das Lohnniveau ausgeübt. Reallohnverluste vor allem im unteren Einkommensbereich waren die Folge. Wie die Bundesregierung später selbst dokumentierte, verdiente fast jeder zweite abhängig Beschäftigte bei gleicher Arbeitszeit preisbereinigt im Jahr 2015 weniger als 1995.[4]

Aufgrund der verschärften Zumutbarkeitsregeln und der massiven Sanktionsdrohungen führte Hartz IV dem Niedriglohnsektor immer neuen Nachschub zu. Schon bald umfasste er beinahe ein Viertel aller Beschäftigten. Ein ökonomischer Fahrstuhleffekt, der alle Gesellschaftsschichten gemeinsam nach oben befördert, von Schröder in seiner »Agenda«-Rede versprochen, blieb aus. Stattdessen gab es einen sozialen Paternostereffekt: Während die einen nach oben fuhren, fuhren die anderen nach unten. Denn sinkende Löhne und Gehälter von Arbeitnehmer(inne)n bescherten deren Unternehmern bzw. Aktionären höhere Gewinne.

Für die Bezieher/innen von Arbeitslosengeld II war Hartz IV ein Disziplinierungsinstrument, für »normale« Arbeitnehmer/innen eine Drohkulisse und ein Druckmittel. Unter dem Damoklesschwert von Hartz IV waren Belegschaften, Betriebsräte und Gewerkschaften eher bereit, schlechte Arbeitsbedingungen und/oder niedrigere Löhne zu akzeptieren. Hingegen ermöglichten die Grundsicherungsleistungen den Unternehmern kräftige Profitsteigerungen im Rahmen eines Kombilohnmodells. Mit den prekären Beschäftigungsverhältnissen, die in zahlreichen Familien zu finanziellen Problemen führen, haben auch die atypischen Beschäftigungsverhältnisse zugenommen: Vor allem junge Menschen werden inzwischen zu über der Hälfte bloß noch befristet eingestellt, was ihre Lebensplanung und eine Familiengründung erschwert.

Das rot-grüne Reformprogramm hat die Spaltung der Gesellschaft in Arm und Reich verschärft.[5] Eine sozioökonomische Polarisierung fand nicht bloß zwischen Kapitaleigentümern und abhängig Beschäftigten statt. Auch innerhalb der Arbeiterschaft wurde die Kluft zwischen den Lohngruppen durch die Arbeitsmarktreformen vertieft und die Spaltung der abhängig Beschäftigten in Mehr- und Minderprivilegierte vorangetrieben. Durch die Liberalisierung der Leiharbeit verbreiterte sich etwa in den großen Industriebetrieben des Automobilbaus der soziale Graben zwischen Rand- und Kernbelegschaften. Wegen der staatlicherseits legalisierten Lohnspreizung arbeiteten fortan sogar Menschen erster und zweiter Klasse am selben Band: Beschäftigte der Zeitarbeitsfirmen erhielten teilweise nur einen Bruchteil des Lohns, der Stammkräften für die gleiche Arbeit gezahlt wurde.

Sinkende Löhne – steigende Mieten

Auf der einen Seite wurde Arbeit (für die Unternehmer) immer billiger, auf der anderen Wohnraum (für die Niedriglöhner/innen) immer teurer. Während die Reallöhne zu Beginn des 21. Jahrhunderts vornehmlich im unteren Bereich über einen längeren Zeitraum hinweg sanken, stiegen die Immobilienpreise und die Mieten – jedenfalls in den Ballungszentren, bevorzugten Stadtlagen und Boomtowns der Bundesrepublik. Besonders in den prosperierenden Groß- und Universitätsstädten verband sich der Mangel an finanziellen Ressourcen, wie ihn Niedriglöhner/innen wegen ihrer miserabel bezahlten Arbeitsstellen und Transferleistungsbezieher/innen dank der »Sparpolitik« des Staates erfuhren, mit einer prekären Situation auf dem Wohnungsmarkt.

Werden die Wohnungen ebenso wie Würstchen, Wandteppiche und Wegwerftaschentücher als Waren be- und gehandelt, können Menschen ohne bzw. mit geringem Einkommen auf dem entsprechenden Markt nicht mithalten. Einige gesellschaftliche Ursachen für Armut und manche Folgen sind dabei uralt. So gibt es nach wie vor, was man als Hauptmann-von-Köpenick-Paradox bezeichnen kann, weil es der Dramatiker Carl Zuckmayer in seiner Tragikomödie gleichen Titels über den Berliner Schuster Wilhelm Voigt treffend beschrieben hat, der es nach 15 Jahren Haft nicht schafft, wieder anerkanntes Mitglied der Gesellschaft des Kaiserreiches zu werden: Wer keine Wohnung hat, bekommt keine Arbeitsstelle, und wer keinen Arbeitsplatz hat, bekommt auch keine Wohnung. Kaum ein Betroffener vermag diesen Teufelskreis einer wechselseitigen Ausgrenzung sozial Benachteiligter vom Arbeits- und Wohnungsmarkt aus eigener Kraft zu durchbrechen.

Zwischen dem Arbeitsmarkt einerseits sowie den Boden-, Immobilien- und Wohnungsmärkten andererseits besteht ein antagonistischer Widerspruch, der sich innerhalb des kapitalistischen Wirtschaftssystems nicht auflösen lässt. Was dem Ersteren nützt (niedrige Löhne), schadet den Letzteren – und vice versa. Zuletzt verfestigte sich dieses Paradox, wie es der Zürcher Architekt und Stadtplaner Ernst Hubeli nennt: »Der Immobilienmarkt profitiert vom knappen Wohnungsangebot, das Boden- wie Mietpreise hochtreibt und einen Nachfrageschock auslöst, während der Arbeitsmarkt vermeiden will, gestiegene Mietkosten mit höheren Löhnen abzufedern.«[6] Betrachtet man die Hauptakteure auf beiden Märkten, sind es heute oft dieselben: Finanzinvestoren, Kapitalorganisatoren und Spekulanten.

Eine vom Institut der deutschen Wirtschaft vorgenommene Auswertung der Wohnungsinserate des Internetportals »ImmoScout24« kam für die sieben größten Städte der Bundesrepublik (Berlin, Hamburg, München, Köln, Frankfurt am Main, Stuttgart und Düsseldorf) zu dem Ergebnis, dass die mittleren Nettokaltmieten (Grundmiete ohne Nebenkosten) bei einem Neuvertrag zwischen 2010 und 2018 nominal um 5,7 Prozent und real, d. h. inflationsbereinigt um

4,3 Prozent pro Jahr gestiegen waren.[7] Der Informationsdienst des Instituts berichtete darüber unter dem Titel »Falscher Alarm« und tat so, als seien Warnungen vor dramatischen Mietpreissteigerungen und einer zu starken Belastung der Familien unangebracht, obwohl sich daraus eine in acht Jahren nominal um 55,8 Prozent und real um 40 Prozent erhöhte Miete ergab. Die ermittelte Mietsteigerung war zwar deutlich geringer als in den Metropolen einiger Nachbarländer der Bundesrepublik, aber für einkommensschwache Familien kaum verkraftbar.

Die gegenwärtige Wohnungsmisere und der »Mietenwahnsinn« in manchen Regionen sind ebenso wenig vom Himmel gefallen wie prekäre Beschäftigungsverhältnisse und Hungerlöhne, vielmehr durch politische Entscheidungen zugunsten von Kapitaleigentümern, Immobilienkonzernen und Großinvestoren erzeugt worden. Seit den 1980er-Jahren überließ die staatliche Wohnungs-, Wohnungsbau- und Stadtentwicklungspolitik privaten Investoren das Feld. CDU, CSU und FDP schafften zum 1. Januar 1990 die Wohnungsgemeinnützigkeit ab. Bis dahin hatte der Staat z. B. genossenschaftlichen Wohnungsbaugesellschaften bestimmte Steuervorteile gewährt, sie dafür jedoch zur Beschränkung auf eine Kostenmiete und zur Begrenzung von Gewinnausschüttungen verpflichtet. Vorher preisgebundene Wohnungsbestände gelangten nunmehr auf den Immobilienmarkt, wo es primär um hohe Renditen für Aktionäre ging.

Mit vier Finanzmarktförderungsgesetzen schufen unterschiedlich zusammengesetzte Bundesregierungen während der 1990er-Jahre und zu Beginn des 21. Jahrhundert sowohl ein günstiges Investitionsklima wie auch ein ideales Betätigungsfeld für (institutionelle) Kapitalanleger, und zwar nicht zuletzt auf dem Immobilienmarkt. Mietwohnungen, die eine Mehrheit der Bevölkerung benötigt, um menschenwürdig leben zu können, werden seither zu bloßen Spekulationsobjekten, mit verheerenden Folgen für Millionen Familien.

Die rot-grüne Koalition befreite Gewinne von Kapitalgesellschaften, die aus dem Verkauf von Tochterfirmen und Aktienpaketen anderer Kapitalgesellschaften resultierten, zur Jahrtausendwende von der Körperschaftsteuer – eines der größten Steuergeschenke an die Unternehmen bzw. ihre Eigentümer überhaupt. Industriekonzerne veräußerten gewinnbringend ihre Werkswohnungen, und als »Heuschrecken« verschriene US-amerikanische Private-Equity-Firmen und Hedgefonds übernahmen öffentliche Wohnungsbestände im Paket. Blackstone, Cerberus oder Fortress sahen darin attraktive Spekulationsobjekte. Bund, Länder und viele Kommunen verkauften teilweise ihren gesamten Wohnungsbestand – häufig zu ausgesprochenen Schleuderpreisen – an börsennotierte Immobilienkonzerne, Investmentgesellschaften und internationale Finanzinvestoren.

Hierdurch beraubten sich die Kommunen auf Jahrzehnte selbst der Möglichkeit, eine zielgerichtete Stadt(teil)entwicklungspolitik zu machen und die Wohnungsversorgung einkommensschwacher Bevölkerungsgruppen zu sichern. Stattdessen wurden ganze Stadtviertel gentrifiziert, deren »Ureinwohner/innen« ohne Rücksicht auf soziale Belange verdrängt und preisgünstige Mietwohnungen von den neuen Eigentümern teilweise systematisch heruntergewirtschaftet, luxussaniert und in Eigentumswohnungen umgewandelt.

Seit dem 1. Januar 2004 sind auch in Deutschland die in den USA kurz nach dem Zweiten Weltkrieg entstandenen Hedgefonds gesetzlich zugelassen und seit dem 1. Januar 2007 auch die sog. REITs (Real Estate Investment Trusts), welche in den USA bereits 1960 eingeführt wurden. Dabei handelt es sich um steuerbegünstigte Immobilien-Aktiengesellschaften, denen zwar der Kauf von Bestandsimmobilien verboten ist, durch deren Geschäftsmodell sich der Privatisierungsdruck aber weiter erhöhte. Durch die Öffnung des Wohnungsmarktes für ausländische Finanzinvestoren sollte der heimische Wirtschaftsstandort gestärkt werden, was Mieter/innen mit steigenden Lebenshaltungskosten bezahlten.

Da viele Kapitalanleger nach der globalen Finanz-, Weltwirtschafts- und europäischen Währungskrise 2007 und Folgejahre weitere Bankpleiten und Börsenzusammenbrüche fürchteten, wurde »Betongold« immer beliebter. Mangels rentabler Alternativen und historisch niedriger Hypothekenzinsen zog der Immobilienmarkt die Investoren an wie das Licht die Insekten. »Damit kam einerseits die Finanzkrise über steigende Mieten im heimischen Wohnzimmer an, andererseits könnte sich das Ganze zu einem noch größeren Problem entwickeln, wenn die Blase platzt.«[8]

Vor allem in attraktiven Stadtlagen stiegen die Immobilienpreise und in deren Gefolge die Mieten zum Teil drastisch. BlackRock & Co. haben als Eigentümer und Vermieter riesiger Wohnungskomplexe maßgeblich zur Mietenexplosion in deutschen Städten beigetragen.[9] Neben seinem Engagement im Bereich der Gewerbeimmobilien stieg BlackRock auch in den Wohnungsbau ein. Um einen Gewinnsprung in diesem Anlagesegment zu machen, musste das weltgrößte Finanzkonglomerat die Mieteinnahmen drastisch steigern. Für die Familien in den Großwohnanlagen der Städte wurde es teurer und ihr Haushaltsbudget für den Lebensunterhalt der Kinder noch knapper. Internationale Finanzinvestoren haben fortan mit deutschen Immobilien spekuliert und diesen für die Bevölkerung existenzwichtigen Lebensbereich noch stärker ihrer Profitlogik unterworfen.

Mit den Eigentümerstrukturen auf dem Mietwohnungsmarkt veränderten sich auch die Geschäftspraktiken der Vermieter. Während private Kleinvermieter/innen häufig nur dann Mieterhöhungen vornehmen, wenn nach langer Zeit ein Mieterwechsel erfolgt, schöpfen Immobilienkonzerne auch gegenüber Bestandsmieter(inne)n den rechtlichen Rahmen für Wohnungsmodernisierungen und Mieterhöhungen voll aus, um die Rendite ihrer (Groß-)Aktionäre zu erhöhen.

Ein weiterer Hauptpreistreiber auf dem deutschen Mietwohnungsmarkt ist Airbnb, ein US-amerikanisches Internetportal zum Vermieten von Wohnungen an Tourist(inn)en, welches ursprünglich »Airbedandbreakfast« (Luftmatratze und Frühstück) hieß und dessen Geschäftsmodell für eine spürbare Reduktion des Wohnungsbestandes in begehrten Orten der Bundesrepublik gesorgt hat, sofern diese nicht verhinderten, dass ein Teil ihres regulären Mietwohnraumbestandes durch Verabschiedung einer Wohnraumschutzsatzung zweckentfremdet wurde, wie es etwa Düsseldorf tat.

Seit 2015 gehört der von »Deutsche Annington« in »Vonovia« umbenannte Immobilienriese zu den 30 wertvollsten Konzernen, die im Dax gelistet sind. Seine exorbitanten Profite erwirtschaftete das Unternehmen durch Luxussanierungen und Wertsteigerungen seines wachsenden Immobilienbestandes, rüde Methoden der »Entmietung« und gesetzlich erlaubte Mieterhöhungen von zeitweilig bis zu 11 bzw. 8 Prozent nach Modernisierungsmaßnahmen. Der Ökonom Heinz-Josef Bontrup hat errechnet, dass jede/r Vonovia-Beschäftigte/r im Zeitraum zwischen 2012 und 2017 einen Gewinn in Höhe von 311703 Euro für den Konzern erwirtschaftete, wobei die Lohnquote im Unternehmen durchschnittlich nur 10,7 Prozent betrug.[10]

Auch die Deutsche Wohnen (DW), der vor allem in der Bundeshauptstadt und im Rhein-Main-Gebiet viele Mietshäuser gehörten, hat es nach Gewinneinbußen der Lufthansa während der Covid-19-Pandemie in den Dax geschafft. Seither drohten ihren Mieter(inne)n aufgrund der hohen Renditeerwartungen ausländischer Investoren und großer Vermögensverwalter einerseits noch rigidere Praktiken des Immobilienkonzerns. Andererseits hat sich die Unternehmensspitze aufgrund des Negativimages und des Berliner Volksbegehrens »Deutsche Wohnen & Co. enteignen!« offenbar für einen weniger rücksichtslosen Umgang mit den Mieter(inne)n entschieden. Hier dürfte auch ein Grund dafür liegen, dass Vonovia und Deutsche Wohnen im Mai 2021 bekanntgaben, nach Billigung durch Aktionäre und Bundeskartellamt durch eine Megafusion den größten Immobilienkonzern Europas bilden zu wollen.

Während die privaten Immobilienkonzerne ihre Gewinne steigern, leidet der öffentlich geförderte Wohnungsbau unter Schwindsucht, weil ihn die politisch Verantwortlichen seit Jahrzehnten vernachlässigen: Momentan fallen jährlich dreimal mehr Sozialwohnungen aus der Mietpreis- und Belegungsbindung heraus, als neu hinzukommen. Gab es zur Jahrtausendwende immerhin über 2,5 Millionen öffentlich geförderte Wohneinheiten, waren es nach Angaben der Bundesregierung am 31. Dezember 2019 bloß noch

1,14 Millionen. Mit der am 1. September 2006 in Kraft getretenen Föderalismusreform zog sich der Bund zunächst ganz aus diesem Bereich zurück. Zwar wurden die den Ländern für eine Übergangszeit zugesagten Kompensationsmittel im Gefolge der »Flüchtlingskrise« 2015/16 mehr als verdoppelt, dadurch ließ sich der Niedergang des Sozialen Wohnungsbaus aber nicht aufhalten.

Parallel dazu wurde das Mietrecht liberalisiert und der in Deutschland für Vermieter traditionell relativ strenge Kündigungsschutz gelockert. Mit der sog. Modernisierungsumlage von 11 Prozent, die später wieder auf 8 Prozent reduziert wurde, führten SPD und Bündnis 90/Die Grünen zum 1. September 2001 eine Beteiligung der Mieter/innen an den Modernisierungskosten ein, und die am 1. Mai 2013 in Kraft getretene Mietrechtsreform der CDU/CSU/FDP- Koalition erleichterte Zwangsräumungen.

Selbst der bestehende Wohlfahrtsstaat, jahrzehntelang das soziale Markenzeichen der Bundesrepublik, wurde so weit demontiert, dass er Wohnungslosigkeit produzierte. Genannt seien im Rahmen von Hartz IV das Aus- und Umzugsverbot für Unter-25-Jährige, die rigide Sanktionspraxis für diese Personengruppe (völlige Streichung des Arbeitslosengeldes II einschließlich der Aufwendungen für Unterkunft und Heizung nach der zweiten Pflichtverletzung) bis zum Urteil des Bundesverfassungsgerichts vom 5. November 2019 (Az.: 1 BvL 7/16) sowie die Zulassung einer »Gesamtangemessenheitsgrenze« für die Kosten der Unterkunft und Heizung im *Neunten SGB-II-Änderungsgesetz*, das am 1. August 2016 in Kraft getreten ist. Heizkosten eignen sich nur bedingt und Unterkunftskosten gar nicht für eine solche Pauschalierung, die Hartz-IV-Bezieher/-innen veranlassen kann, ihre bisher vom zuständigen Grundsicherungsträger bezahlte Wohnung in einem gutbürgerlichen Stadtviertel aufzugeben und dorthin zu ziehen, wo die Bruttowarmmieten niedriger sind. Dadurch leistete man einer Gettoisierung bzw. einer sozialräumlichen Segregation der Armutspopulation, die sich in Großstädten bereits seit geraumer Zeit erkennen lässt, tendenziell Vorschub.

Während es im *Grundgesetz* (Art. 14 Abs. 2 Satz 1) heißt, dass »Eigentum verpflichtet«, scheinen Spitzenpolitiker der etablierten Parteien hauptsächlich dem Eigentum bzw. den Eigentümern verpflichtet zu sein. Lobbyeinflüsse dürften mit dazu beigetragen haben, dass Parlament und Regierung den Interessen der Vermieter und der Immobilienunternehmen sogar bei der zum 1. Juni 2015 eingeführten, zweimal »nachgeschärften« und bis zum 31. Dezember 2025 verlängerten »Mietpreisbremse« weit entgegengekommen sind. Damit war das Problem der übermäßigen Belastung von Einkommensschwachen durch Marktmieten jedenfalls nicht zu lösen.

Wie der Journalist Timo Lehmann unter Berufung auf Berechnungen der Linksfraktion im *Spiegel* (v. 16.4.2021) berichtete, ist die Immobilienwirtschaft größte Spenderin der CDU, die von ihr allein im Jahr 2020 mehr als 1,25 Millionen Euro erhielt. Demnach stammten fast 80 Prozent der veröffentlichten Parteispenden an diese Partei von Bau- und Immobilienunternehmern, wodurch sie erstmals den größten Anteil ausmachten. Seit der Jahrtausendwende sollen von den insgesamt 7,6 Millionen Euro Parteispenden aus diesem Wirtschaftszweig allein 5,4 Millionen Euro an die Unionsparteien geflossen sein. 1,6 Millionen Euro erhielt die FDP, 406 500 Euro die SPD und 157 500 Euro die AfD. Die Bündnisgrünen mussten mit 15 000 Euro aus der Immobilienbranche vorliebnehmen, während die LINKE sogar leer ausging.

Kinder und Jugendliche als Hauptleidtragende der Sozialreformen

Sozialreformen wie die Hartz-Gesetze führen durch Verschärfung der Armut von »Problemfamilien« einerseits sowie Steigerung der Unternehmergewinne andererseits zu größerer Ungleichheit, die sich zwischen Angehörigen der jungen Generation noch stärker bemerkbar macht als zwischen den Erwachsenen. Besonders einschneidende Folgen hatten die rot-grünen Reformmaßnahmen für von staatlichen Transferleistungen abhängige Eltern und ihre Kinder, weil sie die finanzielle Situation von Millionen Langzeit- bzw. Dauererwerbslosen und ihren Familien verschlechterten.

Wenn der Lohn vieler Menschen nicht zum Leben reicht und daher vom Staat – ergänzt um einen sanktionsbewehrten Zwang zur Aufnahme (fast) jeder Arbeit – subventioniert wird, wächst fast zwangsläufig die Zahl der von Armut betroffenen Kinder.[11] Vornehmlich das Abdrängen der Langzeiterwerbslosen, die zuvor Arbeitslosenhilfe erhalten hatten, in den Fürsorgebereich mit seinen für alle gleich niedrigen Transferleistungen trug dazu bei, dass sich die Kinderarmut beinahe verdoppelte. Gab es am 31. Dezember 2004, also unmittelbar vor dem Inkrafttreten von Hartz IV, »nur« 1,1 Millionen Kinder und Jugendliche unter 18 Jahren, die Sozialhilfe bezogen, so lebten anschließend gut zwei Millionen unverheiratete Minderjährige von Hartz-IV-Leistungen.

Hartz IV führte bei der materiellen Versorgung von Kindern und Jugendlichen zu mehreren Verschlechterungen. Vor allem Familien mit mehreren Kindern litten darunter, dass die meisten »wiederkehrenden einmaligen Leistungen«, etwa für Kleidungsstücke oder defekte Haushaltsgeräte, wegfielen und stattdessen in den neuen Regelsatz einbezogen wurden, der nur wenig über der bisherigen Sozialhilfe lag. Vor der Einführung von Hartz IV konnten die Eltern einen Antrag auf solche Zusatzleistungen beim Sozialamt stellen. Weil dieser in der Regel auch bewilligt wurde, erhielten sie, wenn ihr Kind aus dem Wintermantel des Vorjahres herausgewachsen war, Ersatz aus einer Kleiderkammer oder das Geld für einen neuen. Ähnliches galt, wenn die Waschmaschine der Familie kaputtging: Entweder übernahm das Sozialamt die Reparaturkosten oder die Kosten für eine neue.

Die pauschalierten Kinderregelsätze bildeten keine angemessene Kompensation für den Wegfall jener Beihilfen. Kinder unter sieben Jahren, denen bis zum 31. Dezember 2004 nur 55 Prozent des Sozialhilfe-Eckregelsatzes gewährt wurde, standen sich mit der Zubilligung von 60 Prozent bei Hartz IV zwar etwas besser, ältere (Schul-) Kinder und Jugendliche unter 18 Jahren hingegen schlechter als früher. Die unter-14-jährigen Schüler/innen wurden beim Sozialgeld-Regelsatz wie Kleinkinder behandelt, ihre biologisch bedingten, dem Körperwachstum geschuldeten Sonderbedarfe (z. B. höherer Kalorienverbrauch sowie häufigerer Schuh- und Kleidungswechsel) nicht anerkannt.

Dies war eine heimliche Kürzung bei den ärmsten Kindern, ausgeführt von einer rot-grünen Regierung. Die erste Große Koalition unter Bundeskanzlerin Angela Merkel änderte daran nur wenig. Zwar führte sie (ausgerechnet im Rahmen ihres Konjunkturpakets II) die Sechs-bis-13-Jährigen als dritte Gruppe ein und hob deren Transferleistung ab 1. Juli 2009 von 60 auf 70 Prozent des Regelsatzes für alleinstehende Erwachsene an. Allerdings war diese Erhöhung bis zum 31. Dezember 2011 befristet. An den Leistungen für die anderen Altersgruppen wurde gar nichts geändert. Hieran erkennt man, dass auch diese Regierung am Wohl der betroffenen Personengruppe nicht ernsthaft interessiert war. Die gleichzeitig beschlossenen Steuererleichterungen (Senkung des Eingangssteuersatzes von 15 auf 14 %; Heraufsetzung des Grundfreibetrages) kamen zwar auch Geringverdiener(inne)n zugute, nützten ihnen aber nur wenig.

Obwohl es bei Hartz IV fast immer nur um die Höhe der Regelbedarfe geht, die bis zum Inkrafttreten einer weiteren Reform am 1. Januar 2011 Regelsätze hießen, soll an dieser Stelle eine sträflich vernachlässigte Folge der Arbeitsmarkt- und Sozialreform für Familien mit kleinen Kindern besonders hervorgehoben werden. Durch den enormen Druck, unter dem vor allem sog. Multijobber/innen und Menschen stehen, die seither fürchten müssen, irgendwann von Hartz IV betroffen zu sein, fehlt ihnen häufig die Zeit, um sich intensiv mit ihrem Nachwuchs zu beschäftigen. *Zeit*armut ist eine Armutsform der Eltern, unter der Kinder mit Lernschwierigkeiten und Verhaltensauffälligkeiten besonders stark leiden, weil dadurch ihre soziokulturellen Entfaltungs- und Entwicklungschancen beeinträchtigt werden.

Dasselbe gilt übrigens für die in den meisten Bundesländern mit vier Jahren zu knapp bemessene Grundschulzeit, in der Kinder unabhängig von ihrer sozialen und ethnischen Herkunft zusammen dieselbe Klasse besuchen und gemeinsam lernen. »*Zeit* ist eine wesentliche Voraussetzung dafür, die Entwicklungsressourcen von Kindern zu kultivieren, deren Hintergrund von Deprivation geprägt ist, die aus restriktiven Familienkulturen stammen oder aus Kulturen außerhalb des Mainstreams, in denen z. B. diskursive Entscheidungsfindung oder die Beteiligung von Kindern am Gespräch der Erwachsenen tabuisiert ist.«[12]

Die strengen Zumutbarkeitskriterien im *Vierten Gesetz für moderne Dienstleistungen am Arbeitsmarkt* brachten häufig das ganze Familiengefüge durcheinander. Wegen der hohen Mobilitätsanforderungen gegenüber (Langzeit-)Arbeitslosen verschlechterten sich die Möglichkeiten für Familien, ein geregeltes, nicht durch Zeitdruck, Stress und/oder räumliche Trennung von Eltern und Kindern beeinträchtigtes Leben zu führen. Aufgrund fehlender Jobs, wie die Arbeitsplätze seit Hartz IV fast ausschließlich genannt werden, insbesondere der geringen Zahl von Teilzeitstellen, nachlassender Anstrengungen der Beschäftigungspolitik, einer geringen Bereitschaft der Arbeitgeber zur Bereitstellung familienfreundlicher Arbeitsplätze, massenhafter Entlassungen in Ostdeutschland und einer unzureichenden Infrastruktur an ganztägigen Schul- und Betreuungsangeboten gerieten viele Familien in große Bedrängnis.

Auf das Leben vieler Kinder in Ostdeutschland wirkten sich die Hartz-Gesetze wegen der katastrophalen Lage des dortigen Arbeitsmarktes besonders verheerend aus. Die finanzielle Lage der Familien von Arbeitslosenhilfe-Empfänger(inne)n verschlechterte sich durch den Übergang zum Arbeitslosengeld II drastisch, was gravierende materielle Einschränkungen für deren Kinder einschloss. Betroffen waren auch diejenigen Kinder, deren Väter aufgrund ihres gegenüber der Arbeitslosenhilfe niedrigeren Arbeitslosengeldes II keinen oder weniger Unterhalt zahlen konnten, denn die Unterhaltsvorschusskassen bei den Jugendämtern traten damals höchstens sechs

Jahre lang und auch nur bis zum 12. Lebensjahr des Kindes ein. Rückwirkend zum 1. Juli 2017 wurde die zeitliche Limitierung der Zahlung des Unterhaltsvorschusses und die altersmäßige Begrenzung des Empfängerkreises aufgehoben.

Neben den Ostdeutschen waren alleinerziehende Mütter und Migrant(inn)en stark betroffen, deren soziale Probleme sich durch Hartz IV verschärften. Weil das Arbeitslosengeld II als ergänzende Transferleistung zu einem geringen Lohn konzipiert war und viele Unternehmer dies ausnutzten, dürfte Hartz IV außerdem mit bewirkt haben, dass der Niedriglohnsektor zum Haupteinfallstor für die heutige Erwerbs-, Familien- und Kinderarmut wurde. Rund eine Million der Arbeitslosengeld-II-Bezieher/innen sind gar nicht arbeitslos, sondern können von dem Lohn, den sie erhalten, bloß nicht leben, ohne ergänzend Hartz IV in Anspruch zu nehmen.

Familienpolitik wird für die Mittelschicht gemacht

Mutterschaft, Familie und Kinder genießen hierzulande hohes Ansehen. Traditionell buhlen die etablierten Parteien um die Gunst von Eltern und überbieten einander im Hinblick auf Forderungen, »die Familien« stärker zu unterstützen. Betrachtet man die staatliche Familienpolitik der Vergangenheit genauer, stellt sich allerdings heraus, dass ihre Leistungen kaum je geeignet waren, sozial benachteiligten Familien finanziell unter die Arme zu greifen. Vielmehr war der staatliche Familienlasten- bzw. -leistungsausgleich von Beginn an mittelschichtorientiert. Der gemeinsamen Bundestagsfraktion von CDU und CSU, die bereits kurz nach ihrer Konstituierung im September 1949 die Initiative für einen dualen Familienlastenausgleich (Einführung von Kindergeld unter Beibehaltung der Kinderfreibeträge im Einkommensteuerrecht) ergriff, ging es dabei hauptsächlich darum, den Mittelschichtfamilien einen finanziellen Ausgleich für ihre relativ hohen Kinder- und Erziehungskosten zu verschaffen.[13]

Auch die Folgeregierungen gewährten weiterhin einkommensstarken Familien steuerliche Kinderfreibeträge, während einkommensschwache Familien mit einem geringer bemessenen Kindergeld vorliebnehmen mussten. Mit der Kindergeldreform 1975 schaffte die SPD/FDP-Koalition unter Bundeskanzler Helmut Schmidt die steuerlichen Kinderfreibeträge ab, von denen Wohlhabende besonders profitiert hatten, und führte ein Kindergeld für das erste Kind in Höhe von 50 D-Mark ein, während sie das Kindergeld für ein zweites Kind auf 70 D-Mark und für alle weiteren Kinder auf 120 D-Mark erhöhte.

Die von 1982 bis 1998 unter Bundeskanzler Helmut Kohl regierende CDU/CSU/FDP-Koalition schrieb sich offiziell die besondere Förderung von Familie, Mutter und Kind auf die Fahnen, im Regierungshandeln der 1980er- und 1990er-Jahre fand dies jedoch wenig Entsprechung. Zwar verabschiedeten die Regierungsparteien einige kostenträchtige Leistungsgesetze auf dem Feld der Familienpolitik, etwa die Berücksichtigung von Kindererziehungszeiten in der Rentenversicherung, die Einführung des Haushaltsfreibetrages für Alleinerziehende und des Baukindergeldes (ab dem ersten Kind), die deutliche Aufstockung des Kindergeldes und die Begründung des Rechtsanspruchs auf einen Kindergartenplatz, aber die Vereinbarkeit von qualifizierter Erwerbsarbeit und Kinderbetreuung, welche gerade für Alleinerziehende und Geringverdienende wichtig gewesen wäre, brachte dies alles nicht voran.

In den 1990er-Jahren wurde die Betreuung und Erziehung von Kindern zunehmend als Leistung verstanden, welche Eltern für die Gesellschaft bzw. den Staat erbringen. Der Fünfte Familienbericht der Bundesregierung 1994/95 bezeichnete Kinder schon in seinem Titel als »Humanvermögen«. Für die Schaffung dieses »Vermögenswertes« sollten die Eltern gewissermaßen be- oder gar entlohnt werden. Der bisherige Familien*lasten*ausgleich wurde denn auch zu jener Zeit in Familien*leistungs*ausgleich umbenannt. Indem die Honorierung von Betreuungs- und Erziehungsleistungen der Eltern stärker als bisher akzentuiert wurde, avancierte die »Leistungsgerechtigkeit« in der Familienpolitik zum Ersatz für die immer weniger gewährleistete, aber für den Sozialstaat konstitutive Bedarfsgerechtigkeit.

Seit dem 1. Januar 1996 besteht für Drei- bis Sechsjährige der Rechtsanspruch auf einen Kindergartenplatz. Die dafür nötige Änderung des *Kinder und Jugendhilfegesetzes* (KJHG) erfolgte aber nicht etwa deshalb, weil die Bundesregierung einen Beitrag zur besseren Vereinbarkeit von Beruf und Familie vor allem für alleinerziehende Frauen hätte leisten wollen. Vielmehr handelte es sich um eine sozialpolitische Kompensation, weil der Schwangerschaftsabbruch nach der Vereinigung beider deutscher Staaten unter Beachtung entsprechender Auflagen des Bundesverfassungsgerichts in einer besonders für ehemalige DDR-Bürgerinnen enttäuschend restriktiven Weise geregelt worden war. Aufgrund der Tatsache, dass die von den Gemeinden zu gewährleistende Betreuung ihrer Kinder meist nicht ganztägig erfolgte, konnten deren Mütter bzw. alleinerziehende Väter jedoch weiterhin nur einer Teilzeitbeschäftigung nachgehen.

Unter der rot-grünen Koalition von Bundeskanzler Gerhard Schröder wurde zwar das Kindergeld nicht weniger als dreimal angehoben, bis auf 153 Euro ab 1. Januar 2000 für das erste und zweite Kind, eine grundlegende familienpolitische Neuerung fand jedoch nicht statt, sieht man von der aufgrund einer EU-Richtlinie gebotenen Novellierung des *Bundeserziehungsgeldgesetzes* ab. Die am 1. Januar 2001 in Kraft getretene Gesetzesnovelle rückte zumindest vom konservativen Familienmodell, das die zeitintensive Kinderbetreuung einer Person (und damit praktisch fast ausschließlich der Mutter) zuweist, ab und orientierte sich an der Zu- bzw. Zweiverdienerfamilie. Mütter und Väter konnten sich zwar die Erziehungsarbeit teilen, die Chancen dazu blieben jedoch ausgesprochen beschränkt, weil die finanzielle Förderung nicht den Charakter einer Lohnersatzleistung erreichte.

In seinem Beschluss vom 10. November 1998 forderte das Bundesverfassungsgericht (Az.: 2 BvL 42/93) mehr Gerechtigkeit bei der

Besteuerung von Familien. Die Reaktion der rot-grünen Bundesregierung auf dieses Urteil war nach den Maßstäben sozialer Gerechtigkeit allerdings wenig befriedigend: Statt die extremen sozialen Unterschiede durch die Konzentration des Familienlastenausgleichs auf ein einheitliches Kindergeld oder – falls diese Lösung zu teuer war – durch einen Kinder*grund*freibetrag zu verringern, vertiefte die Einführung eines Betreuungs-, Erziehungs- und Ausbildungsfreibetrages auch für gut verdienende Ehepaare (bei gleichzeitiger Abschmelzung des Haushaltsfreibetrages für Alleinerziehende) die Kluft zwischen Arm und Reich. Denn davon profitierten in erster Linie die *Reichen* mit Kindern, nicht die *armen* Kinderreichen, um deren Besserstellung es vorrangig gehen sollte. An die Stelle des 2003 letztmalig gewährten Haushaltsfreibetrages trat rückwirkend zum 1. Januar 2004 ein Entlastungsfreibetrag in Höhe von 1308 Euro, welcher den haushaltsbedingten Mehraufwand ausgleichen sollte, den »echte« Alleinerziehende gegenüber Paarfamilien haben.

Während ihrer zweiten Amtsperiode bemühte sich die rot-grüne Regierung um eine Verbesserung der außerhäuslichen Betreuungssituation. Durch ein Sonderinvestitionsprogramm und das *Tagesbetreuungsausbaugesetz* sollte die besonders schlechte Krippenversorgung der Unter-drei-Jährigen verbessert werden. Umstritten war die Finanzierung einer »bedarfsgerechten« Anzahl von Krippen- und Tagespflegeplätzen aus durch Hartz IV eingesparten Mitteln seitens der Kommunen.

Mit dem damaligen nordrhein-westfälischen Ministerpräsidenten Peer Steinbrück übernahm ein sozialdemokratischer Spitzenpolitiker zu jener Zeit den neoliberalen Gerechtigkeitsbegriff und brach mit dem Sozialstaatsgebot des *Grundgesetzes*, als er in der *Zeit* (v. 13.11.2003) die soziale Gerechtigkeit auf die Sorge des Staates um die Leistungsträger verkürzte: »Soziale Gerechtigkeit muss künftig heißen, eine Politik für jene zu machen, die etwas für die Zukunft unseres Landes tun: die lernen und sich qualifizieren, die arbeiten, die Kinder bekommen und erziehen, die etwas unternehmen und Arbeitsplätze schaffen, kurzum, die Leistung für sich und unsere Gesellschaft erbringen. Um die – und nur um sie [!] – muss sich Politik kümmern.«

Steinbrück wurde Finanzminister im ersten Kabinett Merkel, das CDU, CSU und SPD nach der Bundestagswahl am 18. September 2005 bildeten. Unter der Führung von Familienministerin Ursula von der Leyen einigten sich die Regierungsparteien auf eine Verbesserung der steuerlichen Absetzbarkeit von Kinderbetreuungskosten: Seither können Alleinerziehende und Doppelverdiener/innen ihre Aufwendungen dafür zu zwei Dritteln bis zum Höchstbetrag von 4 000 Euro als Werbungskosten bzw. Betriebsausgaben absetzen. Außerdem konnten Alleinverdienerpaare mit Kindern, die zwar das dritte, aber noch nicht das sechste Lebensjahr vollendet haben, nunmehr zwei Drittel der Kinderbetreuungskosten bis zum selben Höchstbetrag als Sonderausgaben vom Gesamtbetrag ihrer Einkünfte (unter Vorlage einer Rechnung oder eines Kita-Gebührenbescheides sowie eines Zahlungsnachweises) abziehen. Auf diese Weise profitieren abermals Besserverdienende überdurchschnittlich von den Regelungen, die bezeichnenderweise Teil des *Gesetzes zur steuerlichen Förderung von Wachstum und Beschäftigung* waren. Sozial benachteiligte Familien, die aufgrund eines fehlenden oder zu geringen Einkommens keine Steuern zahlen, kommen hingegen überhaupt nicht in den Genuss dieser »Förderung«.

Als großer Fortschritt und Schlüsselelement der schwarz-roten Familienpolitik gilt das Elterngeld, welches am 1. Januar 2007 das Erziehungsgeld ablöste. Es wurde als Lohnersatzleistung in Höhe von 67 Prozent des vorherigen Nettoeinkommens gezahlt und erst bei 1800 Euro pro Monat gedeckelt. Transferleistungsempfänger/-innen, die Kinder erziehen, hatten dagegen Nachteile: Bisher hatten Sozialhilfebezieher/innen, Arbeitslose und Studierende das Erziehungsgeld in Höhe von 300 Euro pro Monat zwei Jahre (oder als »Budget« in Höhe von 450 € ein Jahr lang) erhalten. Der Sockelbetrag des Elterngeldes, mit dem sie auskommen mussten, lag gleichfalls bei 300 Euro, wurde aber jetzt nur noch für ein Jahr gezahlt (oder auf 150 € halbiert, wenn er zwei Jahre lang gezahlt wurde).

Erwerbstätige Paare konnten das Elterngeld zwei (Partner-)Monate länger beanspruchen, wenn sie sich die Erziehungsarbeit teilten, und auch erwerbstätige Alleinerziehende kamen 14 Monate lang in dessen Genuss. Man muss nicht gleich von einem »Windelgeld für Besserverdienende und Reiche« (Nadja Klinger/Jens König) sprechen, kann aber resümieren, dass Mittelschichtangehörige auf Kosten von schlechter Gestellten mehr (Eltern-)Geld erhielten, das hoch qualifizierte, gut verdienende Frauen motivieren sollte, (häufiger) ein Kind zu bekommen und anschließend schnell wieder in den Beruf zurückzukehren.

Das zum 1. Januar 2015 eingeführte »Elterngeld Plus« sollte die Teilzeittätigkeit nach der Geburt eines Kindes fördern. Durch einen »Partnerschaftsbonus« können die Eltern den (halbierten) Geldbetrag seither jeweils vier Monate länger in Anspruch nehmen, sofern beide Partner mindestens 25 und höchstens 30 Stunden pro Woche arbeiten. Außerdem kann die nicht genutzte Elternzeit zwischen dem dritten und dem achten Lebensjahr des Kindes durch Aufspaltung flexibler gestaltet werden. Wenig sozial wirkte, dass die Benachteiligung von Bezieher(inne)n staatlicher Transferleistungen durch Anrechnung des Elterngeldes auch für das neue Elterngeld Plus galt und damit trotz steigender Zahlen bei der Kinderarmut fortgesetzt wurde.

In Verkennung der Realität hieß es schon in der Präambel des von CDU, CSU und SPD für die 18. Legislaturperiode (2013 bis 2017) geschlossenen Koalitionsvertrages mit dem Titel »Deutschlands Zukunft gestalten« beruhigend, die »Schere der Einkommensungleichheit« schließe sich, wenn auch nur langsam. Vier Jahre später reduzierten die Regierungsparteien im Koalitionsvertrag für die 19. Legislaturperiode (2017 bis 2021) das Problem gleich auf eine »wachsende Ungleichheit zwischen Städten und Regionen« und sprachen von »Lohndumping und sozialen Ungleichheiten« ausschließlich mit Blick auf andere Länder. Immerhin bekannten sie, »den sozialen Zusammenhalt in unserem Land stärken und die entstandenen Spaltungen« überwinden zu wollen. Ganz weit vorn stand das Kapitel zu den Familien und Kindern. Darin kündigten die Regierungsparteien an, ein »Maßnahmenpaket zur Bekämpfung der Kinderarmut« schnüren zu wollen. Wie groß die Bedeutung wirklich war, welche die Regierungsparteien dem Problem beimaßen, zeigte sich daran, dass der Begriff »Kinderarmut« in dem Dokument nur dreimal vorkam, während sich das Modewort »Digitalisierung/digital« nicht weniger als 298-mal fand.

Immerhin setzte die Koalition ihre Reformagenda für Familien und Kinder zügiger um als andere Regierungsvorhaben: Zuerst wurde das Kindergeld zum 1. Juli 2019 um 10 Euro erhöht. Ab 1. Januar 2021 – sicher nicht zufällig am Beginn eines Bundestagswahljahres – stieg es noch einmal um 15 Euro pro Kind. Mit dem Kindergeld wurde der steuerliche Kinderfreibetrag, welcher das (gestiegene) Existenzminimum des Kindes von der Einkommensteuer befreien soll, von 7 428 auf 7 620 Euro angehoben. Davon profitierten jene Einkommensbezieher am meisten, die auf ihr Jahreseinkommen von mindestens 265 327 Euro den Höchststeuersatz (Reichensteuer) von 45 Prozent zahlten, weil sie bei der Inanspruchnahme des Kinderfreibetrages eine Steuerersparnis von maximal 285,75 Euro pro Monat erzielten. Von den genannten Verbesserungen hatten allerdings gerade jene Eltern nichts, die als Hartz-IV-Bezieher/innen am meisten auf Unterstützung angewiesen sind, weil man ihnen das erhöhte Kindergeld als zusätzliches Familieneinkommen auf die Transferleistung anrechnet. Somit wurde wieder nichts aus der »Bekämpfung der Kinderarmut«, stattdessen vertiefte sich die Kluft zwischen armen sowie wohlhabenden und reichen Familien beim Haushaltseinkommen nach Steuern weiter.

Am 18. Dezember 2018 verabschiedeten Bundestag und -rat das *Gesetz zur Weiterentwicklung der Qualität und zur Teilhabe in der Kindertagesbetreuung*, das im PR-Deutsch der damaligen Familienministerin Franziska Giffey »Gute-KiTa-Gesetz« hieß und am 1. Januar 2019 in Kraft trat. Darin sicherte der Bund den Ländern bis zum Jahr 2022 insgesamt 5,442 Milliarden Euro zu. Ob die Länder das Geld nach Abschluss einzelner Verträge mit dem Bundesfamilienministerium zur Qualitätsverbesserung im Kita-Bereich (z. B. Personalaufstockung, Entlastung der Kita-Leitung, eine bedarfsgerechte Ausweitung der Öffnungszeiten, die Umgestaltung der Räumlichkeiten und Sprachförderung), einen Ausbau der Plätze für Unter-drei-Jährige, zur Senkung bzw. Abschaffung der Gebühren und/oder zur Stärkung der Kindertagespflege einsetzten, blieb ihnen selbst überlassen. Bislang mussten Familien, die Hartz-IV- oder Asylbewerberleistungen erhalten, keine Kita-Gebühren zahlen. Dies gilt nun auch für Eltern, die wegen ihres geringen Einkommens den Kinderzuschlag oder Wohngeld beziehen.

Handelt es sich dabei nun endlich um reale Verbesserungen in der frühkindlichen Bildung, Erziehung und Betreuung? Nein, wohl eher um einen Tropfen auf den heißen Stein. Einerseits wirken die Maßnahmen zum Großteil beliebig, nicht zuletzt deshalb, weil die Finanzierung durch den Bund befristet ist. Andererseits reicht die Höhe der Ausgleichssumme bei weitem nicht aus, wie viele Kritiker zu Recht bemerken. Schätzungen der Bertelsmann Stiftung zufolge würden allein Qualitätsverbesserungen 8 Milliarden Euro und die Beitragsfreiheit weitere 7,3 Milliarden Euro jährlich kosten. Expert(inn)en vermissten zudem die Formulierung von bundesweiten Mindeststandards etwa für die Personalbemessung. Da die Bundesländer eigene Akzente der Mittelvergabe setzten, hat das *Gute-Kita-Gesetz* zwar mancherorts zu einer verbesserten personellen Ausstattung oder einem Einstieg in die Gebührenfreiheit geführt, aber auch die ohnehin schon ausgeprägten (quantitativen und qualitativen) Unterschiede zwischen den Angeboten zur Kindertagesbetreuung bundesweit verstärkt.

Am 1. Juli 2019 trat das *Starke-Familien-Gesetz* in Kraft. Damit wurde der Kinderzuschlag von maximal 170 auf maximal 185 Euro pro Kind und Monat angehoben, aber auch so ausgestaltet, dass ihn mehr einkommensarme Familien erhalten. Der Kinderzuschlag soll verhindern, dass Geringverdiener/innen die Grundsicherung für Arbeitsuchende nur wegen ihrer Kinder beziehen müssen, wurde aber selten in Anspruch genommen, weil seine Beantragung und Berechnung kompliziert bzw. aufwendig sind. Auch greift der Kinderzuschlag erst bei einem Monatseinkommen von mindestens 900 Euro (Elternpaar) bzw. 600 Euro (Alleinerziehende) brutto. Führte eine »Abbruchkante« früher dazu, dass der Geldbetrag wegen einer Einkommenshöchstgrenze plötzlich entfiel, schmilzt er künftig ab. Der finanzielle Anreiz zur Ausweitung der Erwerbsarbeit wird auch dadurch erhöht, dass eigenes Einkommen den Kinderzuschlag bloß noch zu 45 statt 50 Prozent mindert.

Offenbar legt es die Bundesregierung mit ihren Maßnahmen vor allem darauf an, *statistische* Erfolge im Kampf gegen die Familienarmut zu erzielen. Durch die leichte Erhöhung, Restrukturierung und Vereinfachung des Kinderzuschlags ließ sich zwar die Hartz-IV-Statistik um mehrere Hunderttausend Personen bereinigen, aber schwerlich erreichen, dass etwa die Alleinerziehenden, welche wegen der höheren Freigrenzen für Unterhaltungszahlungen den Kinderzuschlag neu beanspruchen, künftig mit ihren Kindern ein Leben oberhalb der EU-weiten Armutsgefährdungsschwelle führen können. Zwar hatten diese Familien jetzt etwas mehr Geld zur Verfügung, doch an ihrer schwierigen materiellen Situation und ihrer sozialen Benachteiligung hat sich nicht viel geändert.

Sehr viel großzügiger als die armen Familien bedachte man erneut Mittelschichteltern, die rückwirkend vom 1. Januar 2018 bis zum 31. März 2021 (Stichtagsregelung für Baugenehmigung bzw. Bauanzeige und für die Unterzeichnung eines Kaufvertrages) wieder zehn Jahre lang ein Baukindergeld in Höhe von 1200 Euro pro Kind unter 18 Jahren und Jahr erhalten konnten, wenn sie eine selbstgenutzte Immobilie kauften oder ein Eigenheim errichten ließen. Mitnahmeeffekte waren vorprogrammiert, weil solche Familien auch ohne staatliche Förderung in der Lage waren, Wohneigentum zu erwerben. In ihrem Sechsten Armuts- und Reichtumsbericht lenkte die Bundesregierung von dieser Ungerechtigkeit ab, indem sie darauf hinwies, dass seit dem »Programmstart« im September 2018 bis Ende Januar 2021 (kurz vor Beendigung der Antragsfrist am 31. März 2021) rund 320000 Anträge von Familien mit Kindern mit einem Zuschussvolumen von mehr als 6,7 Milliarden Euro bei der Kreditanstalt für Wiederaufbau (KfW) eingegangen waren. Die definierte Einkommensgrenze in Höhe von 90 000 Euro zu versteuerndem Haushaltjahreseinkommen bei einem Kind zuzüglich 15 000 Euro je weiterem Kind, hieß es, sei dabei weit unterschritten worden: »Die geförderten Familien mit Kindern verfügen über ein zu versteuerndes Einkommen von durchschnittlich 45 000 Euro pro Jahr. Daran wird deutlich, dass mit dem Baukindergeld vor allem geringe bis mittlere Einkommen unterstützt werden.«[14] Berücksichtigt man die erheblichen Freibeträge für Familien und die Tatsache, dass zumindest bei mehreren Kindern häufig nur ein Elternteil Lohn bzw. Gehalt bezieht, so ist offenkundig, dass ein *zu versteuerndes* Jahreseinkommen von 45 000 Euro erheblich über dem Durchschnitt lag.

Steuerpolitik nach dem Matthäus-Prinzip

Nach dem Zweiten Weltkrieg machten die siegreichen Alliierten in ihren Besatzungszonen hohe Steuern auf Einkommen und Gewinne von Unternehmen zur Pflicht. Da die Kontrollratsgesetze nach Gründung der Bundesrepublik fortgalten, bis neue Gesetze an ihre Stelle traten, betrug die Einkommensteuer zu Beginn der 1950er-Jahre in Westdeutschland und Berlin (West) ab einem Jahreseinkommen von 250 001 D-Mark noch immer 186 215 D-Mark plus 95 Pfennig auf jede weitere D-Mark. Einkommensmillionäre mussten damals nicht weniger als 898 715 D-Mark an den Fiskus entrichten. Bei noch höheren Einkommen näherte sich der Durchschnittssteuersatz immer mehr 95 Prozent – bis heute ein Rekordwert.

In den 1950er-Jahren verringerte die Bundesregierung unter Kanzler Konrad Adenauer zunächst die Bemessungsgrundlage der Einkommensteuer und später auch den Spitzensteuersatz bis auf 53 Prozent 1958. Zum selben Zeitpunkt wurde das besonders Spitzenverdiener in einer »Hausfrauenehe« begünstigende Ehegattensplitting eingeführt. In den 1980er- und 1990er-Jahren sorgte die

Steuerpolitik der schwarz-gelben Koalition u. a. durch Senkung der Vermögen- und Körperschaftsteuer dafür, dass sich die Einkommensverteilung weiter zulasten der Arbeitnehmer/innen und ihrer Familien verschob, wohingegen massiv begünstigt wurde, wer Einkünfte aus Unternehmertätigkeit und Vermögen erzielte. Nach der Vereinigung beider deutscher Staaten wurden die relativ hohen Transformationskosten in erster Linie aus Mitteln der Sozialversicherung bestritten. Auf diese Weise vermied man – mit Ausnahme einer zweimaligen Erhöhung der Mineralöl- und der Versicherungsteuer sowie einer Anhebung der Erdgas-, der Tabak- und der Mehrwertsteuer – Steuererhöhungen für den »Aufbau Ost«, die der als »Kanzler der Einheit« gefeierte Helmut Kohl rigoros ausgeschlossen hatte. Abgesehen vom Solidaritätszuschlag auf die Lohn-, Einkommen- und Körperschaftsteuer handelte es sich dabei ausschließlich um indirekte, Verbrauchs- bzw. Massensteuern, die sozial Benachteiligte härter trafen als materiell Privilegierte, weil sie einen größeren Teil ihres Einkommens in den Alltagskonsum stecken (müssen). Die verteilungspolitische Schieflage des liberal-konservativen Regierungskurses zeigte sich auch daran, dass die Koalition bei Erwerbslosen, Armen und sozial Bedürftigen wiederholt Leistungskürzungen vornahm, die als »Sparmaßnahmen« deklariert wurden und auch einen Verlust an Massenkaufkraft bedeuteten, wohingegen sie unmittelbar nach ihrer Bestätigung in der Bundestagswahl am 6. März 1983 eine Senkung der Vermögensteuer realisierte und diese nach einem Urteil des Bundesverfassungsgerichts vom 22. Juni 1995 (Az.: 2 BvR 552/91) seit dem Veranlagungsjahr 1997 gar nicht mehr erhob.

Wer nach dem Regierungswechsel 1998 von der neuen rot-grünen Koalition ein Ende dieser Klientelpolitik erwartet hatte, wurde enttäuscht. Nur einen Monat nach dem Rücktritt Oskar Lafontaines als Bundesfinanzminister im März 1999 vollzog die rot-grüne Steuerpolitik eine wirtschaftsfreundliche Kehrtwende. Keine Bundesregierung vor ihr hat bessere Verwertungsbedingungen für das Kapital, günstigere Anlagemöglichkeiten für (Groß-)Aktionäre und niedrigere Steuersätze für Unternehmer geschaffen als die rot-grüne. Nicht zufällig löste die Bekanntgabe ihrer Steuerpläne zur Auflösung der »Deutschland AG« um Weihnachten 1999 an den Aktienmärkten ein regelrechtes Kursfeuerwerk aus. Die später wenigstens zum Teil rückgängig gemachte Steuerbefreiung der Gewinne aus dem Verkauf inländischer Kapitalbeteiligungen beflügelte die Börsianer, während sie tiefe Löcher in den Staatshaushalt riss.

Trotz höherer Grundfreibeträge und zusätzlicher Entlastungswirkungen für Familien kann man die im Juli 2000 verabschiedete Steuerreform, bei welcher der Spitzensteuersatz um elf Prozentpunkte (von 53 % auf 42 %) stärker als der Eingangssteuersatz für Kleinverdiener/innen (um 10,9 Prozentpunkte von 25,9 % auf 15 %) sank, kaum sozial nennen. Während Haushalte mit niedrigem Einkommen im Jahr 2005 nicht viel mehr Geld zur Verfügung hatten als fünf Jahre zuvor, mussten ledige und kinderlose Einkommensmillionäre über 90 000 Euro pro Jahr weniger Steuern zahlen als damals.

Die sog. Ökosteuern trafen in der Form, wie die rot-grüne Koalition sie eingeführt hatte, statt der Hauptumweltverschmutzer des produzierenden Gewerbes bzw. der Großindustrie vor allem sozial Benachteiligte (Sozialhilfeempfänger/innen, Rentner/innen, Arbeitslose, Zivildienstleistende und Studierende). Während sie die Unternehmen nahezu komplett auf ihre Kund(inn)en abwälzen konnten, wirkten die Ökosteuern faktisch wie eine spezielle Verbrauchsteuer, welche die privaten Haushalte aufzubringen hatten. Letztlich wurden durch die Ökosteuern die *Lohn*nebenkosten (Arbeitgeber- und Arbeitnehmerbeiträge zur Rentenversicherung) gesenkt, die *Wohn*nebenkosten von Arbeitslosen, Rentner(inne)n, Schüler(inne)n und Studierenden, die hiervon nicht oder höchstens indirekt profitierten, aber gleichzeitig erhöht.

Bundeskanzler Gerhard Schröder ging es in seiner Agenda 2010 nicht ausschließlich um den Arbeitsmarkt und die Sozialpolitik. Zu einer weiteren Vertiefung der Kluft zwischen Arm und Reich trug vielmehr auch eine Reform der Einkommens- und der Unternehmensbesteuerung bei. Hohe (Kapital-)Einkommen und Unternehmensgewinne werden seither geringer als jemals zuvor nach 1945 besteuert, während Arbeitnehmer-Pauschbetrag, Arbeitnehmersparzulage für vermögenswirksame Leistungen, die sog. Pendlerpauschale, der Sparerfreibetrag und die Eigenheimzulage verringert wurden.

Die Rot-Grün im November 2005 folgende erste Große Koalition unter Angela Merkel erhöhte zum 1. Januar 2007 die Mehrwertsteuer von 16 auf 19 Prozent. Dafür sank ein Jahr später die Körperschaftsteuer für Kapitalgesellschaften, die am Ende der Kanzlerschaft von Helmut Kohl noch 45 bzw. 30 Prozent für einbehaltene bzw. ausgeschüttete Gewinne (statt 56 % bzw. 36 % zu Beginn seiner Amtszeit) betragen hatte, auf 15 Prozent. Der damalige Bundesfinanzminister Peer Steinbrück plädierte für eine Abgeltungsteuer auf Kapitalerträge, die er mit dem flotten Spruch »*25 Prozent* Steuern auf einen Betrag von *x* sind besser als 42 *Prozent* auf gar nix« (wegen der Anlage- und Steuervermeidungsmöglichkeiten im Ausland) begründete. Später stellte sich heraus, dass es fortan 25 Prozent auf fast gar nix gab, denn natürlich holten die reichen Anleger ihr Kapital nicht wie erhofft reumütig aus den »Steueroasen« wie Luxemburg, mittelamerikanischen Bananenrepubliken oder den britischen Kanalinseln zurück nach Deutschland. Diese Politik führte – bewusst, wie man annehmen muss – dazu, die Reichen noch reicher und die Armen noch ärmer zu machen, oder sinngemäß nach dem Evangelium des Matthäus (Mt 25,29): Wer hat, dem wird gegeben, und wer nicht viel hat, dem wird auch das noch genommen. Das ist eine Steuerpolitik nach dem Matthäus-Prinzip.

Selbst die EU-Kommission gab in einem am 22. Februar 2017 herausgegebenen Länderbericht Deutschland der Bundesregierung eine Mitschuld an der sozioökonomischen Polarisierung: »Im Zeitraum 2008–2014 hat die deutsche Politik in hohem Maße zur Vergrößerung der Armut beigetragen, was auf die Tatsache zurückzuführen ist, dass die bedarfsabhängigen Leistungen real und im Verhältnis zur Einkommensentwicklung gesunken sind.«[15] Verantwortlich dafür war laut Bericht auch der Verzicht auf die Erhebung der Vermögensteuer seit 1997, die Absenkung des Einkommensteuerspitzensatzes von 53 auf 42 Prozent und die Einführung der pauschalen Abgeltungsteuer auf Kapitalerträge.

Ungefähr zur selben Zeit, als das Bundesverfassungsgericht darüber verhandelte, ob die Bedürfnisse der in SGB-II-Bedarfsgemeinschaften lebenden Kinder bei der Regelsatzbemessung angemessen berücksichtigt wurden oder zumindest die Hartz-IV-*Kinder*regelsätze das Sozialstaatsgebot des *Grundgesetzes* verletzten, trieb CDU, CSU und FDP offenbar sehr viel stärker die Sorge um, »Leistungsträger« und »Besserverdiener« könnten – auch für ihre Kinder – zu viel Steuern zahlen. Die Anhebung des steuerlichen Kinderfreibetrages und die Erhöhung des Kindergeldes wurden sogar noch zu einer Entlastung »der« Familien erklärt; in Wahrheit handelte es sich um eine weitere Begünstigung von materiell Bessergestellten. Während ein Spitzenverdiener durch die im *Wachstumsförderungsgesetz* enthaltenen Maßnahmen jährlich 443 Euro Steuern sparte und eine Normal- oder Geringverdienerin 240 Euro pro Monat mehr Kindergeld erhielt, wurde die Not einer alleinerziehenden Mutter im Hartz-IV-Bezug kein bisschen gelindert, weil man ihr selbst die Kindergelderhöhung vorenthielt. Stattdessen schränkten auch noch Kommunen im Sparzwang die Beratungs- und Betreuungsangebote gerade für solche Familien eher weiter ein.

Das am 1. Januar 2010 in Kraft getretene *Wachstumsbeschleunigungsgesetz* bescherte Wohlhabenden, Reichen und Hyperreichen einmal mehr spürbare Steuererleichterungen. Die darin enthaltenen »Korrekturen« der Unternehmen- und Erbschaftsteuerreform boten für die Regierungsparteien den Vorteil, dass sie von der breiten Öffentlichkeit weniger stark wahrgenommen wurden als massive Senkungen des Spitzensteuersatzes oder die Abschaffung der Gewerbesteuer, wie sie die FDP forderte. Stattdessen weichte die schwarz-gelbe Koalition eher Regelungen auf oder nahm sie ganz zurück, die ein drastisches Absinken des Steueraufkommens im Unternehmensbereich durch Finanzmanipulationen verhindern sollten, etwa die während der kurzen Amtszeit von Oskar Lafontaine eingeführte »Zinsschranke«, die Mindestbesteuerung der Konzerne sowie die zeitweilige Aussetzung der degressiven Abschreibung.

Während die Eltern armer Kinder wieder und wieder leer ausgingen, machte die schwarz-gelbe Bundesregierung den reichsten Familien des Landes weitere Steuergeschenke. »Nimmt man alle steuerpolitischen Beschlüsse der Bundesregierungen zwischen 1999 und 2009 zusammen, so tragen sie einen Großteil der Verantwortung für die stark gewachsene Kluft zwischen Arm und Reich in Deutschland.«[16] Bei gleichen Steuern und gleichen Steuersätzen wie in der »Kohl-Ära« wäre das jährliche Steueraufkommen heute um mehr als 100 Milliarden Euro höher, die öffentliche Armut sehr viel geringer und die sozioökonomische Ungleichheit deutlich weniger bedrückend.

Sensibilität für das Kardinalproblem unserer Gesellschaft zeigt sich in der Bundesregierung bis heute nicht. Stattdessen folgte die Große Koalition unbeirrt dem Dogma der Kanzlerin, dass es keine Steuererhöhung geben dürfe, und zwar für niemanden – selbst für Großkonzerne, Reiche oder Hyperreiche nicht. Symptomatisch für die fehlende Bereitschaft der Regierungsparteien zur Verringerung der sozioökonomischen Ungleichheit war eine Maßnahme, welche die vorhandene Verteilungsschieflage noch verschärfen musste: die schrittweise Abschaffung des Solidaritätszuschlages. Durch die Teilabschaffung des Solidaritätszuschlages zum 1. Januar 2021 entgehen dem Staat rund 10 Milliarden Euro pro Jahr. Transferleistungsempfänger/innen und Geringverdiener/innen haben vom Wegfall des »Soli« jedoch gar nichts, weil dieser bei einem Single erst oberhalb eines Monatsverdienstes von 1500 Euro und bei einem Ehepaar mit zwei Kindern sogar erst bei einem Monatseinkommen von über 4050 Euro anfiel. Darüber hinaus wirkte der Solidaritätszuschlag ausgesprochen progressiv, auch weil diese Ergänzungsabgabe in Höhe von 5,5 Prozent nicht bloß auf die Einkommen-, sondern auch auf die Kapitalertrag- und die Körperschaftsteuer erhoben wird. Könnte die oben genannte Geldsumme zur Erhaltung und Verbesserung der öffentlichen Infrastruktur eingesetzt werden, wären Arme hingegen die Hauptnutznießer.

Bei einer verteilungspolitisch noch fragwürdigeren Komplettabschaffung des Solidaritätszuschlages, wie sie die FDP, die AfD und große Teile der CDU/CSU fordern, würden Hochvermögende und große Konzerne zwei- bzw. dreistellige Millionenbeträge pro Jahr sparen. Friedrich Merz, bei der Wahl zum CDU-Vorsitzenden zweimal knapp gescheitert, würde als Einkommensmillionär, der sich trotz des Besitzes zweier Flugzeuge nur zur »gehobenen Mittelschicht« zählt, durch die Komplettabschaffung, für die er plädiert, ca. 24 000 Euro im Jahr sparen.

Bezeichnend war auch das Argument, mit dem Ralph Brinkhaus, Finanzpolitiker und Vorsitzender der CDU/CSU-Bundestagsfraktion, im *Handelsblatt* (v. 31.5./1.6.2019) für ein »konkurrenzfähiges Steuersystem« warb: »Nicht um reiche Menschen noch reicher zu machen, sondern um die Wettbewerbsfähigkeit des Standorts Deutschland zu sichern.« Die neoliberale Standortlogik musste einmal mehr als Rechtfertigung für eine völlige Ignoranz gegenüber der Verteilungswirkung steuerpolitischer Maßnahmen herhalten, wiewohl Brinkhaus an gleicher Stelle vorgab, dass ihm der gesellschaftliche Zusammenhalt besonders am Herzen liege. Dabei schwächt nichts den gesellschaftlichen Zusammenhalt mehr als die wachsende sozioökonomische Ungleichheit.

7 Spaltungslinien in der »Generation Corona«

Als die Covid-19-Pandemie im Januar/Februar 2020 die Bundesrepublik erreichte, deckte sie einerseits bestehende Missstände, soziale Ungleichheiten und politische Versäumnisse auf. In diesem Zusammenhang war häufig von einem »Brennglas« die Rede, das gesellschaftliche Fehlentwicklungen deutlicher als vorher habe zutage treten lassen. Andererseits hat die »Jahrhundertpandemie« mitsamt ihren Folgen für fast alle Gesellschaftsbereiche die ökonomische, soziale und politische Ungleichheit enorm verschärft. Unterbrochene Lieferketten und eine gesunkene Nachfrage in aller Welt führten zu einem Wirtschaftseinbruch, etliche Infektionsschutzmaßnahmen wie die temporäre Schließung von Gaststätten, Geschäften und Kultureinrichtungen, aber auch Kontaktverbote sowie Ausgangs- und Reisebeschränkungen verstärkten die rezessiven Tendenzen. Selbst die von der Bundesregierung auf den Weg gebrachten Hilfsmaßnahmen, welche die Auswirkungen der Krise mildern sollten, haben die Situation aufgrund ihrer Einseitigkeit, mangelnden Treffsicherheit und Halbherzigkeit weiter verschlimmert: Finanzhilfen, »Rettungsschirme« und Fördermittel wurden im Wesentlichen auf die Interessen von Wirtschaftsunternehmen bzw. ihre sozialversicherungspflichtig Beschäftigten zugeschnitten. Die polarisierende Wirkung der Pandemie traf neben den sozial Benachteiligten insbesondere Kinder, Jugendliche und Heranwachsende. Vermutlich prägte sie deren Leben von Beginn an noch stärker als das von Erwachsenen, weshalb sie bald als »Generation Corona« bezeichnet wurden.

SARS-CoV-2 ist kein Ungleichheitsvirus

Das neuartige Coronavirus ist kein sozialer Spaltpilz, wiewohl es manchem Beobachter schien, als habe die Pandemie das Land innerlich zerrissen. Zwar hat sich die soziale Ungleichheit infolge der Pandemie weltweit zum Teil drastisch verschärft, wie die Studie *Das Ungleichheitsvirus* der internationalen Nothilfe- und Entwicklungsorganisation Oxfam belegte.[1] Trotz ihres missverständlichen Titels ist es jedoch falsch, SARS-CoV-2 dafür verantwortlich zu machen. Denn vor diesem Coronavirus sind, was seine Infektiosität betrifft, alle Erwachsenen, Kinder und Jugendlichen gleich. Nur weil sich deren Gesundheitszustand, Lebensbedingungen sowie Einkommens-, Vermögens- und Wohnverhältnisse der Bevölkerungsschichten stark voneinander unterscheiden, sind auch die Infektionsrisiken sehr ungleich verteilt.

Naomi Bader und Christina Berndt wiesen zusammen mit vier Koautoren in einem Artikel der *Süddeutschen Zeitung* (v. 5.3.2021) unter dem Titel »Das ungerechte Virus« darauf hin, dass es die meisten Bundesländer versäumt haben, die sozialen Auswirkungen der Pandemie auf unterschiedliche Bevölkerungsschichten zu analysieren und daraus Konsequenzen für den Schutz besonders gefährdeter Personengruppen zu ziehen. Ungerecht ist also gar nicht das Virus selbst, sondern eine Klassengesellschaft, deren Mitglieder es ganz unterschiedlich trifft. Unter den bestehenden Eigentumsverhältnissen, Machtstrukturen und Verteilungsmechanismen wirkte es als Katalysator des sozioökonomischen Polarisierungsprozesses, der das Land spaltet, was einen Großteil seiner Bewohner/innen wiederum zermürbt und gesundheitlich verschleißt.[2]

Das erste »Sozialschutz-Paket« der Großen Koalition erleichterte insbesondere von der Coronakrise geschädigten Kleinunternehmer(inne)n und Soloselbstständigen den Hartz-IV-Bezug, indem die strenge Vermögensprüfung für sie ausgesetzt und die Angemessenheit der Wohnung stillschweigend vorausgesetzt wurde. Ähnlich wurde beim Notfall-Kinderzuschlag verfahren. Hingegen gab es für

Menschen, die schon länger Arbeitslosengeld II bezogen, keinen Zuschlag auf ihre Transferleistung, obwohl sie wegen der Schließung von Tafeln und Sozialkaufhäusern sowie der Pflicht zum Tragen von Mund-Nasen-Bedeckungen und des Kaufs von Desinfektionsmitteln höhere Lebenshaltungskosten hatten. Als die Lebensmitteltafeln nach dem ersten Lockdown wieder öffneten, bildeten sich teilweise lange Schlangen, weil im Laufe der Pandemie mehr Personen in akute Geldnot geraten waren.

Eltern, die wegen der Schließung von Schulen und Kinderbetreuungseinrichtungen ab 16. März 2020 zum Teil auch finanziell stark belastet waren, bekamen ein halbes Jahr später in zwei Tranchen 300 Euro pro Kind, die bei höheren Einkommen mit dem steuerlichen Kinderfreibetrag verrechnet wurden. Zwar half dieser »Corona-Kinderbonus« den Familien im Hartz-IV-Bezug etwas, weil er nicht auf die Regelleistung angerechnet wurde. Ausländische Eltern, die als Geduldete keinen Anspruch auf Kindergeld hatten, gingen jedoch ebenso leer aus wie Flüchtlingsfamilien, die sich noch im Asylverfahren befanden. Dies war auch bei der Neuauflage des Kinderbonus in verringerter Höhe (von einmalig 150 Euro) so, der von CDU, CSU und SPD im dritten Sozialschutz-Paket verankert und mit erheblicher Verspätung im Mai 2021 ausgezahlt wurde.

Nachdem ein breites Bündnis aus 36 Wohlfahrtsverbänden, Gewerkschaften und kirchlichen Organisationen am 25. Januar 2021 in einem Aufruf »Soforthilfen für die Armen – jetzt« einen Krisenzuschlag auf die Transferleistungen in Höhe von 100 Euro monatlich gefordert hatte, bewilligte die Große Koalition auch kinderlosen Hartz-IV-Bezieher(inne)n wenigstens 150 Euro als einmalige Sonderzahlung, die gleichfalls erst im Mai 2021 bei den Menschen ankam. Dafür veranschlagte man 800 Millionen Euro und für den neuerlichen Kinderbonus 2,1 Milliarden Euro.

Im Gegenzug akzeptierte die SPD mit der Ausweitung des steuerlichen Verlustrücktrages eine Kernforderung des Wirtschaftsflügels der Union. Unternehmen können Steuern sparen, indem sie ihre Verluste in der Coronakrise bis zur Höhe von 20 Millionen Euro mit früheren Gewinnen verrechnen, was den Staat rund 1 Milliarde Euro kostet. Die befristete Absenkung des Mehrwertsteuersatzes für Speisen im Gastronomiebereich wurde bis zum 31. Dezember 2022 verlängert, führt jedoch allein im Jahr 2021 zu Mindereinnahmen des Staates von rund 3,5 Milliarden Euro.

Unter dem Druck der Coronakrise, die Einkommensverluste durch Kurzarbeit, Geschäftsaufgaben und Arbeitslosigkeit mit sich gebracht hat, kauften mehr Familien bei Lebensmitteldiscountern ein, wodurch die Besitzer solcher Ladenketten wie Aldi Nord und Aldi Süd, die ohnehin zu den vermögendsten Deutschen gehören, noch reicher geworden sind. Dieter Schwarz, Eigentümer von Lidl und Kaufland, hat sein Privatvermögen, das die *Welt am Sonntag* (v. 20.9.2020) auf 41,8 Milliarden Euro taxierte, allein in den vergangenen zwei Jahren laut dem US-amerikanischen Wirtschaftsmagazin *Forbes* um 14,2 Milliarden Dollar gesteigert. Für die Aldi-Erben Beate Heister und Karl Albrecht junior ergab sich immerhin ein Zugewinn von 6,4 Milliarden Dollar, wie dem Artikel »Die Reichsten werden noch reicher« von Johannes Pennekamp in der *FAZ* (v. 25.1.2021) zu entnehmen war.

Infolge der pandemiebedingten Einkommensverluste sind wahrscheinlich mehr Girokonten von prekär Beschäftigten, Kurzarbeiter(inne)n, Soloselbstständigen und Kleinstunternehmer(inne)n ins Minus gerutscht, weshalb gerade die finanzschwächsten Kontoinhaber/innen hohe Dispo- und Überziehungszinsen zahlen mussten. Ähnliches gilt für die Kassen- bzw. Liquiditätskredite stark verschuldeter Kommunen, die höhere Sozialausgaben als vor der Covid-19-Pandemie hatten, aber sinkende Gewerbesteuereinnahmen verzeichneten. Immerhin federte der Bund die kommunalen Steuerausfälle ein Stück weit ab und übernahm auch statt 50 Prozent fortan knapp 75 Prozent der Unterkunftskosten bei Hartz IV, um die kreisfreien Städte und die Landkreise zu entlasten. »Diese Maßnahmen dürften vorerst helfen, die Planungsunsicherheit zu vermindern, die sich für die kommunale Investitionstätigkeit mindestens so nachteilig auswirken könnte wie die Finanzierungsdefizite an sich.«[3]

Wenn die Coronakrise jedoch viele gänzlich leere Gemeindekassen hinterlässt, ist noch mehr öffentliche Armut vorprogrammiert. Schon länger überverschuldete Gemeinden wie die meisten Ruhrgebietsstädte, in denen es besonders viele arme Kinder gibt, könnten dann weder nötige Zukunftsinvestitionen wie den Bau neuer Schulen tätigen noch »freiwillige«, nicht gesetzlich vorgeschriebene Leistungen z. B. in der offenen Jugendarbeit erbringen. Vielmehr wächst die Gefahr, dass sie wegen ihrer wachsenden Finanznot ausgerechnet die kommunalen Angebote in den Bereichen Jugend, Freizeit, Kultur und Sport zusammenstreichen. Falls der Betrieb von öffentlichen Bibliotheken, Beratungsstellen, Jugendzentren, Theatern, Museen, Kinderspiel- und Sportplätzen, Schwimmbädern und Tierparks eingeschränkt würde, hätten darunter natürlich vor allem jene Minderjährigen zu leiden, die nur wenig Spaß und Abwechslung im Alltag haben, weil sie in sozial benachteiligten Familien und beengten Wohnverhältnissen leben.

Verschärft haben dürfte sich während der Pandemie auch die Ungleichheit der Geschlechter, sowohl im Hinblick auf die Entlohnung wie auch die Arbeitszeit und die familiären Verpflichtungen. Denn es waren hauptsächlich Frauen, die im Erwerbsleben zurückstecken mussten, weil sich Beruf und Familie aufgrund der Reprivatisierung bzw. Deprofessionalisierung der Kinderbetreuung im Zuge des mehrmaligen Lockdowns noch weniger miteinander vereinbaren ließen als vorher. Wenn beide Elternteile berufstätig waren, blieben meist die Mütter bei ihren Kindern, deren Bildungs- und Betreuungseinrichtungen für längere Zeit nicht öffneten.[4] Während sich das Erwerbseinkommen von Frauen verringerte, vermehrte sich zumindest vorübergehend die von ihnen erbrachte Sorgearbeit, weshalb man von ihrer »doppelten Benachteiligung« (Bettina Kohlrausch/Aline Zucco) sprechen kann.

Vor der Coronakrise waren Männer häufiger sozialversicherungspflichtig und Frauen häufiger geringfügig beschäftigt, weshalb Erstere während der Pandemie prozentual stärker von Arbeitslosigkeit oder Kurzarbeit und Letztere stärker vom Abbau der Minijobs getroffen wurden.[5] Bei der Kurzarbeit verstärkte außerdem die überwiegende Steuerklassenkombination des Ehegattensplittings (Männer: Steuerklasse III; Frauen: Steuerklasse V) die bestehenden Einkommensdifferenzen.

Ausgelöst durch die Covid-19-Pandemie gab es einen richtigen Hype um das Homeoffice, welches für manche Berufstätige zu einem arbeitspolitischen Heilsversprechen avancierte. Je höher die berufliche Position bzw. die soziale Stellung eines Menschen ist, umso leichter kann er im Homeoffice arbeiten. Während also vor allem Besserverdienende der Infektionsgefahr durch eine Verlagerung ihrer Arbeit ins eigene Heim entgingen, traf die Wirtschaftskrise schlechter qualifizierte Beschäftigte auch finanziell stärker, weil ihnen eine solche Ausweichmöglichkeit nicht zur Verfügung stand. »51 Prozent der obersten Einkommensgruppe konnten zwischen April und Juni 2020 im Homeoffice oder mit flexibleren Arbeitszeiten arbeiten. Bei der untersten Einkommensgruppe waren es knapp 24 Prozent.«[6]

Im digitalen Homeoffice ließ sich das Betreuungsproblem der meisten Familien, welches entstand, als Kindertagesstätten, Ganztagsschulen und Pflegedienste schlossen, zwar auf den ersten Blick leichter lösen. Hauptleidtragende des vermehrten Homeoffices waren aber Frauen und Mütter, die hierdurch im Rahmen einer traditionellen Rollenverteilung zwischen den Geschlechtern wieder stärker zur Konzentration auf die Familienarbeit genötigt wurden. Damit offenbarte sich für viele Eltern (und insbesondere Mütter) im Homeoffice ein riesiges Dilemma, weil sich die Betreuung von Kindern im Kita- und Grundschulalter oftmals als unvereinbar mit Erwerbsarbeit vor dem häuslichen Bildschirm herausstellte. Von dem pandemischen Ausnahmezustand mit am meisten beansprucht wurden Alleinerziehende, und zwar sowohl in materieller wie auch in psychosozialer Hinsicht. Von ihnen zogen sich viele mehr oder weniger lautlos vom Arbeitsmarkt in die sog. Stille Reserve zurück. Jan Goebel und Peter Krause stellten auf der Grundlage einer Sondererhebung des Sozio-oekonomischen Panels für den Zeitraum von Ende März bis Anfang Juli 2020 fest, dass 25 Prozent der Alleinerziehenden im Zuge der Pandemie von finanziellen Schwierigkeiten und Risiken betroffen waren, wohingegen dies nur für 6 Prozent der Partnerhaushalte galt.[7]

Überfordert und hilflos fühlten sich besonders Alleinerziehende, die im Homeoffice ihrer Berufstätigkeit nachgehen, aber zur selben Zeit ihre Kinder betreuen und/oder beim Homeschooling unterstützen sollten. Angesichts monatelang geschlossener Kitas und Schulen fehlte ihnen selbst dann die für eine Betreuung und/oder Beschulung ihrer Kinder nötige Zeit, wenn sie aufgrund einer Bürotätigkeit am heimischen Schreibtisch arbeiten konnten. Berufstätigkeit, Kinderbetreuung und Hausarbeit mussten gleichermaßen bewältigt werden. Da sie häufig ihre Arbeitszeit reduzieren oder ihren Jahresurlaub opfern mussten und die Wohnungen von Alleinerziehenden im Durchschnitt sehr viel kleiner sind als die anderer Personengruppen, waren die Belastungen während des mehrmaligen Lockdowns enorm.

Zwar konnte der Lohn- bzw. Gehaltsausfall von Eltern aufgrund der notwendigen Betreuung von Kindern unter zwölf Jahren zu Hause für jeweils maximal 10 (bzw. im Falle der Alleinerziehenden 20) Wochen mit 67 Prozent des früheren Nettoentgelts bis 2016 Euro teilweise ausgeglichen werden. Diese Regelung des *Infektionsschutzgesetzes* wurde jedoch nur selten in Anspruch genommen. Immerhin konnten mit ihrem Kind gesetzlich versicherte Alleinerziehende ab 5. Januar 2021 zunächst 40 Arbeitstage lang Kinderkrankengeld in Höhe von zumeist 90 Prozent des ausgefallenen Nettoarbeitsentgelts beziehen, wenn sie ihr Kind wegen einer Kita- bzw. Schulschließung oder einer Quarantänemaßnahme während der Pandemie zu Hause betreuen mussten. Bei mehreren Kindern erhöhte sich der Anspruch für Alleinerziehende auf maximal 90 Arbeitstage pro Jahr. Ebenso gewährte die Große Koalition ihnen aufgrund des höheren Betreuungsaufwandes und der damit verbundenen finanziellen Mehraufwendungen auf zwei Jahre befristet einen höheren Entlastungsbetrag, den allerdings wieder nur solche Elternteile nutzen können, die Steuern auf ein relativ hohes Einkommen zahlen müssen. Die von

Armut betroffenen oder bedrohten Alleinerziehenden kommen hingegen nicht in den Genuss dieser Maßnahme, weil sie gar keine oder wenig Einkommensteuer zahlen müssen.

Auswirkungen auf das Verhältnis der Generationen

Unterschiedlich stark betroffen von der Pandemie waren nicht bloß die einzelnen Bevölkerungsschichten, sondern auch und gerade die einzelnen Altersgruppen. Entlassen wurden im Lockdown zuerst geringfügig Beschäftigte, darunter überwiegend Frauen, Leiharbeitende und junge Menschen, die auch nicht so schnell wieder eingestellt wurden. »Lag die Zahl aller Arbeitslosen im Oktober 2020 noch immer 18 Prozent über dem März-Wert, waren es bei den unter 25-Jährigen 23 Prozent.«[8] Arbeitslosigkeit, von der 261 000 Menschen unter 25 Jahren betroffen waren, beeinträchtigte das Wohlbefinden und das Selbstwertgefühl dieser jungen Menschen.

Die lange Dauer der Ausnahmesituation bedeutete für Kinder und Jugendliche eine besondere Herausforderung. Denn für sie war ein Jahr (in diesem Fall der Besorgnis, der Unsicherheit und der Beschränkungen ihres Handlungsspielraums) eine sehr viel längere Zeitspanne als für Erwachsene. Gerade in der Adoleszenz wirken aufgezwungene Vereinzelung, Vereinsamung und soziale Isolation, die für junge Menschen mit dem wiederholten Lockdown bisweilen verbunden waren, deprimierend und demoralisierend, weil diese Lebensphase für die Persönlichkeitsentwicklung der Betroffenen und die Frage, wie selbstbewusst sie als Erwachsene auftreten können, von entscheidender Bedeutung ist.

Wenngleich die Hygieneauflagen des Staates keinen Freiheitsentzug für seine Bürger/innen darstellen, wie »Querdenker/innen« behaupteten, ist zu befürchten, dass Ausgangsbeschränkungen, die Verringerung sozialer Kontakte, die Einführung sozialer Abstandsformationen, die Maskenpflicht, die Verbreitung digitaler Formate und die Kontrolle informeller sozialer Netzwerke die Identitätsentwicklung von Kindern und Jugendlichen erheblich behindert haben.[9] Schließlich enthielt ihnen die »Coronawelt« eine Vielzahl wichtiger Erfahrungen vor, ohne die eine optimale Entfaltung ihrer Persönlichkeit kaum gelingt, weil sie dafür auf interpersonelle Beziehungen fundamental angewiesen sind. Erst später dürfte sich zeigen, welche Langzeitfolgen der wiederholte Lockdown für die Entwicklung von Minderjährigen hat.

Bis zuletzt blieb ungeklärt, ob von Kindern und Jugendlichen eine weniger hohe Ansteckungsgefahr ausgeht als von Erwachsenen. Die öffentliche Brandmarkung der Minderjährigen als »Virenschleudern« oder »Super-Spreader« bewegte gleichwohl die Gemüter. Lange ließ sich weder die Frage, ob sich junge Menschen häufiger oder seltener ansteckten und ob sie ihre Eltern, Lehrer/innen und Erzieher/innen trotz eines bei ihnen oft asymptomatischen Verlaufs der Erkrankung infizieren konnten, noch die Frage beantworten, ob Kindertagesstätten und Schulen ähnlich wie Alten- und Pflegeheime, Schlacht- und Fleischbetriebe, Logistikzentren und Großbaustellen zu »Hotspots« werden konnten und deshalb im Lockdown sofort zusammen mit Gaststätten, Geschäften sowie Kultur-, Sport- und Freizeiteinrichtungen hätten geschlossen werden müssen.

Die meisten Kinder und Jugendlichen konnten von März bis April/Mai 2020, von Dezember 2020 bis Februar/März 2021 und von April bis Mai/Juni 2021 immer wieder nur sporadisch oder gar nicht zur Schule bzw. in die Kita gehen. Außerdem litten sie besonders stark unter dem mehrmaligen Lockdown, weil der Kontakt zu ihren Großeltern vermieden werden musste, die aufgrund ihres hohen Ansteckungs- und Erkrankungsrisikos auch nicht als »Ersatzbetreuer/innen« zur Verfügung standen. Ebenso entfielen andere Besuchsmöglichkeiten für gestresste Familien. Stattdessen wurde die eigene Wohnung für viele Wochen zum Lebensmittelpunkt von Kindern und Jugendlichen.

Für junge Menschen im Transferleistungsbezug kam zu all diesen Belastungen noch eine weitere, sehr große hinzu. Ab Mitte März und erneut ab Mitte Dezember 2020 fiel von heute auf morgen das im Rahmen des Bildungs- und Teilhabepakets kostenfrei zur Verfügung gestellte Mittagessen weg. Aufgrund einer Ausnahmeregelung im zweiten Sozialschutzpaket von CDU, CSU und SPD, das Letztere hineinverhandelt hatte, konnte es zumindest theoretisch seit Ende Mai 2020 statt in Kitas, Schulen und Jugendclubs auch zu den Familien nach Hause geliefert oder von diesen abgeholt werden, was aber oft schwierig zu organisieren war und daher selten geschah. Nur ein Bruchteil der BuT-anspruchsberechtigen Kinder erhielten beispielsweise Lunchpakete, Essenslieferungen oder Gutscheine für Lebensmittelgeschäfte, um entfallende Mahlzeiten zu kompensieren. Voraussetzung dafür war, dass vor Ort engagierte Caterer, Einrichtungs- bzw. Schulträger und Kommunalverwaltungen zusammenarbeiteten.

Die Schul- und Kitaschließungen während des wiederholten Lockdowns haben sich zwar spürbar auf das Familienklima sowie das Wohlbefinden sämtlicher Kinder und Jugendlichen ausgewirkt, aber in sehr unterschiedlicher Weise.[10] Während manche Eltern die zusätzlich in und mit der Familie verbrachte Zeit als durchaus positiv bewerteten, besonders wenn ein geräumiges Kinderzimmer und ein großer Garten vorhanden waren, schätzten Expert(inn)en die Lage in armutsgefährdeten Familien mit beengten Wohnbedingungen als weitaus problematischer ein. Psychosozial am meisten belastet waren jene Kinder und Jugendlichen, die ohnehin unter großem Stress standen und Angst- oder Zwangsstörungen hatten. Sie wurden teilweise noch ängstlicher, schweigsamer und lustloser.

An den ungewohnten Einschränkungen der Pandemie zerbrach so manche Kinderfreundschaft, weil sich Kleinkinder plötzlich in unterschiedlichen Gruppensettings ihrer Betreuungseinrichtung wiederfanden und nicht mehr wie gewohnt aufeinandertrafen. Manchmal trat durch diese Kontaktunterbrechung auch ein sozialer Entfremdungseffekt zwischen ihren Familien ein, und zwar insbesondere dann, wenn sie unterschiedlichen Bevölkerungsschichten angehörten und deshalb weniger inhaltliche Berührungspunkte und

Kontaktmöglichkeiten außerhalb des gewohnten Begegnungsraums in Schule oder Kita existierten.

Kinder brauchen nicht bloß Kinder, wie es immer heißt, sondern auch gemeinsame Treffpunkte, um miteinander feiern, chillen, spielen, reden, lernen, herumtollen, musizieren, tanzen und/oder Sport treiben zu können. Als sie aufgrund des mehrmaligen Lockdowns nicht wie gewohnt zur Schule, in die Kindertagesstätte oder den Hort gehen konnten, aber auch Jugendzentren geschlossen waren, fehlte Minderjährigen das neben der Familie für ihre Persönlichkeitsentwicklung wahrscheinlich Allerwichtigste. Denn die Schule ist mehr als eine Bildungsinstitution, nämlich ebenso wie die Kita, der Hort oder der Jugendclub auch ein Ort des sozialen Kontakts, der Freundschaften und des Austausches mit Gleichaltrigen.

Die nichtakademische, noch stärker von einer Prekarisierung bedrohte Jugend litt während der Covid-19-Pandemie unter einem signifikanten Rückgang des Lehrstellenangebots in krisengeschüttelten Branchen und Betrieben. Offenbar folgte der »Generation Praktikum«, die zur Jahrtausendwende mit unbezahlten oder schlecht entlohnten Tätigkeiten abgespeist wurde, statt sozialversicherungspflichtige Arbeitsverhältnisse zu erhalten, im Zeichen der Coronakrise eine »Generation kein Praktikum«, der 2020/21 weder genug Ausbildungs- noch genug Praktikumsplätze zur Verfügung standen. Deshalb machte die Warnung vor einer »verlorenen Generation« die Runde.

Obwohl der Bund ein Programm »Ausbildungsplätze sichern« auflegte, das es der Agentur für Arbeit ermöglichte, kleinen und mittelständischen Unternehmen, die weniger als 250 (später: 500) Beschäftigte hatten und trotz wirtschaftlicher Schwierigkeiten verstärkt ausbildeten, eine »Azubi-Prämie plus« in Höhe von maximal 3 000 Euro bzw. ab 1. Juni 2021 sogar 6 000 Euro pro Lehrstelle zu zahlen, fiel es Schulabgänger(inne)n während der Pandemie schwerer als früheren Jahrgängen, einen für sie passenden Ausbildungsplatz zu finden. Wo die Einkommen sowieso niedriger sein werden als bei akademisch Gebildeten und hochqualifizierten Fachkräften, wurde der Start ins Berufsleben dadurch zusätzlich erschwert, verzögert oder verhindert. Seit der Vereinigung von BRD und DDR begannen in keinem Jahr so wenig junge Menschen eine Berufsausbildung wie 2020, denn die Zahl der neu geschlossenen Ausbildungsverträge sank um fast 10 Prozent gegenüber dem Vorjahr. Zwar waren im Januar 2021 nur knapp ein Zehntel mehr 15- bis 24-Jährige als (jugend)arbeitslos registriert als im selben Monat des Vorjahres, es ist allerdings sehr wahrscheinlich, dass sich viele Heranwachsende nicht bei den Jobcentern gemeldet oder aus der Not eine Tugend gemacht und ihre Schullaufbahn verlängert bzw. sich einen Studienplatz gesucht haben. Denkt man an die künftigen Berufsaussichten der jungen Leute, erhöhte sich die Ungleichheit zwischen der akademischen und der nichtakademischen Jugend dadurch weiter.

Auch die akademische Jugend wurde sozial und ökonomisch stärker gespalten. Da mehr als zwei Drittel der 2,8 Millionen Studierenden vor der Pandemie einen Nebenjob hatten und nur 12 Prozent staatliche Unterstützung nach dem *Bundesausbildungsförderungsgesetz* erhielten, gehörten sie größtenteils zu den Krisenopfern. Studierende, die von ihren Eltern nicht unterstützt werden (konnten) und/oder mit ihrem Bafög-Satz nicht auskamen, verloren wegen des ersten Lockdowns im Frühjahr 2020 sowie daraus resultierender Geschäftsaufgaben und Betriebsschließungen häufig ihren Nebenjob (z. B. in der Gastronomie), der ihren Lebensunterhalt bis dahin mit gesichert hatte. Da sie weder Kurzarbeiter- noch Arbeitslosengeld I oder II erhalten konnten, waren akuter Geldmangel und manchmal der Abbruch des Studiums die Folge, es sei denn, dass es ihnen gelang, einen Aushilfsjob im (Lebensmittel-)Einzelhandel oder bei einem Lieferdienst zu bekommen.

Wohnten notleidende Studierende nicht ohnehin dort, kehrten manche von ihnen aus Kostengründen ins Elternhaus zurück. Die beliebte und preiswerte Wohnform der studentischen WG wies eine höhere Ansteckungsgefahr auf, weil man seinen Kommiliton(inn)en und deren Besucher(inne)n in der Gemeinschaftsküche schlecht aus dem Weg gehen kann. Ihre zumeist relativ kleinen Zimmer, die Studierenden sonst hauptsächlich als Schlaf- und Ruheraum dienen, wurden angesichts der über ein Jahr lang geschlossenen Hochschulen zum permanenten Arbeitsplatz umfunktioniert. Statt preiswertem Essen in der ebenfalls dichtgemachten Mensa wurde die Lebensmitteltafel zur möglichen Alternative.

Wurden die Studierenden zuerst auf zinslose Kredite der KfW verwiesen, so konnten sie später die auf Initiative der SPD bereitgestellte Überbruckungshilfe aus einem Notfallfonds des Bundes in Höhe von maximal 500 Euro erhalten. Dies war aber nur dann der Fall, wenn sie weniger als diesen Betrag auf ihrem Konto hatten. Viele der Anträge wurden abgelehnt, meistenteils mit der Begründung, dass zwar eine finanzielle Notlage bestehe, diese aber schon vor der Pandemie existiert habe.[11] Hieraus zog Achim Meyer auf der Heyde den Schluss, dass die Studienfinanzierung eines Teils der Kommiliton(inn)en aus der unteren Mittelschicht prekär sei, weil ihre Familien den ihnen zustehenden Elternunterhalt nicht leisten könnten. Man brauche deshalb eine Strukturreform der staatlichen Studienfinanzierung und ein Bafög, das existenzsichernd sei, wieder mehr Studierende erreiche und für nationale Krisensituationen einen generellen Öffnungsmechanismus vorhalte, meinte der Generalsekretär des Deutschen Studentenwerks (DSW). Beispielsweise zeichnete sich für zwei finanziell nicht auf Rosen gebettete Heranwachsende ein wegen der Infektionsgefahr riskanter Job beim Spargelstechen anstelle des Sommersemesters 2020 ab, während andere sich ihres Erachtens in der Luxussituation »Semesterferien mit Einschränkungen« befanden: »Die Miete wird von Mama und Papa bezahlt, arbeiten müssen sie während des Studiums sowieso nicht.«[12]

Man sollte nicht unterschätzen, welche Bedeutung ein gemeinsamer Erfahrungsschatz für eine Alterskohorte hat. Die sonst üblichen Abiturfeiern, Schüleraustausche und Auslandssemester entfielen während der Pandemie. Stattdessen dürfte das einschneidende Schicksal der Covid-19-Pandemie, des wiederholten Lockdowns und der vielfältigen Einschränkungen des »normalen« Lebens gerade die jungen Menschen stark prägen. Man kann deshalb ohne Übertreibung von einer »Generation Corona« sprechen, weil das Virus ihr Aufwachsen erheblich beeinträchtigt und die Pandemie als biografische Zäsur gewirkt, sie mehr als Erwachsene vorübergehend aus der Bahn geworfen und sich ihnen der Kontaktmangel als kollektive Schlüsselerfahrung möglicherweise für Jahrzehnte ins Gedächtnis gebrannt hat.

Hierzu beigetragen haben dürfte nicht zuletzt, dass die während der pandemischen Ausnahmesituation massiv aufbrechenden Risse im Gesellschaftsgefüge überwiegend als Generationenkonflikte interpretiert, wenn nicht sogar bewusst als solche inszeniert worden sind, um von den sozioökonomischen Interessengegensätzen und den hieraus resultierenden Verteilungskämpfen zwischen Klassen und Schichten abzulenken. Hans-Jürgen Urban und Christoph Ehlscheid, Bereichsleiter beim Vorstand der IG Metall, bemängeln generell, dass der primäre Verteilungskonflikt zwischen den Besitzern von Real- und Finanzkapital einerseits sowie ihren Lebensunterhalt aus Lohnarbeit oder prekärer Soloselbstständigkeit bestreitenden Menschen andererseits häufig durch das Narrativ vom »Krieg der Generationen« überlagert werde.[13]

Die für das bestehende Wirtschaftssystem weiterhin zentrale Konfliktlinie zwischen Kapital und Arbeit wurde auch im Zusammenhang mit der Covid-19-Pandemie viel zu selten thematisiert. Sonst wäre stärker ins Blickfeld geraten, dass sich die gegensätzlichen Klasseninteressen und die unterschiedlichen sozialen Lagen der einzelnen Gesellschaftsschichten nunmehr wieder schärfer konturierten als in der vorangegangenen Dekade, die den Unternehmen der meisten Branchen als lang anhaltende Boomphase größere Verteilungsspielräume geboten hatte. Stattdessen hieß es beispielsweise, die Jungen hätten durch ihre fehlende Infektionsfurcht, ihre mangelnde Rücksichtnahme auf die Risikogruppen und ihren zu laxen Umgang mit dem Coronavirus das Leben der Alten gefährdet. Diesen wurde umgekehrt vorgeworfen, die nachwachsende Generation für die Aufrechterhaltung ihrer eigenen Gesundheit in Mithaftung genommen, den ersten Impfstoff für sich reserviert, den Bewegungsspielraum der Jungen über Gebühr eingeschränkt und deren Entwicklungsmöglichkeiten somit verschlechtert zu haben.

Covid-19 ist zwar keine Kinderkrankheit, kann junge Menschen aber genauso treffen wie alte, wenngleich dies bei Ersteren schon aufgrund der besseren körperlichen Verfassung und mangelnder Vorerkrankungen seltener mit schwerem Verlauf geschieht. Wegen ihres überwiegend asymptomatischen Krankheitsverlaufs galten Kinder zu Beginn der Pandemie weder als Risikogruppe noch als Virenüberträger. Erst während der zweiten und vor allem der dritten Infektionswelle im Frühjahr 2021 wurde deutlich sichtbar, dass Kleinkinder und Schüler/innen wegen des häufigeren Auftretens der stärker ansteckenden »britischen« Mutante B.1.1.7 sehr wohl gefährdet waren.

Während der ersten Infektionswelle im Frühjahr 2020 hielt die besondere Vulnerabilität der Senior(inn)en als Begründung für die Forderung her, sie besonders zu schützen oder sogar zu isolieren,[14] um das gesellschaftliche Leben nicht drastisch herunterfahren zu müssen. Aufgrund ihrer hohen Morbiditäts- und Mortalitätsrate durch eine Infektion mit dem Coronavirus wurden die Senior(inn)en pauschal zur Hoch- und Hauptrisikogruppe erklärt. Stephan Lessenich sprach daher in einem Gastbeitrag für die *taz* (v. 18.3.2021) unter dem Titel »Das Virus Ungleichheit« von »ungleichheitspolitischen Phantomdebatten«, die den öffentlichen Diskurs bestimmt hätten, wenn von »den Alten« die Rede war, ohne dass ihre extreme soziale Heterogenität berücksichtigt wurde. Daraus zog der neue Direktor des Frankfurter Instituts für Sozialforschung folgenden Schluss: »Wer hier nicht von Klassenunterschieden reden möchte, sollte eigentlich schweigen.«

Silke van Dyk, Stefanie Graefe und Tine Haubner wiesen darauf hin, dass Ältere nicht etwa »von Natur aus« anfälliger für eine Infektion mit dem als SARS-CoV-2 bezeichneten Virus und die Covid-19-Pneumonie sind, ihr erhöhtes Krankheitsrisiko vielmehr eine soziale Komponente hat: »Gesundheitszustand und Lebenserwartung sind in Deutschland, wie in den meisten anderen Ländern auch, hochgradig klassenspezifisch verteilt: So leben die einkommensstärksten 20 Prozent der Männer hierzulande fast neun Jahre länger als die einkommensschwächsten 20 Prozent.«[15] Zudem können sich jüngere Menschen ebenfalls mit SARS-CoV-2 infizieren, schwer an Covid-19 erkranken und daran sterben. Zwar ist über die Spätfolgen (Long-Covid-Syndrom) noch immer wenig bekannt, sie dürften aber gerade für schon im Kindes- oder Jugendalter erkrankte Personen gravierend sein.

Helga Pelizäus, Leiterin des Forschungsbereichs »Alter(n) und Digitalisierung« an der Universität der Bundeswehr München, und Jana Heinz, Privatdozentin an der TU München, beklagten einen unangemessenen, »fast paternalistischen Zugriff auf die Älteren« während der Covid-19-Pandemie, wofür sie zwei Gründe nannten: Einerseits habe man die Heterogenität des Alters völlig ignoriert, in dem sich rüstige und gesunde Senior(inn)en ebenso befänden wie hinfällige Hochbetagte. Andererseits habe man ein viel zu simples und eher defizitäres Altersbild gezeichnet, das die Autonomie der Senior(inn)en negiere: »Es leistet einer Altersdiskriminierung Vorschub, die nicht nur auf institutioneller und organisatorischer Ebene wirkt, sondern die sich ebenfalls in den Köpfen der Menschen verfestigt. Die Vielfalt des Alters zeigt sich nicht nur in sozialen und gesundheitlichen Unterschieden, sie drückt sich z. B. auch in der großen zeitlichen Lebensspanne aus, die mit einem vereinfachten Altersbild nicht adäquat abgebildet wird.«[16]

Nach der vorübergehenden Beruhigung des Infektionsgeschehens im Frühsommer 2020 wurde die junge Generation wegen ihrer angeblichen Lust auf illegale »Coronapartys« für die bald darauf wieder steigenden Covid-19-Erkrankungen von Älteren während der zweiten Welle dieser Pandemie verantwortlich gemacht. Auch breitete sich in Medienberichten und im Alltagsbewusstsein der Bürger/innen die Sorge aus, die nachwachsende Generation müsse später für jene riesigen Schuldenberge aufkommen, mit denen Regierung und Parlament die staatlichen Überbrückungshilfen, Rettungspakete und Fördermaßnahmen finanziert hätten. Das sei, so war vielfach zu hören, zwar wegen der Ausnahmeklausel für »Naturkatastrophen« sowie »außergewöhnliche Notsituationen, die sich der Kontrolle des Staates entziehen und die staatliche Finanzlage erheblich beeinträchtigen« (Art. 115 Absatz 2 Satz 6 GG), trotz der Schuldenbremse verfassungskonform, aber ein klarer Verstoß gegen das Gebot der Generationengerechtigkeit, welchem die politisch Verantwortlichen auch sonst zu wenig Beachtung schenken würden.

Das längst in den allgemeinen Sprachschatz eingegangene Wort »Generationengerechtigkeit« ist jedoch wenig mehr als ein politischer Kampfbegriff. Denn abgesehen davon, dass gerade jüngere oder heute noch gar nicht geborene Menschen später den Nutzen davon haben, wenn die eigene Volkswirtschaft trotz der Covid-19-Pandemie selbst und ihrer desaströsen Folgen nicht abstürzt, sondern Wirtschaftswachstum und individueller Wohlstand durch öffentliche Investitionen halbwegs gesichert werden, ignoriert dieser Terminus, dass Gläubiger und Schuldner/innen grundsätzlich derselben Generation angehören. Schließlich leihen reiche Zeitgenossen dem Staat viel Geld, das dieser häufig erst Jahrzehnte später den Erb(inn)en, also ihren eigenen Kindern und Enkel(inne)n, mit Zinsen zurückzahlt. Umgekehrt lastet der Schuldendienst auf den Bürger(inne)n gleichen Alters, die ihre Verpflichtung zu Tilgungsleistungen und Zinszahlungen ebenfalls weiter vererben. Anders gesagt, sind die Forderungen eines Teils der betreffenden Generation die Verbindlichkeiten eines anderen Teils dieser Generation, weil sich die Bundesrepublik größtenteils nicht im Ausland, sondern bei ihren eigenen wohlhabenden Bürgern verschuldet.

Zwischen den Generationen findet durch die 2020/21 vermehrte Kreditaufnahme des Staates mithin überhaupt keine Finanztransaktion statt, von einer intergenerationalen Ungerechtigkeit kann also hier gar nicht die Rede sein. Der gesamte Vorgang ist verteilungspolitisch neutral und deshalb unter Gerechtigkeitsaspekten unproblematisch. Sofern ausländische Kapitalanleger dem Bund – manchmal übrigens sogar zu Minuszinsen – Geld leihen, verringert sich

Deutschlands enormer Leistungsbilanzüberschuss, was ein positiver Nebeneffekt wäre. Denn die Forderungen deutscher Gläubiger gegenüber dem Ausland sind weiterhin erheblich höher als die Forderungen ausländischer Gläubiger gegenüber Deutschland.

Michael Klundt hat gezeigt, dass schon lange vor der Covid-19-Pandemie eine Diskursverschiebung von der sozialen zur Generationengerechtigkeit stattgefunden hat, wodurch diejenigen begünstigt werden, denen es im Großbürgertum um Besitzstandswahrung geht. Man instrumentalisiert die Kinder, indem man deren Interessen im »Kampf der Generationen« gegen die Alten zu schützen vorgibt, aber in Wirklichkeit seine eigenen verteidigt. Da werden die vermeintlichen »Gräben zwischen den Generationen« thematisiert, aber die Gräben innerhalb jeder Generation zugeschüttet, welche man früher auf Klassengegensätze zurückgeführt hätte, falls dem keine ideologischen Scheuklappen im Weg standen. »Der wirkliche Verteilungskonflikt und zentrale gesellschaftliche Widerspruch basiert auf dem sozioökonomischen Antagonismus zwischen Kapital und Arbeit und wird entlang dieser Linie in sozialen Auseinandersetzungen auf nationaler, europäischer und internationaler Ebene ausgetragen.«[17] Wer in einen »Altersklassenkampf« (Reimer Gronemeyer) zieht oder ihn etwa bei der Impfstoffverteilung oder bei der Schuldentilgung drohen sieht, verschleiert die mit dem altmodisch wirkenden Klassenkampfbegriff nur allzu treffend beim Namen genannten Interessengegensätze zwischen unterschiedlichen Bevölkerungsgruppen.

Simon Kannenberg sprach hinsichtlich der Covid-19-Pandemie von einer »Generationenkrise«, betrachtete die Fixierung auf Infektions- bzw. Inzidenzzahlen als falsch und plädierte dafür, den Blick auf das Wohl der Jungen statt auf einen Lockdown zu richten.[18] Stimmen, die vor den Schäden der Infektionsschutzmaßnahmen für die kommende Generation warnten, fanden seiner Meinung nach in der Öffentlichkeit kaum Gehör. Aus lauter Angst vor der Pandemie sei der Blick auf die Gegenwart gerichtet, während für die Perspektiven wenig Platz bleibe. Dabei müsse weniger Besitzstandswahrung als

Zukunftsorientierung im Zentrum aller Bemühungen stehen. Von »Jugendmissachtung« und einer »Rentokratie« zu sprechen, wie dies der Blogger Sascha Lobo in einer Kolumne des *Spiegels* (v. 5.5.2021) tat, als die Grundrechts-, Ausgangs- und Kontaktbeschränkungen für Geimpfte ebenso wie für Covid-19-Genesene wegfielen, ist nicht gerechtfertigt. Nicht die Generationen hat die Pandemie in zwei – einander womöglich feindlich gesinnte – Lager geteilt, sondern jede Generation auf eine spezifische Weise. Sowohl unter den Jungen wie unter den Alten wurden die Personen je nach ihrer Klassenlage, ihrem gesellschaftlichen Status und ihrem Bildungsgrad anders von dem neuartigen Coronavirus getroffen. Da es sich bei den einzelnen Generationen nicht um homogene Gruppen handelt, bewirkt die sozioökonomische Ungleichheit, dass die Covid-19-Gefährdung unter den Alten ebenso wie unten den Jungen ganz unterschiedlich ausfiel.[19]

Die unterbezahlten Krankenschwestern, Erzieherinnen, Altenpfleger, Supermarktkassiererinnen und Lkw-Fahrer wurden zu »Held(inn)en des Alltags« erklärt. Vorschnell wurde hierfür der Solidaritätsbegriff reklamiert, dessen klassenpolitische Bedeutung ebenso verschüttet ist wie seine Herkunft aus der Arbeiterbewegung. »Solidarität« wurde auch gegenüber den alten Menschen eingeklagt. Nötig ist wegen der sozioökonomischen Zerklüftung des Landes aber nicht eine abstrakte Solidarität zwischen unterschiedlichen Generationen, sondern ein Interessenausgleich innerhalb jeder Generation. Sowohl die Kinder- wie die Altersarmut dürften während der Pandemie zugenommen haben, denn auch unter den Senior(inn)en trafen Einkommensverluste hauptsächlich solche Personen, die schon vor der Pandemie eher Niedrigeinkommen hatten.[20]

Alters- und Kinderarmut bleiben in einem so reichen Land wie der Bundesrepublik ein Armutszeugnis für die Gesellschaft, den Sozialstaat und vor allem die politisch Verantwortlichen. Rücksichtnahme auf die Mitmenschen ist – nicht allein in einer Pandemie – ausgesprochen vernünftig und notwendig, aber noch lange keine Solidarität. Solidarität bezweckt nämlich viel mehr, als den anderen

Gesellschaftsmitgliedern keinen Schaden zuzufügen. Sie beinhaltet darüber hinaus, die materielle Situation einer bestimmten Personengruppe, der man selbst angehört, oder eines ihrer Mitglieder zu verbessern, die soziale Ungleichheit zu verringern und mehr Gerechtigkeit zu schaffen.

Lehrkräfte, Schüler/innen und Familien am Limit

Zusammen mit der Covid-19-Pandemie selbst führten die Kontaktbeschränkungen, das Homeoffice vieler Eltern sowie vorübergehende Kita- und Schulschließungen zu einer tiefgreifenden Veränderung des Familienlebens, aber auch der Kindheit selbst. Wie die für Kinder bzw. Jugendliche zugänglichen Bistros, Diskotheken, Musikclubs, Fitnessstudios, Einzelhandelsgeschäfte, Kinos, Theater und Museen wurden im März 2020 auch die Schulen, Kindertageseinrichtungen und Horte aufgrund der Leitlinien von Bund und Ländern zur weiteren Beschränkung sozialer Kontakte im öffentlichen Bereich wochenlang geschlossen. Kitas hielten zwar teilweise eine Notbetreuung aufrecht, die sich jedoch im Wesentlichen auf den Nachwuchs von Eltern bzw. Elternteilen beschränkte, deren Berufstätigkeit für die Sicherung der kritischen Infrastruktur erforderlich war. Das galt wegen ihrer »Systemrelevanz« aber nur für Beschäftigte im medizinischen, Gesundheits- und Pflegebereich, in der staatlichen Verwaltung, im Justizsektor, in Schulen, in der Kinder- und Jugendhilfe, in der Behindertenhilfe sowie in der Krisen- und Konfliktberatung, in der Lebensmittelversorgung, in der öffentlichen Daseinsvorsorge und in bestimmten Medien, sofern eine Unabkömmlichkeitserklärung des Arbeitgebers beigebracht wurde.

Lockdown-Situationen waren für die meisten Familien (einschließlich der Großeltern), Kinder und Jugendliche extrem belastend. Die unvorbereitet erfolgten Kita- und Schulschließungen warfen sie infolge anfangs fehlender Regelungen zu Verdienstausfällen und zum Homeoffice mit gleichzeitig zu leistender Kinderbetreuung und Homeschooling, strengen Kontaktverboten, geschlossenen Spiel- bzw. Bolzplätzen und Freizeittreffs sowie einem weitgehenden Stillstand des öffentlichen Lebens auf sich selbst und ihre eigenen vier Wände zurück. Viele Eltern unterlagen dabei einer »Dreifachbelastung« (Gerda Holz/Antje Richter-Kornweitz) als Arbeitnehmer/-innen, Kinderbetreuer/innen und Erzieher/innen bzw. Lehrer/innen, was insbesondere Alleinerziehende bis an ihre physische und psychische Belastungsgrenze oder sogar darüber hinaus brachte.

Die Chancen von Kindern auf eine erfolgreiche Bildung waren schon vor der Covid-19-Pandemie in Abhängigkeit von der sozioökonomischen Lage ihrer Familien höchst ungleich verteilt. Dieses Problem hat sich jedoch aufgrund der pandemiebedingten Schulschließungen sowie der während dieser Zeit erprobten Modelle eines Distanz- und Wechselunterrichts in zweierlei Hinsicht erheblich verschärft: Erstens waren Schulen mit einem hohen Sozialindex, also einem überdurchschnittlich hohen Anteil von Schüler(inne)n im Hartz-IV-Bezug, nach den vom Land Nordrhein-Westfalen erhobenen COSMO-Daten (Corona-Schnellmeldung online) während des »angepassten Regelbetriebs« im zweiten Halbjahr 2020 häufiger von (Teil-)Schließungen betroffen, die einen Übergang vom Präsenz- zum Distanzunterricht erzwangen. Daher befanden sich zweitens überproportional häufig gerade solche Schüler/innen im Distanzunterricht, deren soziale, familiale, wohnliche und technische Voraussetzungen dafür besonders ungünstig waren.[21]

Auch in dieser Hinsicht wirkte die Pandemie eher polarisierend als egalisierend auf junge Menschen: Kinder und Jugendliche ohne eigene digitale Endgeräte und einen WLAN-Anschluss im Elternhaus wurden abgehängt und sozial ausgegrenzt, Kinder mit guter technischer Ausstattung und stabiler Internetverbindung zogen sich häufiger in eine virtuelle Welt zurück, wo man leicht den Bezug zur Realität verlieren kann. Da es in den Städten zwar funktionell gestaltete Spielplätze oder »Plastikhüpfwelten«, aber kaum noch natürliche Spielräume gibt, verlagert sich das Leben der Minderjährigen seit geraumer Zeit ohnehin von den Straßen und Gärten der Nachbarschaft mehr in die elterliche Wohnung.[22] Dieser fragwürdige Trend dürfte sich aufgrund der Lockdown-Erfahrung verstärken, was weder der Gesundheit von Kindern und Jugendlichen gut tut noch ihr Verhältnis zur Natur stärkt.

Manche öffentliche Debatte über mögliche Gründe für die Verschärfung der Bildungsungleichheit durch längere Schulschließungen barg zwei Gefahren: Erstens wurde häufig übersehen, dass es sich dabei um ein Strukturproblem handelt, das auch schon vor der Covid-19-Pandemie bestand; zweitens wurden Defizite im Hinblick auf die Ausstattung sozioökonomisch benachteiligter Elternhäuser mit digitaler Technik fälschlicherweise als Hauptursache für die »aufgehende Bildungsschere« angesehen, wohingegen die qualitativen Unterschiede beim Distanzunterricht unberücksichtigt blieben, der mancherorts gut und andernorts gar nicht funktioniert hat.

Homeschooling war daher für die Eltern und Schüler/innen keineswegs gleich Homeschooling. Vielmehr überraschte sachkundige Beobachter/innen die große, mit einer strukturellen Bildungs- und »Teilhabeungerechtigkeit« verbundene Heterogenität der schulischen Betreuung.[23] Da gab es Schulen mit einer überwiegend sozioökonomisch benachteiligten Schülerschaft in herausfordernden Lagen, in denen manch eine Lehrkraft wegen vermuteter Ausstattungsmängel der Elternhäuser und/oder von in der Schulkultur verbreiteter Defizitorientierungen im Hinblick auf digitale Kompetenzen der Schüler/innen einen Fernunterricht für ihre mehrheitlich benachteiligten Schüler/innen anfangs gar nicht erst in Betracht gezogen hat. Andere Lehrkräfte stießen schnell an ihre Grenzen, wenn es im Lockdown darum ging, überhaupt Kontakt zu allen Schüler(inne)n bzw. ihren Elternhäusern herzustellen und aufrechtzuerhalten. Der postalische Versand oder Bring- und Abholdienste von Arbeitsblättern am Wochenbeginn ersetzten weder Rückmeldungen zur Aufgabenbearbeitung noch den sozialen Austausch von Lehrkräften mit Schüler(inne)n, etwa über das kindliche Wohlbefinden und dessen Gefährdung. Mehrheitlich bekamen die (älteren) Schüler/innen nach den üblichen Startschwierigkeiten durchaus einen gut organisierten Onlinedistanzunterricht angeboten, mit dem sie gut zurechtkamen und sogar Lernfortschritte machten.

Ludger Wößmann, Leiter des ifo Zentrums für Bildungsökonomik, und seine Mitarbeiter/innen wiesen darauf hin, dass die Art des angebotenen Distanzunterrichts zwischen Schüler(inne)n aus Familien von Akademiker(inne)n und Nichtakademiker(inne)n im ersten Lockdown deutlich variiert hat: Erstere erhielten häufiger Onlinelernangebote und individuelle Gespräche mit der Lehrkraft, Letztere dafür mehr zu bearbeitende Arbeitsblätter und seltener Rückmeldungen zu ihren Bearbeitungen.[24] Überhaupt nahm der private Medienkonsum wegen behördlich untersagter, nachlassender oder gestörter Außenkontakte drastisch zu. Und es war ja keineswegs Bildungsfernsehen, das bei den Kids hoch im Kurs stand und den Weg auf ihr Smartphone oder ihr Tablet fand. Bevorzugt wurden stattdessen YouTube, Videospiele und Abonnements der Streamingdienste Amazon Prime und Netflix in Anspruch genommen. Aber auch das Musikstreaming-Geschäft von Spotify und Apple Music erlebte pandemiebedingt einen rasanten Aufschwung. Vielfach trat somit Zerstreuung durch die Massenmedien an die Stelle von Erziehung durch die Eltern und von Bildung durch Lehrkräfte. Weil arme Minderjährige aus Langeweile besonders viel Zeit vor dem heimischen Bildschirm verbrachten, stiegen die Energiekosten der Familie und nahmen Fälle des Cybermobbings massiv zu.

Im ersten Lockdown war der Mangel an digitalen Endgeräten eines der Hauptprobleme von Schüler(inne)n. Auch mussten sich die Schulen mitsamt ihren Lehrkräften erst auf den Distanzunterricht einstellen und ihn organisieren lernen, während digitale und datenschutzkonforme Schulplattformen vielerorts noch nicht existierten. Die üblichen Bildungsangebote trotz einer geschlossenen Schule aufrechtzuhalten, gelang sehr unterschiedlich und war stark vom Alter der Lerngruppen, ihren Mediennutzungskompetenzen und der sozioökonomischen Lage ihrer Elternhäuser abhängig: Grundschulkinder ohne gefestigte Lese- und Schreibkompetenzen im Distanzunterricht zu motivieren und »mitzunehmen«, erwies sich für Lehrkräfte als am schwierigsten. Daher erhoben Grundschulen neben Abschlussklassen zuerst den Ruf nach Wiederöffnung. Insbesondere von weiterführenden Schulen mit vielen in beengten Wohnverhältnissen lebenden Jugendlichen ohne digitale Endgeräte, Drucker und WLAN sowie entsprechend kompetenten Eltern wurde berichtet, dass die Lehrkräfte den Kontakt zu nicht wenigen Schüler(inne)n mit der Folge verloren, dass für diese schlicht und einfach kein Unterricht mehr stattfand.

Die Aufgabe, sämtliche Schüler/innen mit digitalen Endgeräten auszustatten, damit sie am Distanzlernen teilnehmen konnten, war ein dickes Brett, das bis zum Schluss nicht in Gänze gebohrt wurde. Monatelang lehnten die Jobcenter eine Übernahme der Kosten digitaler Endgeräte für Kinder von Hartz-IV-Bezieher(inne)n, die sich im Homeschooling befanden, etwa mit der Begründung ab, dass es sich dabei nicht um einen laufenden, sondern einen pandemiebedingten Mehrbedarf handle. Nur aufgrund mehrerer Urteile der Sozialgerichte wurden Laptops oder Tablets mit Zubehör wie einem Drucker als nicht vom Regelsatz gedeckter Sonderbedarf anerkannt. Zwar legte der Bund zusammen mit den Ländern am 15. Mai 2020 ein Sofortprogramm in Höhe von 550 Millionen Euro für den digitalen Unterricht auf. Damit sollten die Bildungseinrichtungen bedürftigen Schüler(inne)n einen Zuschuss von 150 Euro für die Anschaffung entsprechender Geräte gewähren und professionelle Onlinelehrangebote erstellen. Allerdings ließen sich so kaum spürbare Verbesserungen in den 16 Bundesländern erzielen. Bei dem zwei Jahre vorher geschlossenen »DigitalPakt Schule« waren die Vergaberichtlinien derart kompliziert, dass bis zum Beginn der Pandemie erst ein Bruchteil der bis zum Jahr 2024 bewilligten Gesamtsumme von 5 Milliarden Euro abgerufen wurde.

Erst ab 1. Januar 2021 wurde alleinstehenden und alleinerziehenden Hartz-IV-Bezieher(inne)n im Regelbedarf 38,89 Euro monatlich für die Handynutzung zugestanden, obwohl sie bereits seit mehreren Jahren zum soziokulturellen Existenzminimum gehört. Auch stieg der Regelbedarf trotz dieser Erhöhung nur um 14 auf 446 Euro. Genau einen Monat später wies die Bundesagentur für Arbeit ihre Jobcenter an, den Anspruch auf Übernahme der Kosten für digitale Endgeräte rückwirkend ab Jahresanfang anzuerkennen. Wenn diese für das Homeschooling benötigt, aber nicht von den Schulen bereitgestellt wurden, war ein Zuschuss in Höhe von bis zu 350 Euro zu bewilligen. Abgesehen davon, dass dieser Geldbetrag kaum ausreichte, um Geräte von guter Qualität anzuschaffen, löste er auch ein weiteres Problem sozial benachteiligter Familien nicht. Oft fehlt armen Kindern ein eigenes Zimmer und damit ein ruhiger Arbeitsplatz, der ihnen ein konzentriertes Lernen ermöglichen würde. Mehr als ihre materiell bessergestellten Klassenkamerad(inn)en waren diese Kinder im Homeschooling überfordert. Deshalb schuf das Distanzlernen noch mehr Lerndistanz ausgerechnet bei jenen Kindern, die man ohnehin als »bildungsfern« abqualifiziert. Mithin erhöhte sich die Gefahr ihres funktionalen Analphabetismus im späteren Lebensverlauf.

Stefan Huber und Christoph Helm gingen in einem »Schulbarometer« für rund 8 300 online befragte Schüler/innen zwischen acht und 20 Jahren aus Deutschland, Österreich und der Schweiz der Frage nach, welchen Einfluss die Qualität des »Fernunterrichts«, familiäre Merkmale und die Verfügbarkeit häuslicher Ressourcen auf den Lernerfolg und -aufwand sowie die Lernemotionen während der ersten Schulschließungen ab Mitte März 2020 in den drei Ländern hatten.[25] Insbesondere die Selbstständigkeit der Schüler/innen und die Qualität des Fernunterrichts erwiesen sich als einflussreich, während mit 10 Prozent bloß für einen kleinen Teil der Befragten das Fehlen einer adäquaten technischen Ausstattung und elterlicher Unterstützung ein Hinderungsgrund für erfolgreiches Lernen darstellte. Schüler/innen aus sozioökonomisch (stark) benachteiligten Elternhäusern wurden als »(Bildungs-)Verlierer/innen« der Pandemie identifiziert. Schulen mit einem hohen Anteil an benachteiligten Schüler/innen stünden deshalb vor besonders großen Herausforderungen, hieß es.

Nachfrageseitig erwuchs die Bildungsungleichheit im Homeschooling nicht zuletzt aus familiären Gegebenheiten, dem häuslichen Umfeld und dem sozialen Milieu. Diese ungleichheitsproduzierenden Faktoren hatte das bestehende Bildungssystem trotz Ganztagsausbaus und anderer pädagogischer Reformbemühungen jahrzehntelang viel zu wenig kompensiert. Die monatelangen Schulschließungen während der Covid-19-Pandemie warfen Kinder und Jugendliche noch stärker auf ihre Lebens- und Wohnbedingungen zurück, deren Ungleichheit auf die Bildungschancen durchschlugen: Schließlich hielten sich die Schüler/innen eine ganze Zeitlang mehr im eigenen Zimmer oder im Wohnzimmer der Familie als im Klassenraum auf.

Insbesondere sozial benachteiligte Familien stellte die Unterstützung bei den Schulaufgaben unter diesen Rahmenbedingungen auf eine harte Bewährungsprobe. Denn ihnen fehlten die dafür benötigten Ressourcen, als da sind: genügend Freizeit, um sich eingehend mit den Kindern befassen zu können; ausreichend finanzielle Mittel, um erforderliche Nachhilfestunden bezahlen zu können; gute schulische Kenntnisse und pädagogisch-didaktische Kompetenzen (zur Bewältigung des Lernstoffs). So befürchteten viele Bildungswissenschaftler/innen, dass das Schuljahr 2020/21 für nicht wenige Schüler/innen ein verlorenes sein würde, weil die Möglichkeiten, um Verpasstes nachzuholen, nicht ausreichten. Hingegen konnten akademisch gebildete Eltern aus der Mittelschicht ihren Kindern viel eher behilflich sein, als Lehrkraftersatz fungieren und den Ausfall schulischen Präsenzunterrichts größtenteils kompensieren, sodass ihre Sprösslinge trotz des Distanzunterrichts durchaus Lernfortschritte verzeichnet haben dürften.

Familien mit einer anderen Herkunftssprache bzw. Eltern ohne gute Deutschkenntnisse konnten für ihre Kinder nicht als »Ersatzlehrkraft« herhalten. Von Schüler(inne)n aus Familien anderer Herkunftssprachen berichteten Lehrkräfte, dass sich deren – noch nicht gefestigte – Deutschkenntnisse nach Phasen der Schulschließung massiv verschlechtert hätten. Dies trifft insbesondere für Kinder aus geflüchteten Familien zu, deren Zuwanderung zeitlich zumeist erst kurz zurücklag und die in der Regel als Seiteneinsteiger/innen ohne Deutschkenntnisse in das Schulsystem eintraten. Sie besuchten in der Regel zunächst Internationale oder Vorbereitungsklassen mit Fokus auf den Deutscherwerb (und falls nötig die Alphabetisierung in lateinischer Schriftsprache). Als Grund für die Verschlechterung der deutschsprachigen Kompetenz wird das Fehlen der täglichen Sprachpraxis des Deutschen in Schulen und im Unterricht angegeben, weil sich die Kinder während des wiederholten Lockdowns fast ausschließlich in ihren Familien aufhielten und dort in der Herkunftssprache kommunizierten. Auf diese Weise wurde die Schülerschaft aus sozial benachteiligten Elternhäusern im Extremfall regelrecht abgehängt und die schon vor Ausbruch der Pandemie bestehende Bildungsungleichheit zementiert.

Während der Sommermonate des Jahres 2020, in denen sich das Infektionsgeschehen fast überall spürbar beruhigte, eine neuerliche Verschärfung des Infektionsgeschehens im Herbst und Winter 2020/21 allerdings durchaus vorhersehbar war, versäumten es die politischen Entscheidungsträger, passende Hygienekonzepte für die Schulen analog zu Gaststätten, Hotels, Kinos, Theatern, Opernhäusern, Galerien und Museen zu entwickeln. Auch in den Kindertageseinrichtungen wurden die Aufenthalts- und Arbeitsbedingungen der frühpädagogischen Fachkräfte nicht verbessert. Dabei hätte die rechtzeitige Beschaffung von Trennscheiben, wirksamen Belüftungsanlagen und Luftfiltern die Ansteckungsgefahr für Erzieher/innen und Kinder in solchen Einrichtungen minimieren können.

Betriebs- und Personalräte sowie die Gewerkschaften der Beschäftigten im Kinderbetreuungs- und Bildungsbereich forderten einen wirksamen Gesundheitsschutz für das Personal. Kitas und Schulen hätten bloß dann offen gehalten werden sollen, hieß es aus gutem Grund, wenn für entsprechende Schutzmaßnahmen gesorgt war. Sicherheit vor einer Virusinfektion lasse sich nur gewährleisten, sofern die Klassen- und Gruppengröße verringert, durch geeignete technische Vorkehrungen für eine ausreichende Lüftung der Räume im Winter gesorgt, der Mund- und Nasenschutz für Beschäftigte durch zertifizierte FFP2-Masken sichergestellt, ein Stufenplan für den Präsenz-, Wechsel- und Fernunterricht aufgestellt sowie die Unterstützung durch Betriebsärzte und Fachkräfte für Arbeitssicherheit gewährleistet werde.

Statt wirksame Präventions- und Infektionsschutzmaßnahmen an den Schulen zu ergreifen, beließen es die politisch Verantwortlichen allzu oft bei gebetsmühlenartig wiederholten Empfehlungen, außerhalb der Klassenräume die »AHA«-Regeln (Abstand halten, Hygiene beachten und im Alltag Maske tragen) nicht zu ignorieren, die durch eine »A+L«-Regel (App zur Coronawarnung herunterladen und regelmäßiges Lüften) zur Eindämmung der Pandemie ergänzt wurden. Dies führte ein paar Monate später dazu, dass junge Menschen beim Präsenzunterricht stundenlang mit Winterkleidung und einer Mund-Nasen-Bedeckung dichtgedrängt in eiskalten Klassenzimmern saßen.

Der heimliche Primat von Wirtschaft, Konjunktur und Arbeitsmarkt gegenüber Kindern, Familie oder Zivilgesellschaft verschärfte die Lage der unmittelbar Betroffenen und vergrößerte die sozialen Ungleichheiten, wie Gerda Holz und Antje Richter-Kornweitz schon nach dem ersten Lockdown feststellten.[26] Vor dem zweiten Lockdown und danach wurde in der Öffentlichkeit kaum ein Thema so kontrovers diskutiert wie die Frage, ob Schulen und Kindertageseinrichtungen überhaupt geschlossen bzw. ab wann sie wieder geöffnet werden sollten. Auch in den unregelmäßig stattfindenden Treffen zwischen der Bundeskanzlerin und den Ministerpräsident(inn)en, d. h. den während der Pandemie zu einem wichtigen Entscheidungsgremium avancierten, von der Verfassung in diesem Format aber gar nicht vorgesehenen Beratungen zwischen Bund und Ländern spielte das Thema eine zentrale Rolle. Dass man Schulen und Kitas im zweiten Lockdown nicht sofort schloss, war vermutlich weniger der Rücksichtnahme auf die von Bildungsbenachteiligung bedrohten Kinder als der Rücksichtnahme auf die Unternehmen im eigenen Land geschuldet, denen sonst wegen der Kinderbetreuungspflichten die Arbeitskräfte gefehlt hätten.

Wenn sich Spitzenpolitiker der etablierten Parteien gegen die Schließung von Schulen und öffentlichen Betreuungseinrichtungen aussprachen, gewann man häufig den Eindruck, dass sie weniger den Infektionsschutz der Kinder als die Funktionsfähigkeit zentraler Wirtschaftsbereiche im Blick hatten. Schließlich konnten Eltern, die ihre Kinder betreuen oder beschulen mussten, schlecht zur Arbeit gehen und den störungsfreien Weiterbetrieb von Produktionsstätten gewährleisten. Dass es ihm dabei weniger um die Gesundheit und das Wohl der Kinder oder ihr Recht auf Bildung als um die Wettbewerbsfähigkeit der Wirtschaft und die Gewinne der Unternehmen ging, ließ der bayerische Ministerpräsident Markus Söder (CSU) durchblicken, als er die Offenhaltung der Kitas und Schulen trotz damals wieder steigender Infektionszahlen auf einer Pressekonferenz nach der Sitzung seines Landeskabinetts am 27. Oktober 2020 folgendermaßen begründete: »Schule und Kita hat ja den Sinn und Zweck, die Wirtschaft am Laufen zu lassen. Wenn Eltern keine Betreuung haben, gibt es keine Wirtschaft.«

Als die Aufhebung der staatlichen Infektionsschutzbestimmungen für bestimmte Personengruppen und Lebensbereiche zur Diskussion stand, gaben Politiker/innen, denen eine möglichst schnelle Öffnung von Schulen und Kindertageseinrichtungen am Herzen lag, die Parole »Kinder zuerst!« aus. Dass die meisten Schulen im März 2021 vorzeitig in steigende Inzidenzwerte hinein öffneten, ohne dass es genug Schnelltests und eine schlüssige Teststrategie gab, nachdem die Bundeskanzlerin und die Ministerpräsident(inn)en bei ihren Beratungen am 10. Februar 2021 den Öffnungen im Betreuungs- und Bildungsbereich oberste Priorität eingeräumt hatten, wies in dieselbe Richtung.

Unternehmerverbände und Wirtschaftslobbyisten, die auf schnelle und weitergehende Lockerungen im Geschäftsleben drängten, benutzten Kitas und Schulen als argumentative Türöffner für ihre Forderungen. So wies IW-Direktor Michael Hüther im *Kölner Stadt-Anzeiger* (v. 12.2.2021) auf die vermehrten psychischen Schäden bei Kindern und Jugendlichen im Lockdown hin, um gleichzeitig zu bemerken, dass nicht jeder virusbedingte Todesfall zu verhindern sei: »Im Grundgesetz steht die Würde des Menschen, nicht isoliert der Gesundheitsschutz.« Dies hatte Bundestagspräsident Wolfgang Schäuble unter Bezug auf Artikel 1 der Verfassung schon vor ihm festgestellt, den herausgehobenen Stellenwert des Rechts auf Leben und körperliche Unversehrtheit in der Verfassung allerdings ebenfalls ignoriert.

In der Nacht vom 22. zum 23. März 2021 folgten die Ministerpräsident(inn)en angesichts der ernsten Infektionsdynamik dem Vorschlag des Bundeskanzleramtes, die dritte Welle der Pandemie mit ihrem exponentiellen Wachstum durch eine »mehrtägige, sehr weitgehende Reduzierung aller Kontakte« an den bevorstehenden Ostertagen zu brechen. Gegen die Entscheidung, den 1. April 2021 (Gründonnerstag) und den 3. April 2021 (Ostersamstag) als Ruhetage zu definieren und weitgehende Kontaktbeschränkungen sowie ein Menschenansammlungsverbot im öffentlichen Raum vom 1. bis 5. April 2021 zu erlassen, liefen die Wirtschaftsverbände und die Kirchen jedoch Sturm. In diesem Zusammenhang musste selbst die taggenaue Herstellung und Auslieferung von Babynahrung für Kleinstkinder als vorgeschobenes Lobbyargument herhalten, um eine kurzfristige Schließung von Produktionsstätten zu verhindern. Am nächsten Tag bat die Bundeskanzlerin für den unter nächtlichem Zeitdruck gefassten Bund-Länder-Beschluss die Menschen um Verzeihung und erklärte, dass die geplanten Regelungen zu einer »erweiterten Ruhezeit« an den Ostertagen nicht umgesetzt würden.

Wegen der politischen Grundsatzentscheidung für eine möglichst lange Offenhaltung von Schulen und Kitas war die relative Zusatzbelastung der Minderjährigen im zweiten Lockdown zwar geringer als im ersten. Die erneute Schließung von Schulen für den Präsenzunterricht ab 14. Dezember 2020 hat die Bildungsungleichheit aber noch weiter verschärft, zumal das gesamte Schuljahr 2020/21 von Quarantäne- und Schließzeiten geprägt war. Spätestens während des mehrfach verlängerten und verschärften Lockdowns zeigte sich, dass Laptops und funktionierende Server im Homeschooling die

Lehrer/innen beim (vor der Pandemie vielleicht kaum geschätzten oder sogar verhassten) Präsenzunterricht im Klassenzimmer ebenso wenig ersetzen können wie Videokonferenzen oder Chats den persönlichen Kontakt zwischen Jugendlichen. Erziehung und Bildung im emphatischen Sinn braucht die Begegnung, den Austausch und die Kommunikation zwischen Lehrenden und Lernenden, bei Letzteren gerade auch untereinander.

Zwar verfügten die meisten Schüler/innen im Frühjahr 2021 aufgrund der inzwischen erfolgten Beschaffung von Tablets und anderen Endgeräten durch Bund, Länder und Kommunen zumindest über ein digitales (Leih-)Endgerät, aber auch dieses Problem war keineswegs endgültig gelöst: Gerade Schulen mit einer benachteiligten Schülerschaft standen vor großen Herausforderungen und konnten nicht alle Kinder bedarfsgerecht mit Endgeräten ausstatten, sodass man weiterhin von Schüler(inne)n hörte, die allenfalls mit einem Handy auf digitale Unterrichtsangebote und Materialien zugreifen konnten. Offenbar bestanden solche digitalen Ausstattungsmängel besonders bei (in Sammelunterkünften lebenden) Kindern aus Internationalen oder Vorbereitungsklassen sowie dort, wo Bedarfsabfragen von Schulen etwa aufgrund von Sprachbarrieren oder misslungener Kommunikation mit dem Elternhaus vorbeiliefen. Selbst der postalische Versand von Arbeitsblättern wurde notgedrungen weiter praktiziert, und manche Schulen waren immer noch nicht an ein stabiles WLAN angeschlossen. Trotz eines Digitalisierungsschubs war die Form des Hybridunterrichts mit geteilten Klassen selbst im zweiten Jahr der Pandemie in den wenigsten Schulen durchführbar.

Selten gab es so viele genervte, »ausgebrannte« und total erschöpfte Familien wie im pandemischen Ausnahmezustand 2020/21. Während des mehrfach unterbrochenen, länger andauernden und von der »Bundesnotbremse« abgelösten Lockdowns mussten Kinder und Jugendliche erneut ausbaden, was die politisch Verantwortlichen an Vorsorgemaßnahmen in Kitas und Schulen versäumt hatten. Auch die Ausstattungsmängel in Bezug auf Technik im eigenen

Haushalt waren nicht befriedigend gelöst, was für Kinder sozial benachteiligter Familien nötig gewesen wäre, um nicht ins Hintertreffen gegenüber materiell bessergestellten Klassenkamerad(inn)en zu geraten.

Über erhebliche Lernrückstände aufgrund des häufigen Unterrichtsausfalls klagten vornehmlich Schüler/innen jener Klassenstufen, die vor zentralen Prüfungen standen. Sie waren in großer Sorge angesichts der schwierigen eigenen Prüfungsvorbereitung zu Hause und der unter widrigsten Umständen stattfindenden Abschlussprüfungen. Die mehrstündigen Leistungskursklausuren unter Atemschutzmasken zu schreiben, war kein Vergnügen und der Konzentration wenig zuträglich. Wegen ihres womöglich als zweitklassig angesehenen »Corona-Abis« fürchteten manche Schüler/innen, im Extremfall lebenslang berufliche Nachteile zu erleiden.

Nie zeigten sich die Unterfinanzierung, die Ausstattungsmängel sowie die Personalnot von Kitas, Schulen und Einrichtungen der Jugendhilfe deutlicher als während der Covid-19-Pandemie. Wenn mehrere (früh)pädagogische Fachkräfte aufgrund gesundheitlicher Beeinträchtigungen, schwerwiegender Vorerkrankungen oder häuslicher Quarantänemaßnahmen ausfielen, brach in den meisten Kitas und Schulen der ohnehin stark eingeschränkte Betrieb zusammen. Selbst im Wechselunterricht mit konstanten halben Lerngruppen, der eine Alternative zum bloßen Digitalunterricht darstellte, waren die Klassen deutscher Schulen zu groß (hohe Klassenfrequenz) und die Klassenräume (geringe Quadratmeterzahl) zu klein, als dass Lehrer/innen und Schüler/innen genügend Abstand halten konnten.

Hätten die deutschen Schulen ähnlich viel Lehrpersonal wie diejenigen in den skandinavischen Ländern, wo »Teamteaching« kein Fremdwort mehr ist, weil das gemeinsame Unterrichten einer Klasse durch mindestens zwei Lehrkräfte längst zum Berufsalltag gehört, und würden hier genauso viele Schulpsychologinnen und Schulsozialarbeiter wie dort beschäftigt, wären nicht bloß geringere Probleme beim Übergang zum Wechselunterricht aufgetreten, sondern auch erheblich weniger Kinder aus sozial benachteiligten Familien unnötig durch Fernunterricht gestresst worden oder im Homeschooling ganz auf der Strecke geblieben.

In einer digitalen Zweiklassengesellschaft scheitern zwangsläufig jene Kinder und Jugendlichen, die gar keinen oder nur einen beschränkten Zugang zu schnellem Internet, Computer und Drucker haben. Wenn sie von sämtlichen Onlineangeboten im Bildungs- und Kulturbereich wie auch von den Gruppenchats ihrer Peergroup ausgeschlossen waren, fühlten sich die Betroffenen wie »Kinder zweiter Klasse«, die einfach nicht dazugehören.

Eine (erfolgreiche) Teilnahme am Distanz-, Hybrid- und Wechselunterricht setzte nicht bloß einen Internetanschluss, die Ausstattung mit geeigneten Endgeräten und die Fähigkeit zu selbstständigem Lernen, sondern auch Kompetenzen im Umgang mit digitalen Medien voraus. Schon vor der Pandemie waren die computer- und informationsbasierten Kompetenzen der Schüler/innen in Deutschland im internationalen Vergleich mittelmäßig sowie die Ausstattung mit mobilen Endgeräten, der Zugang zu WLAN in der Schule und die Verfügbarkeit von Lernmanagementsystemen, aber auch die Teilnahme von Lehrkräften an Fortbildungsveranstaltungen zu diesem Kompetenzbereich sogar unterdurchschnittlich.

Zugleich deutet sich eine Verstärkung der sozialen Ungleichheit durch eine Ungleichverteilung der digitalen Kompetenzen zwischen Schüler(inne)n verschiedener Schulformen und nach der sozialen Herkunft an. Laut der International Computer and Information Literacy Study (ICILS), einer international vergleichenden Schulleistungsstudie, lagen die mittleren Kompetenzwerte, die Gymnasiast(inn)en erreichten, deutlich vor jenen der Achtklässler/innen anderer Schulformen der Sekundarstufe I.[27] Für das Erreichen nur der ersten und/oder zweiten von fünf Kompetenzstufen erwies sich das an der Zahl der Bücher im heimischen Haushalt gemessene »kulturelle Kapital« der Familie als besonders einflussreich: Rund 43 Prozent der Achtklässler/innen aus Familien mit niedrigem, aber bloß 18 Prozent der Achtklässler/innen aus Familien mit hohem kulturellen Kapital verfügten über geringe, rudimentäre bzw.

basale Kompetenzen.[28] Je nach der sozialen Herkunft fiel die Ungleichheit bei den computer- und informationsbezogenen Kompetenzen der Schüler/innen zudem in Deutschland höher aus als in fast allen anderen Staaten. Verstärkt wird die Ungleichheit durch ein anderes Nutzerverhalten: Sozial privilegierte Kinder und Jugendliche nutzen digitale Medien eher instrumentell, etwa zur Informationsbeschaffung und zum Lernen, als zur Selbstdarstellung oder zur bloßen Unterhaltung. Auch verfügen sie offenbar über eine längere Erfahrung, größere Expertise und ein breiteres Spektrum von Nutzungsoptionen.

Durch die Covid-19-Pandemie hat die Digitalisierung der Kinderzimmer, der Schulen und des Unterrichts einen kräftigen Schub erhalten, wurde die Bundesrepublik doch bisher von der IT-Lobby als in dieser Beziehung unterentwickelt hingestellt. Manchmal ist eine Medizin aber schlimmer als die Krankheit, deren Heilung sie bewirken soll. Ausgerechnet während der Covid-19-Pandemie erreichte die »Smartphone-Epidemie« (Manfred Spitzer) ihren Höhepunkt. Gerald Lembke, Studiengangleiter für Digitale Medien an der Dualen Hochschule Baden-Württemberg Mannheim, und der Wirtschaftsjournalist Ingo Leipner stehen digitalen Medien sowie ihrem Einsatz im Unterricht zumindest für Grundschüler/innen reserviert gegenüber. Beide haben in Buchveröffentlichungen analysiert, welche politökonomischen Interessen dahinterstehen, sich aber auch mit den sozialen Folgen beschäftigt.[29] High-Tech-Konzerne, die kaum Steuern zahlen und damit den Staaten jene Einnahmen vorenthalten, die etwa für mehr Frühförderungsmaßnahmen zugunsten sozial Benachteiligter verausgabt werden könnten, machen Gewinne mit dem Verkauf digitaler Lernprogramme für arme Kinder, während ihre Topmanager und andere reiche Eltern ihren eigenen Sprösslingen womöglich gar die Handynutzung verbieten. Demnach vertiefen digitale Medien die ökonomische und soziale Spaltung der Gesellschaft.

Die pandemiebedingten Lernrückstände sollen durch das im Mai 2021 beschlossene, den Bund 2 Milliarden Euro kostende »Corona-Aufholpaket« beseitigt werden, wobei die SPD-Vorsitzende Saskia Esken und das Bundesfamilienministerium vor allem Mittel für Sprachförderung in Kitas, Schulsozialarbeit, Nachhilfestunden für Schüler/innen, Ferienprogramme und Jugendeinrichtungen, aber auch einen »Kinderfreizeitbonus« in Höhe von 100 Euro je Kind aus bedürftigen Familien bereitstellen wollten. Das CDU-geführte Bundesbildungsministerium setzte hingegen mehr auf Lernstandserhebungen, um Wissens- und Kompetenzlücken der Schüler/innen besser einschätzen zu können. Zweifelhaft ist einerseits, ob man die pandemiebedingten Lernrückstände durch Nachhilfestunden und Förderkurse überhaupt aufholen kann, und andererseits, ob sich die von der Pandemie geplagten Kinder und Jugendlichen in den Sommerferien dafür gewinnen ließen, zumal solche Programme erfahrungsgemäß eher von leistungsstärkeren Schüler(inne)n aus »gutem Hause« nachgefragt werden, nicht aber von ihren sozial benachteiligten Altersgenoss(inn)en. Profitieren dürften Lehramtsstudierende, Stiftungen und kommerzielle Nachhilfeträger.

Kindheit im Ausnahmezustand: Was die Pandemie hinterlässt

Über anderthalb Jahre lang hat die Covid-19-Pandemie das Leben der Minderjährigen hierzulande beherrscht, und zwar von morgens bis abends und sogar noch nachts, weil viele Kinder und Jugendliche nicht (gut) ein- oder durchschlafen konnten. Zu den Existenzsorgen armutsgefährdeter Familien gesellte sich bei ihnen nun die für sensible Zeitgenoss(inn)en besonders unangenehme Infektionsangst. Vornehmlich für kleine Kinder, die nichts über Virusinfektionen und Infektionskrankheiten wissen konnten, war das neuartige Coronavirus ein ebenso rätselhaftes wie unheimliches Phänomen, welches sie in Angst und Schrecken versetzte. Außerdem beeinträchtigten Arbeitsplatzverluste, Phasen der Kurzarbeit sowie Quarantäne- und Isolationsmaßnahmen das Familienklima.

Noch härter traf es Kinder mit Behinderungen, Einschränkungen und Assistenzbedarf, weil sie etwa in der Förderschule nun häufig ganz auf sich allein gestellt waren. Kinder- und Jugendärzte sowie Psychotherapeut(inn)en schlugen Alarm, weil die Verhaltensauffälligkeiten bei Minderjährigen signifikant zunahmen. Vermehrt beobachtet wurden Daumenlutschen, Nägelkauen, Essstörungen, extreme Stimmungsschwankungen, depressive Verstimmungen, unkontrollierte Gefühlsausbrüche, Konzentrationsstörungen, Entwicklungsverzögerungen und Aggressionen verschiedener Art.

Jungen und Mädchen ging die geregelte Alltagsstruktur in der pandemischen Ausnahmesituation noch viel eher verloren als Erwachsenen, die sich aufgrund ihrer größeren Lebenserfahrung und Anpassungsfähigkeit leichter an einen total veränderten Tagesablauf gewöhnen konnten. Die rigiden Schutzvorschriften und vielfältigen Beschränkungen des Privatlebens während der Pandemie machten teilweise genau das unmöglich, was Juvenilität heute ausmacht, und zwängten die Jugend in ein Verhaltenskorsett, das sie wie vorzeitig gealterte Erwachsene agieren ließ.

Dass die Pandemie betroffenen Kindern psychisch mindestens ebenso stark zusetzte wie ihren Familien, zeigten bereits Untersuchungen aus dem Lockdown im Frühjahr 2020. Erwähnt sei hier die COPSY-Studie (Corona und Psyche) als erste deutschlandweite repräsentative Untersuchung zur psychischen Gesundheit und Lebensqualität von Kindern und Jugendlichen während der Pandemie. 1500 junge Menschen zwischen elf und 17 Jahren waren dafür unter Leitung von Ulrike Ravens-Sieberer, Forschungsdirektorin der Klinik und Poliklinik für Kinder- und Jugendpsychiatrie, -psychotherapie und -psychosomatik des Universitätsklinikums Hamburg-Eppendorf, im Mai/Juni 2020 befragt worden. 70,7 Prozent der Minderjährigen und 75,4 Prozent der Eltern fühlten sich durch die Pandemie und die damit einhergehenden Veränderungen seelisch belastet. Die meisten Kinder und Jugendliche empfanden vor allem das Homeschooling als anstrengend (64,4 %). Sie hatten weniger Kontakt zu ihren Freund(inn)en (82,8 %) und berichteten über häufigeren Streit in der Familie (27,6 %). 79 Prozent der Eltern belastete eine pandemiebedingte Veränderung ihrer beruflichen Situation.[30]

Verglichen mit der Zeit vor der Covid-19-Pandemie hat sich die Lebensqualität von Kindern und Jugendlichen deutlich verschlechtert. Während der Pandemie wurden bei fast jedem dritten Kind psychische Auffälligkeiten festgestellt; vorher war nur etwa jedes fünfte Kind betroffen gewesen. Besonders belastet waren Minderjährige, deren Eltern einen niedrigen Bildungsabschluss aufwiesen, die einen Migrationshintergrund hatten und/oder die auf beengtem Raum lebten (Wohnfläche geringer als 20 Quadratmeter pro Person).

Dass sich die Miet- und Wohnungsfrage zu der sozialen Frage entwickelt hat, unter welcher einkommensschwache Familien heute am meisten leiden, hat die Pandemie den Menschen noch deutlicher vor Augen geführt. Denn in einem Haus mit Terrasse und Garten ließ sich der Lockdown natürlich sehr viel leichter ertragen und die Rückkehr zum Regelbetrieb der Schulen und Kindertagesstätten viel entspannter abwarten, als dies einer Familie in zwei, drei Zimmern am Stadtrand oder in einer Mehrbettsammelunterkunft für Flüchtlinge und Wohnungslose möglich war. Vermutlich wurden in den Gärten von Eigenheimen wohlhabender Mittelschichtfamilien nie mehr Kindertrampolins, Klettergerüste, Planschbecken und Sandkästen aufgestellt als während des ersten Lockdowns im Frühjahr 2020.

Schon vor der Pandemie waren die Wohnbedingungen junger Menschen hierzulande ausgesprochen disparat, denn sie reichten von einer Sammelunterkunft für Flüchtlinge im Niemandsland bis zu einer schlossähnlichen Villa mit Seegrundstück. 80 Prozent der Familien verfügten immerhin über mindestens ein Zimmer pro Haushaltsmitglied, wie SOEP-Daten für 2018 zeigen.[31] Weniger als einen Raum pro Haushaltsangehörige/r zur Verfügung hatten insbesondere Mehrkinderfamilien (rund 50 %), »bildungsferne« Familien, solche mit Migrationshintergrund (rund 40 %) und solche im Hartz-IV-Bezug (rund 30 %). Obwohl 85 Prozent aller Zwölfjährigen ein eigenes Zimmer bewohnten, traf dies deutlich seltener für Gleichaltrige aus »bildungsfernen« (63 %), SGB-II-Leistungen beziehenden (64 %), Familien mit Migrationshintergrund (67 %) sowie Mehrkinderfamilien (71 %) zu. Dies dürfte sich für Betroffene im Lockdown sowie beim Distanz- und Hybridlernen als besonders problematisch herausgestellt haben. Die drei zuletzt genannten Gruppen bewerteten ihre Wohnung zu mehr als einem Drittel als (viel oder etwas) zu klein. Einen eigenen Schreibtisch zur Hausaufgabenerledigung hatten zwar fast 90 Prozent aller Zwölfjährigen, die Anteile lagen aber erheblich niedriger bei Kindern im Hartz-IV-Bezug (69 %) und aus »bildungsfernen« Familien (72 %). Diese gruppenspezifischen Einschränkungen der Minderjährigen beim Wohnen bereits vor der Pandemie weisen auf die unterschiedlichen Belastungen und familiären Ressourcen hin, denen junge Menschen angesichts geschlossener Kitas und Schulen ausgesetzt waren.

Die pandemiebedingten Einschränkungen des Privatlebens und der persönlichen Bewegungsfreiheit durch staatliche Infektionsschutzmaßnahmen trafen Jugendliche und Heranwachsende besonders hart, weil diese in aller Regel kontakt-, kommunikations- und reisefreudiger sowie erlebnishungriger sind als Erwachsene. Minderjährige halten sich daher seltener zu Hause auf, sie treffen normalerweise mehr Freunde, Freundinnen und Bekannte, sie flanieren, feiern und flirten gern mal, nutzen aber auch häufiger und intensiver öffentliche Räume, die hierzulande während des wiederholten Lockdowns weitgehend geschlossen blieben. Dies galt für Jugendzentren und -clubs, Bars, Bistros, Cafés, Diskotheken, Kneipen, Restaurants, Fitnessstudios und Kinos genauso wie für Spielplätze und Sportstätten. Während der Profifußball zumindest ohne Zuschauer/innen bald wieder aufgenommen werden konnte, wurde der Amateur-, Vereins- und Breitensport von den zuständigen Behörden für lange Zeit unterbunden.

Je länger die Einschränkungen dauerten, umso mehr nahm die Lebensqualität von Minderjährigen in Deutschland ab. Gegenüber der ersten COPSY-Befragungsrunde hatten die Ängste und Sorgen der Kinder bei der zweiten Erhebungswelle, die im Dezember 2020/ Januar 2021 mittels Onlinefragebogen stattfand, noch einmal deutlich zugenommen. Auch ihre psychische Gesundheit war stärker beeinträchtigt. Sie zeigten häufiger depressive Symptome und psychosomatische Beschwerden. Fast jedes dritte Kind litt ein knappes Jahr nach Beginn der Pandemie unter psychischen Auffälligkeiten. Sorgen und Ängste der Minderjährigen hatten noch einmal zugenommen. Erneut waren vor allem Kinder und Jugendliche aus finanzschwächeren Haushalten oder mit Migrationshintergrund betroffen. Familien, die über einen guten Zusammenhalt berichteten und viel Zeit mit ihren Kindern verbrachten, konnten besser mit den Belastungen in der Pandemie umgehen.

85 Prozent der befragten Kinder und Jugendlichen fühlten sich durch die Pandemie stark belastet. Die Schulsituation schilderten 90 Prozent der Kinder als genauso anstrengend wie oder sogar noch anstrengender als im ersten Lockdown. Nur 10 Prozent der Kinder hatten sich offenbar daran gewöhnt und fühlten sich inzwischen weniger belastet als damals. Verschlechtert hatte sich bei 40 Prozent der Befragten ihr Verhältnis zu Freund(inn)en. Gleiches galt für das Gesundheitsverhalten. Zehnmal mehr Kinder als vor der Pandemie und doppelt so viele wie bei der ersten Befragung trieben überhaupt keinen Sport mehr. Auch die Ernährung blieb suboptimal, denn es wurden weiterhin zu viele Süßigkeiten verzehrt. Stattdessen verbrachten die Kinder noch mehr Zeit als im Frühsommer 2020 am Smartphone, am Tablet und an der Spielkonsole, wobei sie die digitalen Medien jetzt häufiger für die Schule nutzten. Offenbar gab es auch mehr Beziehungskrisen und Streit in den eigenen vier Wänden. Wut, Aggressionen und psychosomatische Beschwerden wie Niedergeschlagenheit oder Kopf- und Bauchschmerzen hatten deutlich zugenommen.

Unter dem wiederholten Lockdown litt die Quantität, aber auch die Qualität der zwischenmenschlichen Beziehungen. Trotz vermehrter Nachbarschaftshilfe breiteten sich Kontaktarmut, Einsamkeit und soziale Isolation aus, weil die Netzwerke von Freund(inn)en, Bekannten und Kolleg(inn)en rissen. Minderjährige, die wegen der Kontaktbeschränkungen ihre Freunde, Freundinnen und Klassenkamerad(inn)en nicht mehr treffen konnten, sich aber wegen der im ersten Lockdown aus Hygienegründen gesperrten Spielplätze und Sportanlagen selbst dort nicht mehr aufhalten konnten, klagten besonders dann unter größerer Vereinsamung, wenn sie Einzelkinder waren oder keine ungefähr gleichaltrigen Geschwister hatten. Während des zweiten, länger andauernden Lockdowns hatten diese Minderjährigen stark unter Erlebnisarmut und Langeweile zu leiden.

In der zweiten Elternbefragung des ifo Instituts beobachteten 85 Prozent der Eltern, dass sich ihre Kinder sehr viel seltener mit Freunden trafen, und 76 Prozent stuften dies als große Belastung für die Kinder und Jugendlichen ein. Auch die sozialen Kompetenzen hatten nach Elternmeinung durch die Schulschließungen abgenommen, und deutlich mehr Eltern als im ersten Lockdown gaben an, der Streit mit ihren Kindern habe zugenommen. Besorgniserregend fielen die Einschätzungen zur sozioemotionalen Lage der Kinder aus, denn emotionale Probleme – Traurigkeit, Ängste, Nervosität – sowie mangelnde Konzentrationsfähigkeit hatten ebenfalls deutlich zugenommen.[32]

Für die Kinder aus sozial benachteiligten oder armutsgefährdeten Familien, denen man ohnehin wenig Aufmerksamkeit schenkt, war die im Lockdown verhängte Kontaktsperre gegenüber Erzieher(inne)n und Lehrer (inne) n, ihren nach oder neben den Eltern wichtigsten erwachsenen Bezugspersonen, ein traumatisches Erlebnis, das in Einzelfällen panikartige Reaktionen auslöste. Oftmals fiel solchen Kindern die Decke auf den Kopf, gab es im häuslichen Bereich doch noch seltener als sonst Anregungen und Abwechslungen. Mancherorts entlud sich die gereizte Stimmung der anderen Familienmitglieder, die zu Hause »eingesperrt« waren, auch in Partnerschaftskonflikten und häuslicher Gewalt. Kinder fühlten sich der Pandemie hilflos ausgeliefert, ohnmächtig und handlungsunfähig. Hatten sie schon vorher unter familiären Problemen gelitten, plagten sie nun vermehrt Zukunftssorgen. Viele gerieten völlig aus dem seelischen Gleichgewicht.

Selbst wenn die Pandemie durch massenhaftes Impfen und Erreichen des Gemeinschaftsschutzes bzw. der »Herdenimmunität« – ein grauenhaftes Wort – irgendwann für immer überwunden sein sollte, hat sie zu einer Krise der Kindheit geführt und Kinder der Krise hinterlassen. Denn ihre elementaren Schutz-, Fürsorge- und Beteiligungsrechte sind hierzulande in der Coronakrise verletzt worden.[33] Michael Klundt nennt in diesem Zusammenhang die etwa drei Millionen Kinder im Berechtigtenkreis des Bildungs- und Teilhabepakets, denen ihr kostenfreies Mittagessen in der Bildungs- oder Betreuungseinrichtung von heute auf morgen zunächst ersatzlos gestrichen worden war. Auch die Angebote der Kinder- und Jugendhilfe wie etwa Hilfen zur Erziehung in den Familien wurden vielfach eingestellt oder reduziert. Nur sporadisch oder gar nicht mehr erreichbar waren seit Pandemiebeginn die Angebote der offenen Jugendarbeit und der Jugendsozialarbeit. Mit den (armen) Kindern und Jugendlichen wurde auch die Kinder- und Jugendhilfe als wichtige Anlaufstation von der Pandemie geschwächt und vieler Handlungsmöglichkeiten im Hinblick auf Beratung, Behandlung und Begleitung ihrer Adressat(inn)en beraubt.

Den öffentlichen Diskurs, der noch kurz zuvor maßgeblich durch die fantasievollen Aktionen der »Fridays for Future«-Bewegung, ihr Engagement für einen wirksamen Klimaschutz und ihre politischen Forderungen geprägt worden war, vermochten junge Menschen während der Pandemie nicht zuletzt deshalb kaum noch zu beeinflussen, weil ihnen die persönlichen Treffen mit Gleichgesinnten fehlten. Beschlüsse wie die Entscheidung der Bundeskanzlerin und der Ministerpräsident(inn)en, große Bereiche des gesellschaftlichen Lebens für längere Zeit stillzulegen, wurden ohne vorherige Anhörung von Kindern und Jugendlichen gefasst. Dass diese mit am stärksten von den Schließungen und Kontaktbeschränkungen betroffen sein würden, wussten alle politisch Verantwortlichen vorher.

Alle gesundheits-, wirtschafts- und sozialpolitischen Maßnahmen, die Parlament und Regierung während der Covid-19-Pandemie ergriffen, wurden über die Köpfe von Kindern und Jugendlichen hinweg beschlossen. Obwohl sich die Bundesrepublik durch ihre Ratifizierung der UN-Kinderrechtskonvention (UN-KRK) verpflichtet hat, Kinder in allen sie betreffenden Fragen anzuhören, wurden sie in die Willensbildungs- und Entscheidungsprozesse zunächst nicht einbezogen. Mitglieder des Forschungsverbundes »Kindheit – Jugend – Familie in der Corona-Zeit« haben Jugendliche, Heranwachsende und junge Erwachsene zwischen 15 und 30 Jahren online nach ihren subjektiven Eindrücken während der Pandemie befragt. Durch ihre JuCo-Studien fanden sie bestätigt, »dass junge Menschen selbst kaum gehört und in die Entscheidungen nicht einbezogen wurden und werden. Auch in der Kinder- und Jugendhilfe bestimmten vor allem die Erwachsenen, wie es während der Pandemie in den Einrichtungen weitergeht.«[34]

Erst als Jugendverbände und erwachsene Kritiker/innen öffentlich monierten, dass man die jungen Menschen weder konsultiert noch rechtzeitig darüber informiert hatte, was geschehen sollte, eröffnete die damalige Bundesjugendministerin Franziska Giffey am 2. Februar 2021 einen digitalen Dialog mit Jugendlichen und jungen Erwachsenen. Anschließend lud Giffey zu einem »Jugend-Hearing« am 11. März 2021 ein, bei dem sie mit Betroffenen und deren Interessenvertretungen, Fachorganisationen der Jugendhilfe und Wissenschaftler(inne)n über das Thema »Corona, Jugend und die Folgen« diskutierte.

Am 19. Mai 2021 trat Giffey wegen anhaltender Plagiatsvorwürfe gegenüber ihrer Dissertation und wegen der offenbar bevorstehenden Aberkennung ihres Doktortitels durch die FU Berlin als Bundesministerin für Familie, Senioren, Frauen und Jugend zurück. Statt sofort eine fachkundige Nachfolgerin für das wichtige Ressort zu benennen, ließ es die SPD kommissarisch von Bundesjustizministerin Christine Lambrecht mitverwalten. In der pandemischen Ausnahmesituation das für Familien, Kinder und Jugendliche zuständige Ressort über vier Monate lang unbesetzt zu lassen, bildete ein fatales Signal, wie gering der Stellenwert dieses Personenkreises für die Regierungsparteien war.

Kinderrechte und Kinderschutz wurden in der Pandemie entweder vernachlässigt oder sogar ausgehebelt. Was in dieser Ausnahmesituation für Erwachsene vielleicht ein akuter Geld- und Zeitmangel war, erlebten Kinder in einer zu kleinen Wohnung hauptsächlich als Bewegungsmangel. Wenn die Familie auf engstem Raum zusammenlebte, stieg während des wiederholten Lockdowns oder einer Quarantäne- bzw. Isolationsmaßnahme das Risiko für Kinder und Jugendliche, Opfer gewaltsamer Übergriffe und sexuellen Missbrauchs durch ihre (Stief-)Väter zu werden. Da die Betreuungseinrichtungen, Kontaktstellen und Beratungsbüros vielfach geschlossen waren, blieben solche Delikte eher unentdeckt, weshalb von einer höheren Dunkelziffer auszugehen ist.

Mechthild Seithe beklagt, dass die für hilfebedürftige Minderjährige zuständige Profession in den Politikerreden nicht vorgekommen sei: »Die Regierung und die öffentliche Meinung haben die Soziale Arbeit und insbesondere die Jugendhilfe in der Krise genauso marginalisiert wie deren Klientel.«[35] Dass die Kinder- und Jugendhilfe ausgerechnet in einer gesellschaftlichen Krisensituation, die Armutslagen verfestigt, Bildungsbenachteiligung durch Schulschließungen verstärkt sowie Heranwachsende mit ihren Ängsten auf sich selbst und ihre Familien zurückgeworfen hat, nur eingeschränkt handlungsfähig war, dürfte gravierende Folgen haben. Nicht bloß die Bildungs-, sondern auch die Kinder- und Jugendpolitik ist gefordert, die Krisenfolgen abzufedern und besonders vulnerablen Gruppen wie den Kindern und Jugendlichen sowie ihren Familien (trotz geleerter öffentlicher Kassen und massiver Verteilungskämpfe) mehr unterstützende und ausgleichende Angebote zu machen.

Die in vielerlei Hinsicht zerrissene junge Generation hat ebenso wenig eine rosige Zukunft wie die auseinanderdriftende Gesellschaft, in der sie lebt. Nur wenn es gelingt, die den Familien, Kindern und Jugendlichen von der tiefen Pandemiekrise geschlagenen Wunden zu heilen und vereint mehr sozioökonomische Gleichheit zu schaffen, kann das Land hoffen, seine enorme Wirtschaftskraft und das Wohlstandsniveau der Bevölkerung auf Dauer zu sichern.

8 Gleichheit nützt allen, Kindern wie Erwachsenen

Nach wie vor wird die soziale Ungleichheit, und zwar gerade jene der armen und reichen Kinder, hierzulande weitgehend tabuisiert. Um sie ernsthaft anzugehen, muss zuerst ein politisches Klima geschaffen werden, das soziale Ungerechtigkeit leichter skandalisierbar und ihre gesellschaftlichen Ursachen klarer erkennbar macht. Denn es ist skandalös, wenn die Lebensbedingungen und damit die Chancen und die Zukunft von Minderjährigen in einem der reichsten Länder der Welt so weit auseinanderklaffen wie bei uns. Wenig hilfreich im Umgang mit der sozioökonomischen Ungleichheit sind die Massenmedien, weil sie häufig Stereotype über reiche und »Unterschichtfamilien« verbreiten, statt Aufklärung über die Strukturen, die gesellschaftlichen Entstehungsursachen und die unterschiedlichen Erscheinungsformen der Ungleichheit zu betreiben. Gegenüber der sozialen Ungleichheit darf es aber keine Toleranz geben: Mit der sich vertiefenden Kluft zwischen Arm und Reich setzt das Land seine Zukunft aufs Spiel. Eine sinnvolle Alternative zur Ellenbogenmentalität des Neoliberalismus heißt: mehr Solidarität! Erkannt und der breiten Öffentlichkeit vermittelt werden muss, dass sozioökonomische Gleichheit nicht bloß einen Vorteil für bisher stark Benachteiligte, sondern auch Glück für jedes einzelne Individuum bedeutet und den gesellschaftlichen Zusammenhalt stärkt.

Ungleiche Lebensbedingungen sind ein Skandal

Kurz vor der Jahrtausendwende häuften sich die Pressemeldungen über Kinderarmut im vereinten Deutschland. Oft beruhigten die Journalist(inn)en sich und ihr Publikum jedoch gleich wieder mit dem Hinweis, es handle sich dabei weniger um materielle Not als um mangelnde Zuwendung, mentale Verwahrlosung und Vernachlässigung durch die Eltern. Mittlerweile wird nicht nur häufiger und ausführlicher, sondern auch sehr viel differenzierter als noch vor wenigen Jahren über die Armut junger Gesellschaftsmitglieder berichtet. Bei aller Empathie in den Berichten und Reportagen bleibt die politische und mediale Debatte jedoch häufig auf der Erscheinungsebene, wo man weder die gesellschaftlichen Hintergründe des Problems erfassen noch Erfolg versprechende Strategien zu seiner Lösung entwickeln kann. Auch wird selten auf einem hohen Niveau über die Notwendigkeit und die Möglichkeit wirksamer Gegenmaßnahmen reflektiert. Hier dürfte einer der Gründe dafür liegen, dass Kinderarmut öffentlich beklagt, aber nicht energisch bekämpft wird: »Kindheit in Armut kann sich zwar des Mitgefühls ihrer gesellschaftlichen Umwelt gewiss sein, jedoch nicht eines hinreichenden gesamtgesellschaftlichen Veränderungswillens.«[1]

Den medialen Diskurs über Kinderarmut durchziehen zwei Grundmuster, die jedoch selten »in Reinkultur« vorkommen: Entweder wird am Einzelfall demonstriert, welche konkreten Auswirkungen die Armut beispielsweise auf Mehrkinderfamilien in »sozialen Brennpunkten« hat, wodurch man das Mitgefühl bei den Leser(inne)n anspricht. Dann nimmt die öffentliche Diskussion über missbrauchte und verwahrloste, teilweise unter tragischen Umständen gestorbene Kinder wie Jessica in Hamburg, Kevin in Bremen und Lea-Sophie in Schwerin dank entsprechender Medienberichte schon mal beinahe hysterische Züge an. Als Folge wurde in der Vergangenheit vor allem der Druck auf die Behörden erhöht, früher und massiver einzugreifen, der sozioökonomische Hintergrund solcher Familientragödien aber selten ausgeleuchtet. Vielmehr überwogen

Schuldzuweisungen an offenbar total überforderte, kranke und psychisch gestörte Eltern. Sich über die Not und das erschreckende Elend in einem reichen Land zu empören, hilft jedoch wenig, da (Kinder-) Armut als Teil der sozialen Ungleichheit ein nicht wegzudenkender Bestandteil des bestehenden Wirtschafts- und Gesellschaftssystems ist, der politisch höchstens begrenzt, aber nicht konsequent bekämpft wird. Die am östlichen Rand des Ruhrgebietes aufgewachsene Journalistin und Publizistin Anna Mayr hat als Kind selbst Armutserfahrungen gemacht und darüber ein Buch unter dem Titel *Die Elenden* geschrieben. Hierin stellt sie fest, dass es nicht reicht, die Ungerechtigkeiten des kapitalistischen Wirtschafts- und Gesellschaftssystems anzuprangern. Vielmehr müsse es grundlegende Veränderungen geben, die man durch moralische Appelle kaum anstoßen könne: »Ein armes Kind erweckt Mitleid, aber dieses Mitleid ändert die Verhältnisse nicht, es macht die Welt nicht gerechter.«[2]

Oder die Medienmacher/innen ziehen (offizielle) Statistiken heran, um damit zu belegen, wie problematisch eine hohe Armutsquote unter Kindern in demografischer Hinsicht für Deutschland bzw. in ökonomischer Hinsicht für den »Standort« ist und welche Nachteile das für die heimische Volkswirtschaft hat. Abgesehen davon, dass nackte Zahlen abstumpfend wirken und man sich schnell an die von ihnen dargestellte Realität gewöhnt, ist zu fragen, was der sicherlich gut gemeinte Appell an die nationale Verantwortungsgemeinschaft taugt, wenn die von Armut betroffenen Halbwüchsigen (noch) keine »Leistungsträger/innen« der Volkswirtschaft, sondern als »teure Kostgänger/innen« des Sozialstaates diffamierte Angehörige der gesellschaftlichen Unterschicht sind.

So schwankt der öffentliche Diskurs über Kinderarmut zwischen dem Hang zur Moralisierung dieses Problems und dem vermeintlichen Zwang zur Sicherung des »Wirtschaftsstandortes«. Weder die Mobilisierung von Mitleid gegenüber den hilflosen Lebewesen noch die Instrumentalisierung der Standortlogik zwecks erfolgreicherer Bekämpfung der Kinderarmut können allerdings überzeugen. Wenn der »Standort D« im Mittelpunkt steht, kommen arme Kinder und schlecht (aus)gebildete Jugendliche höchstens als brachliegendes Humankapital vor. Zwar kann man auch im nationalökonomischen oder Standortinteresse berechtigte Kritik an der Kinderarmut üben, wie das etwa die Bertelsmann Stiftung tut, läuft aber unter diesen Umständen leicht Gefahr, den Bock zum Gärtner zu machen und Ratschlägen neoliberaler Ökonomen zu folgen, deren Realisierung das Problem wahrscheinlich noch weiter verschärfen würde.

Den politischen Diskurs zur Kinderarmut hat Maksim Hübenthal, wissenschaftlicher Mitarbeiter am Fachbereich Erziehungswissenschaft und Psychologie der Freien Universität Berlin, in seiner Doktorarbeit am Beispiel der Plenardebatten im Bundestag rekonstruiert. Ihm zufolge sehen wir in der Politik vier verschiedene Erklärungsansätze: Der erste versteht Kinderarmut als Folge von »Erziehungsarmut«, was für seine Vertreter/innen bedeutet, die Maßnahmen zur Bekämpfung der Kinderarmut auf eine »Reeducation« der betroffenen Familien zu konzentrieren. Beispielsweise könnte durch den Ausbau von Kindertagesstätten zu Familienzentren besser auf »Problemfamilien« eingewirkt werden. Der zweite erklärt Kinder- zu Bildungsarmut und sieht die Lösung folgerichtig darin, Kindertageseinrichtungen und Schulen so zu fördern, dass die Bildungschancen verbessert werden. Der dritte Ansatz führt Kinder- auf Geldarmut zurück, die durch Maßnahmen zur Umverteilung sowie zur materiellen Besserstellung von Eltern im Niedriglohnsektor und im Transferleistungsbezug bekämpft werden muss. Der vierte Ansatz schließlich begreift Kinder- als Rechtearmut. Dementsprechend müssten vor allem Maßnahmen zur Aufwertung der Rechtsposition von Kindern ergriffen werden wie die Verankerung besonderer Kinderrechte in der Verfassung.

Hübenthal hat recht, wenn er feststellt, dass Kinderrechte in der Verfassung verankerte einklagbare Rechtsansprüche sein müssen anstatt nur ein relativ unverbindliches Staatsziel. Problematisch ist seine Schlussfolgerung, »dass einzig die Rechtearmutskonstruktion mit ihrem generational angelegten Verständnis sozialer Gerechtigkeit in der Lage ist, die Problemlagen von Kindern als Kinder zu erfassen, diese Bevölkerungsgruppe umfassend in den Blick zu nehmen sowie den Vergleich zu den Erwachsenen zu ermöglichen.«[3] Man darf die politische Signalwirkung einer Aufnahme von Kinderrechten in die Verfassung nicht unterschätzen, sich aber auch keine Illusionen hinsichtlich ihrer regierungspraktischen Wirkmächtigkeit machen!

Das deutsche System der sozialen Sicherung ist zwar erwerbsarbeits-, ehe- und *erwachsenen*zentriert. Eine einseitige Konzentration auf *Kinder*rechte greift aber viel zu kurz, wenn es um die Bekämpfung von Familienarmut geht. Schließlich sind Geld und Recht zwei Medien, über die soziale Ungleichheit in der bürgerlichen Gesellschaft abgesichert wird, während Bildung und Erziehung dazu beitragen, sie zu reproduzieren und zu legitimieren. So verhindern die Hegemonie des Marktradikalismus und die Dominanz der neoliberalen Leistungsideologie bisher zusammen mit einem entsprechend deformierten Gerechtigkeitsbegriff, dass mehr als Krokodilstränen über fehlende Bildungschancen der Kinder (mit Migrationshintergrund) vergossen und wirksame Gegenmaßnahmen ergriffen werden.

Wie soll eine »kindergerechte Generationengesellschaft« entstehen, wenn die Ausbeutungsmechanismen, Eigentumsverhältnisse und Verteilungsschieflagen des Finanzmarktkapitalismus unangetastet bleiben? Wenn wir Kinderarmut nachhaltig bekämpfen wollen, müssen wir die Umverteilung von Einkommen, Vermögen und Arbeit organisieren. Mit anderen Worten: Wir müssen den Reichtum antasten und dessen Nutznießer finanziell stärker zur Verantwortung ziehen!

»Die Armen« und »die Reichen« – Klischees statt Aufklärung

Wer reich ist, zieht die Bewunderung und schlimmstenfalls »Neidgefühle« der materiell weniger gutbetuchten Mitbürger/innen auf sich. Das gilt in der Regel auch für die Kinder, obwohl sie gar keinen

Einfluss auf die Einkommens- und Vermögensverhältnisse ihrer Eltern haben. Wer arm und/oder arbeitslos ist, braucht für den Spott, abwertende Sprüche und misstrauische Blicke der wohlhabenden Mehrheit hingegen nicht zu sorgen. Besonders massiven Ausgrenzungs- und Stigmatisierungsprozessen sind Obdachlose ausgesetzt, die aus dem öffentlichen Raum verdrängt, weggejagt und kriminalisiert werden.[4]

Die meisten Armen und Arbeitslosen schämen sich oder haben Schuldgefühle, weil ihnen eingeredet wird, selbst für ihre soziale Misere verantwortlich zu sein. Genauso wie ethnische Minderheiten stoßen sie heute auf noch größere Ressentiments, als das bereits im 20. Jahrhundert der Fall war, weil Markt, Leistung und Konkurrenz zentralere Bezugspunkte der Gesellschaftsentwicklung geworden sind. Neben schmerzhaften monetären Einschnitten für Millionen Menschen hat die »Agenda«-Politik der rot-grünen Koalition auch schwerwiegende mentale Wandlungsprozesse mit sich gebracht. Vom ökonomischen Mangel einer Familie zum öffentlichen Makel ist es in einer reichen, auf den privaten Besitz von Konsumgütern und Statussymbolen fixierten Gesellschaft oft nur ein kleiner Schritt.

Arme und Erwerbslose werden entweder in diffamierender Absicht oder aus Unwissenheit häufig als »sozial Schwache« bezeichnet. Dabei erweisen sich gerade Kinder aus Familien, die auf Transferleistungen angewiesen sind, oft als erstaunlich stark, indem sie gegenüber jüngeren Geschwistern wichtige Bildungs-, Betreuungs- und Erziehungsaufgaben wahrnehmen, weil ihre Eltern dazu aufgrund gesundheitlicher oder psychischer Beeinträchtigungen nicht in der Lage sind. Auch der Begriff »bildungsfern« setzt Familien pauschal herab, die sozial benachteiligt sind und von der Gesellschaft oft genug vernachlässigt werden. Als »sozialer Brennpunkt« wird ein Stadtteil desavouiert, in dem viele Arme und Migrant(inn)en wohnen. Der genannte Begriff wirkt angsteinflößend und wertet Familien ab, die in einem von Kommunalpolitiker(inne)n vernachlässigten Stadtteil wohnen und deren Kinder gleich mehrfach benachteiligt sind.

Die neoliberalen Arbeitsmarkt- und Sozialreformen des Jahrtausendwechsels haben das Leben armer Familien nicht bloß materiell erschwert, sondern diesen auch dadurch mehr Probleme beschert, dass ihre Mitglieder noch stärker als zuvor verachtet und verächtlich gemacht werden. Man kann von einem sozialen Klimawandel sprechen, der die politische Kultur des Landes nachhaltig beschädigt hat. Arbeitslosengeld-II-Bezieher/innen werden als »Hartzer« verhöhnt und sozial ausgegrenzt. »Kein anderer Begriff hat in den letzten Jahrzehnten schlagartig eine ganze Gruppe der Bevölkerung so umfassend stigmatisiert und ins gesellschaftliche Abseits gerückt wie Hartz IV. Er hat sich geradezu als Synonym für Armut, Ausgrenzung und Almosenwirtschaft etabliert.«[5]

Wurden die Bezieher/innen der am 1. Januar 2005 abgeschafften Arbeitslosenhilfe noch als früher Sozialversicherte und ehemalige Beitragszahler/innen wahrgenommen, so empfand man Langzeiterwerbslose nach dem Inkrafttreten von Hartz IV und Medienberichten über die steigende Belastung des Bundeshaushalts durch das Arbeitslosengeld II, das Sozialgeld und die Übernahme eines Teils der Unterkunftskosten häufiger als faule Müßig- bzw. teure Kostgänger des Steuerstaates. Die globale Banken-, Finanzmarkt- und Wirtschaftskrise 2008/09 hat dies noch einmal verstärkt. Gerade die Kinder bekommen selbst eine subtile Missbilligung seitens der Mehrheitsgesellschaft hautnah zu spüren. Dass ihre Eltern von materiell Bessergestellten als »Drückeberger«, »Faulenzer« und »Sozialschmarotzer« verhöhnt werden, weil sie Grundsicherungsleistungen beziehen,[6] geht am kindlichen Gemüt nicht spurlos vorbei, sondern hinterlässt in der Psyche junger Menschen bleibende Schäden.

In einer Konkurrenzgesellschaft, die maßgeblich von sich als »Leistungsträgern« verstehenden Wirtschaftseliten und Neoliberalen geprägt wird, werden die Eltern armer Kinder meist im Sinne eines Vorwurfs an die Opfer (»blaming the victims«) für die soziale Deprivation ihrer Familie verantwortlich gemacht. Dabei wären Mitgefühl und Verständnis sehr viel angemessener, gilt es doch zu berücksichtigen, unter welch enormen finanziellen, gesundheitlichen und psychosozialen Belastungen arme Eltern stehen, die sich außerstande sehen, ihren Kindern ein ausreichendes Maß an persönlicher Zuneigung, emotionaler Wärme und kognitiver Förderung zukommen zu lassen.

Die zumeist akademisch gebildeten Angehörigen der Mittelschicht flüchten sich häufig in einen Dünkel, der sie auf die »prollige Unterschicht« herabschauen lässt, was man als klassistisch bezeichnen kann,[7] wiewohl dieser Begriff wenig präzise erscheint. Besonders in wirtschaftlichen Krisenzeiten und gesellschaftlichen Umbruchsituationen führt die sich verbreitende Angst vor dem sozialen Abstieg dazu, dass verunsicherte Kleinbürger die materiell Schlechtergestellten pauschal als »faul«, »fremdländisch aussehend« oder »bildungsfern« abwerten, um selbst besser dazustehen. Denn wenn die Armen und Arbeitslosen ihre Notlage selbst zu verantworten haben, während man sich ihnen für geistig-moralisch weit überlegen hält, muss man schließlich nicht fürchten, am Ende selbst einmal zu den Verlierern zu gehören, sondern kann sich beruhigt seiner privilegierten Stellung erfreuen.

Meinungsäußerungen aus Politik, Wissenschaft und Publizistik, die nicht zufällig jener Blütezeit des Neoliberalismus kurz nach der Jahrtausendwende entstammen, als mit der Agenda 2010 und den Hartz-Gesetzen eine institutionelle Reorganisation des Sozialstaates erfolgte, aber parallel dazu auch das Alltagsbewusstsein und das Gerechtigkeitsempfinden der Bevölkerungsmehrheit tiefgreifend verändert wurde, sollen verdeutlichen, wie man Transferleistungsbezieher/innen diffamiert und welche Vorurteile ihnen gegenüber verbreitet wurden, die sie und ihre Kinder bis heute belasten.

Man reduziert arme Kinder und Jugendliche häufig auf ihre (vermeintlichen) Bildungs- und Kulturdefizite, die sie an sozialen Erfolgen hindern. Schuld haben angeblich die Eltern, deren unterstellte Gleichgültigkeit dem Wohl ihres Nachwuchses gegenüber dessen Chancenlosigkeit besiegelt, während die Gesellschaft durchaus für gleiche Aufstiegschancen sorgt. Vor allem in den Massenmedien verbinden sich mit Kinderarmut die Bilder von »Unterschicht«-Eltern, denen ihr Nachwuchs völlig egal und die nur am eigenen

Vergnügen, aber nicht an den Wertorientierungen der Mehrheitsgesellschaft bzw. der Mittelschicht interessiert sind. So vertrat der Berliner Historiker Paul Nolte in einem Gastbeitrag für die *Zeit* (v. 17.12.2003) unter dem Titel »Das große Fressen« die gewagte These, das Hauptproblem der Unterschicht sei gar nicht die Armut, sondern der massenhafte Konsum von Fast Food und Fernsehformaten, wie sie vornehmlich die privaten Sender ausstrahlen. Demnach sind nicht etwa materielle Entbehrungen und gekürzte Sozialleistungen die Problemursache, sondern der Verlust kultureller Werte und Normen, welcher im Rahmen einer »fürsorglichen Vernachlässigung« erfolgt sei: »Einer vergleichsweise hohen materiellen Fürsorge der Unterschicht steht eine Vernachlässigung in sozialer und kultureller Hinsicht gegenüber.« Als sei das »Unterschichtenfernsehen«, dessen übermäßiger Konsum die Dauerarbeitslosen vermeintlich davon abhält, ihren sozialen Aufstieg zu organisieren, wirklich das Problem derjenigen, die möglicherweise nach Zerstreuung in einer für sie ausweglosen Lebenslage suchen, und die Niveaulosigkeit der Privatsender weder das Problem jener Medienkonzerne, die in diesem Geschäftsmodell hohe Profite wittern, noch jener Regierungspolitiker, die sich von dessen Zulassung eine Veränderung der politischen Kultur des Landes und weitere Stimmengewinne versprachen!

Protagonisten einer »neuen Bürgerlichkeit« wie Nolte taten so, als sei die Armut kulturell und eben nicht strukturell bedingt, was bedeuten würde, dass kein Mensch außer den davon Betroffenen selbst etwas dagegen tun könnte, geschweige denn müsste.

Der Bielefelder Sozialwissenschaftler Wilhelm Heitmeyer sprach in einem ähnlichen Zusammenhang treffend von »roher Bürgerlichkeit«, die einen Rückzug aus der Solidargemeinschaft einschließe: »Die Entkultivierung des Bürgertums offenbart sich im Auftreten seiner Angehörigen und in der Art und Weise, wie sie versuchen, eigene Ziele mit rabiaten Mitteln durchzusetzen. Das zeigt sich nicht zuletzt in der Abwertung schwacher Gruppen.«[8]

Ausgesprochen zynisch wirkte, dass die damalige Bundesfamilienministerin Renate Schmidt (SPD) in einem Gastbeitrag für *Bild am Sonntag* (v. 27.2.2005) unter dem bezeichnenden Titel »Armut hängt nicht nur vom Geld ab« den Hartz-IV-Empfänger(inne)n wohlfeile Ratschläge gab, wie sie ihre Kinder mit Eintopf statt mit Fast Food billiger und gesünder ernähren könnten. Entscheidender als die Frage, ob eine Familie über viel Geld verfüge, sei die Frage, ob sie es verstehe, gut mit Geld umzugehen. Kochkurse für Arbeitslosengeld II oder Sozialhilfe beziehende Frauen erschienen geradezu als Patentrezept im Kampf gegen die Armut von deren Kindern.

Arme stehen in Deutschland unter dem Generalverdacht, die angebliche Großzügigkeit des Sozialstaates auszunutzen und seine Transferleistungen zu missbrauchen. Dass der Vater im Hartz-IV-Bezug eigentlich seinen Kindern zugedachtes Geld für den Flachmann und den Flachbildschirm ausgibt, ist aber ein längst widerlegtes Vorurteil. Man sollte nicht von Einzelfällen, die es zweifellos gibt, auf die Gesamtheit der Armen schließen. Holger Stichnoth, stellvertretender Leiter der Forschungsgruppe »Soziale Sicherung und Verteilung« am Zentrum für Europäische Wirtschaftsforschung (ZEW) in Mannheim, hat zusammen mit seinem Projektteam in einer Studie für die Bertelsmann Stiftung untersucht, ob staatliche Geldleistungen an finanzschwache Familien bei den Kindern ankommen oder zweckentfremdet werden, und festgestellt, dass Letzteres selten der Fall ist.[9] Verausgabt wird das zusätzliche Einkommen demnach beispielsweise für die Reduzierung der Wochenarbeitszeit eines Elternteils sowie für Bildungs- und Freizeitaktivitäten der Kinder (Teilnahme am Kinderturnen oder Musikerziehung).

Die typischen Vorbehalte gegenüber »Unterschichteltern« sind also nicht nur unbegründet, sondern völlig aus der Luft gegriffen. Das belegen sowohl quantitative Studien zur Ausgabenstruktur der Haushalte wie auch qualitative Untersuchungen. Offenbar bemühen sich Angehörige sämtlicher Klassen und Schichten gleichermaßen um möglichst gute Startpositionen im Wettkampf um beruflichen Erfolg für ihre Kinder. Nur haben Familien in wirtschaftlich schwierigen Verhältnissen schlicht deutlich weniger Ressourcen zur Verfügung und damit auch weniger Möglichkeiten, um ihre Kinder zu unterstützen.[10]

Ähnlich klischeehaft wie »die Armen« werden auch »die Reichen« in den Massenmedien dargestellt. Entweder feiert der Boulevard ihren märchenhaften Aufstieg oder er leidet mit ihnen unter einem sozialen Abstieg, der sie uns »Normalbürger(inne)n« sympathisch macht und als Leute wie du und ich erscheinen lässt. Als die Quelle-Erbin Madeleine Schickedanz durch die Insolvenz des Warenhauskonzerns Arcandor einen Großteil ihres Milliardenvermögens zu verlieren drohte, erschien in der *Bild am Sonntag* (v. 19.7.2009) ein Interview mit ihr, das sie als verarmte und verhärmte Frau erscheinen ließ, die aus ihrer zweistöckigen Türmchenvilla samt riesigem Grundstück heraus bei den Leser(inne)n um Mitgefühl warb, weil sie zusammen mit ihrem Mann Leo Herl angeblich starken materiellen Einschränkungen unterlag: »Ich spare, wo ich kann. Wir reduzieren unsere persönlichen Ausgaben – von den Lebensmitteln bis zu Kosmetik und Kleidung. Wenn mein Mann und ich ausgehen, was nur noch selten vorkommt, dann zum Italiener um die Ecke, essen eine Pizza, trinken ein Viertel Rotwein und ein alkoholfreies Bier. Das kostet dann keine 40 Euro.« Auf die Frage, was das Paar fürs tägliche Leben ausgebe, antwortete Schickedanz: »Wir leben von 500 bis 600 Euro im Monat. Wir kaufen auch beim Discounter. Gemüse, Obst und Kräuter haben wir im Garten.« Die finanzielle Sorglosigkeit der vergangenen Jahrzehnte vermisse sie nun, wurde Schickedanz zitiert, vor allem die Besuche der Bayreuther Festspiele, wo sie die Blicke der hinter ihr Sitzenden zuletzt wie ein Messer im Rücken empfunden habe.

Weniger empathisch fiel ein Artikel des *Manager Magazins* aus, der sich mit dem Niedergang des Firmenimperiums der Familie Reimann beschäftigte. Auf der Titelseite des Heftes 5/2021 wurde der Beitrag mit den Worten »Das Elend der einst reichsten Familie Deutschlands« angekündigt. Darin ging es unter der Überschrift »Clan ohne Klasse« um Milliardäre, deren Riesenvermögen sich durch Skandale und Missmanagement immer mehr reduziere. Der »geheimnisvolle Clan«, hieß es über die Reimanns, habe sich ganz in die Hand eines Mannes – des Vermögensverwalters Peter

Harf – begeben, der die Familienholding »wie ein unfehlbarer Feldherr« führe, rund um den Globus zahlreiche Firmen erobert habe und dabei selbst zum Milliardär geworden sei. »Die Familie scheint mit dem ehemaligen Unternehmensberater einen Pakt eingegangen zu sein: Sie folgt ihm praktisch bedingungslos und schweigt dazu. Dafür – so zumindest das Versprechen – mehrt er ihr Vermögen und schützt sie vor der Öffentlichkeit.« Seit geraumer Zeit, berichtet das *Manager Magazin*, sei »Harfs Performance« jedoch »höchstens mittelmäßig«, weshalb er sein Versprechen gegenüber den Reimanns inzwischen »auf ganzer Linie« breche. »So sieht sich die einst reichste Unternehmerfamilie Deutschlands gerade mit einer existenziellen [!?] Frage konfrontiert: Kann sie ihr Milliardenreich erhalten, sei es mit oder ohne ihren Heerführer?«

Wer als Fernsehzuschauer/in das Ehepaar Carmen und Robert Geiss mit ihren Töchtern Davina Shakira und Shania Tyra als typische Millionärsfamilie ansieht, wird nie verstehen, warum Reichtum eine Gefahr für den sozialen Frieden und womöglich sogar für die Demokratie darstellt. Denn in der Pseudo-Doku-Soap *Die Geissens – eine schrecklich glamouröse Familie* von RTL II wird das mondäne Jetsetleben der aus Köln stammenden Familie mit ihrem Hauptwohnsitz im Fürstentum Monaco und Ferienhäusern in Saint-Tropez, Kitzbühel und Valberg gezeigt, ganz so, als bestünde der Alltag von Multimillionären nur aus Shoppingtouren und Luxusurlaub zwischen Sylt und Las Vegas. Der überwältigende Erfolg dieses und ähnlicher TV-Trash-Formate zeigt aber, »dass schlechtgekleidete Menschen mit schlechten Manieren, schlechter Grammatik und schlechtem Geschmack einem kleinen Privatsender traumhafte Quoten bescheren können«, wie die *Süddeutsche Zeitung* (v. 11.9.2012) sarkastisch bemerkte. Abschließend fragte die Autorin Ruth Schneeberger ihre Leser/innen: »Wie kann es sein, dass eine Proll-Familie mitten in der Euro-Krise das Geld fröhlich zum Fenster rauswirft, und Millionen Deutsche, denen normalerweise eher die Tendenz zu Neid und Missgunst nachgesagt wird, sehen dabei offensichtlich erheitert zu?«

Letztlich gibt die angeprangerte »Berichterstattung« ein ebenso klischeedurchtränktes und realitätsfernes Bild vom Leben »der Reichen« ab, wie man es oft vom »anderen Ende« der Gesellschaft zeichnet. Vorurteile und Stereotype sind jedoch kaum hilfreich, wenn die sozioökonomische Ungleichheit mit Erfolg bekämpft werden soll.

Mit der Kinderungleichheit setzt das Land seine Zukunft aufs Spiel

Innerhalb des Neoliberalismus existieren zwei Argumentationslinien zur Gerechtigkeit: Die eine leugnet schlichtweg, dass der Markt überhaupt soziale Ungleichheit schafft. Die andere glaubt fest an die konkurrenzlos große volkswirtschaftliche Effizienz des Marktes, dessen negative Folgen angeblich durch diese Effizienz gerechtfertigt sind, und erklärt soziale Gerechtigkeit kurzerhand zu einer »Fata Morgana« (Friedrich August von Hayek) oder einer Schimäre kommunistischer Heilslehren. Die über den Markt vermittelte Primärverteilung erscheint als gerecht und darf schon deshalb nicht durch Staatseingriffe nachträglich korrigiert bzw. konterkariert werden. Also ignorieren Neoliberale entweder die extreme Ungleichheit in dem nach ihren Empfehlungen »reformierten« Kapitalismus. Oder sie betrachten Ungerechtigkeit im Hinblick auf die Entwicklung der Gesellschaft als funktional und nehmen die wachsende Ungleichheit zwar wahr, aber wegen der vermeintlichen Vorteile des kapitalistischen Systems gegenüber sämtlichen anderen Wirtschaftsordnungen billigend in Kauf. So wird aus sozialer Un*gleichheit* keine Un*gerechtigkeit*, sondern schlicht eine Triebkraft des menschlichen Fortschritts, das Herzstück wirtschaftlicher Dynamik und die Grundlage einer wirksamen Bekämpfung der Massenarbeitslosigkeit.

Immer wenn ein kritischer Armutsbericht erscheint, wird in oder von den Mainstream-Medien gegen die Erkenntnis polemisiert, dass sich die Kluft zwischen Arm und Reich hierzulande weiter vertieft hat. Kaum hatte der Paritätische Gesamtverband am 20. November 2020 seinen Report mit der Überschrift »Gegen Armut hilft Geld« vorgelegt, kommentierte ihn Dorothea Siems, Chefökonomin der *Welt*, unter dem Titel »Hässliches Deutschland? Dieses Bild ist vollkommen falsch« in jener Tageszeitung. Der »radikalste aller Wohlfahrtsverbände« zeichne ein in wachsender Ungleichheit tief zerrissenes Land, in dem immer mehr Menschen ausgegrenzt in Armut lebten, kritisierte Siems. Dies sei angesichts eines Staates, der eine »Rund-um-Absicherung für jeden« gewährleiste, ein schwer erträgliches Urteil. Genauso schwer erträglich sei, dass man selbst in der schweren Coronakrise kein anerkennendes Wort für den umfassenden sozialen Schutz aller finde. Wenige Länder der Welt hätten schließlich eine derart gute Gesundheitsversorgung. »Die Umverteilungsprediger ignorieren auch völlig, wie schwer die Finanzlast für diejenigen ist, die das Ganze bezahlen müssen. Deutschland liegt bei der Steuer- und Abgabenquote für Arbeitnehmer weltweit an der Spitze. Und die Alterung der Gesellschaft treibt die Ausgaben immer weiter in die Höhe.« Gerade in einer Pandemie müsse sich der Staat darauf konzentrieren, die Maschine am Laufen zu halten, schloss Siems, damit möglichst viele Menschen überhaupt ihre Arbeitsleistungen erbringen und finanziell etwas beitragen könnten: »Die Wirtschaft, nicht der Sozialstaat steckt in der Krise.«

Eine fatale und leider weitverbreitete Verkennung der Realität, denn das Gegenteil ist richtig. Was wir brauchen, ist null Toleranz gegenüber Ungleichheit. Dafür müssen wir vor allem argumentativ besser vermitteln, dass die sich vertiefende Kluft zwischen Arm und Reich nicht bloß moralisch verwerflich, sondern auch schädlich für eine Volkswirtschaft ist. Denn die ungleiche Verteilung der Einkommen bremst das Wirtschaftswachstum.[11] Die sozioökonomische Ungleichheit ist zudem Gift für den gesellschaftlichen Zusammenhalt, der nicht bloß von Konservativen immer wieder als Ziel ihrer Bemühungen beschworen wird. Je mehr die Sozialstruktur in Arm und Reich zerfällt, umso eher bilden sich Parallelwelten und Subkulturen heraus, in denen die Kinder der einzelnen Klassen und Schichten unter sich bleiben. So entsteht laut Alexander Hagelüken ein sich selbst verstärkender Polarisierungsprozess: »Je stärker Deutsche beim Einkommen auseinanderliegen, desto mehr wächst die Differenz zu jenen, die weniger haben. Und damit wächst die Hürde, so jemanden zu heiraten, der einem ja nun viel unähnlicher ist als in Zeiten, als die Einkommen gleicher waren.«[12] Weiter konstatiert der Publizist, dass sich diese Tendenz noch extremer auf Kinder auswirkt: »Familien unterscheiden sich finanziell und bildungsmäßig auch durch Ähnlichheiraten, Scheidungen und Alleinerziehende stärker als früher. Je mehr sie sich unterscheiden, desto größer werden die Unterschiede zwischen den Kindern – und den Umständen, in denen die Kinder aufwachsen.«

Zwar lässt der meritokratische Mythos seit der Jahrtausendwende infolge der Boni für »raffgierige« Investmentbanker und der hohen Abfindungen für unfähige Manager, die Firmenpleiten herbeigeführt hatten, deutliche Risse erkennen. Trotzdem ist Ungleichheit hierzulande so akzeptiert wie kaum jemals zuvor. Dabei sehen die Ökonomen Heiner Flassbeck und Paul Steinhardt immer weniger triftige Gründe für große Lohn- und Gehaltsunterschiede, weil in einer sich immer stärker arbeitsteilig organisierenden Gesellschaft niemand mehr Leistungen autonom erbringt, sondern bloß noch im Zusammenwirken mit zahlreichen anderen Individuen: »Mit zunehmender Arbeitsteilung vermindert sich folglich das ›Recht‹ des Einzelnen, eine bestimmte soziale Stellung oder ein bestimmtes Einkommen sein ›Eigen‹ zu nennen und gegen umverteilende Zugriffe des Staates mit Zähnen und Klauen zu verteidigen.«[13]

Trotzdem ist unter den Angehörigen der Wirtschaftselite vielleicht mehr denn je das Bewusstsein verbreitet, dass ihr Reichtum legitim, weil von ihnen »schwer erarbeitet« sei: »Selbst Milliardenvermögen werden als Resultat eigener Leistung begriffen«, stellte Michael Hartmann nach seiner Befragung von Mitgliedern der Wirtschaftselite fest.[14] Dazu dürfte die Hegemonie, d. h. die öffentliche Meinungsführerschaft des Neoliberalismus mit seiner Vergötterung der persönlichen Leistung und des in ökonomischen Kennziffern messbaren Erfolgs entscheidend beigetragen haben.

Sogar die Protagonisten des Neoliberalismus können jedoch kaum leugnen, dass große Erbschaften völlig »unverdient« gemacht werden – ein Widerspruch zum Selbstverständnis einer modernen »Leistungsgesellschaft«, mit dem sie die Legitimationsbasis der sozioökonomischen Ungleichheit zerstören. Eine stärkere Besteuerung von Erbschaften stößt trotzdem auf starken Widerstand, wohl nicht zuletzt deshalb, weil die Angst vor »sozialistischer Gleichmacherei« in Deutschland seit der DDR-Gründung weit verbreitet ist. Jens Beckert, Direktor des Max-Planck-Instituts für Gesellschaftsforschung, der das Vererben großer Vermögen kritisch sieht, hat gleichwohl darauf hingewiesen, dass auch durch eine progressivere Erbschaftsbesteuerung zu keinem Zeitpunkt irgendwo eine substanzielle Umverteilung von Vermögensbesitz stattgefunden hat: »Trotz zum Teil hoher nominaler Steuersätze ist die faktische steuerliche Belastung von Vermögen im Erbgang nicht so hoch, dass Vermögen dadurch radikal beschnitten worden wäre.«[15]

Solidarität gewinnt, nicht Ellenbogenmentalität

Nikolaus Piper, ehemaliger Leiter des Wirtschaftsressorts der *Süddeutschen Zeitung*, veröffentlichte am 16. Januar 2021 unter dem Titel »Was gerecht wäre« einen Essay, in dem er sämtlichen Umverteilungsmaßnahmen eine Absage erteilte. Vor allem eine Vermögensabgabe zur Refinanzierung der Pandemiekosten, der staatlichen Infektionsschutzmaßnahmen und der Hilfspakete für davon negativ Betroffene lehnte Piper mit der Begründung ab, dass sie eine Kapitalflucht auslösen, die wirtschaftliche Krise verschärfen und unnötige politische Konflikte heraufbeschwören würde.

Umverteilung von oben nach unten erklärte Piper deshalb für überflüssig, weil sich die Kluft zwischen Arm und Reich in Deutschland während der pandemischen Ausnahmesituation nicht vertieft habe. »Zwar sind weltweit mehr schlecht- als gutbezahlte Jobs weggefallen. Deutschland hat aber mit Kurzarbeitergeld, Kinderbonus und anderem dagegengehalten, weshalb die Ungleichheit nicht zu-, sondern sogar leicht abgenommen hat.« Anschließend erwähnte Piper paradoxerweise den »Milliardärsreport« der Schweizer Großbank UBS und der Unternehmensberatung PricewaterhouseCoopers, aus dem hervorgeht, dass die deutschen Milliardäre zwischen März 2019 und Juli 2020 um 95 Milliarden US-Dollar reicher geworden sind. Dies sei der durch Covid-19 beschleunigten Digitalisierung geschuldet: »Profitiert hat, wer jetzt richtig investierte, z. B. in Technologie- und Pharmaaktien. Das ist vorausschauend, nicht ungerecht.« Was gerecht ist und was nicht, entscheidet also laut Piper der Aktienmarkt. Und eine Leistung, die mit Reichtum belohnt werden und möglichst gering besteuert werden soll, besteht für den Wirtschaftsjournalisten darin, an der Börse auf das richtige Pferd zu setzen.

Überhaupt kein Problem hatte Piper damit, dass die Entwickler eines Covid-19-Impfstoffs wie die BioNTech-Gründer/in Uğur Şahin und Özlem Türeci in kürzester Zeit zu Multimilliardären wurden: »Solche Menschen mit einer Abgabe zu belasten, wäre nicht gerecht, sondern dumm.« Umgekehrt ist freilich zu fragen, warum jemand, der eine solche Erfindung gemacht und es damit praktisch über Nacht zu großem Reichtum gebracht hat, eigentlich nicht durch eine Vermögensabgabe seinen Teil dazu beitragen soll, dass die Gesellschaft, welcher er diesen Erfolg verdankt, mit den gigantischen Folgekosten der Pandemie fertig wird. Şahin und Türeci waren übrigens seit Jahren die ersten »Selfmade-Milliardäre« in Deutschland, wohingegen die sonstigen Hyperreichen durch Erbschaft oder Schenkung von den Riesenvermögen ihrer Eltern profitieren.

Wenn der Patentschutz für einen Impfstoff zur Folge hat, dass Multimilliardäre wie die als Finanziers an der BioNTech-Gründung beteiligten Zwillingsbrüder Andreas und Thomas Strüngmann noch mehr Vermögen anhäufen, während Milliarden Bewohner/innen der Entwicklungsländer nicht geimpft werden können und viele Kinder ihre Eltern verlieren, muss er gelockert oder abgeschafft werden. Dass die vorübergehende Aussetzung der geistigen Eigentumsrechte von Pharmakonzernen, in der Welthandelsorganisation (WTO) von Indien und Südafrika beantragt, bis zur Kehrtwende von Präsident Joe Biden im Mai 2020 am Widerstand der USA, Deutschlands und anderer europäischer Staaten scheiterte, hat die gesundheitliche und die sozioökonomische Ungleichheit auf der Welt verschärft.

Piper sah das eigentliche Problem hingegen darin, dass Amazon, Alphabet (Google), Apple, Facebook und Microsoft keine oder sehr niedrige Steuern zahlen. Mit dem Hinweis auf dieses fragwürdige Geschäftsmodell transnationaler Konzerne lenkte Piper davon ab, dass die sozioökonomische Ungleichheit hierzulande während der Pandemie noch drastischere Formen angenommen hat. Die soziale Frage sei nicht verschwunden, räumte Piper immerhin ein, stelle sich heute aber neu: »Das Problem ist in den meisten Ländern nicht, dass einige Leute zu viel Vermögen haben, sondern dass sehr viele über keines verfügen.« Dass beides miteinander zu tun hat, kam Piper nicht in den Sinn. Dazu müsste er die wachsende Ungleichheit als strukturelles Problem eines kapitalistischen Wirtschafts- und Gesellschaftssystems begreifen.

Allerdings empfahl Piper auch keine Vermögensbildung in Arbeitnehmerhand – das Patentrezept von CDU/CSU und FDP, welches in den 1960er-Jahren eine reine Alibifunktion erfüllte. Schließlich kann man die bestehenden Verteilungsstrukturen nicht dadurch beseitigen, dass die Lohnabhängigen zu »kleinen Kapitalisten« gemacht werden. Vielmehr würden die Reichen noch reicher, wenn auch die Armen zu Börsianern und damit einem doppelten Risiko ausgesetzt wären: ihren Arbeitsplatz und ihr (geringes) Anlagevermögen zu verlieren, wenn das Unternehmen, an dem sie beteiligt wären, Insolvenz anmelden müsste.

Nein, Piper verwies die Menschen in Deutschland auf Bildung, welche »ihr wichtigstes Kapital« sei. Davon merken die Beschäftigten im Niedriglohnsektor jedoch wenig. Fast drei Viertel von ihnen haben einen Berufsabschluss, mehr als 10 Prozent sogar einen Hochschulabschluss. Bildung ist kein Wundermittel gegen die sozioökonomische Ungleichheit! Zwar kann man im Einzelfall durch Bildung einer prekären Lebenslage entkommen, eine gesamtgesellschaftliche Lösung bietet sie allein freilich nicht. Denn wenn alle Kinder und Jugendlichen, nicht bloß die mit einer familiären Migrationsgeschichte, bessere Bildungsmöglichkeiten erhielten, was ihnen sehr zu wünschen wäre, würden sie am Ende womöglich auf einem höheren geistigen Niveau, aber nicht mit besseren Chancen um gerade nach der Coronakrise fehlende Arbeits- und Ausbildungsplätze konkurrieren. Vielleicht gäbe es dann mehr Taxifahrer mit Hochschulabschluss und mehr Putzhilfen mit Abitur, aber weiterhin Armut und soziale Ungleichheit.

Was wir wirklich brauchen, ist mehr Sensibilität für Prozesse, die zu Prekarisierung, Marginalisierung und Pauperisierung führen. Wir brauchen eine Wiederbelebung der Solidarität und eine höhere Sozialmoral, die aufgrund der Wohnungsnot und des Mietwuchers in prosperierenden Großstädten und Ballungsgebieten der Bundesrepublik allmählich bis in die Mittelschicht reichende Desintegrations-, Exklusions- und Deprivationstendenzen als Gefahr für den gesellschaftlichen Zusammenhalt begreift. Kinderarmut ist ein viel zu ernstes Problem, um seine Lösung den unmittelbar betroffenen Familien sowie meistenteils gleichfalls hilflosen Erzieher(inne)n, Lehrer(inne)n und Sozialarbeiter(inne)n zu überlassen. Nur durch sozialstaatliche Intervention kann sie verringert und ihre Neuentstehung verhindert werden.

Der während der Covid-19-Pandemie im Frühjahr 2020 den Erzieher(inne)n, Krankenschwestern und Altenpfleger(inne)n wegen ihrer aufopferungsvollen Arbeit in ritualisierter Form auf Balkonen gespendete Applaus war keine wirkliche Solidarität. Über rein symbolische Handlungen ging die Anerkennung selten hinaus. So hätte zum 1. August 2021 ein Flächentarifvertrag für (Alten-)Pflegeberufe, der bis zu 25 Prozent höhere Löhne vorsah, vom Bundesarbeitsminister nach dem *Arbeitnehmerentsendegesetz* für allgemeinverbindlich erklärt werden können, was die Caritas durch ihren Einspruch als wichtiger Arbeitgeber in der Pflege jedoch verhinderte. »Nach dem Klatschen kommt die Klatsche«, kommentierte das die Vereinte Dienstleistungsgewerkschaft (*ver.di*) sarkastisch. »Eine solidarische Politik der Arbeit sollte die seit Corona weiter verbreitete Einsicht in die ›Systemrelevanz‹ wohlfahrtsstaatlicher Infrastrukturen und Dienstleistungen nutzen, um (trotz erwartbar leerer öffentlicher Kassen) deren Ausbau und Re-Kommunalisierung zu fordern – gegen den Widerstand derer, die an Solidarität appellieren, aber faktisch vor allem für die Entlastung von Unternehmen sowie die Privatisierung von Reproduktionsrisiken und -kosten eintreten.«[16]

Gleichheit ermöglicht individuelles Glück und stärkt den sozialen Zusammenhalt

Ungleichheit zerreißt eine Gesellschaft, stört den sozialen Zusammenhalt und verhindert, dass die junge Generation in der Welt ihrer Eltern heimisch wird. Wenn die Gesellschaft eine Zukunft haben will, muss sie mehr Gleichheit und soziale Gerechtigkeit verwirklichen, damit alle Kinder mit der Chance aufwachsen, ihre Persönlichkeit zu entwickeln und ihre Talente zu entfalten, unabhängig davon, in welche Familie sie hineingeboren wurden. Kinder haben ein stark ausgeprägtes Gerechtigkeitsempfinden, vergleichen ihre »Besitztümer« ebenso wie sich selbst immer mit (denen von) Gleichaltrigen und beklagen sich, wenn sie das Gefühl haben, dass es ungerecht zugeht. »Jonah hat ein Auto, das in alle Richtungen fährt, meines kann nur vorwärts und rückwärts fahren«, heißt es dann, oder: »Henry hat eine ferngesteuerte Drohne zum Geburtstag bekommen, die viel höher fliegt als mein Hubschrauber.« Man könnte solche Äußerungen als Neid und Missgunst abtun, aber der Gerechtigkeitssinn von Kindern stört sich auch daran, dass es Gleichaltrigen in anderen Teilen der Welt deutlich schlechter als ihnen geht: »Warum haben die Kinder in Afrika nicht genug zu essen?« heißt es dann, und der Frage folgt das Angebot, ihnen die eigene Lieblingsspeise zu überlassen, auf dem Fuß.

Mitglieder jener Gesellschaften, die ein hohes Maß an sozioökonomischer Ungleichheit aufweisen, sind nicht bloß weniger glücklich, gesund und zufrieden. Zu viel Ungleichheit gefährdet darüber hinaus die Demokratie.[17] Der Münsteraner Politikwissenschaftler Armin Schäfer hat in einer 17 westeuropäische Länder miteinander vergleichenden Studie gezeigt, dass die Demokratiezufriedenheit und das Institutionenvertrauen mit dem Wohlstandsgefälle sinken.[18]

Trotzdem ist die sozioökonomische Ungleichheit schwer zu beseitigen oder spürbar zu verringern, denn sie hat einflussreiche und mächtige Fürsprecher. So veröffentlichte Ulf Poschardt, Chefredakteur der *Welt*, am 21. November 2019 unter dem Titel »Lob der Ungleichheit« einen Leitartikel, in dem er die wachsende Kluft zwischen Arm und Reich leugnet und behauptet, eine erfolgreiche Gesellschaft toleriere soziale Unterschiede und bestehe nur auf *Chancen*gleichheit. »Und obwohl es den Deutschen so gut geht wie noch nie, leidet besonders die nationalmoralische Elite, gerne verbeamtet oder öffentlich-rechtlich engagiert, unter der Ungleichheit, weil dieser ökonomische Erfolg und auch dessen Überbau keine weltanschaulichen Stützräder von jenen braucht, die es in einer sozialen Marktwirtschaft nicht so weit bringen.« Obgleich das Sozialbudget der Bundesrepublik mittlerweile knapp ein Drittel ihrer Wirtschaftsleistung ausmache, gehe es immer um mehr Steuern, mehr Umverteilung (als »Umfairteilung«) und auch mehr Sozialleistungen: »Es ist nie genug bis die starken Schultern zusammenklappen.« Egalitaristen, von Poschardt diffamierend »Ungleichheits-Dämonisierer« und »Profiteure der Sozialstaats-Milliarden« genannt, singen seiner Meinung nach »im routinierten Moll« das Lied von der sozialen Spaltung. Dabei würde das von ihnen gepflegte Ideal der Gleichheit einer Volkswirtschaft den Boden entziehen. Eine freie Gesellschaft produziere nun einmal Ungleichheit, weshalb Poschardt am Ende seine politische Kernbotschaft präsentiert: »Eine erfolgreiche Gesellschaft toleriert soziale Unterschiede und besteht auf Chancengleichheit, die besonders vielen fleißigen Menschen den Aufstieg zu Wohlstand und Reichtum ermöglicht. Ganz solidarisch und ohne schlechtes Gewissen.«

Wir fordern stattdessen ein Lob der Gleichheit. Denn die Gleichheit würde allen Menschen nützen, den Armen ebenso wie den Wohlhabenden und den Kindern ebenso wie den Erwachsenen. Kinder der Ungleichheit leiden unter wachsender Ungerechtigkeit, weil ihnen die Sicherheit fehlt, ohne materielle Sorgen aufwachsen zu können. Wurde das 20. als »Jahrhundert des Kindes« (Ellen Key) apostrophiert, so müssen wir das 21. zum Jahrhundert der Gleichheit machen, damit allen jungen Menschen, auch den sozial benachteiligten und in verschiedenen Lebensbereichen unterprivilegierten, künftig Gerechtigkeit widerfährt. Nach einer langen Periode der Umverteilung von unten nach oben ist es an der Zeit, die bisherigen Verteilungsverhältnisse umzukehren, also Umverteilung von oben nach unten zu betreiben, damit Kinder der Gleichheit in einer Gesellschaft mit großer Zukunft leben können.

9 Ungleichheit bekämpfen, Armut beseitigen und Reichtum begrenzen!

Bei der hier kritisierten (Kinder-)Ungleichheit handelt es sich um ein gesamtgesellschaftliches Problem, dem nur *politisch* Einhalt geboten werden kann. Da es in aller Regel nicht durch persönliches Versagen hervorgerufen, sondern höchstens verschärft wird, können individuelle Fördermaßnahmen und (sozial)pädagogische Unterstützung bestenfalls eine Linderung oder Abmilderung des Problemdrucks bringen. Es gilt also nicht, das *Verhalten* der Kinder oder ihrer Eltern, sondern die Eigentums-, Macht- und Herrschafts*verhältnisse* zu ändern. Weil die sozioökonomische Ungleichheit nicht monokausal zu begreifen ist, sondern multiple, wiewohl miteinander verknüpfte Ursachen hat, ist sie auch nur mehrdimensional zu bekämpfen. Es gibt zwar keinen Königsweg aus der Kinderungleichheit, aber viele Maßnahmen, deren Zusammenwirken die weitere Zerklüftung der Gesellschaft verhindern kann. Erfolg versprechende Gegenstrategien sollten auf sämtlichen Ebenen des föderalen Systems (Bund, Länder und Kommunen) sowie allen dafür geeigneten Politikfeldern ansetzen. Auf eine knappe Formel gebracht: Man muss die Unterprivilegierten besser gegenüber Armutsrisiken abschotten, die Mittelschicht vor dem sozialen Abstieg schützen und vom Reichtum der Oberschicht genug abschöpfen, damit der Sozialstaat seinen Aufgaben in Zukunft besser gewachsen ist.

Karitatives Engagement reicht nicht

Kinderarmut gilt als die in Deutschland am weitesten verbreitete, bedrückendste und brisanteste Armutsform. Wenn davon Babys und Kleinkinder betroffen sind, handelt es sich um eine Opfergruppe, der gegenüber fast alle Erwachsenen große Sympathie empfinden. Deshalb stehen Kinder im Zentrum von Spendenkampagnen, und zwar nicht als Spendensammler/innen oder Spender/innen, sondern als Identifikationsobjekte. Dass ihre Armut das meiste Mitleid erregt, macht die Kinderarmut zum Kristallisationskern der Almosenökonomie. Sobald das Weihnachtsfest naht, nimmt die christliche Nächstenliebe gegenüber davon betroffenen Minderjährigen regelmäßig einen bemerkenswerten Umfang an. Alle Jahre wieder werden arme und kranke Kinder durch großzügige Spender/innen mit Geschenken überhäuft, um in den folgenden Monaten erneut der Vergessenheit anheimzufallen.

Was, fragt man sich, wären arme Familien eigentlich ohne Freiwilligenagenturen, Suppenküchen (Lebensmitteltafeln bzw. Kindermittagstische), private Kleiderkammern und Sozialkaufhäuser? Vermutlich noch ärmer, hungriger und schlechter mit lebensnotwendigen Gütern ausgestattet. Insofern darf man den Nutzen karitativer Einrichtungen sowie der Arbeit von Wohlfahrtsverbänden, gemeinnützigen Vereinen und Kirchen für die Bedürftigen nicht kleinreden. Allerdings hat das ehrenamtliche, bürger- oder zivilgesellschaftliche Engagement aus einer gesellschaftskritischen Perspektive auch Schattenseiten. Plötzlich stehen nicht mehr die Armen, sondern die wohlhabenden Almosengeber/innen und reichen Spender mitsamt ihren Marketingkonzepten im Fokus der medialen Öffentlichkeit. Der unermüdliche Einsatz ehrenamtlicher Helfer/innen ermöglicht es außerdem Parlamenten, Regierungen und Verwaltungen, das eigene Versagen im sozialen Bereich zu kaschieren.

Je mehr wohlfahrtsstaatliches Handeln gegen Ende des 20./Anfang des 21. Jahrhunderts von den Regierungsparteien während der neoliberalen »Reformära« zurückgedrängt wurde, desto umfassender wurde das Betätigungsfeld für karitatives, bürgerschaftliches bzw. zivilgesellschaftliches Engagement. Einrichtungen wie die Lebensmitteltafeln schossen zu jener Zeit nicht zufällig wie Pilze aus dem Boden. Inzwischen gibt es fast 1000 Tafeln, deren Dachverband angibt, wöchentlich 1,65 Millionen »Kunden« zu haben, wie die Bedürftigen im wirtschaftsliberalen, marktfixierten Neusprech genannt werden. Ungefähr 30 Prozent davon sind demnach Kinder und Jugendliche, 44 Prozent Erwachsene im erwerbsfähigen Alter und 26 Prozent Senior(inn)en.

Oftmals treten die Tafeln an die Stelle des Sozialstaates und tragen zur Legitimation seiner neoliberalen Transformation bei. Ihr gefährlichster Effekt besteht allerdings in der Kanalisierung und Neutralisierung berechtigter Empörung gegenüber diesem Prozess. Diese grundsätzliche Kritik an den Tafeln bezieht sich jedoch nicht auf das Engagement der freiwilligen Helfer/innen, die sich dort ehrenamtlich betätigen, sondern darauf, was dadurch möglicherweise unterbleibt, nämlich »um die Veränderung der Verhältnisse zu ringen, in die Veränderung der gesellschaftlichen Reichtums- und Armutsverhältnisse Arbeit zu investieren, sich auf das ›schmutzige‹ Feld politischer Auseinandersetzung einzulassen.«[1]

Lebensmitteltafeln versorgen Arme mit Grundnahrungsmitteln, wovon besonders Großkonzerne und Handelsketten profitieren, die auf Imagegewinne durch Sponsoring spekulieren, Geld für die Entsorgung unverkäuflicher Lebensmittel sparen und Steuervorteile nutzen. Stefan Selke, Professor für Soziologie an der Hochschule Furtwangen, sieht in den Tafeln ein Paradebeispiel für die Privatisierung des Sozialen, eine nur symbolische Lösung des Armutsproblems und ein »zeitgenössisches Armutsspektakel«, das die Menschen von den eigentlich notwendigen Gegenmaßnahmen ablenke und sie im Rahmen eines neuen »Charity-Kults« beruhige: »Solidarität wird spektakulär inszeniert, das eigene Engagement erhält einen Erlebnischarakter, und die Werbemaschinerie von Tafeln und ihren Unterstützern suggeriert, dass dies ausreicht, um gesellschaftlicher Verantwortung Rechnung zu tragen und eine ›gute Gesellschaft‹ zu schaffen.«[2] Tafeln verkörpern für Selke eine Zweiklassengesellschaft, in der Arme erhalten, was die normalen Kunden im Supermarkt wegen lebensmittelhygienischer Vorschriften nicht mehr kaufen dürfen oder was sie aufgrund eigener Bedenken nicht mehr akzeptieren: »Die einen wollen nur das Beste, die anderen bekommen die Reste.«[3]

Um die Ernährungsarmut in Deutschland zu beseitigen, reicht das karitative Engagement der Tafeln sicherlich nicht aus, so nötig es für eine Übergangszeit auch sein mag. Da die Bedürftigkeit eng mit den kapitalistischen Produktions-, Eigentums- und Herrschaftsverhältnissen verknüpft ist, müssen diese verändert werden, um sie dauerhaft reduzieren zu können. Nur wenn ein Großteil der Bevölkerung für das Problem sensibilisiert, ein gesellschaftskritisches Potenzial mobilisiert und politische Gegenmacht organisiert wird, lässt sich die (Kinder-)Ungleichheit verringern und verhindern, dass immer wieder neue entsteht. Lebensmitteltafeln können dazu einen Beitrag leisten, indem sie neben der praktischen Hilfe »vor Ort« über die reine Lobbyarbeit für Arme hinaus ein gesellschaftspolitisches Mandat im Sinne der anwaltschaftlichen Vertretung unterprivilegierter Bevölkerungsgruppen wahrnehmen und so die gesellschaftlichen Kräfteverhältnisse zu deren Gunsten beeinflussen.

Zu den Einrichtungen, die sich über Spenden finanzieren und von manchen Prominenten, aber auch Lokalzeitungen wie überregionalen Medien hofiert werden, gehört »Die Arche« mit ihren kostenlosen Mittagstischen, zahlreichen Freizeitangeboten und Feriencamps, einer »Freien Evangelischen Schule«, organisierter Hausaufgabenbetreuung sowie Maßnahmen der Lernförderung für Kinder und Jugendliche in verschiedenen deutschen Städten. Helmut Kuhn, der die Arche als »mittelständisches Unternehmen« würdigt, weist darauf hin, dass Hoteliers, Bankiers und Industrielle sie mit größeren Spenden unterstützen.[4] Unbeantwortet lässt der Journalist aber die Frage, ob der immer wieder erhobene Vorwurf zutrifft, das evangelikale Kinderhilfswerk missbrauche die hungrigen Mäuler der hilfsbedürftigen Kleinen, um ihnen und ihren Familien neben einem konservativen Weltbild die christlichen Werte und die biblische Botschaft möglichst wortgetreu zu vermitteln, also »Missionierung durch den Magen« (Martin Uther) zu betreiben. Allein schon um dieser Gefahr einer Instrumentalisierung der Privatwohltätigkeit für zweifelhafte Eigeninteressen zu begegnen, wäre die Erfüllung sozialer Aufgaben durch den Staat oder öffentliche Träger die bessere Alternative.

Einem ähnlichen Verdacht ausgesetzt sind die McDonald's Kinderhilfe Stiftung und die »Spendenhäuschen« in den Schnellrestaurants der US-amerikanischen Fastfoodkette. Wenn ein solcher Konzern riesige Gewinne damit macht, jungen Menschen in aller Welt ungesunde Nahrungsmittel wie Burger oder Pommes frites zu verkaufen, tut er gut daran, Imagepflege mithilfe einer gemeinnützigen Stiftung zu betreiben. Um an viele Spendengelder von seinen Franchisenehmer(inne)n, Mitarbeiter(inne)n, Lieferant(inn)en und Kund(inn)en zu kommen, bietet sich wiederum die Unterstützung mehr oder weniger sinnvoller Projekte zugunsten bedürftiger und schwerkranker Kinder geradezu an.

Zwar lindern Spendierfreude und karitative Freigiebigkeit im Einzelfall die Not von Bedürftigen ganz erheblich, verhindern aber nicht, dass sich die gesellschaftlichen Ursachen der Armut und der sozioökonomischen Ungleichheit reproduzieren. Die Kölner Politikwissenschaftlerin Claudia Pinl merkt deshalb zu Recht an, dass eine auseinanderdriftende Gesellschaft schwerlich durch Ehrenamtliche zusammengehalten werden kann: »Engagement muss spätestens mittelfristig darauf dringen, Verhältnisse zu ändern, die immer aufs Neue Arme, Ausgegrenzte, Wohnungslose und Flüchtlinge produzieren. Die Existenz zu sichern und kulturelle Teilnahme zu ermöglichen, ist Aufgabe des Sozialstaats und darf nicht auf private Akteure, Spender oder Ehrenamtliche abgeschoben werden.«[5] Pinl schildert anschaulich, wie sich das organisierte Spendeneintreiben zu einem Megabusiness gemausert hat und geschäftstüchtige Sozialunternehmer/innen per Fundraising viel Geld damit verdienen, das angebliche »Gutmenschentum« ihrer Mitbürger/innen zu vermarkten.

Seit der Bismarck'sche Sozial*versicherungs*staat durch die »Agenda«-Reformen mehr zu einem Fürsorge-, Almosen- und Suppenküchenstaat gemacht wurde, sind die Deutschen offenbar auf dem besten Weg, vom »Volk der Dichter und Denker« zu einem Volk der Stifter und Schenker zu werden. Mittlerweile existieren fast 25 000 rechtsfähige, überwiegend gemeinnützige Stiftungen, die im Unterschied zu den 100 000 übrigen, nicht rechtsfähigen Familien- bzw. Kirchenstiftungen von der Körperschaft-, Gewerbe-, Erbschaft- und Schenkungsteuer befreit sind. Dies schließt aber nicht aus, dass eigennützige Interessen vertreten werden, wie das Beispiel der Stiftung Familienunternehmen zeigt, einer Lobbyeinrichtung und PR-Agentur hyperreicher Unternehmerfamilien. Der Kölner Journalist und Publizist Matthias Holland-Letz spricht treffend von »scheinheiligen Stiftern«, die mithilfe der Steuergesetze ihr Vermögen mehren und ihre Machtposition stärken.

Die steuerlichen Abzugsmöglichkeiten für Stifter/innen und Spender/innen wurden seit der Jahrtausendwende wiederholt verbessert. Spenden bis zu 1 Million Euro in den Vermögensstock einer Stiftung, die ausschließlich und unmittelbar gemeinnützigen, mildtätigen oder kirchlichen Zwecken dient, können während eines Zeitraums von zehn Jahren als Sonderausgaben von der Einkommensteuer abgesetzt werden. Dadurch entgehen dem Staat paradoxerweise Riesensummen, ohne dass er noch Einfluss auf deren Verwendung hätte. »Die öffentliche Hand verzichtet […] auf erhebliche Steuereinnahmen, damit die Vermögenden nach eigenem Gusto entscheiden können, wie sie ihre Millionen und Milliarden einsetzen – ohne demokratische Kontrolle.«[6]

Steuerlich begünstigtes Stiften bildet ein Vehikel für Hochvermögende, um die Gesellschaft in eine ihren Besitzinteressen entsprechende Richtung zu lenken. Auf diese Weise gelingt es Reichen und Hyperreichen, ihre gesellschaftspolitischen Ziele zu erreichen und gleichzeitig an moralischem Ansehen zu gewinnen. Folgt man dem Wirtschaftsredakteur Christian Rickens, der ein interessantes und amüsantes Buch über die deutschen Millionäre geschrieben hat, dienen Stiftungen sogar der Ausübung von Macht – »Macht, die nahezu ausschließlich in den Händen der Oberschicht liegt, sich demokratischer Kontrolle weitgehend entzieht und anders als in privaten Unternehmen auch durch Management-Fehlleistungen nicht verloren geht.«[7]

Konzernstiftungen nutzen die Unterfinanzierung solcher Gesellschaftsbereiche wie des öffentlichen Bildungswesens für den Versuch, sie oder sogar die Gesamtgesellschaft in ein Modellunternehmen zu verwandeln, was sich mit demokratischen Grundsätzen nicht verträgt. An vorderster Stelle ist hier die Bertelsmann Stiftung zu nennen, deren Gründer, Firmenpatriarch Reinhard Mohn, keinen Hehl aus seiner Überzeugung gemacht hat, dass sich der Staat die betriebswirtschaftlichen Ziele und modernen Managementtechniken seines Unternehmens zu eigen machen sollte.

Wohltätigkeitsveranstaltungen zugunsten armer Kinder, oftmals organisiert von »Charity Ladies«, den Ehefrauen reicher Männer, finden vorwiegend in Orten statt, wo man sie am wenigsten braucht. Dort, wo die meisten armen Familien leben, etwa im Ruhrgebiet, in Bremerhaven und in Teilen Ostdeutschlands, wohnen nur wenige potenzielle Stifter, Spender und Sponsoren. »Stiftungen finden sich dort, wo die großen privaten Vermögen zuhause sind.«[8] Insofern kann man von einer regionalen Unwucht der Stiftungslandschaft sprechen. Das spricht für die Überlegenheit wie für die Notwendigkeit eines hoch entwickelten und überall gleichermaßen präsenten Sozialstaates. Umgekehrt leben die potentesten Geldgeber am Starnberger See, in München-Grünwald oder in Hamburg-Blankenese, wo man keine Mittagstische für arme Kinder braucht.

Almosen sind ein mittelalterlicher Weg der Armutsbekämpfung, welcher einer Sackgasse gleicht. Selbst wo sie ein Stück weit hilft, Not zu lindern, haftet der Privatwohltätigkeit ein fader Beigeschmack an, weil die dem Problem zugrunde liegenden Strukturen nicht infrage gestellt und die sozioökonomischen Entstehungsursachen der Armut möglicherweise sogar zementiert werden. Privatwohltätigkeit packt das Übel nicht an der Wurzel, ist also keine Lösung, sondern eher Teil des Problems, das sie lindern will. Die moderne Philanthropie hat immer auch einen verteilungspolitischen Alibi- und Feigenblattcharakter. Zudem besteht die Gefahr, dass finanzkräftige

Mäzene durch den Einsatz ihrer Geldmittel entscheiden, wohin sich die Gesellschaft als Ganzes entwickelt. Michael Hartmann spricht von einem »neuen Mäzenatentum«, bei dem Reiche ihre Macht über Spenden und Sponsoring ausübten.[9] Daher ist diese Methode des persönlichen Engagements nicht geeignet, für weniger Armut und soziale Ungleichheit zu sorgen.

Wenn sehr reiche Menschen aus sozialem Verantwortungsbewusstsein und nicht der Steuervorteile wegen als Philanthropen auftreten, muss dies aus ihrem eigenen, versteuerten Einkommen oder Vermögen geschehen. Die vielfältigen Steuervergünstigungen für Stifter/innen wie für Stiftungen sollten abgeschafft werden. Nur so lässt sich der Verdacht entkräften, dass es ihnen hauptsächlich darum geht, Steuern zu sparen oder den Staat finanziell zu schwächen. Für den Fall, dass Stiftungen – wie häufig behauptet – beweglicher im Hinblick auf Entscheidungen und im Erkennen von notwendigen Aufgaben sind, wo das politische System der Bundesrepublik versagt oder die staatliche Bürokratie zu schwerfällig ist, können sie den Sozialstaat höchstens partiell ergänzen, aber nie gleichwertig ersetzen.

Kindergrundsicherung – keine Patentlösung

Wenn sich die Reaktion auf Kinderarmut nicht in Empathie, Spendenbereitschaft und karitativem Engagement erschöpfen soll, ist politisches Handeln gefragt. Um erfolgreich zu sein, müssen ausgereifte inhaltliche Konzepte und Strategien dessen Grundlage bilden, was nicht immer der Fall ist. Um die Jahrtausendwende mündeten Forderungen, der wachsenden Armut im vereinten Deutschland mit einer bedarfsorientierten und vom Bund finanzierten Grundsicherung zu begegnen, in ein Projekt, das sich auf die Kinder als besonders vulnerable Risikogruppe konzentrierte und mehrere für sie gedachte Transferleistungen zu einem Pauschalbetrag vereinigen sollte. Die Bundestagsabgeordnete Ekin Deligöz (Bündnis 90/Die

Grünen), damals Vorsitzende der Kinderkommission des Bundestages, schlug um die Jahrtausendwende eine Form der Grundsicherung vor, die Armut von Minderjährigen beseitigen sollte, ohne für den Staat ähnlich teuer zu sein wie eine pauschale Erhöhung des Kindergeldes auf das Niveau des steuerlichen Existenzminimums. Hauptansatzpunkt war hierbei, Familien am soziokulturellen Existenzminimum einen an deren konkreten Bedarf gekoppelten Zuschlag zum bisherigen Kindergeld zu zahlen. Dies sollte nur den Bruchteil einer allgemeinen Grundsicherung kosten und unter anderem durch eine Reduzierung des Ehegattensplittings im oberen Einkommensbereich gegenfinanziert werden.

2009 schlossen sich auf Initiative des Zukunftsforums Familie der AWO mehrere Verbände, darunter der Deutsche Kinderschutzbund, das Deutsche Kinderhilfswerk, die Gewerkschaft Erziehung und Wissenschaft (GEW), pro familia und der Paritätische Wohlfahrtsverband, mit einigen Sozialwissenschaftler(inne)n zum »Bündnis Kindergrundsicherung« zusammen. Es ging darum, alle Bestandteile des Familienleistungsausgleichs im Rahmen einer »kind-« statt »familienzentrierten« Armutsbekämpfung durch eine pauschalierte Universalleistung zu ersetzen. Die bisherigen Steuerfreibeträge für das sächliche Existenzminimum sowie für den Betreuungs-, Erziehungs- bzw. Ausbildungsbedarf würden so lange an sämtliche Kinder als Pauschalbetrag ausgezahlt, bis der Staat diese Leistungen gebührenfrei erbringt. Im Gegenzug sollen alle bisherigen kindbezogenen Transferleistungen (Kindergeld, Kinderzuschlag, Sozialgeld bzw. Arbeitslosengeld II, Bildungs- und Teilhabepaket, Unterhaltsvorschuss) wegfallen; Sonder- oder Mehrbedarfe behinderter und kranker Kinder sowie bei außergewöhnlich hohen Wohnkosten, Umzügen und Klassenreisen könnten dagegen weiterhin bei den Grundsicherungsträgern geltend gemacht werden.

Die Kindergrundsicherung (KGS) soll zum Grenzsteuersatz der Eltern besteuert und mit steigendem Einkommen »abgeschmolzen« werden. Dadurch würde zwar jener Progressionseffekt vermieden, der bei Normalverdiener(inne)n einträte, wenn man die Kindergrundsicherung dem zu versteuernden Einkommen der Eltern zuschlüge. Allerdings erscheint das Abschmelzen schwierig, wenn nicht unmöglich: Erstmals soll eine staatliche Transferleistung – die explizit Kindern und gerade nicht Familien zusteht – zum Grenzsteuersatz der Eltern besteuert, aber Arbeitslosengeld-II-Bezieher(inne)n nicht als Einkommen ihrer Kinder auf die Transferleistung angerechnet (und damit wieder abgezogen) werden.

Nach dem Modell des Bündnisses würde sich ein wahrer Geldregen über Familien ergießen, denen es materiell nicht schlecht geht. Für den Staat würde es hingegen sehr teuer, denn er müsste für rund 13,5 Millionen Kinder und Jugendliche aktuell monatlich 699 Euro zahlen, wenn man die fortgeschriebenen Rechengrößen zugrunde legt. Durch die Besteuerung zum Grenzsteuersatz der Eltern würden sich die KGS-Gesamtkosten nur unwesentlich verringern, weil dieser zwar höher ist als der Durchschnittssteuersatz, aber wie dieser nicht auf das gesamte Bruttoeinkommen, sondern (nach Abzug des Grundfreibetrages und anderer Freibeträge, von Sonderausgaben und Werbungskosten) nur auf das *zu versteuernde* Einkommen erhoben wird. Deshalb übersteigt der Grenzsteuersatz sogar bei mittleren Einkommen selten 30 bis 35 Prozent. Dann bliebe den Eltern immer noch mehr als doppelt so viel, wie sie bisher als Kindergeld (jeweils 219 Euro für die ersten beiden Kinder) erhalten. Wenn man berücksichtigt, dass ein im Haushalt der Eltern lebender Unter-25-Jähriger nach dem SGB II einen Regelbedarf von monatlich 357 Euro (2021) hat, anteilig Miet- und Heizkosten erstattet bekommt, wenn das Jobcenter die Wohnung als angemessen betrachtet, aber gegebenenfalls auch die Leistungen des Bildungs- und Teilhabepakets in Anspruch nehmen kann, hätte eine Familie im Hartz-IV-Bezug weniger Mehreinnahmen durch die Kindergrundsicherung als eine »Normalverdienerfamilie«. Dieses Konzept ist also weniger sozial gerecht als ein sehr großzügiges Steuergeschenk für Mittelschichteltern.

Befürworter/innen der Kindergrundsicherung unterstellen, dass man Kinder unabhängig von der sozialen Lage ihrer Eltern aus (Einkommens-)Armut befreien kann. Johannes Steffen, damals Referent für Sozialpolitik der Arbeitnehmerkammer Bremen, machte demgegenüber geltend, dass Kinderarmut immer auch Familienarmut ist und grundgesicherte Kinder weiterhin im Haushalt ihrer von Hartz IV abhängigen Eltern lebten, wodurch neue Ungleichbehandlungen und Verwerfungen entstünden: »Finanzielle Unterversorgung von Familien mit Kindern lässt sich nur im Wege einer politischen Konvoi-Strategie überwinden; wird dieser Ausgangspunkt zugunsten eines sozialpolitischen Separatismus aufgegeben, bleibt eine Grundsicherung für Kinder unbefriedigend, weil das korrekt diagnostizierte Problem nur formal und zudem um den Preis einer Verfestigung der ›Hartz IV‹-Abhängigkeit der Eltern gelöst wird.«[10]

Durch die Pauschalierung der KGS-Leistung würden alle Minderjährigen über einen Kamm geschoren, ganz unabhängig davon, wo und in welcher Haushaltskonstellation sie leben, wie alt und ob sie sozial benachteiligt oder gesundheitlich eingeschränkt sind. Besonders ungerecht und schlecht ist das für Kinder aus sozial benachteiligten Familien. Dagegen wäre selbst ein großes eigenes Vermögen (aus einer Schenkung oder Erbschaft) kein Hindernis für die Alimentierung durch den Staat. Es widerspricht aber der sozialen Gerechtigkeit, über ein im Grunde familialistisches Konzept gut verdienende Mittelschichtangehörige mit etwa dem Doppelten des heutigen Zahlbetrages für das »Kinderhaben« zu belohnen. Umgekehrt muss es durch eine stärkere *Zielgruppen*orientierung im Kampf gegen die Armut gerade darum gehen, besonders jene Kinder und Jugendlichen *passgenau* zu fördern, die aufgrund ihrer strukturellen Benachteiligung und speziellen Handikaps keine optimalen Entwicklungsmöglichkeiten haben.

Letztlich handelt es sich bei der Bündnis-KGS um ein Grund*einkommen* für Minderjährige, das unabhängig von den Einkommens- und Vermögensverhältnissen ihrer Familie gezahlt würde. Unter einer Grund*sicherung* versteht man üblicherweise eine steuerfinanzierte Sozialleistung, mit der ein Wohlfahrtsstaat den Lebensunterhalt bedürftiger Bürger/innen sichert. Sie ist bedarfsorientiert und wird normalerweise bedürftigkeitsgeprüft gezahlt. Von einem

Grund*einkommen* spricht man hingegen bei einem steuerfinanzierten Universaltransfer in einheitlicher Höhe, mit dem ein Staat unabhängig vom individuellen Bedarf für den Lebensunterhalt aller seiner (Wohn-)Bürger/innen sorgt. Um ein *bedingungsloses* Grundeinkommen (BGE) handelt es sich, sofern keine Gegenleistung (z. B. die Aufnahme einer Arbeit, eines Bildungsgangs oder einer Ausbildung) von den Geldleistungsempfänger(inne)n verlangt wird.

Auf die Kinder bezogen ergibt sich folgende Ausdifferenzierung und Spezifizierung: Eine staatliche Kindergrund*sicherung* ist eine steuerfinanzierte Sozialleistung, die bestimmte Minderjährige unterstützt, jedoch nur im Bedarfsfall und nach einer Bedürftigkeitsprüfung gezahlt wird. Unter einem Kindergrund*einkommen* wäre hingegen ein steuerfinanzierter Transfer in einheitlicher Höhe für alle Minderjährigen zu verstehen. Es würde unabhängig vom Einkommen und Vermögen (der Eltern) gewährt. Bedingungen wie die Bereitschaft zur (Erwerbs-)Arbeit können Kinder ohnehin nicht erfüllen. Für die Frage, ob es sich im Einzelfall um eine Kindergrundsicherung oder ein Grundeinkommen für Kinder handelt, ist daher allein entscheidend, ob die Geldzahlung unabhängig von den jeweiligen Einkommens- und Vermögensverhältnissen erfolgt oder nicht.

In ihrem Papier zu den Konturen eines neuen Sozialstaates skizzierten die Führungsgremien der SPD Anfang 2019 ihre Vorstellung von einer Kindergrundsicherung. Dieses Konzept besteht aus zwei Säulen: der »individuellen Grundsicherung«, die digital beantragt werden kann, und einer »infrastrukturellen Förderung« der Kinder. Darunter versteht die Partei, dass auf kommunaler, Landes- und Bundesebene mehr Strukturen wie Kita, Schule, Ganztagsbetreuung, Mittagessen und Mobilität kostenfrei gemacht werden. Darüber hinaus müssten die Teilhabe an und der Zugang zu Kultur für alle bezahlbar sein. Als ein besonderes Anliegen gilt der SPD die Vermeidung von Nachteilen für Kinder mit Behinderungen, weshalb alle Bereiche barrierefrei gestaltet werden sollen.

Die sozialdemokratische Kindergrundsicherung orientiert sich am Einkommen der Eltern, ihre Höhe würde von 250 Euro monatlich als

Basisbetrag des Kindergeldes bis zum Höchstbetrag von monatlich 528 Euro reichen. Die sozialdemokratische Kindergrundsicherung wäre keine reine Geldleistung. Sie baut auf den im *Starke-Familien-Gesetz* legislativ umgesetzten Reformen des Kinderzuschlags sowie des Bildungs- und Teilhabepakets auf, um sie »Schritt für Schritt« weiterzuentwickeln. Verfolgt wird damit offenbar eine politische Stückwerkstrategie, an deren Ende die Kindergrundsicherung als Sammelbezeichnung für Teile des Familienleistungsausgleichs steht. Sie soll »ganzheitlich« mit dem Ziel ansetzen, Kinder aus dem Hartz-IV-Bezug zu holen: »Das SGB-II-System ist darauf ausgerichtet, Erwerbssuchende zu betreuen und sie in Arbeit zu vermitteln. Beides trifft auf Kinder und ihre Bedürfnisse nicht zu. Sie brauchen kindgerechte, auf Bildungs- und Teilhabechancen ausgerichtete Betreuung und Förderung.«[11]

An dieser Stelle fragt man sich jedoch, warum die Eltern der betroffenen Kinder nicht ebenfalls aus dem SGB-II-Bezug geholt werden, vielmehr Leistungen in gleicher Höhe wie bisher erhalten sollen, welche die SPD künftig »Bürgergeld« nennen will, was nur eine sprachliche, aber keine sachliche und substanzielle Korrektur darstellt. Immerhin vermeidet das SPD-Modell die gravierenden Nachteile der Bündnis-KGS, indem es berücksichtigt, dass die soziale, Bildungs- und Betreuungsinfrastruktur gerade für »Problemfamilien« von größter Relevanz ist.

Auch die LINKE hat sich intensiv mit dem Konzept der Kindergrundsicherung beschäftigt und ein Modell entwickelt, das deutlich weniger großzügig gegenüber Mittelschichtfamilien ist als die Bündnis-KGS. In ihrem Antrag vom 11. März 2020 unter dem Titel » Kinderarmut überwinden, Kindergrundsicherung einführen« (Bundestags-Drucksache 19/17768) forderte die Linksfraktion, dass die bis zur Vollendung des 18. Lebensjahres und bei jungen Volljährigen bis zum ersten Schulabschluss inklusive Abitur gewährte Leistung an Kinder und Jugendliche deren individuelle Bedarfe ebenso berücksichtigen müsse wie die tatsächlichen Unterkunftskosten.

Man will das Kindergeld auf 328 Euro pro Kind erhöhen und allen Familien einkommensunabhängig gewähren. Kinder aus armen Familien sollen einen altersgestaffelten Zuschlag erhalten. In den Zuschlägen wären Wohn- und Heizkosten bis 149 Euro monatlich pauschal berücksichtigt. Höhere Wohn- und Heizkosten würden übernommen, sofern der kindbedingte Anteil oberhalb des pauschalierten Anteils von 149 Euro monatlich läge. Einmalige und besondere Bedarfe wie Klassenfahrten oder Umzugskosten würden zum Bestandteil der Kindergrundsicherung. Zuschläge und Sonderbedarfe erhielten Kinder, deren Eltern auf Transferleistungen angewiesen sind bzw. deren Nettoeinkommen nur das elterliche Existenzminimum sichert. Sobald das elterliche Nettoeinkommen ihr individuelles Existenzminimum überschreitet, würde das überschreitende Einkommen zu 50 Prozent auf die Zuschläge der Kindergrundsicherung angerechnet. Darüber hinaus forderte die LINKE einen Ausbau der sozialen Infrastruktur (ÖPNV, Kinder- und Jugendfreizeiteinrichtungen, Musikschulen, Bibliotheken, Schwimmbäder etc.), um Kindern und Jugendlichen die Teilhabe am gesellschaftlichen Leben zu ermöglichen.

In ihrem Wahlprogramm zur Bundestagswahl 2021 »Deutschland. Alles ist drin« schlugen die Bündnisgrünen erneut vor, das Kindergeld, den Kinderzuschlag, das Sozialgeld für Kinder sowie die Bedarfe für Bildung und Teilhabe in einer Kindergrundsicherung zu bündeln. Neben einem festen Garantiebetrag für alle soll es für Kinder, die in Familien mit geringen oder gar keinem Einkommen leben, zusätzlich noch einen »GarantiePlus-Betrag« geben. Je niedriger das Familieneinkommen ist, desto höher würde der GarantiePlus-Betrag ausfallen. Weil die Höhe der Kindergrundsicherung nach einmaliger Beantragung bei Geburt automatisch berechnet und ausgezahlt werden soll, komme diese »garantiert bei jedem Kind an«, versprach die Partei und verband damit die Hoffnung, Kinderarmut hierzulande Schritt für Schritt beenden zu können.

Das darf bezweifelt werden. Kinderarmut ist immer auch Familienarmut, und selbst eine großzügige Kindergrundsicherung würde nicht ausreichen, um etwa zu verhindern, dass Familien der Strom abgestellt wird oder ihnen wegen Mietrückständen die Zwangsräumung droht. Damit, so der Soziologe Wolfgang Hammer, wäre »das Recht auf Existenzsicherung für Kinder aus der UN-KRK national nicht einmal annähernd ausreichend ausgestaltet.«[12]

BGE-Befürworter/innen sehen in der Kindergrundsicherung einen Türöffner für ihr eigenes Projekt. Das bedingungslose Grundeinkommen trifft allerdings ebenfalls der Einwand, die prioritären Ziele der Bedarfs- und der Verteilungsgerechtigkeit zu verfehlen. Denn wenn *alle* Bürger/innen vom Staat beispielsweise 1000 Euro pro Monat bekämen, nähme zwar die absolute, nicht jedoch die hierzulande von ihrem Ausmaß her sehr viel wichtigere relative Armut deutlich ab.[13] Vielmehr würde die von der EU bei 60 Prozent des mittleren Nettoäquivalenzeinkommens angesetzte Armuts(risiko)schwelle bloß weiter nach oben verschoben; man bliebe ihr mit diesem Betrag nahe.

Armutspolitisch führt die Kindergrundsicherung in eine Sackgasse: Kinder darf man nicht aus dem Familienverbund herauslösen, vielmehr sollte man auch ihren Eltern auskömmliche Leistungen zugestehen. Was die enormen Kosten der Bündnis-KGS betrifft – realistisch erscheinen Summen zwischen 20 und 50 Milliarden Euro jährlich –, so wäre dieses Geld wohl besser in den Ausbau von sozialer, Bildungs- und Betreuungsinfrastruktur investiert. Beides zusammen – Infrastrukturausbau und eine hohe Geldleistung für alle Kinder – wird angesichts der Tatsache, dass Familienarmut von den politischen und Wirtschaftseliten jahrzehntelang toleriert wurde – nicht realisierbar sein.

Wer die soziale Ungleichheit verringern und die (Kinder-)Armut in einem reichen Land bekämpfen will, muss die Betroffenen gezielt unterstützen und die Reichen auch finanziell stärker zur Verantwortung ziehen, aber nicht alle Bevölkerungsgruppen gleich behandeln, wie es die Bündnis-KGS und das Grundeinkommen tun. Mittels einer Familien- und Sozialpolitik nach dem Gießkannenprinzip kann man weder die Kluft zwischen Arm und Reich schließen noch den Zusammenhalt der Gesellschaft stärken. Nötig ist vielmehr eine gezielte Bekämpfung der (Kinder-)Armut, d.h. eine bedarfsgerechte Konzentration staatlicher Ressourcen auf (junge) Menschen, die Unterstützung benötigen, um in Würde leben zu können. Wohlhabende brauchen nicht mehr Geld für ihre Kinder. Sie müssen vielmehr ebenso wie Reiche und Hyperreiche durch höhere Steuern stärker in die Pflicht genommen werden.

Den Arbeitsmarkt reregulieren!

Während man der absoluten Armut auch durch karitative Maßnahmen entgegenwirken kann, sind die relative Armut und die soziale Ungleichheit nur politisch zu bekämpfen. Kinderungleichheit erwächst aus einer Ungleichverteilung der Ressourcen von Haushalten mit Kindern, die maßgeblich vom Erwerbseinkommen der Eltern(teile) bestimmt wird. Deshalb fängt die Bekämpfung der Kinderarmut im Erwerbsleben an. Da Kinderarmut fast immer auf Elternarmut zurückzuführen ist, die aus einer exkludierten oder Randstellung am Arbeitsmarkt resultiert, konzentrieren sich erfolgversprechende Gegenstrategien auf Maßnahmen, welche nicht armutsfeste Löhne und Gehälter so anheben, dass man »von Arbeit wieder leben« und eine Familie mit seinem Einkommen unterhalten, fördern und sozial absichern kann.

Aus dem Umstand, dass die Armut nicht mehr nur Erwerbslose trifft, sondern in Teilbereiche der Arbeit vorgedrungen ist, haben CDU, CSU und SPD nach langem Zögern die Konsequenz eines gesetzlichen Mindestlohns gezogen. Genau zehn Jahre nach Hartz IV trat am 1. Januar 2015 das *Tarifautonomiestärkungsgesetz* in Kraft, dessen Artikel 1 das *Gesetz zur Regelung eines allgemeinen Mindestlohns* (Mindestlohngesetz) bildet. Seither galt ein allgemeiner gesetzlicher Mindestlohn, der zum 1. Juli 2021 auf 9,60 Euro brutto pro Stunde erhöht wurde und, nach 9,82 Euro zum 1. Januar 2022, am 1. Juli 2022 auf 10,45 Euro steigt.

Zwar scheint der Mindestlohn die Massenkaufkraft aufgrund deutlicher Lohnerhöhungen gestärkt und die Binnenkonjunktur belebt zu haben, weniger erfolgreich war er allerdings bei der Armutsbekämpfung, die gleichfalls ein wichtiges Ziel war. Die größte Schwachstelle des großkoalitionären Mindestlohns liegt vermutlich darin, dass er nicht politisch festgelegt wird, sondern auf der Basis des Votums einer paritätisch besetzten Kommission aus Arbeitgebern und Gewerkschaften, einem »neutralen« Vorsitzenden sowie zwei nicht stimmberechtigten Wissenschaftler(inne)n, die sich nachlaufend an der Tariflohnentwicklung orientiert. Dabei ist ein gesetzlicher Mindestlohn in Deutschland gerade deshalb nötig, weil die Gewerkschaften selbst in Branchen mit einem relativ hohen Organisationsgrad der Beschäftigten inzwischen zu schwach sind, um nennenswerte Tariflohnsteigerungen zu erkämpfen.

Wie auch das Arbeitslosengeld II, bei dem Bezieher/innen zusätzlich erwerbstätig sein müssen, um menschenwürdig leben zu können, ist der Mindestlohn so konstruiert, dass ergänzend Arbeitslosengeld II bezogen werden muss, weil seine Höhe kaum zur Deckung des Lebensunterhalts ausreicht. Schließlich muss man über den Lohn sowohl Miete wie Heizkosten erwirtschaften, die bislang das Jobcenter bezahlt haben; zweitens die Differenz zwischen dem Kindergeld und dem Hartz-IV-Regelsatz für Kinder. Außerdem entfällt das Bildungs- und Teilhabepaket mit seinen ergänzenden Leistungen, die von A (Ausflugsfinanzierung) bis Z (Zahlung eines gemeinschaftlichen Mittagessens) reichen. Folglich sind die Hürden ziemlich hoch – mit dem Mindestlohn allein ist das kaum zu schaffen, höchstens mithilfe von Wohngeld und Kinderzuschlag. Schon gar nicht ist dieser Mindestlohn derart hoch, dass es Arbeitnehmer(inne)n wenigstens bei einer 40-Stunden-Woche gelingen könnte, die Niedriglohnschwelle von zwei Dritteln des Medianverdienstes, das heißt des mittleren Monatseinkommens aller Beschäftigten (ca. 1800 Euro brutto) zu überwinden.

So ging die Anzahl der Erwerbsaufstocker/innen nach Einführung des Mindestlohns nur um 1,1 Prozentpunkte zurück,[14] und Geringverdiener/innen mit Kindern, die in einer Großstadt mit hohen Mieten wohnen, hatten praktisch keine Chance, der Hartz-IV-Abhängigkeit durch Anhebung ihres Lohns auf die gesetzlich vorgeschriebene Mindesthöhe zu entkommen. Sie müssen nach wie vor die Grundsicherung für Arbeitsuchende in Anspruch nehmen und den entwürdigenden Gang zum Jobcenter antreten.

Bisher erreicht der Mindestlohn in Deutschland nicht einmal 50 Prozent des mittleren Lohns. Durch ihn wird höchstens eine weitere Lohnspreizung verhindert und der Niedriglohnsektor zwar nach unten abgedichtet, aber nicht eingedämmt oder gar abgeschafft. Das wäre jedoch nötig, um (Kinder-)Armut und soziale Ausgrenzung wirksam zu bekämpfen. Nur ein Mindestlohn in existenzsichernder Höhe, die Streichung sämtlicher (besonders vulnerable Gruppen wie Langzeitarbeitslose, Jugendliche ohne Berufsabschluss und Kurzzeitpraktikanten treffender) Ausnahmen sowie eine flächendeckende Überwachung durch die Finanzkontrolle Schwarzarbeit des Zolls könnten bewirken, dass der Mindestlohn überall ankommt. »Gleichzeitig müssen die Möglichkeiten von Beschäftigten, ihre Mindestlohnansprüche gegenüber den Unternehmen durchzusetzen, gestärkt werden.«[15] Thorsten Schulten und Claudia Weinkopf, die der Mindestlohnkommission als von den Gewerkschaften benannte Wissenschaftlerin angehört, denken hierbei an ein Verbandsklagerecht und eine Kontrollinstitution nach britischem Vorbild. Außerdem ist eine bedarfsgerechte, armutsfeste und repressionsfreie Grundsicherung nötig, wenn Armut verhindert werden soll.

Damit der Mindestlohn seine Wirkung als Instrument zur Armutsbekämpfung entfalten kann, sollte er nach angloamerikanischem Vorbild zu einem »Lebenslohn« (*living wage*) weiterentwickelt werden, der nicht bloß die Existenz, sondern auch die Teilnahme am gesellschaftlichen, kulturellen und politischen Leben ermöglicht. Thorsten Schulten schlägt dafür als Untergrenze die in der Europäischen Union geltende Armutsgefährdungsschwelle von 60 Prozent des Medianeinkommens vor. Dies hieße für Deutschland, dass der Mindestlohn möglichst umgehend auf mehr als 12 Euro steigen müsste.

Die von der Covid-19-Pandemie mit ausgelöste Krise der Ökonomie hat den Stellenwert einer aktiven Arbeitsmarkt- und Beschäftigungspolitik des Staates unterstrichen. Zu den Maßnahmen, die notwendig sind, um eine Reregulierung des Arbeitsmarktes zu bewirken, gehört die Stärkung der Tarifbindung. Das zuständige Bundesarbeitsministerium sollte Tarifverträge auch dann für allgemeinverbindlich erklären können, wenn die Arbeitgeberseite damit nicht einverstanden ist. Mini- und Midijobs müssen in sozialversicherungspflichtige Beschäftigungsverhältnisse umgewandelt, sachgrundlose Befristungen ausgeschlossen und Leiharbeitsverhältnisse entweder ganz verboten oder wieder stärker reguliert werden.

Da die Arbeitsplatzsicherheit im Gefolge der digitalen Transformation unter dem Stichwort »Industrie 4.0« eher abnehmen wird, wenngleich der Gesellschaft deshalb nicht – wie vielfach befürchtet – die Lohnarbeit ausgeht, gewinnen der Schutz des soziokulturellen Existenzminimums, die Gewährleistung der Qualifikation von abhängig Beschäftigten durch Weiterbildungs- bzw. Umschulungsmaßnahmen sowie die Bereitstellung von und der allgemeine Zugang zu einer modernen öffentlichen Infrastruktur – vornehmlich im Bereich der Bildung, der Mobilität und der Umwelt – erheblich an Bedeutung, um humane Lebensverhältnisse zu sichern: »Die zentrale Herausforderung im digitalen Zeitalter, d.h. im Zeitalter der Ortsungebundenheit von Arbeit, ist die weitere Entkopplung sozialer Grundsicherung vom marktbestimmten Lohn der Arbeit, ohne den zentralen Stellenwert der Arbeit als Faktor der Produktivität und sozialen Anerkennung zu mindern.«[16]

Zwar ist die Arbeitslosenquote im Zuge des Wirtschaftsaufschwungs nach dem starken Konjunktureinbruch im Jahr 2009 stetig gesunken, weitere Schritte zur Vollbeschäftigung wären aber gerade nach der Covid-19-Pandemie von zentraler Bedeutung für die Bekämpfung der (Kinder-)Armut. Eine konsequente Beschäftigungspolitik würde nicht bloß die Erwerbslosigkeit verringern, sondern auch der sozialen Ungleichheit nachhaltig entgegenwirken. Sie müsste von Zukunftsinvestitionsprogrammen des Bundes und der Länder bis zur Schaffung eines öffentlich geförderten Dienstleistungssektors alle Möglichkeiten der staatlichen Interventionstätigkeit für die Schaffung von mehr Stellen nutzen.

Einen wichtigen Hebel zur Verringerung der Erwerbslosigkeit bildet die Verkürzung der Wochenarbeitszeit. Dabei müsste – zumindest für die zahlreichen Geringverdiener/innen – voller Lohnausgleich das Ziel sein. Durch ein gesetzliches Verbot *bezahlter* Überstunden könnte man erreichen, dass Mehrarbeit nur noch per Freizeitausgleich abgegolten wird. Da sich Kinderarmut in der Regel auf Frauen- bzw. Mütterarmut zurückführen lässt, liegt ein weiteres Instrument zu ihrer Verringerung in einer Steigerung der weiblichen Erwerbsbeteiligung sowie einer Anhebung der Löhne und Gehälter in typischerweise von Frauen ausgeübten Berufen. Dies setzt sowohl eine Verbesserung der Vereinbarkeit von Familienarbeit und Berufstätigkeit durch Schaffung von mehr (Teilzeit-)Stellen wie auch die Schaffung von mehr öffentlichen Kinderbetreuungseinrichtungen voraus.

Unabdingbar ist eine (gesetzlich zu regelnde) Rückbindung der Arbeit selbst wie der Arbeitszeitregelungen in Betrieben und öffentlichen Verwaltungen an die Lebensbedürfnisse der Beschäftigten und ihrer Familien, was eine Neujustierung des Normalarbeitsverhältnisses erfordert: Beschäftigte müssten zwischen Vollzeit-, Teilzeitarbeit und Arbeitsunterbrechung ohne Verluste an sozialer Sicherung und Weiterbildungsmöglichkeiten wechseln können, und Arbeitgeber sowohl in der Arbeitszeitgestaltung wie auch beim Arbeitsvolumen auf die unterschiedlichen, im Lebensverlauf wechselnden Interessen der Beschäftigten mehr Rücksicht nehmen.[17]

Die im Januar 2019 eingeführte »Brückenteilzeit« gilt nur in Betrieben mit in der Regel über 45 Beschäftigten und räumt dem Arbeitgeber das Recht ein, den Wunsch nach Verringerung der Arbeitszeit abzulehnen, soweit ihm betriebliche Gründe entgegenstehen. Nötig wäre stattdessen eine Arbeitszeitverkürzung mit Lohn- und Personalausgleich insbesondere für jene, die zu viel arbeiten (müssen), sowie eine Umverteilung von Arbeit, um den Kreis Erwerbstätiger mit existenzsichernden Einkommen zu verbreitern.

Unterversorgung armer Familien beenden!

Eine zeitgemäße Sozialpolitik wendet sich nicht »der Familie« als solcher zu, sondern kümmert sich vorrangig um jene Familienmitglieder, die – wie Kinder und Jugendliche – unfähig sind, ihren Lebensunterhalt ohne fremde Hilfe selbstständig zu bestreiten. Es geht bei dieser Strategie also nicht um die Förderung der Familie an sich, sondern darum, jungen Menschen eine »gute« Kindheit zu ermöglichen, also ein Aufwachsen ohne materielle Entbehrungen, Sozialisationsdefizite, gesundheitliche bzw. psychosoziale Beeinträchtigungen und Bildungsbenachteiligungen jedweder Art.

Wie das Beispiel des weiterhin bestehenden Ehegattensplittings im Einkommensteuerrecht zeigt, hat sich die Bundesrepublik immer noch nicht vollständig auf die veränderten Lebens- und Liebesformen im 21. Jahrhundert mit ehelichen und nichtehelichen, aber auch queeren, homo- und heterosexuellen Partnerschaften sowie Einelternteil- und Patchworkfamilien eingestellt: Auch verheiratete Paare ohne Kinder kommen in den Genuss dieser Vergünstigung, sofern ein Partner (möglichst viel) weniger als der andere verdient, wohingegen Paare mit Kindern, die weder geheiratet noch ihre Lebens(abschnitts)partnerschaft haben eintragen lassen, davon ausgeschlossen bleiben.

Die Hannoveraner Juristin und Sozialwissenschaftlerin Maria Wersig spricht daher treffend von einer »Reformresistenz« des Ehegattensplittings.[18] Ehe- statt Kinderförderung ist eine Fehlorientierung der Familienpolitik. Denn das Ehegattensplitting ist nicht nur sozial ungerecht, weil sich der Splittingvorteil umso stärker auswirkt, je ungleicher das Einkommen zweier Partner/innen ist, sondern es setzt auch negative Arbeitsanreize und begünstigt damit einseitig die traditionelle Hausfrauenehe, welche zum Zeitpunkt seiner Einführung im Jahr 1958 absolut dominierte. Sinnvoller wäre eine Individualbesteuerung von Paaren, bei der jede/r den nicht genutzten Grundfreibetrag auf den Partner bzw. die Partnerin übertragen kann. Falls sich das Ehegattensplitting aufgrund verfassungsrechtlicher Hindernisse nicht durch eine Individualbesteuerung ersetzen lässt, wäre an ein sog. Mindest-Realsplitting zu denken, bei dem der Splittingvorteil durch einen gar nicht erwerbstätigen oder erheblich weniger als der Haushaltsvorstand verdienenden (Ehe-)Partner stärker begrenzt wird.

Künftig wird die Forderung nach Umwandlung des Ehegatten- in ein Familiensplitting nach französischem Vorbild, ähnlich wie sie die CDU in ihrem Hannoveraner Grundsatzprogramm fordert,[19] wahrscheinlich eine größere Rolle spielen. Sie bietet aber keine Lösung, sondern würde geradezu Teufel mit Beelzebub austreiben, wäre ein Familiensplitting doch hinsichtlich seiner Verteilungswirkung eher noch ungerechter als die bisherige Regelung. Schließlich würde ein Familiensplitting die Steuerbelastung kinderreicher Spitzenverdiener und Einkommensmillionäre deutlich verringern, kinderreichen Durchschnittsverdiener(inne)n, Erwerbslosen und Transferleistungsbezieher(inne)n jedoch kaum Vorteile bringen. Alleinerziehende hätten deshalb wenig davon, weil sie meistenteils nicht genug verdienen, um sich damit besserzustehen als im geltenden Einkommensteuersystem.

Problematisch ist nicht etwa die Höhe der familienpolitisch begründeten Transferleistungen, sondern ausschließlich deren Struktur, welche soziale Unterschiede zwischen den Familien teils zu wenig berücksichtigt. Dass gerade Hyperreiche, Kapitaleigentümer und Spitzenverdiener am meisten von Steuervorteilen bzw. staatlichen Subventionen profitieren, die eigentlich *den Familien* – und das kann doch wohl nur heißen: solchen Eltern, die sie tatsächlich benötigen, um ihren Kindern unbillige Entbehrungen zu ersparen – zugute kommen sollten, wird aber selten kritisiert. Wenn ein Spitzenverdiener dank Kinderfreibetrag im Jahr rund 1000 Euro mehr für seinen Sprössling erhält als eine Normalverdienerin an Kindergeld für ihren Nachwuchs, ist das weder mit dem Gleichheitssatz noch mit dem Sozialstaatsgebot des *Grundgesetzes* vereinbar.

Um dem Ziel einer Verringerung von Kinderungleichheit dienen zu können, ist eine Neuordnung des Familienlasten- bzw. -leistungsausgleichs nach folgenden Kriterien nötig: Transferleistungen und steuerliche Freistellungen müssen sich an einem einheitlichen soziokulturellen Mindestbedarf für Kinder orientieren. Sie dürfen nicht zu unterschiedlichen Entlastungs- und Unterstützungsleistungen führen, also Familien mit niedrigeren Einkommen benachteiligen. Um die Verarmung von Kindern auszuschließen, bedarf es zudem eines Transfersystems, das Hartz IV ablöst und niemanden diskriminiert oder stigmatisiert.

Betreuungs-, Erziehungs- und Ausbildungsfreibeträge sind wenig sinnvoll, solange sie im dualen System (Optionsmodell) wegen der Progression des Einkommensteuertarifs die soziale Ungleichheit erhöhen. Besser wäre es, sie würden nicht auf die Bemessungsgrundlage, also das zu versteuernde Einkommen, sondern im Sinne eines Kinder*grund*freibetrages bzw. auf die Steuerschuld gewährt und, falls eine solche gar nicht besteht, in eine Gutschrift umgewandelt und ausbezahlt.

»Umverteilung von oben nach unten!« statt »Umverteilung von den Kinderlosen zu den Eltern!« muss das Motto einer gerecht(er)en Familienpolitik lauten. Hierfür bietet sich nur auf den ersten Blick eine massive Erhöhung des Kindergeldsatzes an. Kindergeld ist zwar die wichtigste Geldleistung des Bundes zur Bekämpfung der Armut von Familien, deckt aber nur einen Teil des soziokulturellen Mindestbedarfs junger Menschen, zumal eine altersmäßige Niveaudifferenzierung fehlt, wie sie bei den Regelbedarfen des Sozialgeldes im Hartz-IV-Bezug existiert.

Aufgrund der Tatsache, dass Kindergelderhöhungen auf SGB-II-Leistungen und die Unterhaltszahlungen der Väter von nichtehelichen bzw. Scheidungskindern angerechnet werden, partizipieren gerade jene Familien nicht, deren Einkommen am niedrigsten ist. Bisher wurde nur einmal, nämlich im Rahmen der Haushaltsberatungen des Bundes für das Jahr 2000, zeitweilig vom gültigen Subsidiaritätsprinzip abgewichen, eine Sonderregelung getroffen und die damalige Erhöhung des Kindergeldsatzes um 20 auf 270 D-Mark für das erste und zweite Kind an die Bezieher/innen von Sozialhilfe weitergegeben. Sinnvoll wäre ein für sämtliche Eltern gleiches, einheitliches Kindergeld, das einerseits nicht mehr durch (Eltern mit Spitzeneinkommen wegen der Progression stärker begünstigende) Steuerfreibeträge konterkariert werden dürfte. Andererseits darf es Familien im Transferleistungsbezug nicht vorenthalten werden. Prinzipiell müssten dem Sozialstaat alle Kinder gleich viel wert sein.

Auf dem Weg zu einem inklusiven Sozialstaat müssen arme Familien wirksamer unterstützt und ihre Kinder mehr gefördert werden. Für ein höheres Maß an Chancengleichheit braucht es beispielsweise freien Zugang zu sämtlichen Bildungseinrichtungen, was wiederum die Bereitstellung materieller Ressourcen für Familien voraussetzt, die darüber nicht selbst verfügen. Statt *alle* Eltern materiell besser zu stellen, müssen sozial benachteiligte Kinder stärker gefördert werden, unabhängig davon, in welcher Familienform sie leben oder wie die Erwerbsbiografie ihrer Eltern aussieht.

Die soziale Infrastruktur stärken!

Finanztransfers, die der Staat an Familien zahlt, haben aus Sicht konservativer und wirtschaftsliberaler Kritiker/innen den Nachteil, dass sie ausgerechnet die am meisten von Armut betroffenen Kinder nicht immer erreichen, weil das den Empfänger(inne)n an allen Ecken und Enden fehlende Geld womöglich zweckentfremdet, also anderweitig ausgegeben wird. Auch wenn das nachweislich nur selten der Fall ist, sind Betreuungs- und Bildungsangebote für sozial benachteiligte Familien im Zweifel wirksamer als eine weitere Anhebung des Kindergeldes bzw. steuerlicher Freibeträge. Deshalb müssten gerade benachteiligte oder »abgehängte« Regionen befähigt werden, ihre soziale, Bildungs- und Betreuungsinfrastruktur so weit zu entwickeln, dass die dort lebenden Kinder optimale Entwicklungsmöglichkeiten haben.

Um die aufgrund höherer Ungleichheit und sich ausbreitender (Kinder-)Armut gewachsenen Gemeinwohlaufgaben bewältigen zu können, sollte der Bund zusammen mit den Ländern und Kommunen eine Infrastrukturoffensive anstoßen, die einen umfassenden Ausbau von kinder-, jugend- und familienbezogener Infrastruktur zum Ziel haben muss. Beteiligt werden könnten Parteien, Wissenschaft, Religionsgemeinschaften, Wirtschaftsunternehmen, Gewerkschaften, Wohlfahrtsverbände, Betroffenenorganisationen, Bürgerinitiativen, zivilgesellschaftliche Akteure und globalisierungskritische Netzwerke. Denkbar wäre auch ein Runder Tisch, der im gesellschaftlichen Konsens und mit Unterstützung der öffentlichen Meinung geeignete Sofortmaßnahmen vorschlagen müsste. In jedem Fall brauchen bedürftige Familien beides: mehr Geld, weil Einkommensdefizite der Grund für ihre Transferabhängigkeit sind, und eine bessere Infrastruktur, die ihren Kindern ein gutes Aufwachsen ermöglicht.

Noch immer verhindern die knappen Finanzen insbesondere vieler Städte und Gemeinden eine solide Ausstattung von Einrichtungen der Kinder- und Jugendarbeit und der sozialen Infrastruktur wie Sozialdiensten und Anlauf- oder Beratungsstellen, während Investitionsstaus, Personalengpässe, ungedeckte Beratungsbedarfe und Wartelisten zunehmen. Eine um ihre Zukunft besorgte Gesellschaft darf nicht zulassen, dass kommunale Infrastrukturangebote aufgrund staatlicher Sparmaßnahmen und leerer öffentlicher Kassen weiter verringert werden. Finanziell ausgeblutete, oft dem Haushaltssicherungsrecht unterworfene Städte und Gemeinden, in denen der Kämmerer statt der zuständigen Fachdezernent(inn)en die Kinder-, Jugend- und Sozialpolitik macht, sind kaum in der Lage, armen Kindern bzw. Familien durch die Einrichtung kommunaler Lernmittelfonds oder Sozialtarife bzw. -tickets den günstigen Bezug von Gas und Strom, die freie Benutzung des öffentlichen Personennahverkehrs sowie den regelmäßigen Besuch von Freizeiteinrichtungen zu ermöglichen bzw. wenigstens zu erleichtern. Dabei braucht es zwingend eine öffentlich finanzierte (kostenfreie), gut ausgestattete und attraktive kinder-, jugend- und familienbezogene Infrastruktur als Alternative zu kommerziellen Angeboten der Kinder- und

Jugendfreizeit, die ausschließlich für kaufkräftige Minderjährige infrage kommen. Nur wenn genügend gut ausgestattete Kindertageseinrichtungen, Schulen und ausreichend außerschulische Freizeitangebote insbesondere dort vorhanden sind, wo sozial benachteiligte Minderjährige sie benötigen, kann verhindert werden, dass ein größerer Teil der jungen Generation abgehängt und perspektivlos wird. Das können z. B. öffentliche Schwimmbäder, Spielplätze, Sportanlagen und Jugendeinrichtungen wie Offene Türen, Museen oder Tierparks sein. Die geografische Nähe und Kostenfaktoren sind entscheidend: Sobald Eintrittsgelder oder Fahrkarten für den Öffentlichen Personennahverkehr erforderlich sind, bleibt ein Teil der Adressat(inn)en von der Teilhabe ausgeschlossen.

Eine solche Strategie des Infrastrukturausbaus sollte idealerweise mit einer regionalen und Stadtentwicklungs- sowie Wohnungspolitik verknüpft sein, die darauf abzielt, durch Aufwertungsmaßnahmen in einigen Quartieren und Stadtteilen gleichwertige(re) Lebensverhältnisse in der Stadt, in der Region und im ganzen Land herzustellen, um das weitere Auseinanderdriften der kindlichen Lebenswelten zu stoppen. Sicher braucht nicht jedes Villenviertel ein Museum, ein öffentliches Schwimmbad oder einen öffentlichen Fitnessparcours; umso mehr benötigen aber die Heranwachsenden in sozial benachteiligten, segregierten Wohnvierteln fantasievolle Spielplätze, Jugendzentren und Freiflächen für Jugendliche mit freiem WLAN sowie gute Kitas und Schulen, aber auch Anlauf- und Unterstützungsstellen für die Familien.

Kindertagesstätten als Orte frühkindlicher Bildung gehören zweifelsfrei zu den Einrichtungen, die soziale, kulturelle und kognitive Defizite der jüngsten Mitglieder armer Familien wenigstens teilweise ausgleichen können. Die Bedeutung des Elementarbereichs im Bildungswesen ist zuletzt erheblich gewachsen, handelt es sich doch um eine Institution, welche die Kinder auf ihre Schullaufbahn vorbereitet, aber darüber hinaus wichtige Kompensations- und Sozialisationsfunktionen erfüllt, womit auch die (sozial)pädagogischen Anforderungen enorm gestiegen sind. Entsprechend problematisch ist es, wenn gerade Kinder aus Migrationsfamilien die Kindertageseinrichtungen seltener und kürzer besuchen.[20]

So hoch der Stellenwert von Kitas für die Kinderarmutsprävention ist, so desolat und unterfinanziert erscheint ihre Situation, besonders aus der Perspektive dort tätiger Erzieher/innen. Nach wie vor liegt die Bedarfsdeckung von Plätzen in Kitas für Unter-drei-Jährige im Argen, besonders in Westdeutschland, etwa in Bremen, Nordrhein-Westfalen oder dem Saarland. Damit der zum 1. August 2013 eingeführte Rechtsanspruch auf einen Platz in der Kindertagesbetreuung für Kinder ab dem ersten Lebensjahr eingelöst werden kann, muss das Netz der öffentlichen Betreuungseinrichtungen weiter verdichtet und ihre Qualität verbessert werden. Laut IW-Angaben fehlten im März 2020 bundesweit immer noch rund 340 000 Plätze für diese Altersgruppe, wobei sich die sog. Bedarfslücke von 2015 bis 2020 nochmals um 5 auf 14,5 Prozent vergrößert hat. Wie schon bei der Einführung des Rechtsanspruchs prognostiziert, ist die Nachfrage nach Betreuungsplätzen seither stark gestiegen, sodass sich die Betreuungslücke trotz des verstärkten Ausbaus von Kitas und Tagespflege nicht schließen ließ. Werdende Eltern (meist: bis dahin erwerbstätige Mütter) stellt dieser weithin bekannte Mangel oftmals vor die Alternative »Kitaplatz und Erwerbsarbeit oder Kind hüten und Erziehungszeit nehmen«, womit das Segment privater Kitas für die Kleinen aus wohlhabenden Elternhäusern ebenso wächst wie die Konkurrenz um Kitaplätze für Unter-drei-Jährige und nicht wenige Frauen notgedrungen mangels Kinderbetreuungsoptionen zumindest vorübergehend aus dem Erwerbsleben ausscheiden.

In der Kindertagesbetreuung sind mit Blick auf die Ungleichheitsprävention mindestens drei kinder- und bildungspolitische Zielsetzungen zu verfolgen. Erstens geht es um die Steigerung der Quantität an Plätzen bzw. öffentlich geförderten Kindertageseinrichtungen, besonders für Unter-drei-Jährige, sowie eine bessere lokale Passung von Angebot und Nachfrage, die aber nur erreichbar ist, wenn sich alle Akteure baldmöglichst auf ein Ausbildungsprogramm für Erziehungsberufe verständigen. Bundesweit fehlen nämlich mehr als 100 000 Fachkräfte für die frühpädagogische Arbeit, schätzt der Deutsche Kitaverband, weshalb der leergefegte Arbeitsmarkt vielerorts dazu beiträgt, dass neue Einrichtungen schlicht und einfach aus Personalmangel nicht eröffnet werden können. Für jedes Kleinkind, das außerhalb der Familie betreut werden soll, müsste aber in sämtlichen Bundesländern ein Krippenplatz zur Verfügung stehen. Argumentiert wird zum Teil, dass sich Mütter zwischen Erwerbsarbeit und öffentlicher Kinderbetreuung einerseits sowie häuslicher Kinderbetreuung in Eigenverantwortung frei entscheiden können sollten. Wahlfreiheit haben die Eltern von Kleinkindern jedoch erst, wenn eine Vollversorgung mit Krippenplätzen gewährleistet ist und diese für alle möglichst beitragsfrei, zumindest jedoch ohne größere materielle Barrieren zugänglich sind. Erst wenn gute Kitas zur Genüge verfügbar sind, entfallen die Konkurrenz um einen Platz und die Sorge vieler Eltern, bei der Suche danach leer auszugehen.

Zweitens muss auch die Qualität der Kindertagesbetreuung dringend verbessert werden. Chronisch unterbesetzte öffentlich geförderte Einrichtungen mit häufig zu großen Gruppen und einer unzureichenden Fachkraft-Kind-Relation tragen kaum zu einer gelingenden Betreuungs- und Fördersituation für Kinder, Eltern und pädagogisches Personal bei. Eltern, die es sich finanziell leisten können, verleitet man so dazu, kostenpflichtige, dafür aber meist auch personell besser ausgestattete Plätze in privaten Kitas in Anspruch zu nehmen. Eine qualitativ hochwertige Kindertagesbetreuung steht und fällt mit der Personalausstattung der Einrichtung ebenso wie mit der Qualifikation ihrer pädagogisch Tätigen. Sogar der Ländermonitor frühkindliche Bildung der Bertelsmann Stiftung moniert hier insbesondere für die ostdeutschen Bundesländer eine zu schlechte Betreuungsrelation von einer Fachkraft auf 5,7 unter-drei-jährige Kinder (in den westlichen Bundesländern sind es 3,7), während man in der Wissenschaft eine Relation von 1:3 für angemessen hält. Öffentlich geförderte Kitas personell besser auszustatten, in kleinere Gruppen mit mehr Fachkräften und in moderne Räumlichkeiten mit Frischeküchen zu investieren sowie Sprach-, Bewegungs- und musische Förderung ebenso anzubieten wie Gesundheitserziehung (Zähneputzen) und Therapiemöglichkeiten, sind Ansatzpunkte, die sich nur mit einem Mehr an Ressourcen für Personal, Ausstattung und Räumen realisieren lassen.

Die dritte Zielsetzung der Kitapolitik hinsichtlich einer wirksamen Armuts- und Ungleichheitsprävention ist schließlich die Gebührenfreiheit öffentlich geförderter Kinderbetreuungsangebote, um Barrieren der Inanspruchnahme für alle Eltern zu senken. Diesbezüglich herrscht bundesweit zwischen den Ländern und landesweit zwischen verschiedenen Gemeinden ein unüberschaubarer Flickenteppich an meist kommunalen, zum Teil auch bundeslandspezifischen Gebührenregelungen, was Expert(inn)en seit langem kritisieren. Die Bandbreite der Gebührensatzungen reicht von der generellen Beitragsfreiheit (in Städten wie Düsseldorf oder dem Bundesland Rheinland-Pfalz) bis zu einer monatlichen Kitagebühr von 800 Euro für Kinder unter zwei Jahren, deren Eltern in der höchsten Einkommensstufe liegen (z. B. in Troisdorf, einer zwischen Köln und Bonn gelegenen Kleinstadt).

Immerhin ist mit Inkrafttreten des *Gute-Kita-Gesetzes* die soziale Staffelung von Gebühren, falls sie erhoben werden, seit dem 1. August 2019 bundesweit verbindlich vorgeschrieben, was bis dato bei weitem nicht in allen Bundesländern und Kommunen praktiziert wurde. Dort festgelegt ist auch, dass Kinder im Bezug von SGB-II-, Sozialhilfe- oder Asylbewerberleistungen, von Wohngeld oder des Kinderzuschlags von Beiträgen zu befreien sind.

Neben dem Ausbau von Kindertagesstätten und kindbezogener Infrastruktur müssen die Gebührenfreiheit sowie eine kostenfreie Mittagsmahlzeit in Bildungseinrichtungen wie Kitas und Schulen ganz oben auf der Agenda stehen. Da familiäre Armut oftmals mit Einschränkungen der Kinder in der Ernährung einhergeht, macht ein regelmäßiges, durch die Einrichtung sichergestelltes warmes Mittagessen, wie es Kitas und Schulen im Ganztag anbieten, einen wesentlichen Unterschied.

Noch um die Jahrtausendwende war das sichtbarste Symptom für familiäre Armut, wenn Kita- und Schulkinder aus finanziellen Gründen nicht am Mittagessen in der Einrichtung teilnahmen. Inzwischen werden die Essenskosten im Rahmen des Bildungs- und Teilhabepaketes von den Kommunen übernommen. Für nicht BuT-berechtigte Kinder bzw. deren Familien nahe dem Niedrigeinkommensbereich stellen die Essenbeiträge, die schon mal zwischen 50 und 100 Euro pro Monat je Kind betragen, aber nach wie vor einen beträchtlichen Kostenfaktor im Budget dar, vor allem wenn sie für mehrere Kinder zu entrichten sind. Viel besser wäre es, wenn alle Kinder in öffentlichen Ganztagseinrichtungen ein kostenloses warmes Mittagessen bekämen, gewissermaßen als Teil eines unentgeltlichen Bildungssystems. Dass dies möglich ist, zeigen nicht nur skandinavische Länder, sondern auch die Freie und Hansestadt Hamburg, die einen Grundsockel für eine täglich bis zu fünfstündige Kitabetreuung einschließlich einer Mittagmahlzeit zum 1. August 2014 kostenfrei gestellt hat.

Um die negativen Folgen der sozialen und ethnischen Segregation in den Kitas abzuschwächen, fordern Thomas Groos, Carolin Trappmann und Nora Jehles eine bedarfsgerechte Mittelzuweisung und Kitaplanung nach einem wissenschaftlich fundierten Sozialindex. Diese würde Einrichtungen mit einer benachteiligten Klientel bzw. in benachteiligten Quartieren mehr Ressourcen zuteilen, um ihre schwierigeren Bedingungen auszugleichen.[21] Dabei orientiert sich die Höhe der Mittelvergabe etwa für die Stellen von Schulsozialarbeiter(inne)n oder Sprachförderkräften an einem wissenschaftlich geprüften Kriterienkatalog.

Dass entsprechend belastete Einrichtungen besser ausgestattet werden, ist in der Kindertagesbetreuung stärker verbreitet als an Grundschulen. So existiert beispielsweise in Nordrhein-Westfalen ein »PlusKITA-Programm«, welches zusätzliche Personalmittel für Kitas mit einem hohen Anteil von Kindern »mit erschwerten Startbedingungen« bereitstellt. Einzelne Bundesländer wie Hessen, Berlin oder Bremen weisen Schulen je nach deren räumlicher Lage und

Konzentration von Schüler(inne)n aus armutsgefährdeten Familien einen beträchtlichen Teil personeller und sächlicher Mittel zusätzlich zu oder verringern die Klassengröße, andere Bundesländer wie Nordrhein-Westfalen praktizieren zwar eine Schulförderung nach Sozialindex, deren Ausmaß aber so unerheblich ist, dass sie praktisch kaum ins Gewicht fällt.

Zur guten Ausstattung von Schulen in herausfordernden Lagen zählt auch die Finanzierung multiprofessioneller Teams mit Sonderpädagog(inn)en, sozialpädagogischen Fachkräften des Ganztags und insbesondere Schulsozialarbeiter(inne)n. Als Ansprechpartner/innen für Schüler/innen, Lehrkräfte und Eltern haben sie vielfältige individuelle, gruppen- und institutionsbezogene Unterstützungs-, Beratungs- und Organisationsfunktionen, wodurch Kinder und Jugendliche im Kontext von Schule unterstützt werden, etwa bei kleinen und großen Sorgen oder beim Übergang in eine Berufsausbildung.

Nötig wäre eine sehr viel intensivere Zusammenarbeit bzw. eine stärkere Verzahnung von Schule und Jugendhilfe, als sie bisher besteht. Karl August Chassé, Margherita Zander und Konstanze Rasch formulieren eine doppelte Aufgabe: »Öffnungen der Schule gegenüber dem Stadtteil bzw. dem Freizeitbereich könnten einerseits zu einer gemeinwesenorientierten Schule führen. Auf der anderen Seite müssten die Institutionen der Kinder- und Jugendhilfe – sicherlich oft in Kooperation mit den Schulen, vor allem im Kontext von Ganztagsschulen – lebensweltnahe attraktive Freizeit-, Förder- und Bildungsangebote entwickeln, mit denen die Kinder erreicht werden können, die von herkömmlichen Vereinen und kommerziellen Angeboten keinen Gebrauch machen können.«[22]

Eine flächendeckende, nicht auf »soziale Brennpunkte« beschränkte Schulsozialarbeit würde bewirken, dass arme Kinder die aus ihrer (multiplen) Deprivation und sozialen Exklusion resultierenden Probleme zumindest leichter bewältigen könnten. »Die Kombination präventiver Ansätze und aktiver Unterstützung in Krisensituationen kann gerade in der Schule dazu beitragen, ein Scheitern der Jugendlichen zu verhindern und so die Chance auf eine spätere eigenständige Existenzsicherung zu gewährleisten.«[23] Sozialarbeiter/innen bzw. -pädagog(inn)en können bei der Entwicklung einer Lebens- und Kommunikationskultur helfen, die es benachteiligten Kindern ermöglicht, Schule anzunehmen und als wichtig für ihr Leben zu erkennen. Ebenso können sie Lehrer(inne)n deutlich machen, dass Schulversagen nicht zwangsläufig Ausdruck und Folge von Gleichgültigkeit oder Desinteresse der Betroffenen ist, sondern dass diese den Schulalltag meist als permanente Erniedrigung und Demütigung erleben, weil ihre Anstrengungen, Lernerfolge zu erzielen, nicht oder nicht genügend anerkannt, sie selbst vielmehr durch bestimmte Rituale ausgegrenzt werden.[24]

Obwohl die Schulsozialarbeit in den vergangenen Jahren einen Aufschwung nahm, ist sie weder strukturell noch finanziell abgesichert. Je nach politischer Großwetterlage vor Ort gestaltet sich die Ausstattung von Schulen mit entsprechenden Planstellen in den Gemeinden höchst unterschiedlich. Sie gleicht einem Flickenteppich, an dem Landesministerien, Kommunen sowie ihre Kinder- und Jugendhilfe, aber auch freie Träger mit der Folge beteiligt sind, dass Mindeststandards, wo und in welchem Umfang Schulsozialarbeit mindestens stattfinden muss, ebenso wie eine (bundes)gesetzliche Grundlage oder eine Beschäftigungsperspektive für Beteiligte fehlen.

Umstritten ist, ob Schulsozialarbeit als Pflichtaufgabe im *Kinder- und Jugendhilfegesetz* oder in den Schulgesetzen der Länder verankert werden soll. All solchen Disputen zum Trotz: Schulen mit heterogen zusammengesetzter Schülerschaft brauchen dringend Schulsozialarbeiterstellen, und zwar nicht im Sinn eines Reparaturbetriebs, sondern um Lehrkräfte von sozialpädagogischen, unterrichtsfremden Aufgaben zu entlasten, Impulse zu geben und alle, besonders aber sozial benachteiligte Schüler/innen zu unterstützen, mit ihnen Problemlösungsstrategien zu entwickeln und Ressourcen zu erschließen. Auch die Tür zur Verbesserung der Elternarbeit im Sinn einer stärkeren Kooperation besonders schwer erreichbarer Eltern mit Lehrkräften kann man durch Schulsozialarbeit öffnen. Vonnöten ist eine gelingende Kooperation von Schulsozialarbeiter(inne)n und Lehrkräften, die nicht nur in Entlohnung und Anstellungsverhältnissen gleichgestellt werden, sondern auch mehr Kontextwissen zum Umgang mit Kinderarmut (etwa im Rahmen der Lehrerausbildung) erlangen sollten.[25] Für die vielfältigen Aufgaben der Schulsozialarbeit bedarf es dringend einer gesetzlichen Grundlage, welche Mindeststandards, Zuständigkeiten und Finanzierung dauerhaft und verlässlich regelt.

Schluss mit der Bildungsbenachteiligung!

Sowohl die öffentliche Suche nach den Ursachen von Armut und sozialer Ungleichheit wie auch die Entwicklung von Gegenstrategien konzentrieren sich häufig auf Bildung bzw. Bildungspolitik. So behauptete Franziska Müller-Rech, schulpolitische Sprecherin der nordrhein-westfälischen FDP-Landtagsfraktion, in einem Gastbeitrag unter dem Titel »Wissen über Wirtschaft vermitteln« für den *Kölner Stadt-Anzeiger* (v. 29.1.2021): »Der beste Schutz gegen Armut ist eine vielseitige Schulbildung, die auf Lebenswirklichkeiten vorbereitet und junge Menschen befähigt, sich selbst zu verwirklichen und ihr Leben selbst in die Hand zu nehmen.«

Der Basler Soziologe Oliver Nachtwey relativiert die Rolle der Bildung für den sozialen Aufstieg hingegen, wenn er auf die Entwertung von Qualifikationstiteln im Rahmen der Bildungsexpansion abhebt und sich dabei folgender Metapher bedient: »Eine höhere Bildung garantiert nicht mehr automatisch einen gehobenen Status. Wenn alle sich auf die Zehenspitzen stellen, sieht niemand besser.«[26] Bildungserfolg ist zwar ein möglicher Weg aus prekären Verhältnissen, erweist sich aber immer häufiger als Sackgasse. Schließlich gingen die Akademisierung und die Prekarisierung der Lohnarbeit zuletzt Hand in Hand. Das zeigt auch die Zusammensetzung der Armutspopulation in Deutschland: »Von den Armen über 25 Jahren verfügen fast zwei Drittel über ein mittleres oder sogar hohes Qualifikationsniveau. Das Bildungsniveau kann also bestenfalls notwendige, aber nicht hinreichende Bedingung der Armutsvermeidung sein.«[27]

Wäre die Bildung ein wirksames Mittel gegen Armut, hätte der Anteil davon Betroffener in den vergangenen Jahrzehnten stark rückläufig sein müssen. Seit den 1990er-Jahren ist die Armutsrisikoquote in Deutschland jedoch um etwa ein Drittel gestiegen, obwohl zur selben Zeit ein Akademisierungsprozess stattgefunden und der Anteil besser Gebildeter sowie beruflich höher Qualifizierter spürbar zugenommen hat. Selbst wenn man durch außergewöhnlichen Fleiß, Disziplin und Hartnäckigkeit beruflich und sozial aufsteigen kann, wird Bildung hinsichtlich ihrer Fähigkeit, die sozioökonomische Ungleichheit zu beseitigen oder zu begrenzen, maßlos überschätzt. »Mehr Bildung wird nicht automatisch zu weniger materieller Armut führen. Sie kann auch zu einer Entwertung von Zertifikaten führen, wenn attraktive Erwerbspositionen knapp sind.«[28] Wer die Armut primär mit einer besseren oder mehr Bildung bekämpfen will, lenkt davon ab, dass für mehr sozioökonomische Gleichheit etwas anderes nötig ist: eine Umverteilung des vorhandenen Reichtums und eine Umstrukturierung der Wirtschaft.

Gleichwohl sind Bildungs-, Erziehungs- und Kultureinrichtungen für eine gedeihliche Entwicklung und freie Entfaltung der Persönlichkeit sozial benachteiligter Kinder unentbehrlich, weshalb sie weiterhin öffentlich (besser) finanziert und ausgebaut werden müssen. Zudem kann Bildung gerade im Zeichen der Globalisierung, wo eine hohe Qualifikation des Humankapitals als »Standortfaktor« fungiert, zur Verbesserung der Aufstiegschancen von Kindern beitragen, allerdings nur dann, wenn sie nicht Marktgesetzen bzw. privaten Verwertungsinteressen unterworfen und für eine zahlungskräftige Kundschaft reserviert wird.

Eine weitere Verbreitung der Ganztagsschule und der von CDU, CSU und SPD für 2025/26 versprochene Rechtsanspruch auf einen Ganztagsplatz an Grundschulen könnten der Bildungsungleichheit entgegenwirken, zumindest dann, wenn qualifizierte Kräfte anregungsreiche und vielfältige (Förder-)Angebote im Sinn eines »guten Ganztags« für Schüler/innen jeder Herkunft machen würden. Unterschieden wird zwischen dem *Offenen* Ganztag, der meistenteils an Grundschulen und Gymnasien stattfindet (und die Eltern üblicherweise Gebühren kostet) sowie der – teilweise – *gebundenen* (kostenfreien) Form, die zumeist an Gesamtschulen, Schulen mit mehreren Bildungsgängen und Förderschulen vorkommt. Für den Ganztagsausbau sind erhebliche Investitionen notwendig, nicht bloß im personellen Bereich für Fachkraftstellen wie Erzieher/innen oder Sozialpädagog(inn)en, sondern auch für Investitionen in Gebäude und Schulausstattung.

Ganztagsschulen, die preisgünstig oder kostenlos zur Verfügung gestellte Kindergarten-, Krippen- und Hortplatze ergänzen sollten, haben einen Doppeleffekt: Einerseits können von Armut betroffene oder bedrohte Kinder umfassender betreut und systematischer gefördert werden, andererseits ihre Eltern leichter als sonst einer Vollzeitbeschäftigung nachgehen, was sie finanzielle Probleme besser meistern lässt. Durch die Ganztags als Regelschule lassen sich soziale Benachteiligungen insofern kompensieren, als eine bessere Versorgung der Kinder mit Nahrung (gemeinsame Einnahme des Mittagessens), eine gezielte Förderung leistungsschwächerer Schüler/innen etwa bei der Erledigung von Hausaufgaben und eine sinnvollere Gestaltung der nachmittäglichen Freizeit erfolgen.

So wichtig mehr öffentliche Ganztagsbetreuung für Kinder aller Jahrgangsstufen ist, so wenig kann sie allein Bildung von der sozialen Herkunft entkoppeln. Gleichwohl stößt die öffentliche Reformdebatte selten bis zu den Wurzeln des Problems, der Mehrgliedrigkeit des Schulwesens, vor. Wer jedoch von der Gesamt- bzw. der Gemeinschaftsschule für Kinder aller Bevölkerungsschichten nicht sprechen will, sollte auch von der Ganztagsschule schweigen. Letztere war stets ein Ziel reformpädagogischer Bemühungen, verkommt aber zur bloßen Verwahranstalt, wenn sie nicht in ein bildungspolitisches Alternativkonzept integriert wird, das soziale Selektion ausschließt.

Um diese zu beenden, müsste das herkömmlich gegliederte durch ein inklusives Schulsystem ersetzen werden. Ziel ist »eine Schule für alle« von der ersten Klasse bis zur Jahrgangsstufe 10 bzw. 13 nach skandinavischem Vorbild, in der kein Platz wäre für die frühzeitige Aussonderung leistungsschwacher Kinder, die arm sind oder aus sog. Problemfamilien stammen. Das würde nicht bloß die Umwandlung von Haupt- und Realschulen bedeuten, sondern in letzter Konsequenz auch die Abschaffung des Gymnasiums.

Auch das Gros der Förderschulen, die als (kostenträchtige) Parallelstruktur zu den allgemeinbildenden Schulen häufig vergessen werden, gehört im Zuge der Diskussion um eine Schule für alle auf den Prüfstand, zumal mit der Ratifizierung der UN-Behindertenrechtskonvention der Aufbau eines (gut funktionierenden) inklusiven Regelschulsystems ohnehin ein schulpolitisches Gebot der Stunde ist, welches die Kultusministerien der Bundesländer aber unterschiedlich ernst nehmen. Insbesondere Förderschulen des Schwerpunkts Lernen gelten als Schulen für vielfach benachteiligte Schüler/innen. Ihre Vorgängerinstitution wurde als »Hilfsschule« für Arme wahrgenommen, und noch heute finden sich in diesen Schulen überwiegend Schüler/innen, die »kulturell sowie finanziell zu den Ärmsten der deutschen Gesellschaft« zählen.[29] Deshalb sollten Förderschulen des Schwerpunkts Lernen die ersten sein, deren Schülerschaft (qualitativ gute) inklusive Regelschulen aufnehmen, wodurch sie überflüssig werden.

Allerdings scheiterten die in Richtung einer Schulstrukturreform weisenden Reformversuche wie in Hamburg 2009/10 bisher immer am organisierten Widerstand des Bildungsbürgertums, insbesondere von Eltern der Gymnasiallobby – obwohl diese Schulform als solche noch nicht einmal zur Disposition stand, sondern lediglich die Verlängerung der Grundschulzeit auf sechs Jahre sowie als zweite Schulform, an der alle Abschlüsse erworben werden könnten, eine sog. Stadtteilschule geplant war.

Die Etablierung zweigliedriger Schulsysteme (mit Gymnasien und einer nichtgymnasialen Schulform), aber auch der Ausbau von Gesamtschulen innerhalb des mehrgliedrigen Schulsystems, an denen Jugendliche alle Schulabschlüsse erwerben können, lösen das Grundproblem des mehrgliedrigen Schulsystems zwar nicht, sind aber ein Schritt in Richtung des Abbaus von Selektionsmechanismen. Weitere Ansatzpunkte bilden z. B. bildungspolitische Vorgaben, welche die Durchlässigkeit (d. h. den Wechsel von einer Schule zu der einer anderen Schulform) erhöhen wollen, etwa durch Abschulungsverbote (keine »Durchreichung nach unten« mehr) und eine offenere Aufnahmepraxis bei Wechseln in höhere Schulformen.

Auch der Verzicht auf Klassenwiederholungen kann dazu beitragen, soziale Selektion zu minimieren. Ein wesentlich höheres Risiko der Nichtversetzung tragen vor allem Schüler/innen mit Migrationshintergrund (und nichtdeutscher Familiensprache). Klassenwiederholungen, bei denen jedes Bundesland seiner eigenen Tradition folgt, sind schon lange umstritten, weil ihnen (ebenso wie Abschulungen) der Ruf vorauseilt, nur für eine größere Homogenität der abgebenden Klasse zu selektieren, aber nicht die »Repetenten« (nachholend) zu fördern, weshalb weder diese noch die abgebenden Klassen davon profitierten. An die Stelle von Nichtversetzungen aufgrund individueller Leistungsschwächen in dem einen oder anderen Schulfach sollten daher die in einigen Bundesländern bereits praktizierten Unterstützungs- und Fördersysteme (wie Förderbüros oder Förderbänder) treten, die es den Schulen erlauben, Schüler/innen mit Förderbedarfen individuell intensiv zu unterstützen, ohne sie direkt zurückzustufen.

Besonders der im internationalen Vergleich außergewöhnlich frühe Selektionszeitpunkt, den die meisten Schulgesetze der Bundesländer nach der vierten Grundschulklasse für den Übergang auf weiterführende Schulen vorsehen, steht in der Kritik, weil er dazu beiträgt, die ungleichen Bildungschancen von Kindern nach sozialer Herkunft zu zementieren.[30] Kritiker/innen des frühen Übergangs bemängeln, dass er Kinder in einem Alter trifft, in dem für diese noch alle schulischen Entwicklungsoptionen offenstehen, und dass die von Lehrkräften vergebenen Schulübergangsempfehlungen von zu vielen »leistungsfremden« Einflussfaktoren geprägt sind. Ein weiterer Kritikpunkt ist das Wahlrecht, welches den Eltern in den meisten Bundesländern eingeräumt wird, da hierdurch die Entstehung ungleicher Schulübergangschancen im Sinn sekundärer Herkunftseffekte zusätzlich verstärkt werde. Ein späterer Übergangszeitpunkt zur weiterführenden Schulform würde dazu beitragen, die Lehrerempfehlungen treffender zu gestalten. Zudem bergen die strukturellen Bedingungen an einer Gemeinschaftsschule für alle Schüler/innen einer heterogenen Lerngruppe die gleiche Chance, ihr Bildungspotenzial zu entfalten. Eine längere gemeinsame (Grund-)Schulzeit kann die Auseinanderentwicklung von Kompetenzen bei Schüler(inne)n aus benachteiligten und wohlständigen Elternhäusern verringern. Insofern sind Bestrebungen zur Verlängerung der Grundschulzeit, in der alle Kinder gemeinsam eine Schule besuchen, zwar zu begrüßen, lösen aber auch nicht den Kern des Problems.

Möglichkeiten des gemeinsamen Lernens über die Grundschulzeit hinaus bieten auch die (nicht in allen Bundesländern etablierten) Gesamtschulen, die Kinder mit allen Schulformempfehlungen ab der fünften Klasse bis zur 10. bzw. 13. Jahrgangsstufe aufnehmen und ihnen alle Schulabschlüsse ermöglichen. Gesamtschulen sind in dieser Hinsicht vergleichbar mit Schulen in einem zweigliedrigen System, weshalb ihr Ausbau von vielen Kritiker(inne)n des gegliederten Schulsystems als Schritt hin zu einer Schule für alle befürwortet wird. Gleichwohl ist beispielsweise in Nordrhein-Westfalen festzustellen, dass die Nachfrage nach Gesamtschulplätzen das vor Ort bestehende Schulplatzangebot regelmäßig übersteigt, weshalb man von Gesamtschulen abgewiesene Schüler/innen immer wieder auf Schulformen des gegliederten Systems verteilt. Gesamtschulen müsste in der kommunalen Schulentwicklungsplanung daher Priorität eingeräumt werden, um Bildungsbenachteiligung abzubauen.

Die beträchtliche Zahl junger Menschen, die aufgrund einer frühen Hauptschulempfehlung den barrierereichen Zweiten Bildungsweg zur Erlangung der Hochschulreife auf sich nehmen mussten, weil ihr Klassenlehrer bzw. ihre Klassenlehrerin der Ansicht war, der/die Neunjährige sei auf einer Hauptschule am besten aufgehoben, könnte somit in Zukunft deutlich kleiner ausfallen. Das Nachholen höherer Schulabschlüsse auf dem Zweiten Bildungsweg, etwa an vollschulischen Berufskollegs, ist zu einer immer beliebteren Variante für Schüler/innen geworden, die niedrigen Schulformen wie der Hauptschule früh zugewiesen wurden. Der Bildungsbericht 2020 konstatiert jedenfalls einen Trend zum Abitur an beruflichen Schulen, weil der Anteil von Absolvent(inn)en mit Hochschulreife, welche diesen Abschluss an einer beruflichen Schule erworben haben, seit Jahren steigt und zuletzt bei rund 16 Prozent lag.[31]

Für bezahlbares Wohnen sorgen!

Nirgendwo versagt das kapitalistische Wirtschaftssystem so eklatant wie bei der Wohnungsversorgung. Ertragserwartungen von Finanzinvestoren und Wohnbedürfnisse von Mieter(inne)n sind weitgehend unvereinbar. Das populäre, dem Wachstumsimperativ folgende Leitmotiv »Bauen, bauen, bauen!« führt in die Irre, denn die allermeisten Familien können sich weder die hauptsächlich im hohen und höchsten Preissegment entstehenden Eigentumswohnungen leisten noch warten, bis ihnen der versprochene, aber zumindest noch nicht beobachtbare »Sickereffekt« der dadurch freiwerdenden Wohnungen zugute kommt. Weil sich der Markt als unfähig erwiesen hat, eine adäquate Wohnungsversorgung für die Kinder aller Bevölkerungsschichten sicherzustellen, muss sie als öffentliche Aufgabe begriffen und vom Staat aus Gründen der sozialen Verantwortung für seine Bürger/innen gewährleistet werden, damit keine Familie wegen ihres zu niedrigen Haushaltseinkommens und/oder ihres zu geringen Vermögens auf der Strecke bleibt.

Obdachlos, abhängig und bedürftig zu sein, ist für die Betroffenen demütigend, aber auch deprimierend und demoralisierend. Um den Teufelskreis von Erwerbs- und Wohnungslosigkeit zu durchbrechen, brauchen sie die gezielte Unterstützung des modernen Sozialstaates. Durch ein Konzept wie »Housing First«, das aus den USA stammt und in Finnland sehr populär ist, kann gelingen, was dem »Hauptmann von Köpenick« nicht vergönnt war. Dabei wird Obdachlosen eine »eigene« Wohnung zur Verfügung gestellt, ohne ihnen eine Gegenleistung wie den Alkohol- oder Drogenentzug abzuverlangen.

Ohne eine grundlegende Kurskorrektur in der Raumordnungs-, Stadtentwicklungs- und Wohnungspolitik wird die Ungleichheit auf diesem Gebiet weiter zunehmen. Das im *Baugesetzbuch* verankerte Politikfeld der »sozialen Stadtentwicklung« gewinnt zunehmend an Bedeutung, weil die sich deutlicher in Elends- und Luxusquartiere spaltenden Großstädte der Bundesrepublik den gesellschaftlichen Polarisierungsprozess zeitnah widerspiegeln. Stadtentwicklungspolitik darf nicht mehr an den Kapitalverwertungsinteressen von (Groß-)Investoren orientiert sein, sondern muss den Bedürfnissen der (potenziellen) Bewohner/innen stärker als bisher Rechnung tragen.

Visionen, was der Staat tun muss, um allen Menschen bezahlbares Wohnen zu sichern, gibt es hierzulande schon lange. Hans-Jochen Vogel, Münchner Oberbürgermeister von 1960 bis 1972 sowie Bundesminister für Raumordnung, Bauwesen und Städtebau von 1972 bis 1974, hat immer wieder die zentrale Bedeutung des Bodens und der Bodenpreise für die enormen Miet- bzw. Preissteigerungen im Wohnungswesen hervorgehoben. Da es sich bei Grund und Boden um eine »Grundvoraussetzung menschlicher Existenz« handle, die man nicht »dem unübersehbaren Spiel der Marktkräfte« überlassen dürfe, müsse hier politisch angesetzt werden, wolle man das Problem der Preisexplosion im Wohnungsbereich lösen.[32] Folgerichtig schlug der SPD-Politiker eine Kommunalisierung, d. h. die Überführung wohnbaurelevanter Grundstücke in Gemeindeeigentum vor. »Sie scheiden damit aus den Markt-Gütern aus, deren Preise mit der Absicht des Wertzuwachses und des Vermögensgewinnes nach den Regeln von Angebot und Nachfrage in die Höhe getrieben werden. Denn ihre Wertsteigerung kommt nur noch den Gemeinden zugute.«[33] Zu einer neuen und gerechten Bodenordnung gehörte für Vogel, dass eine Gemeinde wohnungsrelevantes Eigentum nicht mehr an Privatleute verkauft, sondern bloß noch in Erbpacht vergibt, damit sie die Kontrolle über den Boden behält. »Es geht darum, den Boden als Grundkapital der bürgerlichen Verwertungslogik zu entziehen.«[34] Wenn das Recht am Boden das Recht auf Wohnen konterkariert, ist es grundsätzlich legitim, dass der Sozialstaat zugunsten unterprivilegierter bzw. -versorgter Familien interveniert.

Schon vor mehr als 130 Jahren plädierte der US-amerikanische Ökonom Henry George auf der Basis seiner Grundrententheorie für eine Bodenwertsteuer, die als Einnahmequelle ausreichen sollte, um die gesamte Staatstätigkeit zu finanzieren. In seinem 1879 erschienenen Hauptwerk *Progress and Poverty*, das bereits ein Jahr später in deutscher Übersetzung herauskam, betrachtete George die Ungleichheit im Grundbesitz als Hauptursache der Ungleichheit in der Güterverteilung: »Der Grundbesitz ist die große fundamentale Tatsache, welche schließlich die soziale, die politische und folglich auch die intellektuelle und moralische Lage des Volkes bestimmt.«[35] Weil der Besitz von Grund und Boden sowohl die Basis der großen Vermögen wie auch die Quelle der Macht sei, wollte George sämtliche Steuern mit Ausnahme jener auf Grundwerte abschaffen.

So weit muss man gar nicht gehen. Um mehr Gerechtigkeit zu schaffen, ist es sinnvoll, die Besteuerung von Lohnarbeit und Kapital, deren Interessengegensatz George fälschlicherweise leugnete, durch eine Bodenwertbesteuerung zu ergänzen. Vogel forderte die Einführung eines Planungswertausgleichs, was er mit »ganz elementaren Gerechtigkeitserwägungen« begründete: »Es kann nicht angehen, dass Bodeneigentümer für jeden öffentlichen Eingriff Entschädigung erhalten, die Gewinne, die ihnen durch öffentliche Entscheidung, also beispielsweise durch die Zuerkennung von Baurecht, erwachsen, aber für sich behalten können.«[36] Mit einer Bodenwertzuwachssteuer könnte man die Spekulation mit Grundstücken weniger lukrativ machen und leistungslose Gewinne abschöpfen. Durch erweiterte Satzungsbefugnisse würden die Kommunen in die Lage versetzt, die Stadtentwicklung effektiver im Sinne des Gemeinwohls zu gestalten und der sozialen Entmischung zu begegnen.

Die teilweise geradezu skandalösen Zustände auf dem Mietwohnungsmarkt sollten Anlass sein, über eine grundlegende Wende in der Wohnungspolitik nachzudenken. Vorgeprescht ist das Berliner Abgeordnetenhaus, dessen rot-rot-grüne Mehrheit im Januar 2020 einen »Mietendeckel« beschloss, der die Vermieter von rund 1,5 Millionen Bestandswohnungen in der Bundeshauptstadt für einen Zeitraum von fünf Jahren daran hindern sollte, die Wohnungsmiete über die allgemeine Preissteigerungsrate hinaus zu erhöhen. Vielmehr wurden die Mieten zum 23. Februar 2020 fünf Jahre lang auf dem Stand vom 18. Juni 2019 eingefroren und Mietobergrenzen eingeführt. Waren diese überschritten, mussten sie ab 23. November 2020 gesenkt werden, was laut Berliner Mieterverein rund 365 000 Wohnungen betraf. Am 15. April 2021 hat das Bundesverfassungsgericht (Az.: 2 BvF 1/20) den Berliner Mietendeckel aufgrund einer Normenkontrollklage von 284 Bundestagsabgeordneten aus CDU, CSU und FDP jedoch für nichtig, weil mit dem *Grundgesetz* unvereinbar, erklärt. Eine inhaltliche Auseinandersetzung mit dem »Mietendeckel« fand allerdings nicht statt. Die rein formale Begründung der Karlsruher Richter/innen lautete vielmehr, der Bundesgesetzgeber habe das Mietpreisrecht abschließend geregelt, weshalb einem Land in diesem Bereich keine Gesetzgebungsbefugnis zustehe. Auch dass der besonders konservative Zweite Senat sein Verdikt rückwirkend in Kraft gesetzt und die von seiner Entscheidung negativ betroffenen Mieter/innen hohen Nachforderungen ausgesetzt hat, war zwar dem sozialen Frieden in Berlin wenig förderlich, schließt aber ein Mietpreismoratorium als politische Notlösung auf zentralstaatlicher Ebene für die Zukunft nicht aus. Dort muss auch die Umwandlung von Miet- in Eigentumswohnungen wirksamer unterbunden werden, als es das im Mai 2021 verabschiedete, CDU und CSU von der SPD mühsam abgerungene *Baulandmobilisierungsgesetz* tut.

In jedem Fall ist die Verankerung eines »Grundrechts auf Wohnraum« in unserer Verfassung überfällig. Dafür plädierte der spätere Außenminister und Bundespräsident Frank-Walter Steinmeier schon zu Beginn der 1990er-Jahre in seiner juristischen Dissertation mit dem Titel *Das polizeiliche Regime in den Randzonen sozialer Sicherung. Eine rechtswissenschaftliche Untersuchung über Tradition und Perspektiven zur Verhinderung und Beseitigung von Obdachlosigkeit*. Staat und Behörden müssten, forderte Steinmeier damals, per Grundgesetzauftrag »zum Bau und Erhalt preisgünstigen Wohnraums für breite Bevölkerungskreise« verpflichtet werden, und es dürfe, so Steinmeier weiter, keine Wohnung z.B. wegen aufgelaufener Mietschulden geräumt werden, bevor nicht »zumutbarer Ersatzwohnraum« zur Verfügung stehe.[37]

Der damalige Juso-Bundesvorsitzende Kevin Kühnert ging in einem Interview der *Zeit* (v. 2.5.2019) weit über die Forderung der Berliner Initiative »Deutsche Wohnen & Co. enteignen!« hinaus, als er nicht bloß konstatierte, dass die starken, Marktmechanismen geschuldeten Mietsteigerungen immer mehr Menschen das Recht auf Wohnen beschnitten, sondern alle privaten Vermieter gleichermaßen an den Pranger stellte: »Ich finde nicht, dass es ein legitimes Geschäftsmodell ist, mit dem Wohnraum anderer Menschen seinen Lebensunterhalt zu bestreiten. Konsequent zu Ende gedacht, sollte jeder maximal den Wohnraum besitzen, in dem er selbst wohnt.« Doch zum ersten Mal seit Jahrzehnten wurde in der politischen und Medienöffentlichkeit des Landes wieder die Systemfrage gestellt, also darüber diskutiert, ob das kapitalistische Wirtschafts- und Gesellschaftssystem den Bedürfnissen der Bevölkerungsmehrheit noch gerecht wird und bestimmte soziale Probleme nur durch Überführung des Privateigentums an Produktionsmitteln und Mietshäusern in öffentliches Eigentum überwunden werden können. Sozialisierung ist kein Synonym für Enteignung, sondern laut der Verfassung (Art. 15 GG) in bestimmten Fällen durchaus geboten. Zwar blieb manches in dem *Zeit*-Interview vage und verschwommen, aber dass ein bekannter Nachwuchspolitiker der SPD wie Kühnert ein solches Thema überhaupt anschnitt, befeuerte die Debatte über Möglichkeiten zur Beseitigung der sozioökonomischen Ungleichheit.

Mit dem subventionierten Mietwohnungsbau, der regelrecht zu einem Markenzeichen des westdeutschen Sozialstaates wurde, haben die CDU/CSU-geführten Bundesregierungen nach dem Zweiten Weltkrieg versucht, einerseits bezahlbaren Wohnraum für Familien zu schaffen, die entweder der Mittelschicht angehörten oder in sie aufsteigen wollten, und andererseits den Immobilienbesitz privater Bauherren durch zinslose oder zinsgünstige Hypotheken und eine Befristung der Sozialbindung vermieteter Wohnungen zu fördern. Spätestens nach einem Vierteljahrhundert standen diese dem »freien Wohnungsmarkt« und damit der privaten Kapitalverwertung wieder zur Verfügung.[38] Der Berliner Sozialwissenschaftler Andrej Holm hält den Sozialen Wohnungsbau für ein »zutiefst ineffektives Förderinstrument«, weil das Zweifache des Baupreises an die finanzierenden Banken und die Eigentümer zwecks Sicherung der Eigenkapitalverzinsung gezahlt werde: »Die öffentliche Hand zahlt doppelt für etwas, das schon nach wenigen Jahren einem Privatmann oder einer Investitionsgesellschaft gehört.«[39]

Neben dem sozialen Mietwohnungsbau als wichtigster Form der Objektförderung existiert schon seit 1965 mit dem Wohngeld eine Subjektförderung, die aber letztlich weniger bedürftigen Familien als den Eigentümern jener Häuser zugute kommt, in denen sie zur Miete leben. Dass sich die Bundesregierung von einer Erhöhung des Wohngeldes, einer Anhebung der Miethöchstgrenzen und der Freibeträge sowie seiner Dynamisierung ab 1. Januar 2022 eine Verringerung der Armut erhofft, belegt ihre Unfähigkeit, das Problem wirklich an der Wurzel zu fassen, also seine strukturellen Ursachen zu bekämpfen.

Zweckmäßiger als eine Wiederbelebung des Sozialen Wohnungsbaus wäre die Ausweitung des öffentlichen Wohnungsbaus, sinnvollerweise ergänzt durch eine soziale Mietpreisgestaltung. Um den Wohnungsmangel zu überwinden, die privatwirtschaftliche Profitmaximierung im Bereich der Mietwohnungen zu begrenzen und die Marktlogik des Immobiliensektors zu durchbrechen, sollte die Wohnungsgemeinnützigkeit erneuert werden. Gewinne von Genossenschaften und gemeinnützigen Kapitalgesellschaften, die von Steuern befreit sind, müssen in den Wohnungsbau reinvestiert oder zur Modernisierung der Bestandswohnungen eingesetzt werden. Sozial benachteiligte Familien und Personen mit einem Wohnberechtigungsschein sollten bei der Vermietung prioritär berücksichtigt werden. Würden deutsche Kommunen nach dem Vorbild der österreichischen Hauptstadt (»Rotes Wien«) dazu finanziell in die Lage versetzt, könnten sie durch eigene Bautätigkeit mehr Wohnungen für sozial Benachteiligte schaffen.

Reiche und Hyperreiche stärker besteuern!

Wer die soziale Ungleichheit verringern und zugleich verhindern will, dass sich unser Land noch tiefer als bisher spaltet, muss den Reichtum antasten, weil Armutsbekämpfung erstens viel Geld kostet und beide Phänomene zweitens strukturell miteinander verzahnt sind. Armutsbekämpfung ist nicht umsonst zu haben: Um die Handikaps der Kinder aus sozial benachteiligten Familien im Wohn-, Bildungs-, Gesundheits-, Sport- und Freizeitbereich ausgleichen zu können, braucht man erheblich mehr Finanzmittel, als sie ein »abgemagerter« Staat, der die (Gewinn-)Steuern immer weiter senkt, zur Verfügung hat. Glücklicherweise hat die Staatstätigkeit während der Covid-19-Pandemie zur Genüge bewiesen, welch überragende Bedeutung der Sozialstaat für das Wohl und Wehe der Gesellschaft hat.

Verteilungspolitisch wird ganz entscheidend sein, wer am Ende der Covid-19-Pandemie die Zeche zahlt, sprich: welche Bevölkerungsgruppen die exorbitanten Kosten der staatlichen Rettungsschirme, Überbrückungshilfen und Förderprogramme tragen müssen. Unternehmerverbände und Wirtschaftslobbyisten haben sich frühzeitig in Stellung gebracht, um eine Abwälzung der finanziellen Belastungen auf die Allgemeinheit zu erreichen. Von ihnen wurden drei Wege empfohlen, um die öffentlichen Haushalte zu entlasten.

Friedrich Merz, der als möglicher Wirtschaftsminister gilt, hält es für sinnvoll, die Sozialleistungen auf den Prüfstand zu stellen, also den Wohlfahrtsstaat zu demontieren. Wirtschaftsminister Peter Altmaier (CDU) plädierte in der *Welt am Sonntag* (v. 31.1.2021) für eine Privatisierung von Staatsunternehmen, um mit den Erlösen die aufgenommenen Kredite zu tilgen. »Altmaier will ans Tafelsilber« titelte der *Kölner Stadt-Anzeiger* einen Tag später. Unternehmen liegen allerdings nicht wie Tafelsilber unnütz in einer Vitrine herum, sondern werfen in der Regel ansehnliche Gewinne ab, die fortan Privatleuten zugute kämen, während die öffentliche Armut zunehmen würde.

Der FDP-Vorsitzende Christian Lindner wiederum forderte einmal mehr Steuersenkungen, insbesondere für Unternehmen, damit sich die Wirtschaft schneller erholen könne. Auch die Komplettabschaffung des Solidaritätszuschlages, der seit dem 1. Januar 2021 erst ab einem zu versteuernden Jahreseinkommen über 96 820 Euro (bzw. 193 641 Euro bei einem gemeinsam veranlagten Ehepaar) voll, d. h. in Höhe von 5,5 Prozent auf die Einkommensteuer, anfällt, sei geeignet, als »Startschuss für einen neuen Aufschwung« (Michael Hüther) zu wirken und die Konjunktur nach der Coronakrise anzukurbeln. Dadurch würden jedoch vor allem Spitzenverdiener, Kapitaleigentümer und Konzerne entlastet, weil der »Soli« nicht bloß auf die Einkommen-, sondern auch auf die Kapitalertrag- und die Körperschaftsteuer erhoben wird, während selbst Besserverdienende nur wenig und Normalverdiener/innen der Mittelschicht gar nichts von seinem Wegfall hätten. Andere werden mit Blick auf die drohende Klimakatastrophe höhere Steuern auf den Ressourcenverbrauch und die Umweltschädigung vorschlagen, ohne einen sozialen Ausgleich für Geringverdiener/innen, Transferleistungsbezieher/innen und ihre Familien zu schaffen.

Welchen dieser Ratschläge der Staat auch immer befolgt, er würde die Kluft zwischen Arm und Reich vertiefen, die sozioökonomische Ungleichheit verschärfen und den gesellschaftlichen Zusammenhalt schwächen. Da die wirtschaftlichen Verwerfungen der Covid-

19-Pandemie mit wachsendem Wohlstand und vermehrtem Reichtum einhergehen, ja geradezu deren Kehrseite bilden, der Staat aber durch ihre riesigen Kosten finanziell enorm belastet ist, muss die (Kinder-)Ungleichheit durch konsistente und miteinander kompatible Maßnahmen einer Umverteilung von oben nach unten zurückgedrängt und für zusätzliche Steuereinnahmen gesorgt werden, damit sich die öffentlichen Kassen von Bund, Ländern und Gemeinden wieder füllen. Ob dies durch eine Vermögensabgabe nach dem Vorbild des Lastenausgleichs von 1952, einen »Corona Soli« und/oder die Wiedererhebung der Vermögensteuer erreicht werden kann, bedarf intensiver Diskussionen.

Der frühere Arbeits- und Sozialminister Herbert Ehrenberg (SPD) hat schon um die Jahrtausendwende eine zeitlich befristete Vermögensabgabe vorgeschlagen, um der Armutsbekämpfung ein festes finanzielles Fundament zu verschaffen.[40] Eine ähnliche Zielsetzung verfolgt die LINKE (Bundestags-Drucksache 19/28908) heute mit ihrer Forderung nach einer Vermögensabgabe für Milliardäre und Multimillionäre, die zuletzt an öffentlicher Resonanz gewonnen hat.

Sinnvoll wäre auch die Wiedererhebung der unter Berufung auf ein Urteil des Bundesverfassungsgerichts (Az.: 2 BvL 37/91) von CDU, CSU und FDP ab 1997 ausgesetzten Vermögensteuer. Sie würde nicht bloß der Steuergerechtigkeit dienen, sondern auch entscheidend dazu beitragen, die Länder finanziell handlungsfähiger zu machen. Die Karlsruher Richter hatten in dem genannten Beschluss vom 22. Juni 1995 nicht das *Vermögensteuergesetz* als solches für mit dem Grundgesetz unvereinbar erklärt, sondern nur moniert, dass laut Gesetzestext für Grundbesitz der – seit 1964 bzw. 1974 nach seiner Wertentwicklung nicht mehr angepasste – Einheitswert und für sonstiges Vermögen bei gleichem Steuertarif der *Gegenwarts*wert als Bemessungsgrundlage zugrunde gelegt wurde. Dadurch war die bis heute in der Verfassung (Art. 106 Abs. 2 GG) stehende Vermögensteuer keineswegs hinfällig, wie von interessierter Seite gern behauptet wird. Vielmehr wurde dem Gesetzgeber eine Frist zur Nachbesserung eingeräumt, die er mit seiner schwarz-gelben Mehrheit allerdings verstreichen ließ, um sich der ungeliebten Steuerart zu entledigen. Formal ist das *Vermögensteuergesetz* bis heute in Kraft. Die genaue Art seiner Novellierung ist umstritten, weil SPD, Bündnis 90/Die Grünen, die LINKE, aber auch Organisationen wie der DGB eigene Konzepte entwickelt haben.[41]

Der Zürcher Soziologe Marc Szydlik hat für eine Verringerung der Ungleichheit qua Geburt plädiert. »Dabei sind diejenigen zu unterstützen, die nicht von Haus aus das Glück haben, in Familien aus mittleren und höheren Sozialschichten hineingeboren worden zu sein.«[42] Um dieses Ziel auch in Zeiten leerer Staatskassen zu erreichen, werde man nicht umhinkommen, die Solidarität zwischen armen und reichen Familien auszuweiten. Dazu gehöre neben der speziellen Förderung benachteiligter Kinder während der Schulzeit die Erhöhung der im Vergleich mit anderen Staaten sehr niedrigen Erbschaftsteuer. Eine auf die Umverteilung des gesellschaftlichen Reichtums gerichtete Erbschaftsteuerreform muss insbesondere die Firmenerben stärker zur Finanzierung der öffentlichen Ausgaben heranziehen.

Jens Beckert schlägt eine Besteuerung von Erbschaften mit dem persönlichen Einkommensteuersatz vor, ohne dass er die Freibeträge für niedrige Vermögenswerte abschaffen will: »Die Reduzierung der Vermögensungleichheit kann nur bei der kleinen Gruppe der eigentlichen Vermögensbesitzer ansetzen, dem obersten einen Prozent der Bevölkerung.«[43] Sinnvoll wären die progressivere Ausgestaltung der Einkommensteuer, die Wiedererhebung der Vermögensteuer sowie eine Anhebung der Erbschaft- und Schenkungsteuer auf große Betriebsvermögen. Entweder ist der Staat bereit, erheblich mehr Geld auszugeben – was beim Verzicht auf Steuererhöhungen ein Ende der »Schwarzen Null« und diverser »Schuldenbremsen« bedeuten würde –, oder die Kluft zwischen Arm und Reich wird sich im Gefolge der Covid-19-Pandemie drastisch vertiefen. Betreibt die Bundesregierung jedoch weiterhin Reichtumsförderung statt Armutsbekämpfung, könnte die wachsende soziale Ungleichheit den gesellschaftlichen Zusammenhalt gefährden und auch der Demokratie gefährlich werden.

Zwar lässt sich der Kapitalismus mit steuerpolitischen Maßnahmen nicht abschaffen, aber durchaus mehr Gerechtigkeit auf diesem Weg schaffen. Solange sich die Ungleichheit im bestehenden Wirtschafts- und Gesellschaftssystem permanent reproduziert, muss darüber hinaus die Frage erlaubt sein, wie durch Staatseingriffe unter Wahrung der Verhältnismäßigkeit dafür gesorgt werden kann, dass Armut, statt nachträglich verringert oder beseitigt zu werden, erst gar nicht entsteht. Wenn die sozioökonomische Ungleichheit ein strukturelles, d. h. ein gesamtgesellschaftliches Problem ist, kann sie nur durch tiefgreifende Strukturveränderungen beseitigt werden.

Sofern man Privatisierung mit dem Erziehungswissenschaftler Georg Auernheimer als eine Form der Enteignung begreift,[44] ist Sozialisierung nur die Wiederaneignung von der Gesellschaft zu Unrecht entzogenen Gütern. Umso legitimer ist der Versuch, das Kardinalproblem der sozialen Ungleichheit zumindest dann auf diese Weise zu lösen, wenn keine andere Maßnahme durchschlagenden Erfolg verspricht. Denn es geht um die Zukunft unserer Kinder in einer wohlhabenden Gesellschaft der Gleichheit, die ihnen ausnahmslos ein glückliches Leben ohne materielle Sorgen und ohne Diskriminierung wegen ihrer Herkunft, ihrer Religion, ihres Aussehens, ihres Geschlechts oder ihrer sexuellen Identität ermöglicht.

Anhang

Literaturhinweise zum Weiterlesen

Ungleichheit allgemein

Butterwegge, Christoph: *Die zerrissene Republik. Wirtschaftliche, soziale und politische Ungleichheit in Deutschland*, 2. Aufl. Weinheim/Basel 2020

Butterwegge, Christoph: *Ungleichheit in der Klassengesellschaft*, 2. Aufl. Köln 2021

Fratzscher, Marcel: *Verteilungskampf. Warum Deutschland immer ungleicher wird*, München 2016

Gajek, Eva Maria/Lorke, Christoph (Hg.): *Soziale Ungleichheit im Visier. Wahrnehmung und Deutung von Armut und Reichtum seit 1945*, Frankfurt am Main/New York 2016

Hagelüken, Alexander: *Das gespaltene Land. Wie Ungleichheit unsere Gesellschaft zerstört – und was die Politik ändern muss*, München 2017

Hirschel, Dierk: *Das Gift der Ungleichheit. Wie wir die Gesellschaft vor einem sozial und ökologisch zerstörerischen Kapitalismus schützen können*, Bonn 2020

Kronauer, Martin: *Kritik der auseinanderdriftenden Gesellschaft*, Frankfurt am Main/New York 2020

Solga, Heike/Powell, Justin/Berger, Peter A. (Hg.): *Soziale Ungleichheit. Klassische Texte zur Sozialstrukturanalyse*, Frankfurt am Main/New York 2009

Wehler, Hans-Ulrich: *Die neue Umverteilung. Soziale Ungleichheit in Deutschland*, 4. Aufl. München 2013

Familien- und Kinderungleichheit

Betz, Tanja: *Ungleiche Kindheiten. Theoretische und empirische Analysen zur Sozialberichterstattung über Kinder*, Weinheim/München 2008

Betz, Tanja (u. a., Hg.): *Gute Kindheit. Wohlbefinden, Kindeswohl und Ungleichheit*, Weinheim/Basel 2018

Butterwegge, Carolin: *Armut von Kindern mit Migrationshintergrund. Ausmaß, Erscheinungsformen und Ursachen*, Wiesbaden 2010

Butterwegge, Christoph (Hg.): *Kinderarmut in Deutschland*, 2. Aufl. Frankfurt am Main/New York 2000

Butterwegge, Christoph/Klundt (Hg.): *Kinderarmut und Generationengerechtigkeit. Familien- und Sozialpolitik im demografischen Wandel*, 2. Aufl. Opladen 2003

Butterwegge, Christoph/Klundt, Michael/Belke-Zeng, Matthias: *Kinderarmut in Ost- und Westdeutschland*, 2. Aufl. Wiesbaden 2008

Chassé, Karl August/Zander, Margherita/Rasch, Konstanze: *Meine Familie ist arm. Wie Kinder im Grundschulalter Armut erleben und bewältigen*, 4. Aufl. Wiesbaden 2010

Dohmen, Dieter/Hurrelmann, Klaus (Hg.): *Generation Corona? – Wie Jugendliche durch die Pandemie benachteiligt werden*, Weinheim/Basel 2021

Fischer, Jörg/Merten, Roland (Hg.): *Armut und soziale Ausgrenzung von Kindern und Jugendlichen. Problembestimmungen und Interventionsansätze*, Baltmannsweiler 2010

Giers, Katharina: *»Die armen Kinder der Reichen«. Die heutige Wohlstandsverwahrlosung und ihre Folgen*, München/Ravensburg 2007

Hammer, Veronika/Lutz, Ronald (Hg.): *Wege aus der Kinder- und Jugendarmut. Gesellschaftspolitische Rahmenbedingungen und sozialpädagogische Handlungsansätze*, Weinheim/Basel 2015

Holz, Gerda/Richter-Kornweitz, Antje (Hg.): *Kinderarmut und ihre Folgen. Wie kann Prävention gelingen?*, München/Basel 2010

Hübenthal, Maksim: *Soziale Konstruktionen von Kinderarmut. Sinngebungen zwischen Erziehung, Bildung, Geld und Rechten*, Weinheim/Basel 2018

Klundt, Michael: *Gestohlenes Leben. Kinderarmut in Deutschland*, Köln 2019

Lutz, Ronald/Hammer, Veronika (Hg.): *Neue Wege aus der Kinderarmut. Gesellschaftspolitische Rahmenbedingungen und sozialpädagogische Handlungsansätze*, Weinheim/München 2010

März, Daniel: *Kinderarmut in Deutschland und die Gründe für ihre Unsichtbarkeit*, Weinheim/Basel 2017

Mansel, Jürgen/Neubauer, Georg (Hg.): *Armut und soziale Ungleichheit bei Kindern*, Opladen 1998

Müller, Thomas: *Innere Armut. Kinder und Jugendliche zwischen Mangel und Überfluss*, Wiesbaden 2008

Rahn, Peter/Chassé, Karl August (Hg.): *Handbuch Kinderarmut*, Opladen/Toronto 2020

Unverzagt, Gerlinde/Hurrelmann, Klaus: *Konsum-Kinder. Was fehlt, wenn es an gar nichts fehlt*, 2. Aufl. Freiburg/Basel/Wien 2001

Zander, Margherita: *Armes Kind – starkes Kind?, Die Chance der Resilienz*, 3. Aufl. Wiesbaden 2010

Zander, Margherita (Hg.): *Kinderarmut. Einführendes Handbuch für Forschung und soziale Praxis*, 2. Aufl. Wiesbaden 2010

Zander, Margherita: *Laut gegen Armut – leise für Resilienz. Was gegen Kinderarmut hilft*, Weinheim/Basel 2015

Zöllner, Ulrike: *Die armen Kinder der Reichen. Was macht der Wohlstand aus unseren Kindern?*, Zürich 1997

Anmerkungen

1. Was heißt überhaupt »ungleich«, »arm« oder »reich«?

1 Vgl. hierzu: Christoph Butterwegge, *Die zerrissene Republik. Wirtschaftliche, soziale und politische Ungleichheit in Deutschland*, 2. Aufl. Weinheim/Basel 2020, S. 11 ff.

2 Siehe Walter Scheidel, *Nach dem Krieg sind alle gleich. Eine Geschichte der Ungleichheit*, Darmstadt 2018, S. 26

3 Vgl. hierzu ausführlicher: Christoph Butterwegge, *Armut*, 5. Aufl. Köln 2021, S. 8 ff.

4 Jens Martens/Wolfgang Obenland, *Die Agenda 2030. Globale Zukunftsziele für nachhaltige Entwicklung*, 2. Aufl. Bonn/Osnabrück, November 2017, S. 32

5 Vgl. Richard Hauser, »Das Maß der Armut: Armutsgrenzen im sozialstaatlichen Kontext. Der sozialstatistische Diskurs«, in: Ernst-Ulrich Huster/Jürgen Boeckh/Hildegard Mogge-Grotjahn (Hg.), *Handbuch Armut und Soziale Ausgrenzung*, Wiesbaden 2008, S. 96

6 Vgl. Bundesministerium für Arbeit und Soziales (Hg.), *Lebenslagen in Deutschland. Der Sechste Armuts- und Reichtumsbericht der Bundesregierung*, Bericht, Bonn, Mai 2021, S. 349

7 Vgl. Carolin Hoch, *Straßenjugendliche in Deutschland – eine Erhebung zum Ausmaß des Phänomens. Endbericht – zentrale Ergebnisse der 2. Projektphase*, Halle 2017 (DJI), S. 40 ff.

8 Vgl. Alex Füller/Sarah Morr, *Menschen ohne Obdach*, Stuttgart 2021, S. 20 f.

9 Joachim Rock, *Störfaktor Armut. Ausgrenzung und Ungleichheit im »neuen Sozialstaat«*, Mit einem Geleitwort von Ulrich Schneider, Hamburg 2017, S. 59

10 Vgl. dazu: Gunter E. Zimmermann, »Ansätze zur Operationalisierung von Armut und Unterversorgung im Kindes- und Jugendalter«, in: Christoph Butterwegge (Hg.), *Kinderarmut in Deutschland. Ursachen, Erscheinungsformen und Gegenmaßnahmen*, 2. Aufl. Frankfurt am Main/New York 2000, S. 65 ff.

11 Ulrich Schneider, »Armut kann man nicht skandalisieren, Armut ist der Skandal! Vom Kampf um die Deutungshoheit über den Armutsbegriff«, in: ders. (Hg.), *Kampf um die Armut. Von echten Nöten und neoliberalen Mythen*, Frankfurt am Main 2015, S. 27

12 Stellungnahme der Bundesregierung zum Zehnten Kinder- und Jugendbericht, in: Bundesministerium für Familie, Senioren, Frauen und Jugend (Hg.), *Zehnter Kinder- und Jugendbericht. Bericht über die Lebenssituation von Kindern in Deutschland und die Leistungen der Kinderhilfen in Deutschland*, Bonn 1998, S. XIII

13 Vgl. dazu: Sabine Pfeiffer, *Die verdrängte Realität: Ernährungsarmut in Deutschland. Hunger in der Überflussgesellschaft*, Wiesbaden 2014; Gunther Hirschfelder/ Sarah Thanner (Hg.), *Prekäre Lebenswelten im Prisma der Ernährung*, Münster 2019

14 Wissenschaftlicher Beirat für Agrarpolitik, Ernährung und gesundheitlichen Verbraucherschutz beim Bundesministerium für Ernährung und Landwirtschaft, *Politik für eine nachhaltigere Ernährung. Eine integrierte Ernährungspolitik entwickeln und faire Ernährungsumgebungen gestalten*, Gutachten, Berlin, Juni 2020, S. 105

15 Joachim Rock, *Störfaktor Armut*, a.a.O., S. 56

16 Georg Cremer, *Armut in Deutschland. Wer ist arm? Was läuft schief? Wie können wir handeln?*, München 2016, S. 47

17 Ebd., S. 48

18 Vgl. Bundesministerium für Arbeit und Soziales (Hg.), *Lebenslagen in Deutschland. Der Sechste Armuts- und Reichtumsbericht der Bundesregierung*, Bericht, a.a.O., S. 121 ff.

19 Olaf Groh-Samberg, »Sorgenfreier Reichtum: Jenseits von Konjunktur und Krise lebt nur ein Prozent der Bevölkerung«, in: *DIW Wochenbericht* 35/2009, S. 593

20 Vgl. z.B. Thomas Druyen, *Goldkinder. Die Welt des Vermögens*, 2. Aufl. Hamburg 2007; ders./Wolfgang Lauterbach/Matthias Grundmann (Hg.), *Reichtum und Vermögen. Zur gesellschaftlichen Bedeutung der Reichtums- und Vermögensforschung*, Wiesbaden 2009; Rainer Zitelmann, *Die Gesellschaft und ihre Reichen. Vorurteile über eine beneidete Minderheit*, München 2019

21 Andrew Sayer, *Warum wir uns die Reichen nicht leisten können*, München 2017, S. 26

22 Lea Elsässer/Svenja Hense/Armin Schäfer, *Systematisch verzerrte Entscheidungen? – Die Responsivität der deutschen Politik von 1998 bis 2015*. Endbericht des Forschungsvorhabens im Auftrag des Bundesministeriums für Arbeit und Soziales, Stand: 2. Juni 2016, Bonn, Juni 2016, S. 35

23 Vgl. Martin Schürz, *Überreichtum*, Frankfurt am Main/New York 2019, S. 134

24 Christian Neuhäuser, *Reichtum als moralisches Problem*, 2. Aufl. Berlin 2018, S. 9

25 Ebd., S. 24

2. Die reichsten Familien werden reicher, die Armen zahlreicher

1 Vgl. hierzu: Christoph Butterwegge, *Ungleichheit in der Klassengesellschaft*, 2. Aufl. Köln 2021

2 Vgl. Martin Schürz, *Überreichtum*, Frankfurt am Main/New York 2019, S. 22

3 Vgl. Thilo N.H. Albers/Charlotte Bartels/Moritz Schularick, *The Distribution of Wealth in Germany, 1895–2018*, Bonn, 8.3.2020, S. 39 und 54

4 Markus M. Grabka/Christian Westermeier, »Anhaltend hohe Vermögensungleichheit in Deutschland«, in: *DIW Wochenbericht* 9/2014, S. 156

5 Siehe Olaf Groh-Samberg, »Sorgenfreier Reichtum: Jenseits von Konjunktur und Krise lebt nur ein Prozent der Bevölkerung«, in: *DIW Wochenbericht* 35/2009, S. 594f.

6 Jürgen Kocka, *Geschichte des Kapitalismus*, 3. Aufl. München 2017, S. 123

7 Vgl. Bundesministerium für Arbeit und Soziales (Hg.), Lebenslagen in Deutschland. Der Vierte Armuts- und Reichtumsbericht der Bundesregierung, Bericht, Bonn, März 2013, S. 465

8 Vgl. dass. (Hg.), *Lebenslagen in Deutschland. Der Fünfte Armuts- und Reichtumsbericht der Bundesregierung*, Bericht, Bonn, April 2017, S. 130 und 507f.

9 Vgl. Ch. Westermeier/M.M. Grabka, »Große statistische Unsicherheit beim Anteil der Top-Vermögenden in Deutschland«, in: *DIW Wochenbericht* 7/2015, S. 131

10 Vgl. Carsten Schröder u.a., »MillionärInnen unter dem Mikroskop: Datenlücke bei sehr hohen Vermögen geschlossen – Konzentration höher als bisher ausgewiesen«, in: *DIW Wochenbericht* 29/2020, S. 517

11 Bundesministerium für Arbeit und Soziales (Hg.), *Lebenslagen in Deutschland. Der Sechste Armuts- und Reichtumsbericht der Bundesregierung*, Bericht, Bonn, Mai 2021, S. 53

12 Vgl. Miriam Ströing/Markus M. Grabka/Wolfgang Lauterbach, »Hochvermögende in Deutschland unterscheiden sich nicht nur anhand ihres Vermögens von anderen Bevölkerungsgruppen«, in: *DIW Wochenbericht* 42/2016, S. 999

13 Vgl. IMF European Dept., *Country Report No. 19/213 Germany: 2019 Article IV Consultation-Press Release; Staff Report; and Statement by the Executive Director for Germany*

14 Siehe Maximilian Stockhausen/Judith Niehues, »Vermögensverteilung: bemerkenswerte Stabilität«, in: *IW-Kurzbericht* 81/2019, S. 1

15 Markus M. Grabka/Christoph Halbmeier, »Vermögensungleichheit in Deutschland bleibt trotz deutlich steigender Nettovermögen anhaltend hoch«, in: *DIW Wochenbericht* 40/2019, S. 737

16 Marcel Fratzscher, *Verteilungskampf. Warum Deutschland immer ungleicher wird*, München 2016, S. 47

17 Dorothee Spannagel, *Reichtum in Deutschland. Empirische Analysen*, Wiesbaden 2013, S. 121

18 Vgl. Till Baldenius/Sebastian Kohl/Moritz Schularick, *Die neue Wohnungsfrage. Gewinner und Verlierer des deutschen Immobilienbooms*, Macrofinance Lab, Universität Bonn, Juni 2019, S. 19

19 Vgl. Marcel Fratzscher, *Verteilungskampf*, a.a.O., S. 43

20 Vgl. Hans Mittelbach, *Lohn- und Kapitaleinkommen in Deutschland 1990 bis 2010. Zur Kritik neoklassischer und neoliberaler Modelle*, Köln 2013, S. 380ff.

21 Vgl. Charlotte Bartels, »Einkommensverteilung in Deutschland von 1871 bis 2013: erneut steigende Polarisierung seit der Wiedervereinigung«, in: *DIW Wochenbericht* 3/2018, S. 56

22 Siehe Dorothee Spannagel, *Reichtum in Deutschland*, a. a. O., S. 174

23 Renate Dillmann/Arian Schiffer-Nasserie, *Der soziale Staat. Über nützliche Armut und ihre Verwaltung*, Hamburg 2018, S. 29 (Hervorh. im Original)

24 Vgl. hierzu: Christoph Butterwegge/Gerd Bosbach/Matthias W. Birkwald (Hg.), *Armut im Alter. Probleme und Perspektiven der sozialen Sicherung*, Frankfurt am Main/New York 2012

25 Andrea Weinert, »Das Geschlecht des Reichtums ... ist männlich, was sonst!«, in: Ernst-Ulrich Huster (Hg.), *Reichtum in Deutschland. Die Gewinner in der sozialen Polarisierung*, 2. Aufl. Frankfurt am Main/New York 1997, S. 202

3. Kinderungleichheit: eine Generation, zwei Klassen

1 Olaf Groh-Samberg, »Armut von Jugendlichen und jungen Erwachsenen«, in: Petra Böhnke/Jörg Dittmann/Jan Goebel (Hg.), *Handbuch Armut. Ursachen, Trends, Maßnahmen*, Opladen/Toronto 2018, S. 128

2 Vgl. hierzu: Christoph Butterwegge, *Armut in einem reichen Land. Wie das Problem verharmlost und verdrängt wird*, 4. Aufl. Frankfurt am Main/New York 2016, S. 185 ff.

3 Vgl. Martin Kronauer, »Soziale Verwundbarkeit, Klassenlage und die ›verunsicherte Mitte‹«, *in:* ders., *Kritik der auseinanderdriftenden Gesellschaft*, Frankfurt am Main/New York 2020, S. 56

4 Bundesministerium für Arbeit und Soziales (Hg.), *Lebenslagen in Deutschland. Der Sechste Armuts- und Reichtumsbericht der Bundesregierung*, Bericht, Bonn, Mai 2021, S. XX

5 Sonja Fehr, »Einmal arm, immer arm? – Zur Zeitlichkeit von Kinderarmut«, in: Peter Rahn/Karl August Chassé (Hg.), *Handbuch Kinderarmut*, Opladen/Toronto 2020, S. 98

6 Vgl. Margherita Zander, *Armes Kind – starkes Kind?, Die Chance der Resilienz*, 3. Aufl. Wiesbaden 2010, S. 218 und 181

7 Vgl. Ronald Lutz, »Soziale Erschöpfung – erschöpfte Familien«, in: ders. (Hg.), *Erschöpfte Familien*, Wiesbaden 2012, S. 14 f.

8 Vgl. Hans-Jürgen Andreß/Katharina Hörstermann/Timo-Kolja Pförtner, »Armut, Konsum und Lebensstandard«, in: Petra Böhnke/Jörg Dittmann/Jan Goebel (Hg.), *Handbuch Armut*, a. a. O., S. 218

9 Joachim Rock, *Störfaktor Armut. Ausgrenzung und Ungleichheit im »neuen Sozialstaat«*, Mit einem Geleitwort von Ulrich Schneider, Hamburg 2017, S. 78

10 Vgl. dazu: Karl August Chassé/Margherita Zander/Konstanze Rasch, *Meine Familie ist arm*, 4. Aufl. Wiesbaden 2010, S. 58 ff.; Karl August Chassé, »Kinderarmut und das Konzept der Lebenslage«, in: Peter Rahn/Karl August Chassé (Hg.), *Handbuch Kinderarmut*, a. a.O, S. 38 ff.

11 Vgl. Gerda Holz/Susanne Skoluda, *Armut im frühen Grundschulalter*, Abschlussbericht der vertiefenden Untersuchung zu Lebenssituation, Ressourcen und Bewältigungshandeln von Kindern im Auftrag des Bundesverbandes der Arbeiterwohlfahrt, Frankfurt am Main 2003, S. 7

12 Vgl. Sabine Wolfert/Ingo Leven, »Freizeitgestaltung und Internetnutzung: Wie Online und Offline ineinandergreifen«, in: Mathias Albert u.a., *Jugend 2019. 18. Shell-Jugendstudie: Eine Generation meldet sich zu Wort*, Weinheim/Basel 2019, S. 218 ff.

13 Vgl. Sonja Fehr, »Ohne Moos nichts los? – Zugang junger Menschen zu Freizeitaktivitäten«, in: *Sozialer Fortschritt* 11-12/2012, S. 297 ff.

14 Michael Klundt, *Gestohlenes Leben. Kinderarmut in Deutschland*, Köln 2019, S. 155

15 Bundesministerium für Arbeit und Soziales (Hg.), *Lebenslagen in Deutschland. Der Fünfte Armuts- und Reichtumsbericht der Bundesregierung*, Bericht, Bonn, April 2017, S. XXII

16 Vgl. Paritätischer Gesamtverband (Hg.), *Empirische Befunde zum Bildungs- und Teilhabepaket: Teilhabequoten im Fokus*, Berlin, Oktober 2019, S. 6 ff.

17 Andreas Klocke/Klaus Hurrelmann, »Einleitung: Kinder und Jugendliche in Armut«, in: dies. (Hg.), *Kinder und Jugendliche in Armut. Umfang, Auswirkungen und Konsequenzen*, 2. Aufl. Wiesbaden 1998, S. 13

18 Vgl. z.B. Ulrike Zöllner, *Die armen Kinder der Reichen. Was macht der Wohlstand aus unseren Kindern?*, Zürich 1997; Katharina Giers, *»Die armen Kinder der Reichen«. Die heutige Wohlstandsverwahrlosung und ihre Folgen*, Norderstedt 2007

19 Julia Friedrichs, *Wir Erben. Warum Deutschland ungerechter wird*, München/Berlin 2016, S. 257

20 Alexander Hagelüken, *Das gespaltene Land. Wie Ungleichheit unsere Gesellschaft zerstört – und was die Politik ändern muss*, München 2017, S. 106

21 Vgl. Kira Baresel u.a., »Hälfte aller Erbschaften und Schenkungen geht an die reichsten zehn Prozent aller Begünstigten«, in: *DIW Wochenbericht* 5/2021, S. 66

22 Michael Hartmann, *Die Abgehobenen. Wie die Eliten die Demokratie gefährden*, Frankfurt am Main/New York 2018, S. 70

23 Joachim Rock, *Störfaktor Armut*, a.a.O., S. 76

24 Vgl. hierzu ausführlicher: Christoph Butterwegge, *Reichtumsförderung statt Armutsbekämpfung. Eine sozial- und steuerpolitische Halbzeitbilanz der Großen Koalition*, Wiesbaden 2016, S. 27 ff.

25 Stefan Bach/Thomas Mertz, »Vor der Erbschaftsteuerreform: Nutzung der Firmenprivilegien hat Minderjährige zu Multimillionären gemacht«, in: *DIW Wochenbericht* 36/2016, S. 812

26 Joseph Stiglitz, *Der Preis der Ungleichheit. Wie die Spaltung der Gesellschaft unsere Zukunft bedroht*, 3. Aufl. München 2012, S. 113

27 Vgl. Thomas Piketty, *Das Kapital im 21. Jahrhundert*, 6. Aufl. München 2015, S. 501 ff.

28 Thomas Müller, *Innere Armut. Kinder und Jugendliche zwischen Mangel und Überfluss*, Wiesbaden 2008, S. 45

29 Vgl. dazu: Katrin Lehnert, *»Arbeit, nein danke«!? Das Bild des Sozialschmarotzers im aktivierenden Sozialstaat*, München 2009

4. Und raus bist du: Kinder von Alleinerziehenden, Arbeitslosen und Ausländern

1 Vgl. Paritätischer Gesamtverband (Hg.), *Gegen Armut hilft Geld. Der Paritätische Armutsbericht 2020*, Berlin, November 2020, S. 19

2 Vgl. Tim Hochgürtel/Bettina Sommer, »Lebensformen in der Bevölkerung und Kinder«, in: Statistisches Bundesamt/Wissenschaftszentrum Berlin für Sozialforschung/Bundesinstitut für Bevölkerungsforschung (Hg.), *Datenreport 2021. Ein Sozialbericht für die Bundesrepublik Deutschland*, Bonn 2021, S. 60 f.

3 Vgl. Karin Lenhart, *Soziale Bürgerrechte unter Druck. Die Auswirkungen von Hartz IV auf Frauen*, Wiesbaden 2009, S. 136

4 Manuela Schwarzkopf, *Doppelt gefordert, wenig gefördert. Alleinerziehende Frauen in der Grundsicherung für Arbeitsuchende*, Berlin 2009, S. 75

5 Siehe Franz Neuberger/Sabina Schutter/Klaus Preisner, »Einkommensunterschiede zwischen alleinerziehenden und verheirateten Müttern 1997–2015. Eine detaillierte Effekt-Dekomposition«, in: *Zeitschrift für Soziologie* 1/2019, S. 66 f.

6 Vgl. Verena Tobsch, *Allein(erziehend) wird's teuer! Die Entwicklung der Wohnkostenbelastung für Familien,* Ein Analysepapier des Instituts für empirische Sozial- und Wirtschaftsforschung (INES Berlin) im Auftrag der Friedrich-Ebert-Stiftung, Berlin 2019

7 Vgl. dazu und zum Folgenden: Silke Tophoven, »Armutsmuster in der Kindheit«, in: Peter Rahn/Karl-August Chassé (Hg.), *Handbuch Kinderarmut*, Opladen/Toronto 2020, S. 108 ff.

8 Ulrich Beck, »Kinder der Freiheit: Wider das Lamento über den Werteverfall«, in: ders. (Hg.), *Kinder der Freiheit*, 2. Aufl. Frankfurt am Main 1997, S. 18 (Hervorh. im Original)

9 Michael Klundt, *Gestohlenes Leben. Kinderarmut in Deutschland*, Köln 2019, S. 49

10 Vgl. Stadt Köln, Die Oberbürgermeisterin (Hg.), *1. Kölner Lebenslagenbericht 2020*, Köln 2021, S. 289; zum Folgenden: Amt für Kinder, Jugend und Familie der Stadt Köln (Hg.), *Kinder- und Jugendförderplan der Stadt Köln – Planungszeitraum 2016 bis 2020. Bestands- und Bedarfsanalyse, Maßnahmenplanung*, Köln, September 2016, S. 16

11 Ulrich Schneider, *Armes Deutschland. Neue Perspektiven für einen anderen Wohlstand*, Frankfurt am Main 2010, S. 165

12 Vgl. hierzu: Carolin Butterwegge, *Armut von Kindern mit Migrationshintergrund. Ausmaß, Erscheinungsformen und Ursachen*, Wiesbaden 2010

13 Vgl. Stadt Köln, Die Oberbürgermeisterin (Hg.), *Kölner Stadtteilinformationen. Zahlen 2019*, Köln, März 2020, S. 18 f.

14 Siehe Eric Seils/Jutta Höhne, *III. WSI-Kinderarmutsbericht: Kinderarmut und Flüchtlingskrise*, Düsseldorf, April 2017, S. 9

15 Siehe Hans-Joachim Hoffmann-Nowotny, *Soziologie des Fremdarbeiterproblems. Eine theoretische und empirische Analyse am Beispiel der Schweiz*, Mit einem Vorwort von Peter Heintz, Stuttgart 1973

16 Vgl. auch Marcel Fratzscher, »Arm sind nicht nur Migranten«, in: *ZEIT Online*, 1.6.2018

17 Vgl. hierzu ausführlicher: Carolin Butterwegge, »Ethnisierung der Kinderarmut? – Entwicklungen relativer Armut von Kindern mit Migrationshintergrund«, in: Peter Rahn/Karl-August Chassé (Hg.), *Handbuch Kinderarmut*, a. a. O., S. 161 ff.

18 In der Vergleichsgruppe der in Familien lebenden Personen ohne Migrationshintergrund waren es bloß 8,9 Prozent. Vgl. auch zum Folgenden: Statistisches Bundesamt (Hg.), *Bevölkerung und Erwerbstätigkeit. Bevölkerung mit Migrationshintergrund – Ergebnisse des Mikrozensus 2019*, Fachserie 1 Reihe 2.2, Wiesbaden 2020, S. 333 u. 339

19 Vgl. Johannes Giesecke u. a., *Armutsgefährdung bei Personen mit Migrationshintergrund. Vertiefende Analysen auf Basis von SOEP und Mikrozensus*, Eine Studie im Auftrag der Beauftragten der Bundesregierung für Migration, Flüchtlinge und Integration, SOEP-paper on Multidisciplinary Panel Data Research, Berlin, März 2017

20 Vgl. Silke Tophoven u. a., *Aufwachsen in Armutslagen. Zentrale Einflussfaktoren und Folgen für die soziale Teilhabe*, Zwischenbericht zum Forschungsprojekt »Lebensumstände von Kindern im unteren Einkommensbereich (LeKiE)« des Instituts für Arbeitsmarkt- und Berufsforschung (IAB) im Auftrag der Bertelsmann Stiftung, Bielefeld 2018, S. 10

21 Siehe Lorenz Gitschier, »Die prekäre soziale Lage junger Flüchtlinge – Eine strukturell bedingte Wirkungsgröße der extremen Belastungssituation«, in: Werner Bleher/Stephan Gingelmaier (Hg.), *Kinder und Jugendliche nach der Flucht. Notwendige Bildungs- und Bewältigungsangebote*, Weinheim/Basel 2017, S. 27

5. Wo eine Villa ist, ist auch ein Weg – zum Abitur, zum Studium und zur beruflichen Karriere

1 Ernst Hubeli, *Die neue Krise der Städte. Zur Wohnungsfrage im 21. Jahrhundert*, Zürich 2020, S. 100

2 Vgl. Henrik Lebuhn u.a., Wohnverhältnisse in Deutschland – eine Analyse der sozialen Lage in 77 Großstädten, Bericht aus dem Forschungsprojekt »Sozialer Wohnversorgungsbedarf«, Berlin/Düsseldorf, September 2017 (Hans-Böckler-Stiftung), S. 78 ff.

3 Marcel Helbig/Stefanie Jähnen, *Wie brüchig ist die soziale Architektur unserer Städte? – Trends und Analysen der Segregation in 74 deutschen Städten*, Discussion Paper P 2018–001Wissenschaftszentrum Berlin für Sozialforschung (2018), S. I

4 Bundesministerium für Arbeit und Soziales (Hg.), *Lebenslagen in Deutschland. Der Sechste Armuts- und Reichtumsbericht der Bundesregierung*, Bericht, Bonn, Mai 2021, S. 345

5 Thomas Groos/Carolin Trappmann/Nora Jehles, *»Keine Kita für alle«. Zum Ausmaß und zu den Ursachen von Kita-Segregation*, Bielefeld 2018 (Bertelsmann Stiftung), S. 9

6 Vgl. dazu: Wilfried Bos/Sabrina Müller/Tobias C. Stubbe, »Abgehängte Bildungsinstitutionen: Haupt- und Förderschulen«, in: Gudrun Quenzel/Klaus Hurrelmann (Hg.), *Bildungsverlierer. Neue Ungleichheiten*, Wiesbaden 2010, S. 375 ff.

7 Kersten Reich, *Inklusion und Bildungsgerechtigkeit. Standards und Regeln zur Umsetzung einer inklusiven Schule*, Weinheim/Basel 2012, S. 13

8 Vgl. auch zum Folgenden: Ministerium für Arbeit, Gesundheit und Soziales des Landes Nordrhein-Westfalen (Hg.), *Sozialbericht NRW 2020. Armuts- und Reichtumsbericht*, Düsseldorf 2020, S. 341

9 Siehe Magdalena Joos u. a., »›Gute Kindheit‹ als Gegenstand der Forschung. Wohlbefinden, Kindeswohl und ungleiche Kindheiten«, in: Tanja Betz u. a. (Hg.), *Gute Kindheit. Wohlbefinden, Kindeswohl und Ungleichheit*, Weinheim/Basel 2018, S. 20

10 Vgl. Beate Hock/Gerda Holz/Werner Wüstendörfer, *Frühe Folgen – langfristige Konsequenzen?, Armut und Benachteiligung im Vorschulalter*, Frankfurt am Main 2000, S. 62 f.

11 Vgl. Gerda Holz u. a., *Zukunftschancen für Kinder. Wirkungen von Armut bis zum Ende der Grundschulzeit*, Endbericht einer Langzeitstudie (1997–2004) im Auftrag des AWO-Bundesverbandes, Bonn/Berlin 2005, S. 80 ff.

12 Vgl. Claudia Laubstein u. *a.*, *»Von alleine wächst sich nichts aus …« Lebenslagen von armen und nichtarmen Jugendlichen und gesellschaftliches Handeln bis zum Ende der Sekundarstufe I*, Bonn/Berlin 2012, S. 52 f.

13 Vgl. Jürgen Baumert u. *a.*, *PISA 2000. Basiskompetenzen von Schülerinnen und Schülern im internationalen Vergleich*, Opladen 2001; ders./Petra Stanat/Rainer Watermann, *Herkunftsbedingte Disparitäten im Bildungswesen. Differenzielle Bildungsprozesse und Probleme der Verteilungsgerechtigkeit. Vertiefende Analysen im Rahmen von PISA 2000*, Wiesbaden 2006

14 Vgl. Bundesministerium für Arbeit und Soziales (Hg.), *Lebenslagen in Deutschland. Der Sechste Armuts- und Reichtumsbericht der Bundesregierung*, Bericht, a. a. O., S. 290

15 Vgl. T. Mostafa/M. Schwabe, *Ländernotiz Deutschland: PISA 2018 Ergebnisse*, Paris 2019 (OECD, Direktion Bildung und Kompetenzen), S. 1

16 Vgl. Gudrun Quenzel/Klaus Hurrelmann, »Ursachen und Folgen von Bildungsarmut«, in: dies. (Hg.), *Handbuch Bildungsarmut*, Wiesbaden 2019, S. 13

17 Vgl. Jutta Allmendinger, »Bildungsarmut. Zur Verschränkung von Bildungs- und Sozialpolitik«, in: *Soziale Welt* 1/1999, S. 35 ff.

18 Vgl. Aladin El-Mafaalani, *Mythos Bildung. Die ungerechte Gesellschaft, ihr Bildungssystem und seine Zukunft*, Köln 2020, S. 90 f.

19 Gerhard Bosch/Thorsten Kalina, »Niedriglöhne in Deutschland – Zahlen, Fakten, Ursachen«, in: Gerhard Bosch/Claudia Weinkopf (Hg.), *Arbeiten für wenig Geld. Niedriglohnbeschäftigung in Deutschland*, Frankfurt am Main/New York 2007, S. 97

20 Vgl. Julia Reuter u. a. (Hg.), *Vom Arbeiterkind zur Professur. Sozialer Aufstieg in der Wissenschaft*, Bielefeld 2020

21 Michael Hartmann, *Soziale Ungleichheit – kein Thema für die Eliten?*, Frankfurt am Main/New York 2013, S. 45

22 Daniel Goffart, *Das Ende der Mittelschicht. Abschied von einem deutschen Erfolgsmodell*, München 2019, S. 14

23 Tim Engartner, *Ökonomisierung schulischer Bildung. Analysen und Alternativen*, Berlin 2020 (Studien 6/2020 der Rosa-Luxemburg-Stiftung), S. 14

24 Vgl. Klaus Klemm u. a., *Privatschulen in Deutschland. Trends und Leistungsvergleiche*, Berlin 2018 (Schriftenreihe des Netzwerks Bildung der Friedrich-Ebert-Stiftung), S. 39

25 Vgl. Autorengruppe Bildungsberichterstattung (Hg.), *Bildung in Deutschland 2020*, Bielefeld 2020, S. 178 f.

26 Gesine Schwan, *Bildung: Ware oder öffentliches Gut?*, Berlin 2011, S. 64

27 Vgl. auch zum Folgenden: Autorengruppe Bildungsberichterstattung (Hg.), *Bildung in Deutschland 2020*, a. a. O., S. 183 ff.

28 Ebd., S. 197

29 Siehe Andreas Mielck, *Soziale Ungleichheit und Gesundheit. Empirische Ergebnisse, Erklärungsansätze, Interventionsmöglichkeiten*, Bern 2000

30 Vgl. Richard Wilkinson/Kate Pickett, *Gleichheit ist Glück. Warum gerechte Gesellschaften für alle besser sind*, 3. Aufl. Berlin 2010, S. 101

31 Vgl. Lina Jansen u. a., »Socioeconomic deprivation and cancer survival in Germany: An ecological analysis in 200 districts in Germany«, in: *International Journal of Cancer* 134 (2014), S. 2951 ff.

32 Vgl. auch zum Folgenden: Antje Richter-Kornweitz, »Wie geht's den Kindern? – Gesundheitliche Teilhabe in der Kindheit«, in: Peter Rahn/Karl August Chassé (Hg.), *Handbuch Kinderarmut*, Opladen/Toronto 2020, S. 181

33 Vgl. Miriam Ströing/Markus M. Grabka/Wolfgang Lauterbach, »Hochvermögende in Deutschland unterscheiden sich nicht nur anhand ihres Vermögens von anderen Bevölkerungsgruppen«, in: *DIW Wochenbericht* 42/2016, S. 1003

34 Vgl. Thomas Lampert, »Armut, soziale Ungleichheit und Gesundheit«, in: Petra Böhnke/Jörg Dittmann/Jan Goebel (Hg.), *Handbuch Armut. Ursachen, Trends, Maßnahmen*, Opladen/Toronto 2018, S. 228 f.

35 Matthias Richter/Klaus Hurrelmann, »Gesundheitliche Ungleichheit: Ausgangsfragen und Herausforderungen«, in: dies. (Hg.), *Gesundheitliche Ungleichheit. Grundlagen, Probleme, Perspektiven*, 2. Aufl. Wiesbaden 2009, S. 13

36 Vgl. dazu: Thomas Altgeld/Petra Hofrichter (Hg.), *Reiches Land – kranke Kinder?, Gesundheitliche Folgen von Armut bei Kindern und Jugendlichen*, Frankfurt am Main 2000; Monika Jungbauer-Gans/Peter Kriwy (Hg.), *Soziale Benachteiligung und Gesundheit bei Kindern und Jugendlichen*, Wiesbaden 2004; Claudia Wenzig, *Armut, Gesundheit und sozialer Kontext von Kindern*, Hamburg 2005

37 Siehe Hans-Ulrich Wehler, *Die neue Umverteilung. Soziale Ungleichheit in Deutschland*, 4. Aufl. München 2013, S. 126

38 Vgl. Thomas Groos/Nora Jehles, *Der Einfluss von Armut auf die Entwicklung von Kindern. Ergebnisse der Schuleingangsuntersuchung* (Arbeitspapiere wissen-

schaftliche Begleitforschung »Kein Kind zurücklassen!«, Werkstattbericht), 3. Aufl. Gütersloh 2015 (Bertelsmann Stiftung), S. 32

39 Vgl. Benjamin Kuntz u.a., »Soziale Unterschiede im Gesundheitszustand von Kindern und Jugendlichen in Deutschland – Querschnittergebnisse aus KiGGS Welle 2«, in: *Journal of Health Monitoring* 3/2018, S. 25

40 Wissenschaftlicher Beirat für Agrarpolitik, Ernährung und gesundheitlichen Verbraucherschutz beim Bundesministerium für Ernährung und Landwirtschaft, *Politik für eine nachhaltigere Ernährung. Eine integrierte Ernährungspolitik entwickeln und faire Ernährungsumgebungen gestalten*, Gutachten, Berlin, Juni 2020, S. 114

41 Ebd., S. 115

42 Schreiben von Kerstin Griese, Parlamentarische Staatssekretärin im Bundesministerium für Arbeit und Soziales, an Sven Lehmann MdB v. 18.3.2021, Anlage, S. 2. Vgl. ergänzend: Alina Leimbach, »Kein gesundes Essen mit Hartz IV«, in: *taz* v. 7.4.2021

43 Vgl. dazu: Matthias Schmidt, *Gesundheit bei jungen Hartz-IV-Empfängern. Studie zur Veränderbarkeit von erlebter Gesundheit und gesundheitsriskantem Verhalten in Abhängigkeit vom Erwerbsstatus*, Berlin 2011

6. Kinderungleichheit ist nicht vom Himmel gefallen

1 Vgl. hierzu: Norbert Nicoll, *Neoliberalismus. Ungleichheit als Programm*, Münster 2013; Christoph Butterwegge/Bettina Lösch/Ralf Ptak, *Kritik des Neoliberalismus*, 3. Aufl. Wiesbaden 2017; Thomas Biebricher, *Die politische Theorie des Neoliberalismus*, Berlin 2021

2 Vgl. ausführlicher: Christoph Butterwegge, *Krise und Zukunft des Sozialstaates*, 6. Aufl. Wiesbaden 2018, S. 155ff.

3 Vgl. dazu: Inge Hannemann, *Die Hartz-IV-Diktatur. Eine Arbeitsvermittlerin klagt an*, Reinbek bei Hamburg 2015

4 Vgl. Bundesministerium für Arbeit und Soziales (Hg.), *Lebenslagen in Deutschland. Der Fünfte Armuts- und Reichtumsbericht der Bundesregierung*, Bericht, Bonn, April 2017, S. 59f. Bei den vier untersten Dezilen, also den 40 Prozent mit dem niedrigsten Verdienst, war der reale Bruttostundenlohn nach 20 Jahren gesunken, beim nächsten Dezil, also den zehn Prozent mit einem wenigstens etwas höheren Verdienst, betrug die Steigerung im Durchschnitt auch nur ein Prozent.

5 Vgl. hierzu: Christoph Butterwegge, *Hartz IV und die Folgen. Auf dem Weg in eine andere Republik?*, 3. Aufl. Weinheim/Basel 2018, S. 215ff.

6 Ernst Hubeli, *Die neue Krise der Städte. Zur Wohnungsfrage im 21. Jahrhundert*, Zürich 2020, S. 14

7 Vgl. Pekka Sagner/Maximilian Stockhausen/Michael Voigtländer, *Wohnen – die neue soziale Frage?*, IW-Analysen 136, Köln 2020, S. 7; »Falscher Alarm«, in: *iwd (Informationsdienst des Instituts der deutschen Wirtschaft)* v. 30.7.2020, S. 13

8 Gerhard Schick, »Die große Verdrängung. Corona und die unbewältigte Finanzkrise«, in: *Blätter für deutsche und internationale Politik* 1/2021, S. 98

9 Vgl. Heike Buchter, *BlackRock. Eine heimliche Weltmacht greift nach unserem*

Geld, 2. Aufl. Frankfurt am Main/New York 2020, S. 26 ff.; Werner Rügemer, *Die Kapitalisten des 21. Jahrhunderts. Gemeinverständlicher Abriss zum Aufstieg der neuen Finanzmarktakteure*, 2. Aufl. Köln 2020, S. 47 ff.

10 Vgl. Heinz-Josef Bontrup, *Wohnst du noch …? – Immobilienwirtschaft und Mieten kritisch betrachtet*, Hamburg 2018, S. 85

11 Vgl. Jörg Reitzig, »Kinderarmut und Gesellschaft – sozialpolitische Herausforderungen«, in: Peter Rahn/Karl August Chassé (Hg.), *Handbuch Kinderarmut*, Opladen/Toronto 2020, S. 67

12 Wolfgang Edelstein, »Schule als Armutsfalle – wie lange noch?«, in: Bernd Overwien/Annedore Prengel (Hg.), *Recht auf Bildung. Zum Besuch des Sonderberichterstatters der Vereinten Nationen in Deutschland*, Opladen/Farmington Hills 2007, S. 131 (Hervorh. im Original)

13 Vgl. Dagmar Hilpert, *Wohlfahrtsstaat der Mittelschichten? – Sozialpolitik und gesellschaftlicher Wandel in der Bundesrepublik Deutschland (1949–1975)*, Göttingen 2012, S. 214

14 Bundesministerium für Arbeit und Soziales (Hg.), *Lebenslagen in Deutschland. Der Sechste Armuts- und Reichtumsbericht der Bundesregierung*, Bericht, Bonn, Mai 2021, S. 358

15 Europäische Kommission, *Länderbericht Deutschland 2017 mit eingehender Überprüfung der Vermeidung und Korrektur makroökonomischer Ungleichgewichte*, Brüssel, 22.2.2017 – SWD (2017) 71 final, S. 7

16 Michael Hartmann, *Die Abgehobenen. Wie die Eliten die Demokratie gefährden*, Frankfurt am Main/New York 2018, S. 138

7. Spaltungslinien in der »Generation Corona«

1 Vgl. Oxfam Deutschland (Hg.), *Das Ungleichheitsvirus. Wie die Corona-Pandemie soziale Ungleichheit verschärft und warum wir unsere Wirtschaft gerechter gestalten müssen*, Berlin, Januar 2021

2 Vgl. hierzu ausführlicher: Christoph Butterwegge, *Ungleichheit in der Klassengesellschaft*, 2. Aufl. Köln 2021, S. 136 ff.

3 Stephan Brand/Johannes Steinbrecher, »Kommunalfinanzierung in der Corona-Krise – Einschnitte, aber keine Zeitenwende«, in: *Wirtschaftsdienst* 1/2021, S. 51

4 Vgl. Kai-Uwe Müller u. a., »Corona-Krise erschwert Vereinbarkeit von Beruf und Familie vor allem für Mütter – erwerbstätige Eltern sollten entlastet werden«, in: *DIW Wochenbericht* 19/2020, S. 336

5 Vgl. Aline Zucco/Yvonne Lott, »Stand der Gleichstellung – Ein Jahr mit Corona«, in: *WSI Report* 64, Düsseldorf, Februar 2021, S. 11

6 Jan Goebel/Peter Krause, »Auswirkungen der Coronapandemie nach Einkommens- und Bevölkerungsschichtung – eine Momentaufnahme«, in: Statistisches Bundesamt/Wissenschaftszentrum Berlin für Sozialforschung/Bundesinstitut für Bevölkerungsforschung (Hg.), *Datenreport 2021. Ein Sozialbericht für die Bundesrepublik Deutschland*, Bonn 2021, S. 491

7 Vgl. ebd., S. 499

8 Jonas Pieper/Ulrich Schneider/Wiebke Schröder, »Bilanz nach einem Krisenjahr: Corona und die Armut in Deutschland«, in: *Soziale Sicherheit* 1/2021, S. 38

9 Vgl. Armin Bernhard, »Lockdown und soziale Distanzierung – Anmerkungen zu einem (unfreiwilligen?) gesellschaftspädagogischen Experiment und seinen Folgen«, in: Ronald Lutz/Jan Steinhaußen/Johannes Kniffki (Hg.), *Corona, Gesellschaft und Soziale Arbeit. Neue Perspektiven und Pfade,* Weinheim/Basel 2021, S. 58

10 Vgl. auch zum Folgenden Gerda Holz/Antje Richter Kornweitz, *Corona-Chronik: Gruppenbild ohne (arme) Kinder. Eine Streitschrift*, Frankfurt am Main/Hannover 2020, S. 7

11 Vgl. Achim Meyer auf der Heyde, »Ein riskanter Kraftakt«, in: *DSW-Journal* 2-3/2020, S. 31

12 Marius Sackers/Jens Jaschik, »Von Schulschließungen und Corona-Partys. Das Virus und die Jugend«, in: Sascha Staničić/René Arnsburg (Hg.), *Pandemische Zeiten. Corona, Kapitalismus, Krise und was wir dagegen tun können*, Berlin 2020, S. 125

13 Vgl. Hans-Jürgen Urban/Christoph Ehlscheid, »Generationengerechtigkeit. Grenzen und Potenziale eines sozialpolitischen Kernbegriffs«, in: *Aus Politik und Zeitgeschichte.* Beilage zur Wochenzeitung *Das Parlament* 52-53/2020, S. 30

14 Vgl. dazu: Frank Schulz-Nieswandt, *Der alte Mensch als Verschlusssache. Corona und die Verdichtung der Kasernierung in Pflegeheimen*, Bielefeld 2021

15 Silke van Dyk/Stefanie Graefe/Tine Haubner, »Das Überleben der ›Anderen‹: Alter in der Pandemie«, in: D. F. Bertz (Hg.), *Die Welt nach Corona. Von den Risiken des Kapitalismus, den Nebenwirkungen des Ausnahmezustands und der kommenden Gesellschaft*, Berlin 2021, S. 193

16 Helga Pelizäus/Jana Heinz, »Stereotypisierungen von Jung und Alt in der Corona-Pandemie«, in: *Aus Politik und Zeitgeschichte* 52-53/2020, S. 15

17 Michael Klundt, *Von der sozialen zur Generationengerechtigkeit? – Polarisierte Lebenslagen und ihre Deutung in Wissenschaft, Politik und Medien*, Wiesbaden 2008, S. 265

18 Vgl. Simon Kannenberg, »Generationenkrise«, in: *Internationale Politik und Gesellschaft* (IPG), 25.1.2021

19 Vgl. Nicole Mayer-Ahuja/Richard Detje, »›Solidarität‹ in Zeiten der Pandemie: Potenziale für eine neue Politik der Arbeit?«, in: *WSI-Mitteilungen* 6/2020, S. 495

20 Vgl. Claudia Vogel/Laura Romeu Gordo/Stefan Stuth, *Auswirkungen der Corona-Krise auf den Lebensstandard von Menschen in der zweiten Lebenshälfte.* Sonderauswertung des Deutschen Alterssurveys (DEAS), Berlin 2020 (Deutsches Zentrum für Altersfragen)

21 Vgl. Jörg-Peter Schräpler u. a., »Schule und Unterricht im angepassten Regelbetrieb. Analyse und Reflexion Corona-bedingter (Teil-)Schließungen von Schulen anhand der COSMO-Befragung in NRW«, in: Christian Reintjes/Raphaela Porsch/Grit im Brahm (Hg.), *Das Bildungssystem in Zeiten der Krise. Empirische Befunde, Konsequenzen und Potenziale für das Lehren und Lernen*, Münster/New York 2021, S. 303

22 Vgl. Silke Schwarz/David Martin, »Kindergesundheit: Einfluss von Familie und Schule«, in: Martin Wendisch (Hg.), *Kritische Psychotherapie. Interdisziplinäre Analysen einer leidenden Gesellschaft*, Bern 2021, S. 316

23 Vgl. Hanna Christiansen/Ricarda Steinmayr, »Kinder und Jugendliche während der Corona-Krise. Belastung sozialer Beziehungen sowie Verschärfung der Teilhabeungerechtigkeit«, in: Uwe E. Kemmesies/Gerhard Trabert (Hg.), *Solidarität in Zeiten von Corona und darüber hinaus. Ein Plädoyer für nachhaltige Armutsbekämpfung*, München 2020, S. 60

24 Vgl. Ludger Wößmann u.a., »Bildung in der Coronakrise: Wie haben die Schulkinder die Zeit der Schulschließungen verbracht, und welche Bildungsmaßnahmen befürworten die Deutschen?«, in: *ifo Schnelldienst* 9/2020, S. 33

25 Vgl. Stephan Gerhard Huber/Christoph Helm, »Lernen in Zeiten der Corona-Pandemie. Die Rolle familiärer Merkmale für das Lernen von Schüler*innen: Befunde vom Schul-Barometer in Deutschland, Österreich und der Schweiz«, in: Detlef Fickermann/Benjamin Edelstein (Hg.), *»Langsam vermisse ich die Schule ...«. Schule während und nach der Corona-Pandemie*, Münster/New York 2020, S. 37ff.

26 Vgl. Gerda Holz/Antje Richter-Kornweitz, *Corona-Chronik: Gruppenbild ohne (arme) Kinder*, a.a.O., S. 11

27 Vgl. Birgit Eickelmann/Wilfried Bos/Amelie Labusch, »Die Studie ICILS 2018 im Überblick. Zentrale Ergebnisse und mögliche Entwicklungsperspektiven«, in: Birgit Eickelmann u.a. (Hg.), *ICILS 2018 #Deutschland. Computer- und informationsbezogene Kompetenzen von Schülerinnen und Schülern im zweiten internationalen Vergleich und Kompetenzen im Bereich Computational Thinking*, Münster/New York 2019, S. 13ff.

28 Vgl. Martin Senkbeil u.a., »Soziale Herkunft und computer- und informationsbezogene Kompetenzen von Schülerinnen und Schülern im zweiten internationalen Vergleich«, in: ebd., S. 327

29 Vgl. Gerald Lembke/Ingo Leipner, *Die Lüge der digitalen Bildung. Warum unsere Kinder das Lernen verlernen*, 4. Aufl. München 2020; Ingo Leipner, *Die Katastrophe der digitalen Bildung. Warum Tablets Schüler nicht klüger machen – und Menschen die besseren Lehrer sind*, München 2020

30 Vgl. Ulrike Ravens-Sieberer/Anne Kaman, »Seelische Gesundheit und psychische Belastungen von Kindern und Jugendlichen in der ersten Welle der COVID-19-Pandemie – Ergebnisse der COPSY-Studie«, in: *Bundesgesundheitsblatt*, 1.3.2021

31 Vgl. Wido Geis-Thöne, *Häusliches Umfeld in der Krise. Ein Teil der Kinder braucht mehr Unterstützung*, Ergebnisse einer Auswertung des SOEP, IW-Report 15/2020, S. 5

32 Vgl. Ludger Wößmann u.a., *Bildung erneut im Lockdown: Wie verbrachten Schulkinder die Schulschließungen Anfang 2021?*, in: ifo Schnelldienst 5/2021, S. 36ff.

33 Michael Klundt, Kinder, »Kinderrechte und Kinderschutz im Corona-Kapitalismus«, in: Ronald Lutz/Jan Steinhaußen/Johannes Kniffki (Hg.), *Corona, Gesellschaft und Soziale Arbeit*, a.a.O., S. 90

34 Anna Lips u. a., »Kein Recht auf Jugend in Zeiten der Pandemie?«, in: ebd., S. 121

35 Mechthild Seithe, »Jugendhilfe und Corona – Schicksalsschlag, Kollateralschäden oder Strategie?«, in: ebd., S. 39

8. Gleichheit nützt allen, Kindern wie Erwachsenen

1 Daniel März, *Kinderarmut in Deutschland und die Gründe für ihre Unsichtbarkeit*, Mit einem Vorwort von Julia Reuter, Weinheim/Basel 2017, S. 14

2 Anna Mayr, *Die Elenden. Warum unsere Gesellschaft Arbeitslose verachtet und sie dennoch braucht*, München 2020, S. 18

3 Siehe Maksim Hübenthal, *Soziale Konstruktionen von Kinderarmut. Sinngebungen zwischen Erziehung, Bildung, Geld und Rechten*, Weinheim/Basel 2018, S. 243

4 Vgl. Susanne Gerull, »›Unangenehm‹, ›arbeitsscheu‹, ›asozial‹. Zur Ausgrenzung von wohnungslosen Menschen«, in: *Aus Politik und Zeitgeschichte.* Beilage zur Wochenzeitung *Das Parlament* 25-26/2018, S. 30 ff.

5 Stefan Selke, *Schamland. Die Armut mitten unter uns*, Berlin 2013, S. 182

6 Vgl. dazu: Matthias Kaufmann, *Kein Recht auf Faulheit. Das Bild von Erwerbslosen in der Debatte um die Hartz-Reformen*, Wiesbaden 2013

7 Vgl. dazu: Andreas Kemper/Heike Weinbach, *Klassismus. Eine Einführung*, 2. Aufl. Münster 2009

8 Wilhelm Heitmeyer, »Gruppenbezogene Menschenfeindlichkeit (GMF) in einem entsicherten Jahrzehnt«, in: ders. (Hg.), *Deutsche Zustände*, Folge 10, Berlin 2012, S. 35

9 Vgl. Holger Stichnoth u. a., *Kommt das Geld bei den Kindern an?*, Bertelsmann Stiftung, Gütersloh, November 2018

10 Ariadne Sondermann/Wolfgang Ludwig-Mayerhofer/Olaf Behrend, »Die Überzähligen – Teil der Arbeitsgesellschaft«, in: Robert Castel/Klaus Dörre (Hg.), *Prekarität, Abstieg, Ausgrenzung. Die soziale Frage am Beginn des 21. Jahrhunderts*, Frankfurt am Main/New York 2009, S. 166

11 Vgl. Karl Brenke/Gert G. Wagner, »Ungleiche Verteilung der Einkommen bremst das Wirtschaftswachstum«, in: *Wirtschaftsdienst* 2/2013, S. 110 ff.

12 Alexander Hagelüken, *Das gespaltene Land. Wie Ungleichheit unsere Gesellschaft zerstört – und was die Politik ändern muss*, München 2017, S. 100

13 Heiner Flassbeck/Paul Steinhardt, *Gescheiterte Globalisierung. Ungleichheit, Geld und die Renaissance des Staates*, 2. Aufl. Berlin 2018, S. 170

14 Michael Hartmann, *Die Abgehobenen. Wie die Eliten die Demokratie gefährden*, Frankfurt am Main/New York 2018, S. 180

15 Jens Beckert, *Erben in der Leistungsgesellschaft*, Frankfurt am Main/New York 2013, S. 155

16 Nicole Mayer-Ahuja/Richard Detje, »›Solidarität‹ in Zeiten der Pandemie: Potenziale für eine neue Politik der Arbeit?«, in: *WSI-Mitteilungen* 6/2020, S. 496

17 Vgl. ebd., S. 331

18 Vgl. Armin Schäfer, »Die Folgen sozialer Ungleichheit für die Demokratie in Westeuropa«, in: *Zeitschrift für Vergleichende Politikwissenschaft* 1/2010, S. 131 ff.

9. Ungleichheit bekämpfen, Armut beseitigen und Reichtum begrenzen!

1 Dieter Hartmann, »Mit der sozialen Frage kehrt die Barmherzigkeit zurück. Gegen die Vertafelung der Gesellschaft«, in: Stefan Selke (Hg.), *Tafeln in Deutschland. Aspekte einer sozialen Bewegung zwischen Nahrungsmittelumverteilung und Armutsintervention*, Wiesbaden 2009, S. 266

2 Stefan Selke, *Schamland. Die Armut mitten unter uns*, Berlin 2013, S. 206

3 Ebd., S. 224

4 Siehe Helmut Kuhn, *Arm, reich – und dazwischen nichts?, Streifzüge durch eine veränderte Gesellschaft*, Bergisch Gladbach 2007, S. 97

5 Claudia Pinl, *Ein Cappuccino für die Armen. Kritik der Spenden- und Ehrenamtsökonomie*, Köln 2018, S. 136

6 Christian Rickens, *Ganz oben. Wie Deutschlands Millionäre wirklich leben*, Köln 2012, S. 105

7 Siehe ebd., S. 97

8 Matthias Holland-Letz, *Scheinheilige Stifter. Wie Reiche und Unternehmen durch gemeinnützige Stiftungen noch mächtiger werden*, Köln 2015, S. 121

9 Siehe Michael Hartmann, *Die Abgehobenen. Wie die Eliten die Demokratie gefährden*, Frankfurt am Main/New York 2018, S. 22

10 Johannes Steffen, *Kindergrundsicherung. Reduzierung der »Kinderarmut« um den Preis verfestigter »Hartz IV«-Abhängigkeit der Eltern*, Arbeitnehmerkammer Bremen 4/2009, S. 7

11 SPD-Vorstand (Hg.), *Arbeit – Solidarität – Menschlichkeit. Ein neuer Sozialstaat für eine neue Zeit, Teil I: Arbeit*, Berlin o. J., S. 12

12 Siehe Wolfgang Hammer, »Rechtsetzung und Rechtsvollzug als Impulsgeber oder Bremse einer Politik gegen Armut?«, in: Peter Rahn/Karl August Chassé (Hg.), *Handbuch Kinderarmut*, Opladen/Toronto 2020, S. 294

13 Vgl. hierzu: Christoph Butterwegge, »Weder gerecht noch sozial. Das bedingungslose Grundeinkommen schafft mehr Probleme, als es löst«, in: ders./Kuno Rinke (Hg.), *Grundeinkommen kontrovers. Plädoyers für und gegen ein neues Sozialmodell*, Weinheim/Basel 2018, S. 202 ff.

14 Vgl. Toralf Pusch, *Bilanz des Mindestlohns: deutliche Lohnerhöhungen, verringerte Armut, aber auch viele Umgehungen*, WSI Policy Brief 19/2018, S. 3 f.

15 Thorsten Schulten/Claudia Weinkopf, »Die Einführung des gesetzlichen Mindestlohns – eine erste Zwischenbilanz«, in: Stefan Körzell/Claudia Falk (Hg.), *Kommt der Mindestlohn überall an? – Eine Zwischenbilanz*, Hamburg 2015, S. 90

16 Günter Schmid, »Mindestlohn – ein gerechter Lohn?, Plädoyer für einen Autonomie stärkenden Mindestlohn«, in: Abteilung Wirtschafts- und Sozialpolitik der Friedrich-Ebert-Stiftung (Hg.), *WISO Diskurs 18*, Bonn 2018, S. 24

17 Vgl. Brigitte Stolz-Willig, »Generationen- und Geschlechtergerechtigkeit oder: Familienarbeit neu bewerten – aber wie?«, in: Christoph Butterwegge/Michael Klundt (Hg.), *Kinderarmut und Generationengerechtigkeit. Familien- und Sozialpolitik im demografischen Wandel*, 2. Aufl. Opladen 2003, S. 221

18 Siehe Maria Wersig, *Der lange Schatten der Hausfrauenehe. Zur Reformresistenz des Ehegattensplittings*, Opladen/Berlin/Toronto 2013

19 CDU-Bundesgeschäftsstelle, Marketing und Interne Kommunikation (Hg.), *Freiheit und Sicherheit. Grundsätze für Deutschland. Grundsatzprogramm der CDU Deutschlands*, beschlossen am 3. Dezember 2007 in Hannover, Berlin o. J., S. 31

20 Vgl. Autorengruppe Bildungsberichterstattung (Hg.), *Bildung in Deutschland 2020*, Berlin 2020, S. 87

21 Vgl. Thomas Groos/Carolin Trappmann/Nora Jehles, *»Keine Kita für alle«. Zum Ausmaß und zu den Ursachen von Kita-Segregation*, Bielefeld 2018 (Bertelsmann Stiftung), S. 59ff.

22 Karl August Chassé/Margherita Zander/Konstanze Rasch, *Meine Familie ist arm. Wie Kinder im Grundschulalter Armut erleben und bewältigen*, 4. Aufl. Wiesbaden 2010, S. 342

23 Petra Hölscher, *»Immer musst du hingehen und praktisch betteln« Wie Jugendliche Armut erleben*, Frankfurt am Main/New York 2003, S. 263

24 Vgl. August Chassé/Margherita Zander/Konstanze Rasch, *Meine Familie ist arm*, a. a. O., S. 338 (Fn. 3)

25 Vgl. Viktoria Häußermann, »Schulsozialarbeit an Grundschulen und Armut – Kontextwissen als Grundlage für eine starke Kooperation der pädagogischen Fachkräfte«, in: Peter Rahn/Karl August Chassé (Hg.), *Handbuch Kinderarmut*, a. a. O., S. 249

26 Oliver Nachtwey, *Die Abstiegsgesellschaft. Über das Aufbegehren in der regressiven Moderne*, 3. Aufl. Berlin 2016, S. 154

27 Jonas Pieper/Ulrich Schneider/Wiebke Schröder, »Bilanz nach einem Krisenjahr: Corona und die Armut in Deutschland«, in: *Soziale Sicherheit* 1/2021, S. 40

28 Bettina Kohlrausch, »Armut und Bildung«, in: Petra Böhnke/Jörg Dittmann/Jan Goebel (Hg.*), Handbuch Armut*, Opladen/Toronto 2018, S. 185

29 Siehe Wilfried Bos/Sabrina Müller/Tobias C. Stubbe, »Abgehängte Bildungsinstitutionen: Haupt- und Förderschulen«, in: Gudrun Quenzel/Klaus Hurrelmann (Hg.), *Bildungsverlierer. Neue Ungleichheiten*, Wiesbaden 2010, S. 385

30 Vgl. Ludger Wößmann, »Beeinflusst Bildungsselektion Bildungsergebnisse und Ungleichheit? – Internationale und nationale Evidenz«, in: Eiko Jürgens/Susanne Miller (Hg.), *Ungleichheit in der Gesellschaft und Ungleichheit in der Schule*, Weinheim/Basel 2013, S. 115ff.

31 Vgl. Autorengruppe Bildungsberichterstattung (Hg.), *Bildung in Deutschland* 2020, a. a. O., S. 147 und Tab. D8-7web

32 Hans-Jochen Vogel, *Mehr Gerechtigkeit!, Wir brauchen eine neue Bodenordnung – nur dann wird auch Wohnen wieder bezahlbar*, 2. Aufl. Freiburg im Breisgau 2019, S. 48

33 Ebd., S. 71

34 Florian Rödl, »Recht am Boden und Recht auf Wohnen im bürgerlichen Sozialstaat«, in: Barbara Schönig/Lisa Vollmer (Hg.), *Wohnungsfragen ohne Ende?! – Ressourcen für eine soziale Wohnraumversorgung*, Bielefeld 2020, S. 45

35 Henry George, *Fortschritt und Armut. Eine Untersuchung über die Ursache der*

industriellen Krisen und der Zunahme der Armut bei zunehmendem Reichtum, Marburg 2017, S. 242

36 Hans-Jochen Vogel, *Mehr Gerechtigkeit!*, a. a. O., S. 33

37 Siehe Frank-Walter Steinmeier, *Bürger ohne Obdach – Zwischen Pflicht zur Unterkunft und Recht auf Wohnraum. Tradition und Perspektiven staatlicher Intervention zur Verhinderung und Beseitigung von Obdachlosigkeit*, Bielefeld 1992, S. 394 f.

38 Vgl. Armin Hentschel, »Sozialer Wohnungsbau made in Germany. Entstehung und Diskussion einer wohnungspolitischen Institution«, in: ders./Peter Lohauß, *Wohnungsmärkte und Wohnungspolitik. Beiträge zur Kritik des Immobiliensektors*, Marburg 2019, S. 39

39 Andrej Holm, *Mietenwahnsinn. Warum Wohnen immer teurer wird und wer davon profitiert*, München 2014, S. 163

40 Vgl. Herbert Ehrenberg, »Erfolgreiche Armutsbekämpfung braucht neue Finanzierungsgrundlagen«, in: Stefan Sell (Hg.), *Armut als Herausforderung. Bestandsaufnahme und Perspektiven der Armutsforschung und Armutsberichterstattung*, Berlin 2002, S. 462

41 Vgl. Rainald Ötsch/Axel Troost, *Reichtum rückverteilen. Plädoyer für die Wiedererhebung der Vermögensteuer mit progressivem Tarif*, RLS Paper 4/2020, Berlin (Rosa-Luxemburg-Stiftung), S. 6

42 Mark Szydlik, »Familie – Lebenslauf – Ungleichheit«, in: *Aus Politik und Zeitgeschichte*. Beilage zur Wochenzeitung *Das Parlament* 22-23/2002, S. 9

43 Jens Beckert, »Besteuert die Erben!«, in: Steffen Mau/Nadine M. Schöneck (Hg.), *(Un-)Gerechte (Un-)Gleichheiten*, Berlin 2015, S. 152

44 Vgl. Georg Auernheimer, *Wie gesellschaftliche Güter zu privatem Reichtum werden. Über Privatisierung und andere Formen der Enteignung*, Köln 2021, S. 17 ff.